AF335391
jam&spoon
don't
call
it
love
110999-1387

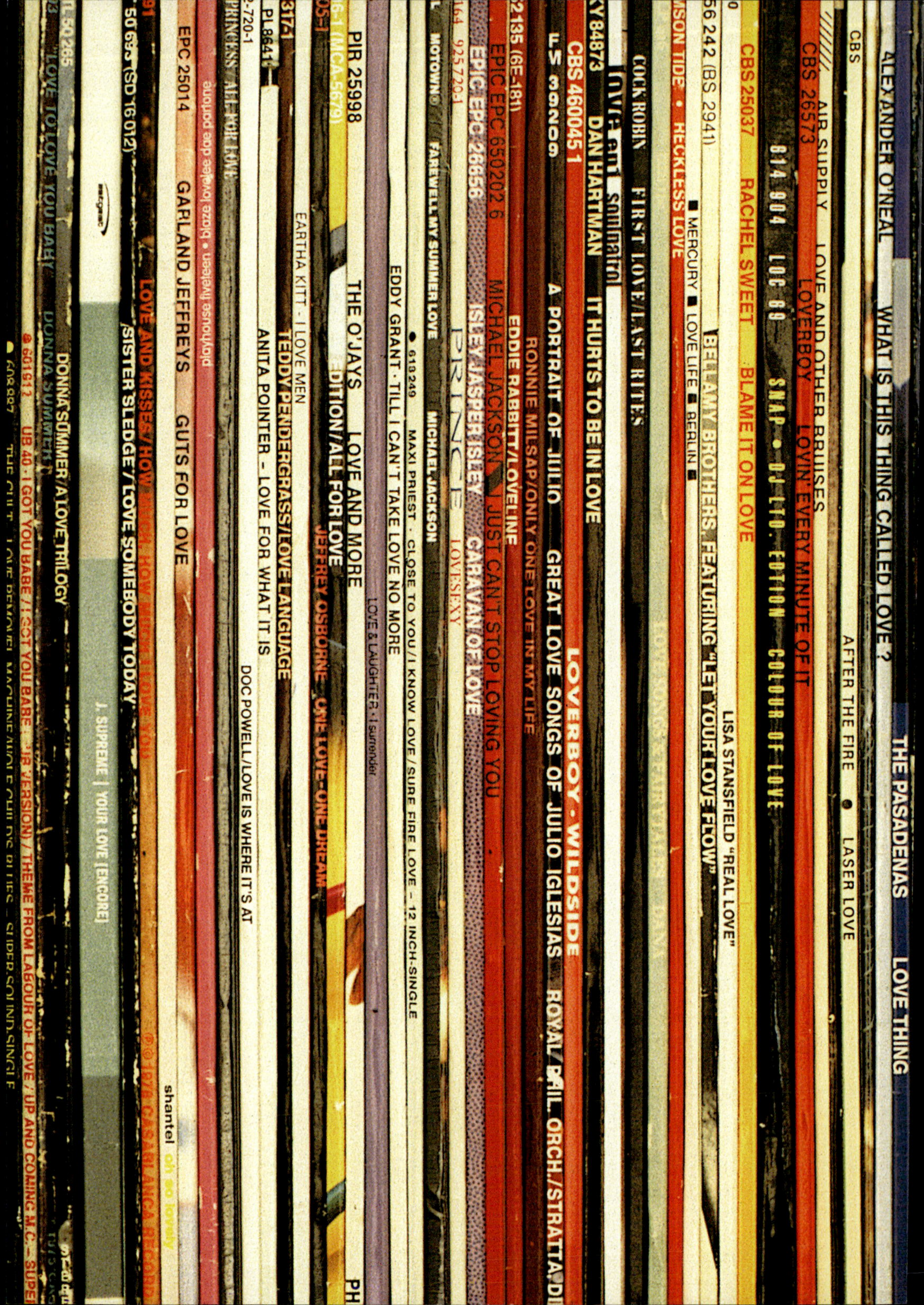

THE PASADENAS   LOVE THING

ALEXANDER O'NEAL   WHAT IS THIS THING CALLED LOVE?

CBS

AFTER THE FIRE ● LASER LOVE

AIR SUPPLY   LOVE AND OTHER BRUISES

CBS 26573   LOVERBOY   LOVIN' EVERY MINUTE OF IT

814 904   LOC 69   SNAP ● DJ LTD. EDTION   COLOUR OF LOVE

CBS 25037   RACHEL SWEET   BLAME IT ON LOVE

LISA STANSFIELD "REAL LOVE"

56 242 (BS 2941)   BELLAMY BROTHERS, FEATURING "LET YOUR LOVE FLOW"

MERCURY ■ LOVE LIFE ■ BERLIN

MSON TIDE ● RECKLESS LOVE

LOVE SONGS & FAIRYTALES ... DANA

COCK ROBIN   FIRST LOVE/LAST RITES

KY 84873   DAN HARTMAN   IT HURTS TO BE IN LOVE

CBS 460045 1   LOVERBOY · WILDSIDE

LS 39209   A PORTRAIT OF JULIO   GREAT LOVE SONGS OF JULIO IGLESIAS   ROYAL PHIL. ORCH./STRATTA DI

RONNIE MILSAP/ONLY ONE LOVE IN MY LIFE

2135 (6E-181)   EDDIE RABBITT/LOVELINE

EPIC EPC 650202 6   MICHAEL JACKSON   I JUST CAN'T STOP LOVING YOU

EPIC EPC 26656   ISLEY JASPER ISLEY   CARAVAN OF LOVE

164   925720-1   PRINCE   LOVESEXY

MOTOWN®   FAREWELL MY SUMMER LOVE   MICHAEL JACKSON

● 619249   MAXI PRIEST · CLOSE TO YOU/I KNOW LOVE/SURE FIRE LOVE - 12 INCH-SINGLE

EDDY GRANT · TILL I CAN'T TAKE LOVE NO MORE

LOVE & LAUGHTER · I surrender

PIR 25998   THE O'JAYS   LOVE AND MORE   PH

6-1 (MCA-5679)   EDITION/ALL FOR LOVE

05-1   JEFFREY OSBORNE   ONE LOVE-ONE DREAM

EARTHA KITT - I LOVE MEN

317-1   TEDDY PENDERGRASS/LOVE LANGUAGE

PL 8641   ANITA POINTER - LOVE FOR WHAT IT IS

2-720-1   DOC POWELL/LOVE IS WHERE IT'S AT

PRINCESS / ALL FOR LOVE

playhouse fiveteen · blaze lovelee dae parlone

EPC 25014   GARLAND JEFFREYS   GUTS FOR LOVE

shantel   oh so lovely

91   LOVE AND KISSES/HOW MUCH, HOW MUCH I LOVE YOU   ©℗ 1978 CASABLANCA RECORD

50 693 (SD 16 012)   SISTER SLEDGE / LOVE SOMEBODY TODAY

J. SUPREME | YOUR LOVE [ENCORE]

TL 50 265   DONNA SUMMER / A LOVE TRILOGY

"LOVE TO LOVE YOU BABY   DONNA SUMMER

● 601912   UB 40 - I GOT YOU BABE / I GOT YOU BABE (JB VERSION) / THEME FROM LABOUR OF LOVE / UP AND COMING M.C. - SUPE

608887   THE CULT - LOVE REMOVEL MACHINE/WOLF CHILD'S BLUES - SUPER SOUND SINGLE

SANDRA MANN

stabilisante. Son regard peut transpercer les étoffes les plus fines pour laisser entrevoir furtivement l'image provocante de
ambes trop longues. Ses yeux sondent inlassablement les corps avec tout leur savoir, un savoir nourri par l'expérience
sans jamais devenir une fin en soi. Sandra Mann ne se regarde pas, elle observe les autres et son regard n'a rien de celui
d'un voyeur. __Sandra Mann adopte une attitude ludique (pour ne par dire "ironique") envers elle-même. De cette attitude
découle une approche méthodique dans la mesure où son intuition englobe plus que ce qu'elle n'exclut. Ce qui est remar-
quable, bien plus que le changement continuel de perspective qu'elle nous offre, est sa capacité à créer des mélanges asso-
ciatifs dans lesquels une image ne catapulte pas l'autre dans une nouvelle direction, mais plutôt où les "zones périphé-
iques" des images interagissent entre elles. Ceci peut se traduire par des affinités de couleurs et de formes ou bien en-
core par une gravitation entre différentes constellations caractérisées par leur contenu ou leur signification. __Mais avant
out et je tiens à le préciser, le regard de Sandra Mann transforme tout en une richesse incroyable comme si elle voulait
treindre le monde entier. __Ses photos nous laissent deviner les bruits, les sons, les voix et les rythmes: un patchwork
out aussi coloré et animé que ses photos – jusqu'au silence de l'iguane. Jean-Christophe Ammann

La curiosidad maravillosa de Sandra Mann. Sandra Mann no es fotógrafa especializada en reportajes, ni tampoco en
ambientes de moda. Se mueve más bien en la tradición de un Larry Clark o de una Nan Goldin. __Sandra Mann sale sin
umbo fijo y observa discretamente, a su mirada no se le escapa nada. Que las personas se abran ante ella con franqueza
gocen de esta exhibición, tiene que ver con su temperamento y su personalidad. A lo mejor también con su encanto
su risa melodiosa. La cámara es su compañera inseparable, con el que respira y olisquea a su alrededor, casi diría que
s una especie de órgano olfativo. __Se encuentra en el pleno medio, con su instinto periférico. No tiene miedo al con-
acto, pero a pesar de ello puede ser arisca como un gato. Su mirada es cariñosa, comprensiva. El detalle obsceno no le es
esconocido, pero sí cualquier forma de vulgaridad. Vibra con el entusiasmo de los jóvenes en un concierto, pero mante-
iendo el sosiego estabilizador. Su mirada puede tantear a través de las telas más delicadas y en una perspectiva ines-
erada puede presentar una piernas larguísimas como una provocación. El saber de sus ojos es un saber absolutamente
sico, nutrido de la experiencia, sin que se convierta en fin absoluto: Sandra Mann no se observa a sí misma. Contempla
los demás sin caer en el voyeurismo. __Sandra Mann tiene un trato fútil consigo misma (por evitar la palabra "ironia").
ste trato corresponde también a un procedimiento metódico: su intuición siempre incluye más que excluye. Lo notable
o es solamente su constante cambio de perspectiva, sino su capacidad de crear mezclas asociativas. En éstas la inten-
ón no es que una imagen catapulte la otra en una dirección nueva, sino que se entrelacen los "espacios marginales"
e sus imágenes. Lo consigue aproximando colores y formas o también con ayuda de la gravitación de constelaciones de
ontenido o especificas del significado. __Pero sobre todo una cosa me parece importante: con su mirada, Sandra Mann
roduce una riqueza sorprendente en el todo, como si quiesiera abrazar el mundo entero. __Lo que tan sólo podemos
divinar en sus imágenes son los muchos ruidos, sonidos, voces, ritmos: un tapiz tan colorido y movido como sus imá-
enes, en las que se percibe hasta el silencio de la iguana. Jean-Christophe Ammann

ザンドラ・マンの驚くべき好奇心 ザンドラ・マンは報道写真家でも、スクープカメラマ
でもない。むしろ彼女はラリー・クラークやナン・ゴールディンの系統に属する。ザンドラ・マンは飛躍し、じっと観察し、何も見逃さない。皆が
女に心を開くのは彼女の性格と個性によるものだ。もしかすると、彼女の魅力と明るい笑い声のおかげかもしれない。カメラは彼女の相棒、呼吸を
るようなこと。匂いだって嗅げるかもしれない。
細なことに対する好奇心が、彼女をものごとの震源地へと導く。彼女はものおじしない。だが、鹿のように繊細にもなり得る。彼女のまなざしはや
しく、共感をたたえる。猥雑なディテールも彼女にとっては当然の事であり、俗悪からは程遠い。コンサートでの若者の興奮は彼女も熱狂に駆り立
るが、それでもその安定した静けさは失われない。薄い布地の向こう側を彼女の眼差しは触覚でき、長い足越しの極端な遠近図法をも挑発的に表現
ることができる。彼女の目に宿る知識は経験によった完全に身体的なものであり、自己目的のためでは無い。一つまりザンドラ・マンは自分自身を
つめない。他人を見る、その眼差しにはのぞき見的なところはまるで無い。
ンドラ・マンの彼女自身に対する態度には（皮肉という単語をあえて避ければ）遊び心がある。注目すべきは彼女の観点が常に変化することだけで
無い。多くの引き出しを持たない画像を、連想的に混ぜ合わせることで新しい方向へと展開させる能力である。それは″外部領域″のイメージと影響
せあうのでは無く、色彩や形状の類似性あるいは意味の関連性の重力によって行われる。彼女の直観力が優れているので、そのやり方は秩序だった
法ともいえる。
しかし、もっとも大切な事は― ザンドラ・マンがその眼差しで、すべてに対して驚くべき豊かさをもたらしていることである。まるで世界を抱き
めたいかのように。
女の作品から予感できるのは、多くのノイズ、サウンド、声、リズムである。―イグアナの沈黙のように― 色彩と活気に満ちたタペストリーなの
ある。
ーン・クリストフ・アマン

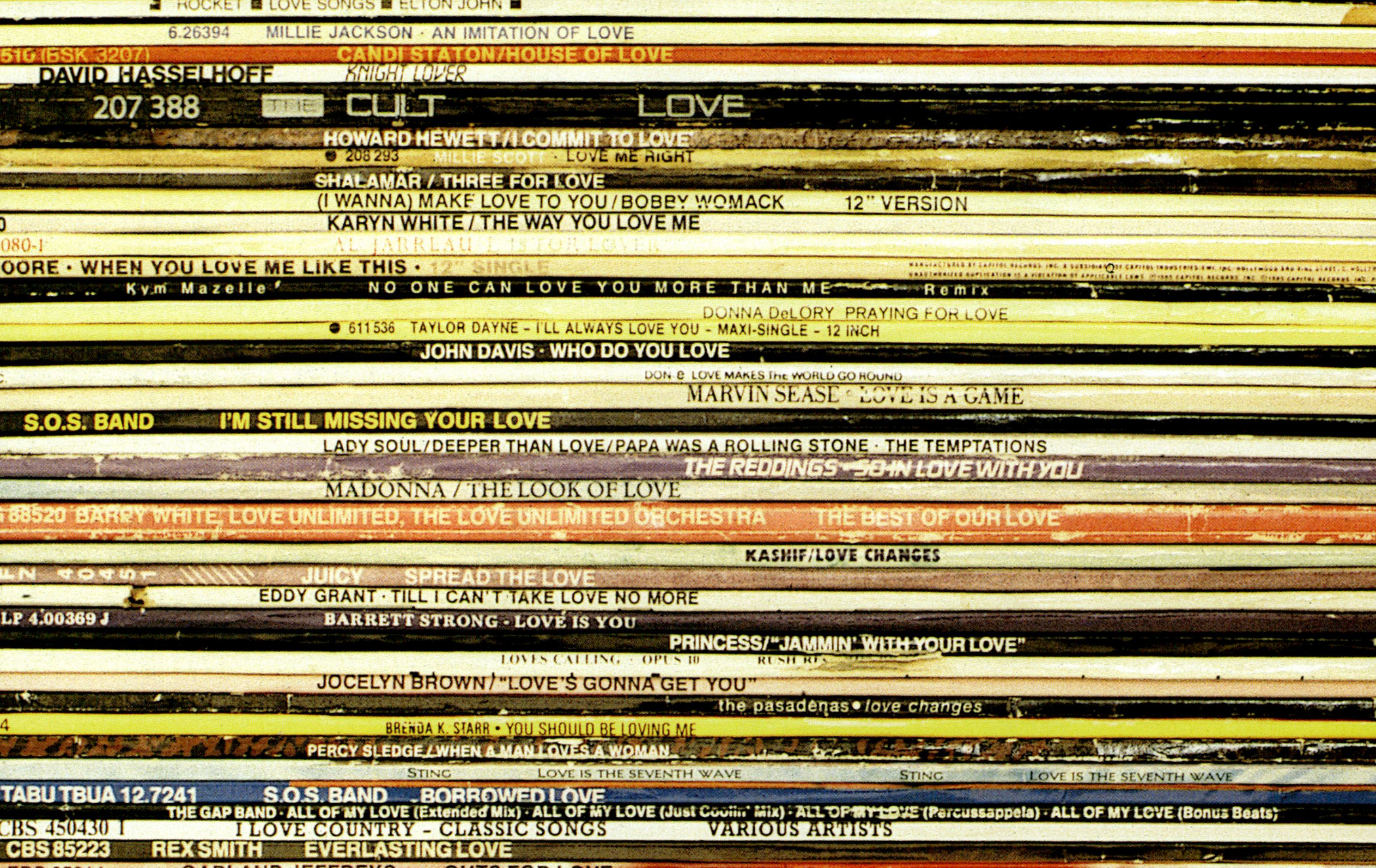
ASHFORD & SIMPSON · REAL LOVE
-30-0
PHIL COLLINS / A GROOVY KIND OF LOVE
DEE DEE BRIDGEWATER
VICTIM OF LOVE
POLYDOR
C/1
4
MOTOWN
GEORGE BENSON · THE LOVE SONGS
MAKING A GAME OUT OF LOVE · WILLIE HUTCH
ROCKET · LOVE SONGS · ELTON JOHN
6.26394   MILLIE JACKSON · AN IMITATION OF LOVE
56 5IG (BSK 3207)
CANDI STATON/HOUSE OF LOVE
DAVID HASSELHOFF   Knight Lover
207 388   THE CULT   LOVE
37-1
HOWARD HEWETT / I COMMIT TO LOVE
208 293   MILLIE SCOTT · LOVE ME RIGHT
7
SHALAMAR / THREE FOR LOVE
9-0
(I WANNA) MAKE LOVE TO YOU / BOBBY WOMACK   12" VERSION
25-0
KARYN WHITE / THE WAY YOU LOVE ME
53080-1
AL JARREAU · L IS FOR LOVER
MOORE · WHEN YOU LOVE ME LIKE THIS · 12" SINGLE
Kym Mazelle   NO ONE CAN LOVE YOU MORE THAN ME   Remix
4
DONNA DeLORY   PRAYING FOR LOVE
611536   TAYLOR DAYNE – I'LL ALWAYS LOVE YOU – MAXI-SINGLE – 12 INCH
JOHN DAVIS · WHO DO YOU LOVE
S. INC.
DON & LOVE MAKES THE WORLD GO ROUND
MARVIN SEASE · LOVE IS A GAME
S.O.S. BAND   I'M STILL MISSING YOUR LOVE
40
LADY SOUL/DEEPER THAN LOVE/PAPA WAS A ROLLING STONE · THE TEMPTATIONS
THE REDDINGS – SO IN LOVE WITH YOU
6-0
MADONNA / THE LOOK OF LOVE
JLG 88520 BARRY WHITE, LOVE UNLIMITED, THE LOVE UNLIMITED ORCHESTRA   THE BEST OF OUR LOVE
847
KASHIF/LOVE CHANGES
DLN 40451   JUICY   SPREAD THE LOVE
EDDY GRANT · TILL I CAN'T TAKE LOVE NO MORE
TLLP 4.00369 J   BARRETT STRONG · LOVE IS YOU
PRINCESS/"JAMMIN' WITH YOUR LOVE"
LOVES CALLING · OPUS III   RUSH RUS
3-0
JOCELYN BROWN / "LOVE'S GONNA GET YOU"
the pasadenas · love changes
3834
BRENDA K. STARR · YOU SHOULD BE LOVING ME
PERCY SLEDGE/WHEN A MAN LOVES A WOMAN
STING   LOVE IS THE SEVENTH WAVE   STING   LOVE IS THE SEVENTH WAVE
TABU TBUA 12.7241   S.O.S. BAND   BORROWED LOVE
THE GAP BAND · ALL OF MY LOVE (Extended Mix) · ALL OF MY LOVE (Just Coolin' Mix) · ALL OF MY LOVE (Percussappela) · ALL OF MY LOVE (Bonus Beats)
CBS 450430 1   I LOVE COUNTRY – CLASSIC SONGS   VARIOUS ARTISTS
CBS 85223   REX SMITH   EVERLASTING LOVE
EPC 25014   GARLAND JEFFREYS   GUTS FOR LOVE
I.R.S. ILP 450635 1   THE TRUTH   WEAPONS OF LOVE
GEF-24806   WHITE ZOMBIE   ASTRO CREEP: 2000 · SONGS OF LOVE
090302-0005

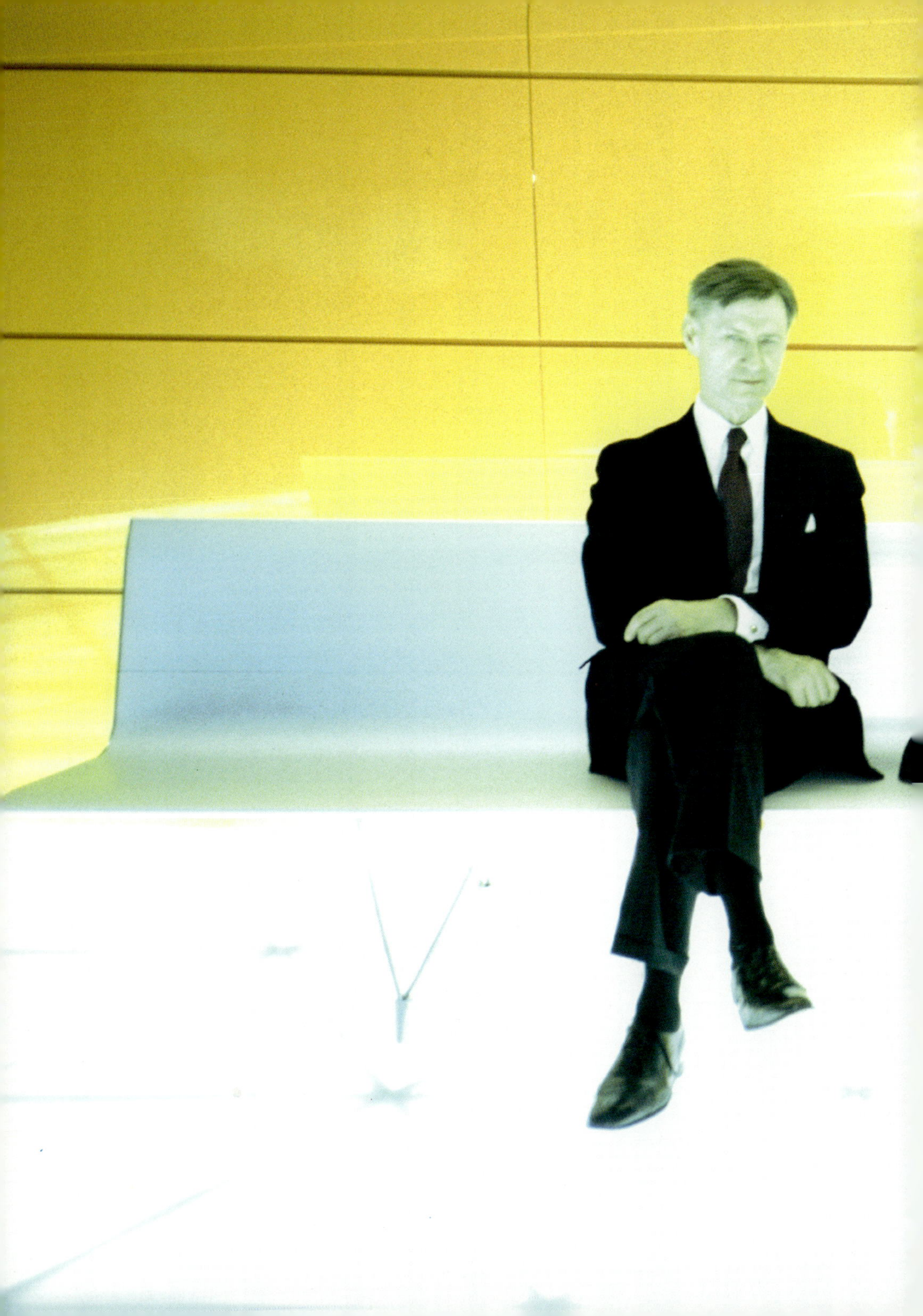

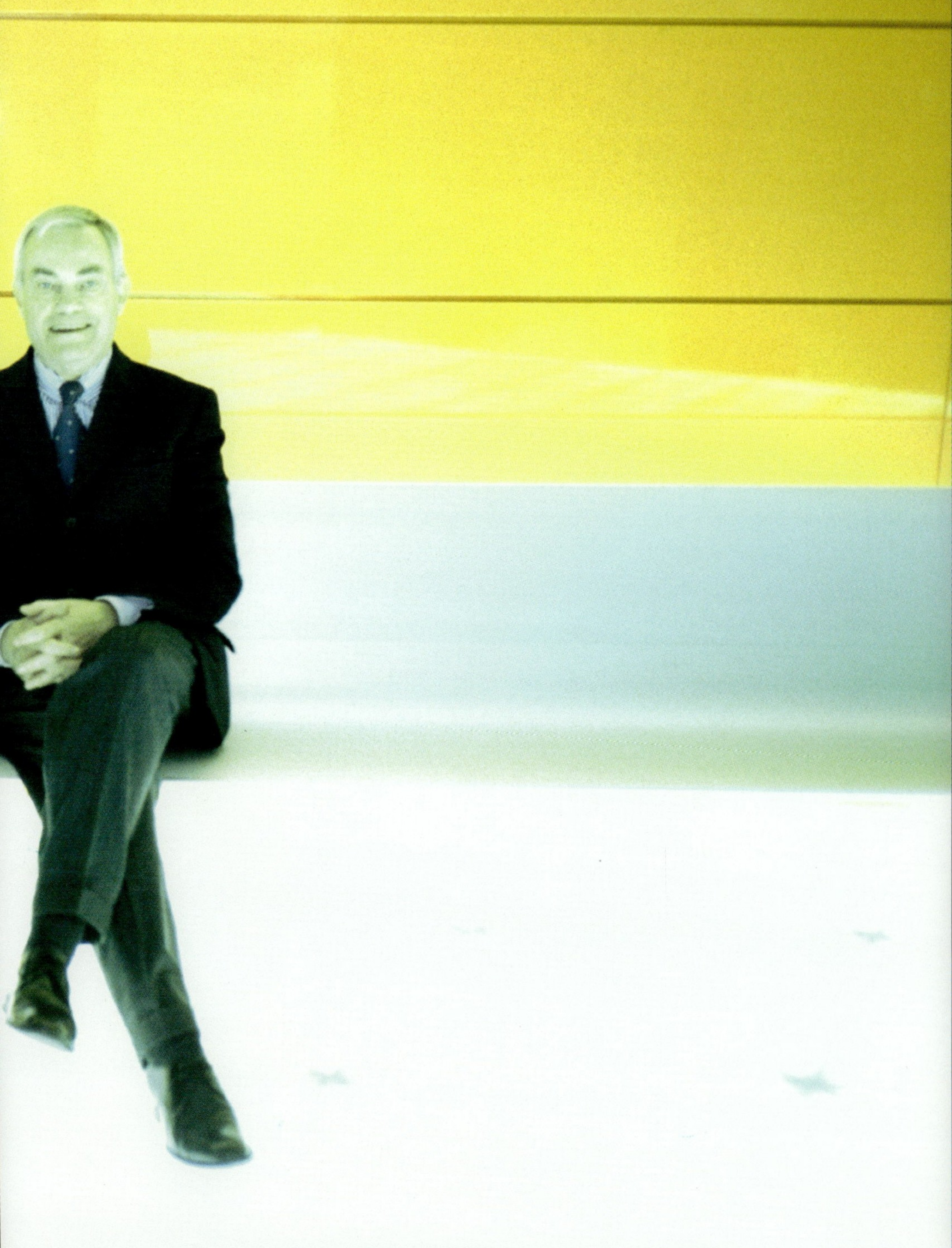

230103-0001

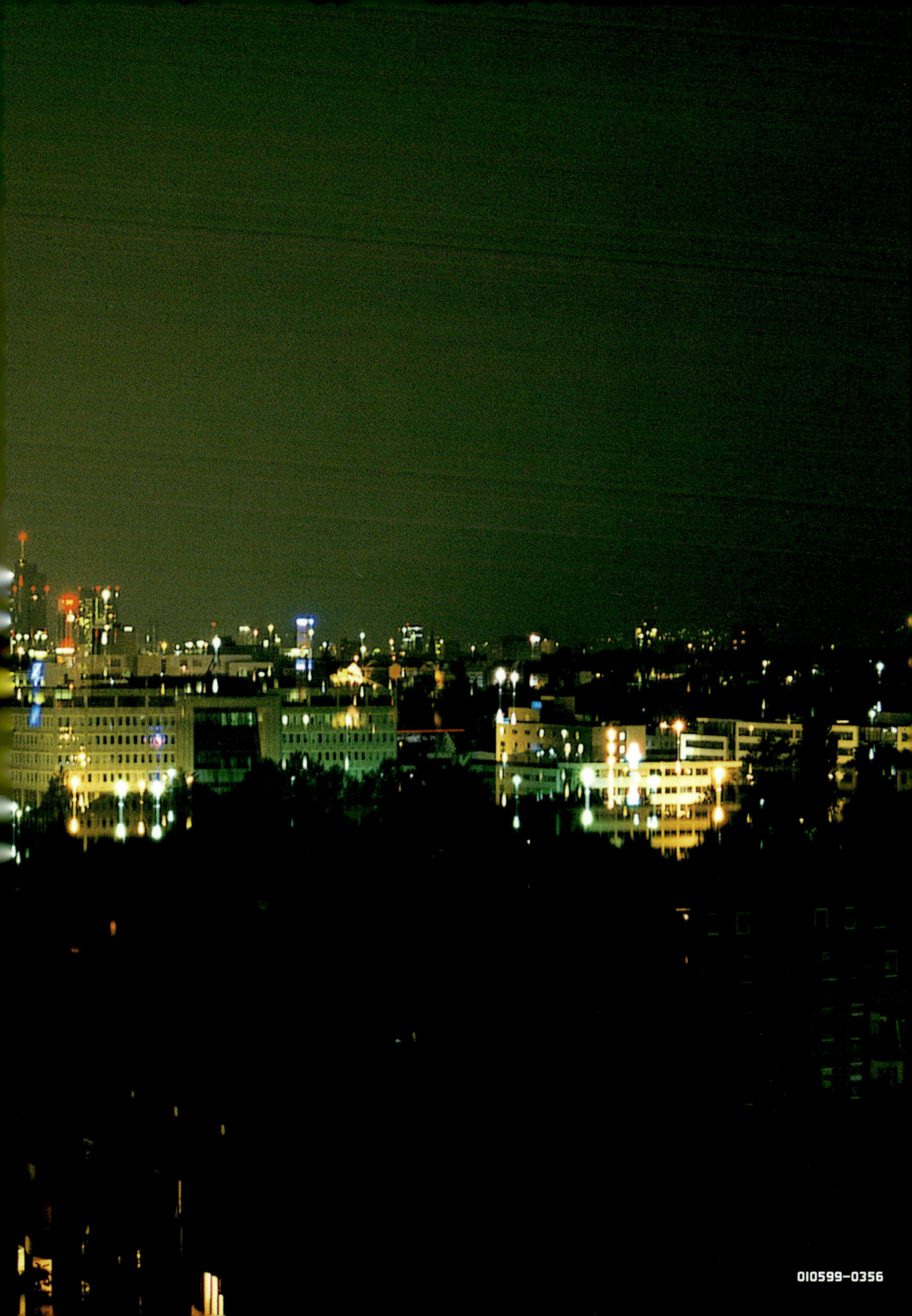

010599-0356

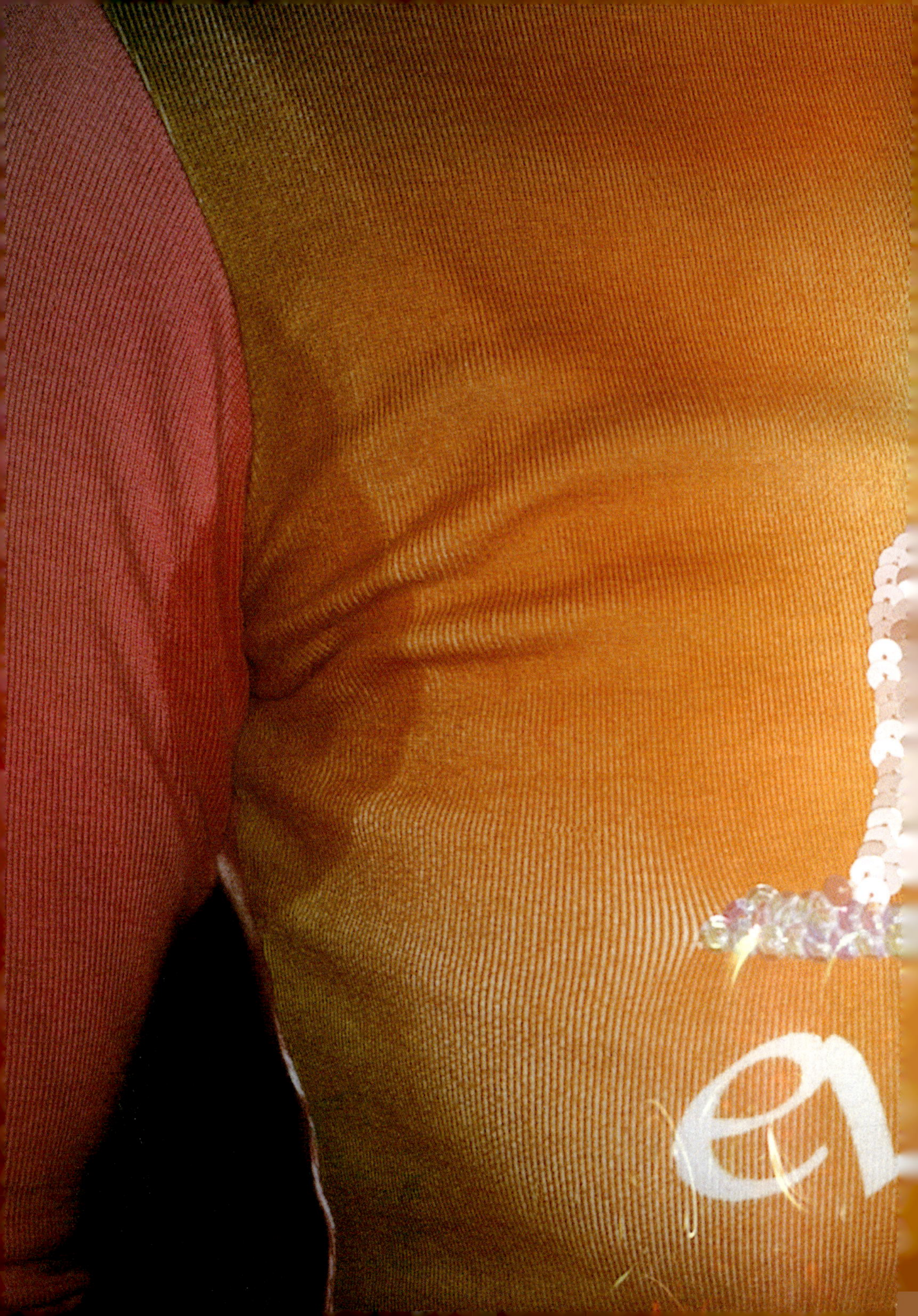

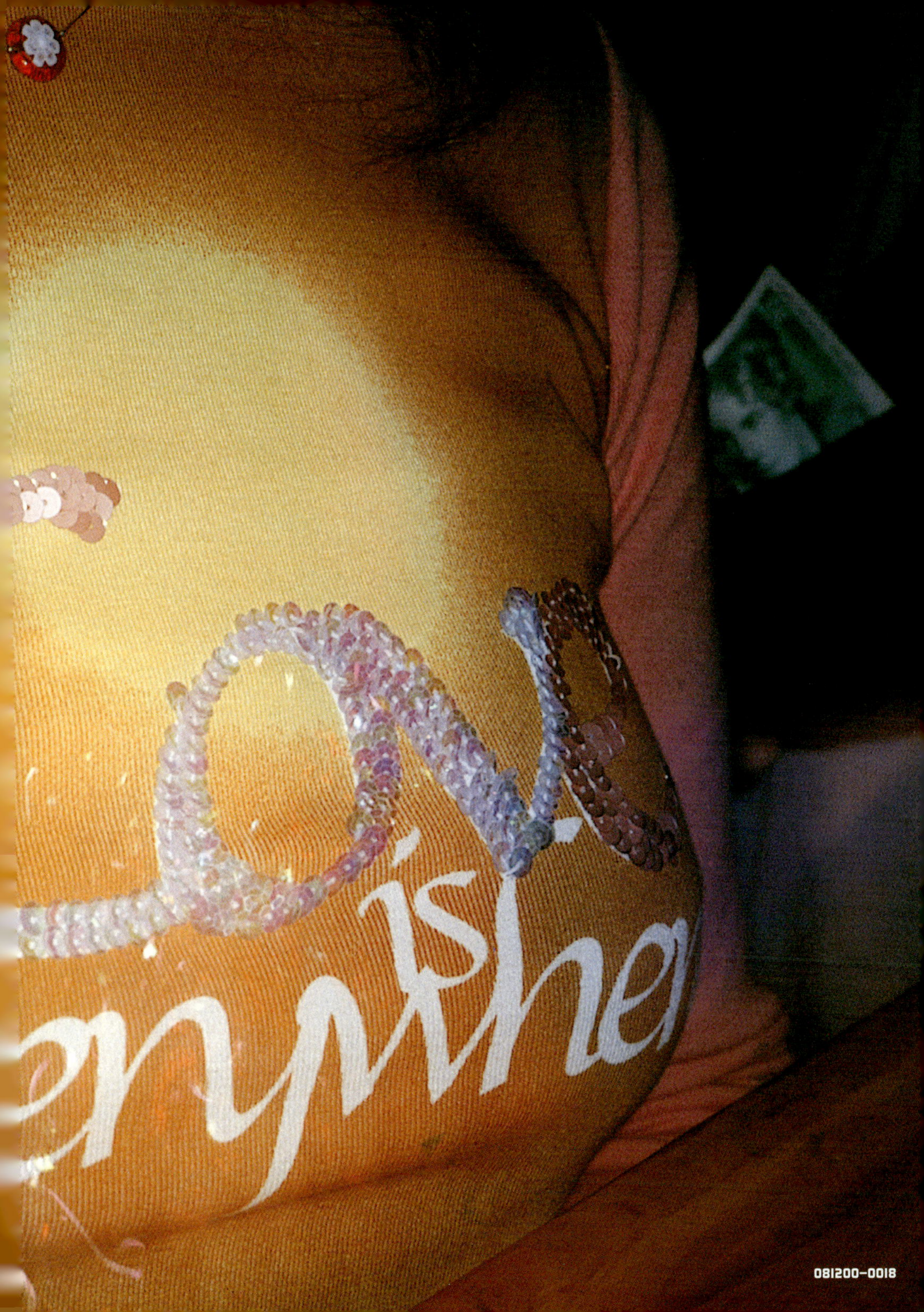

LOVE
is
enywhere
081200-0018

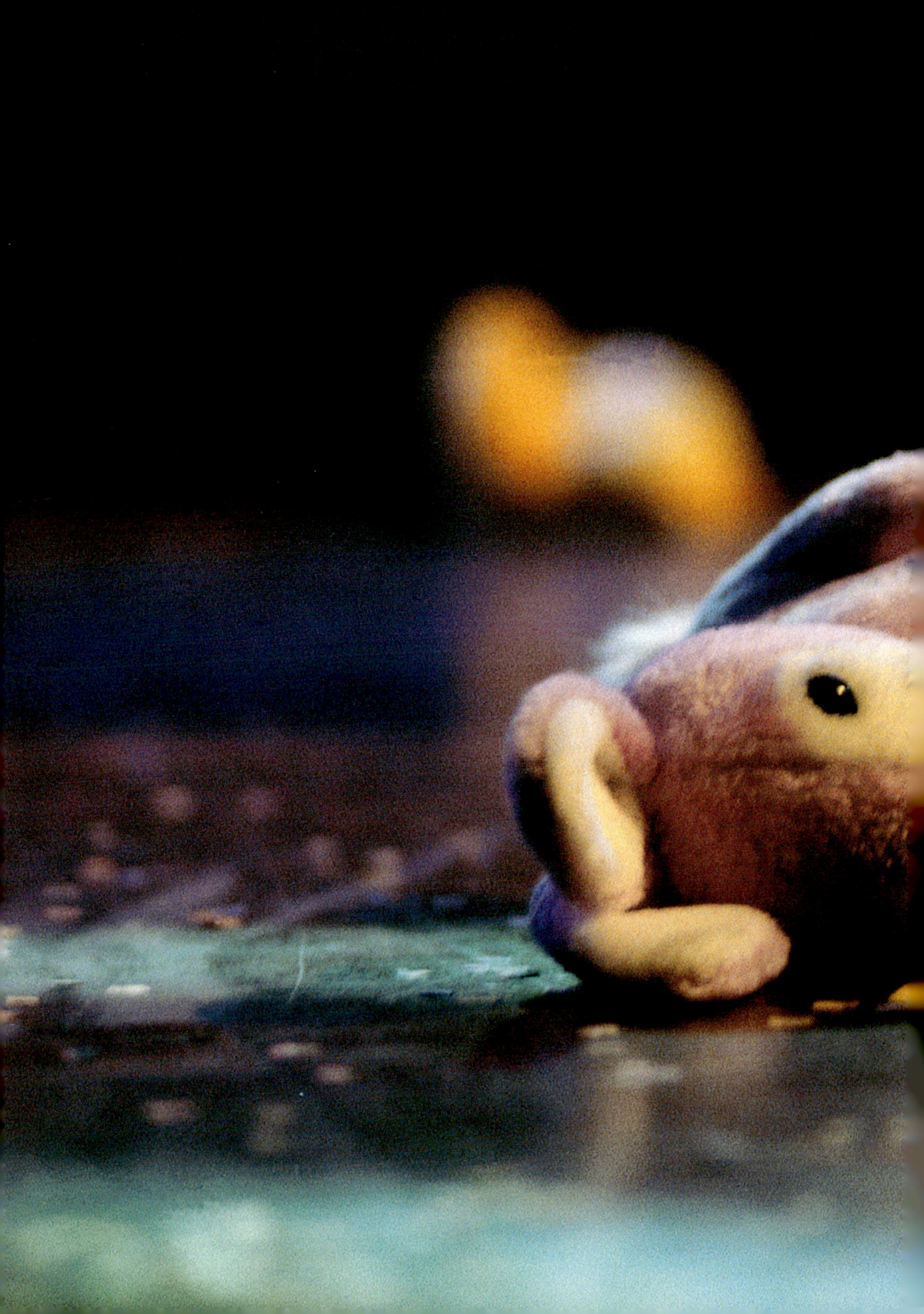

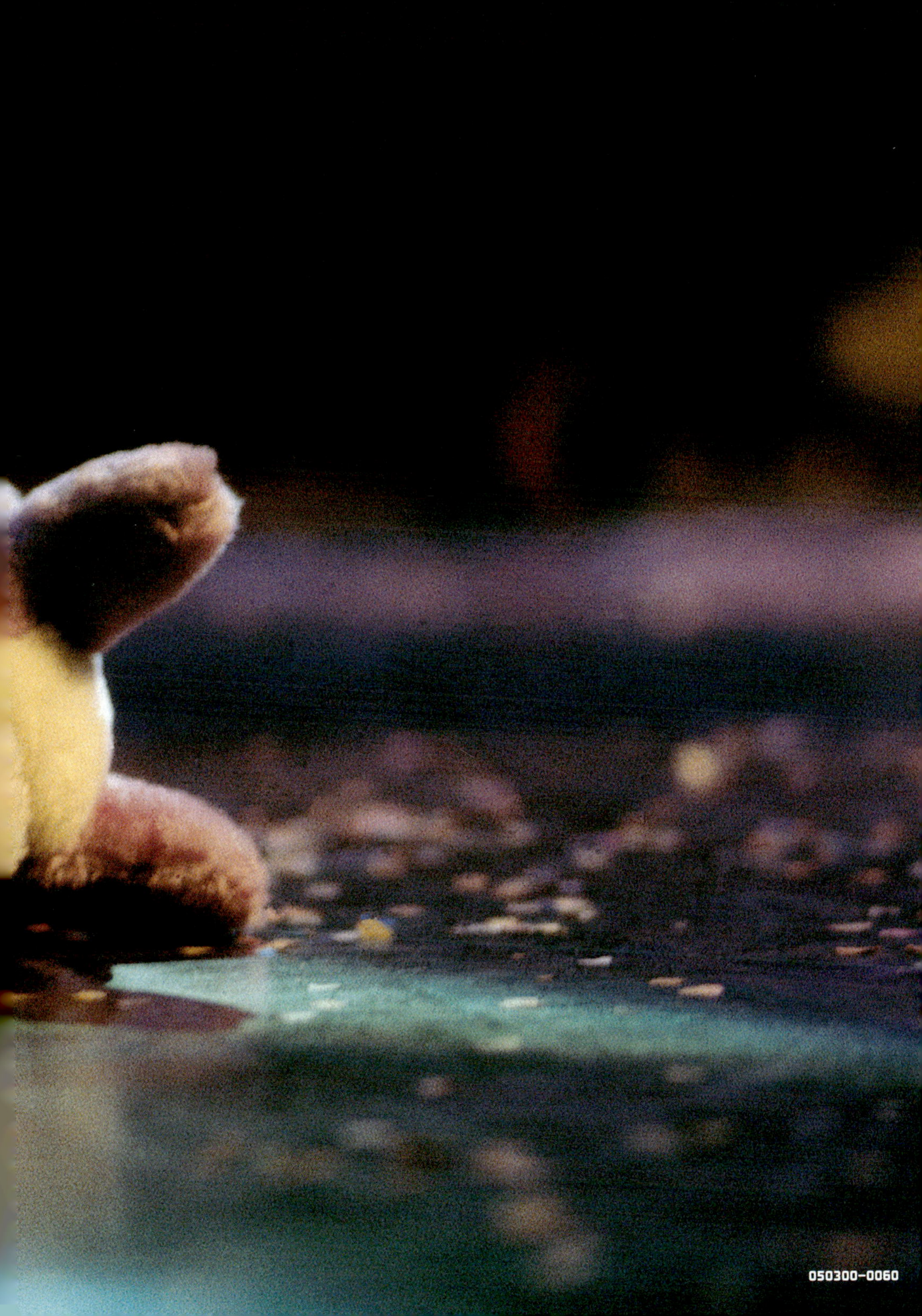

050300-0060

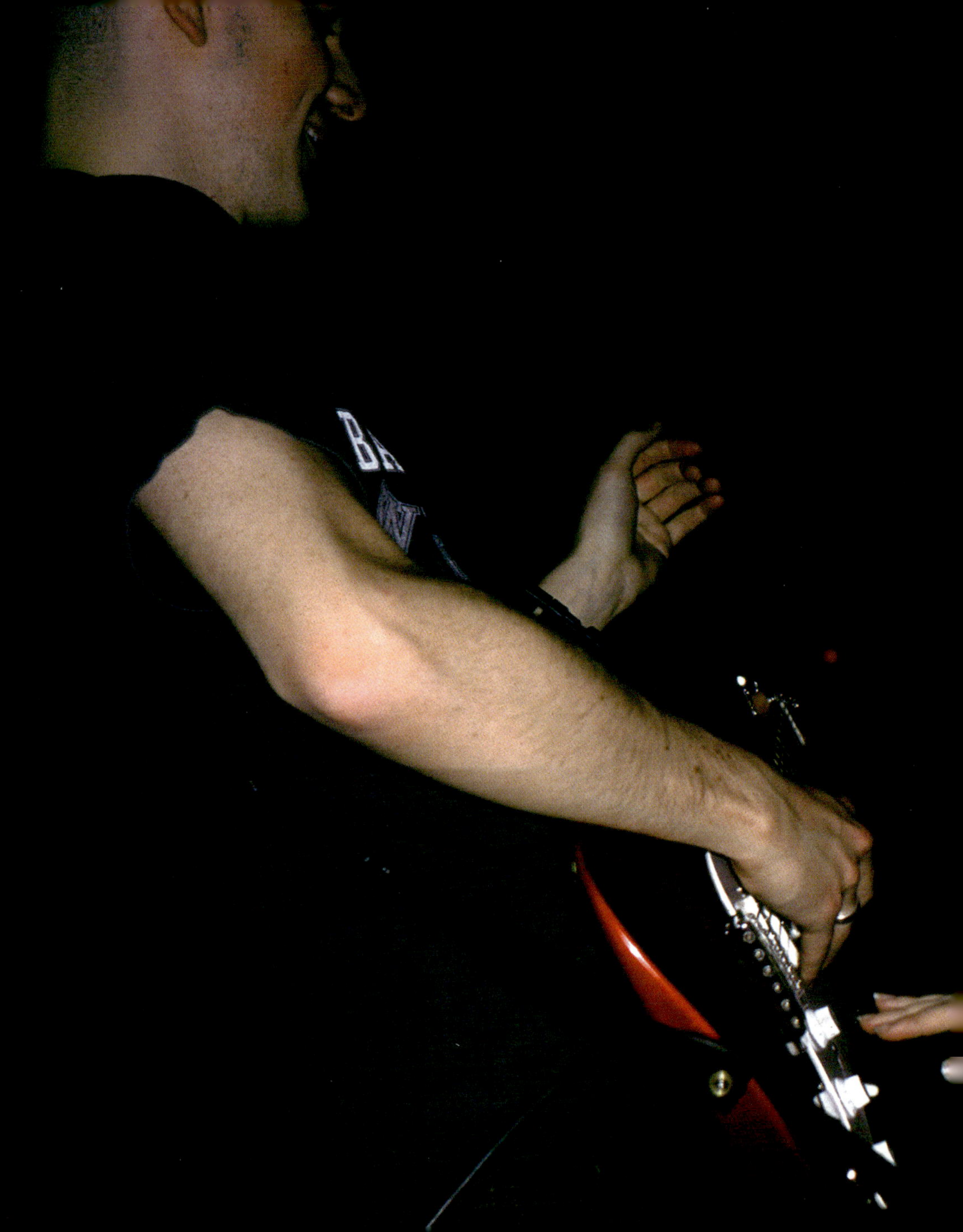

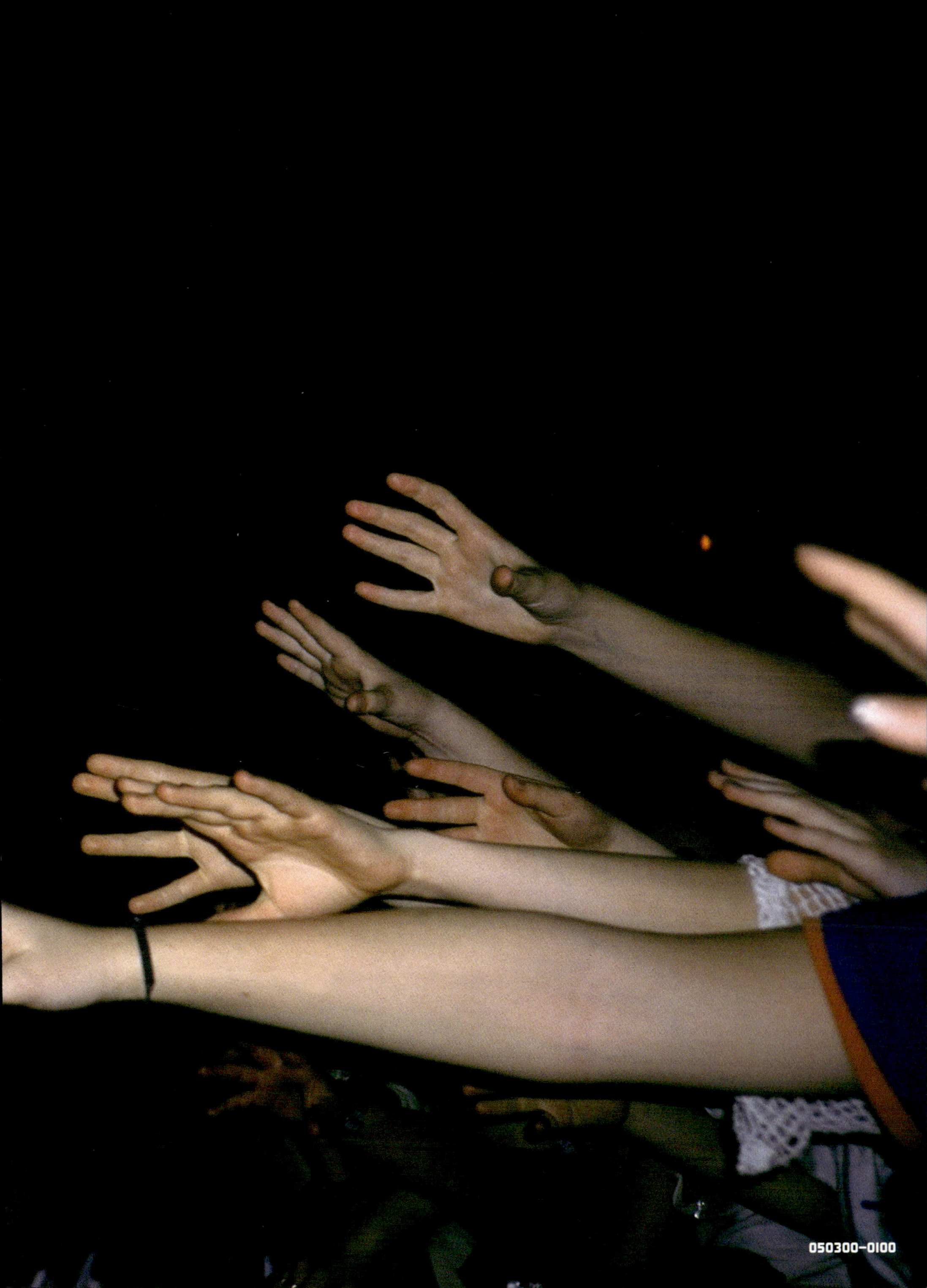
050300-0100

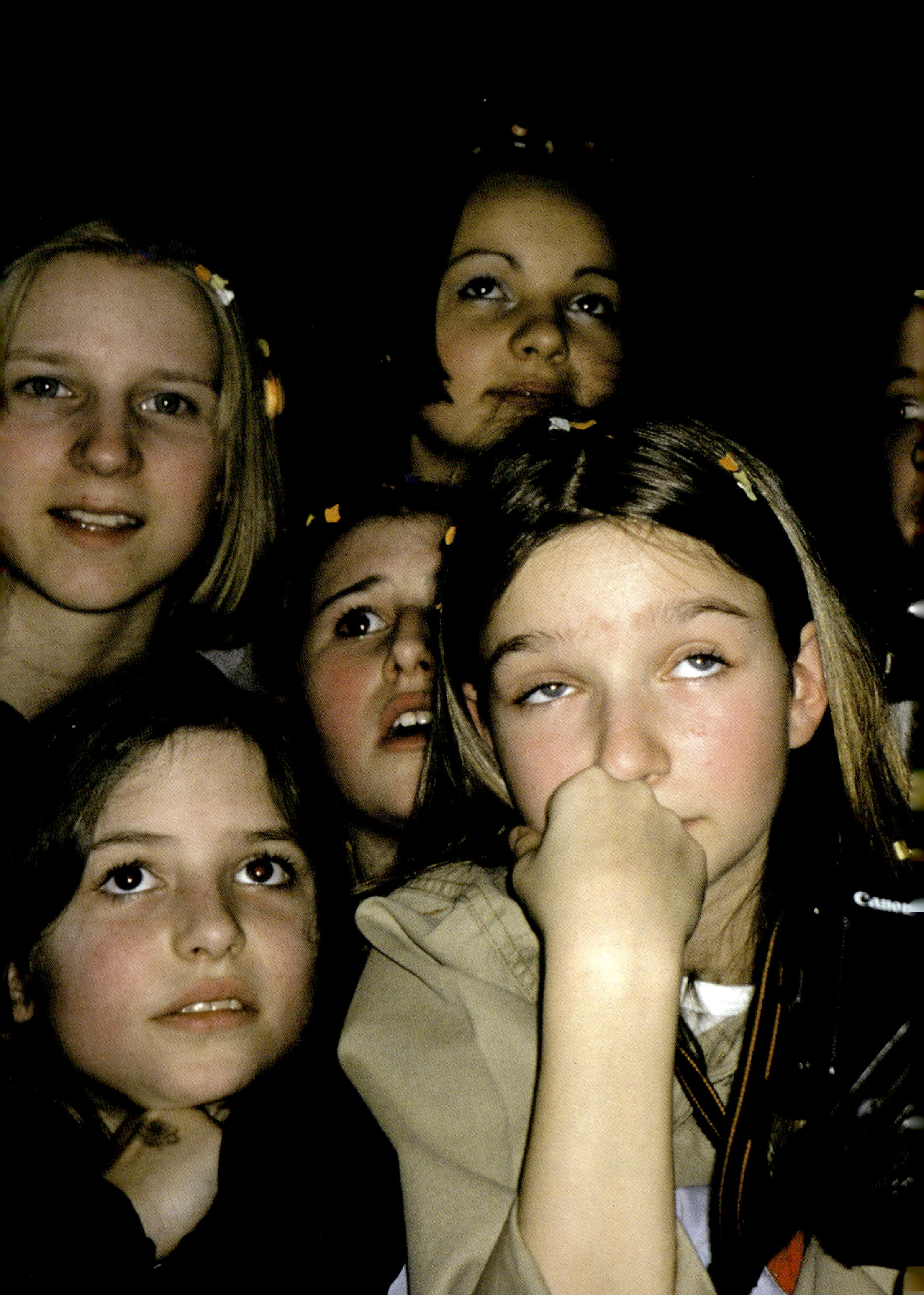

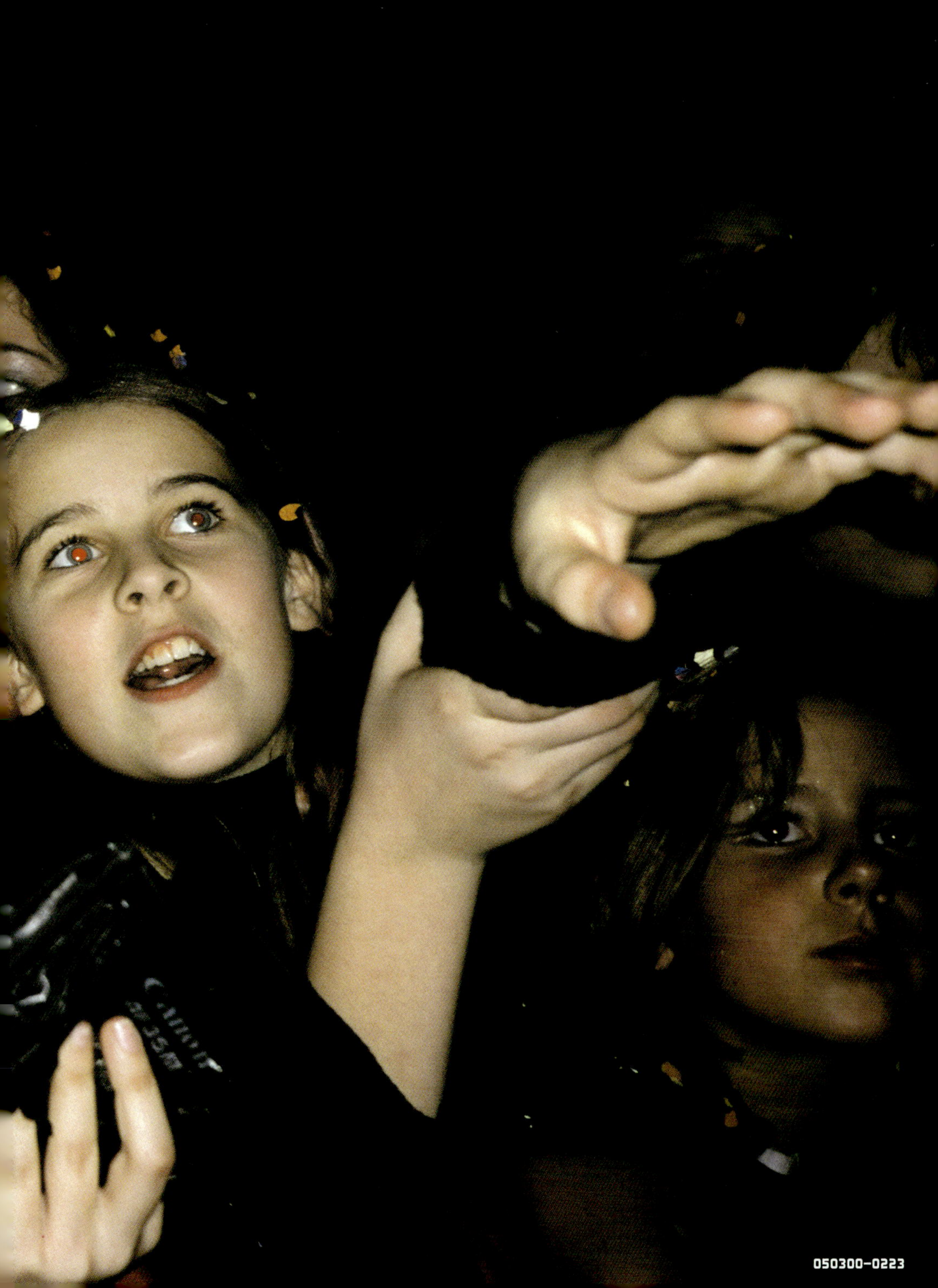

050300-0223

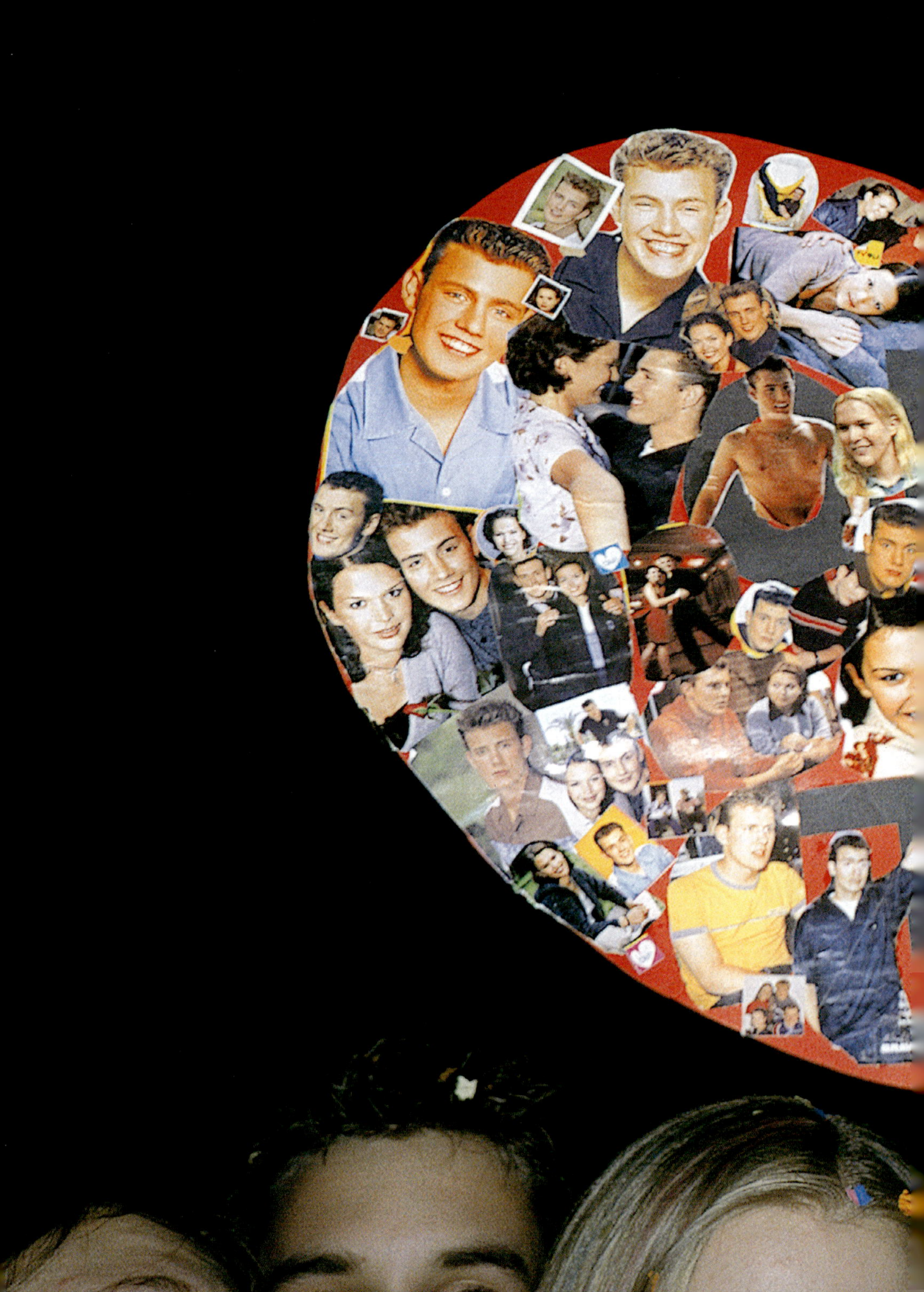

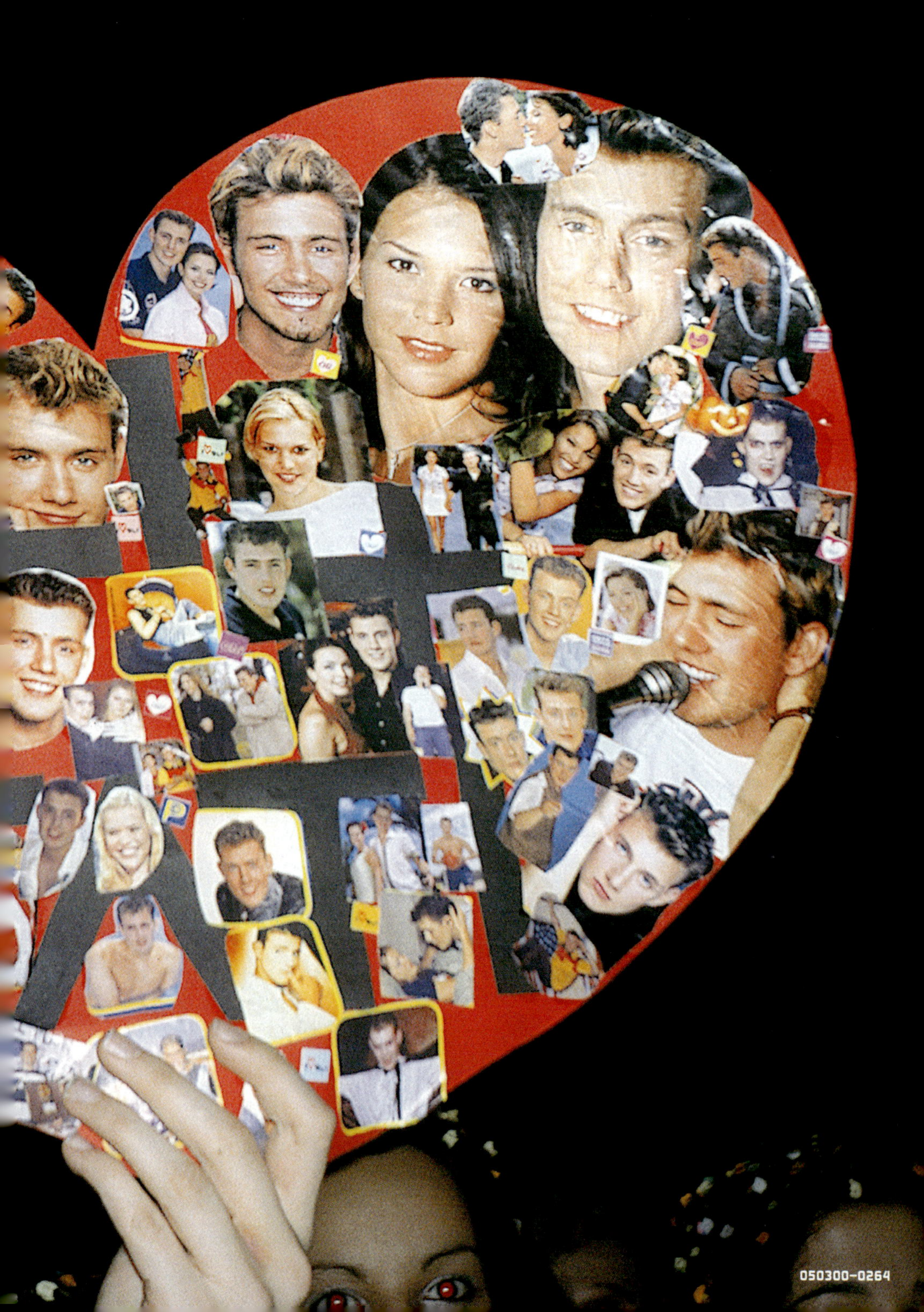

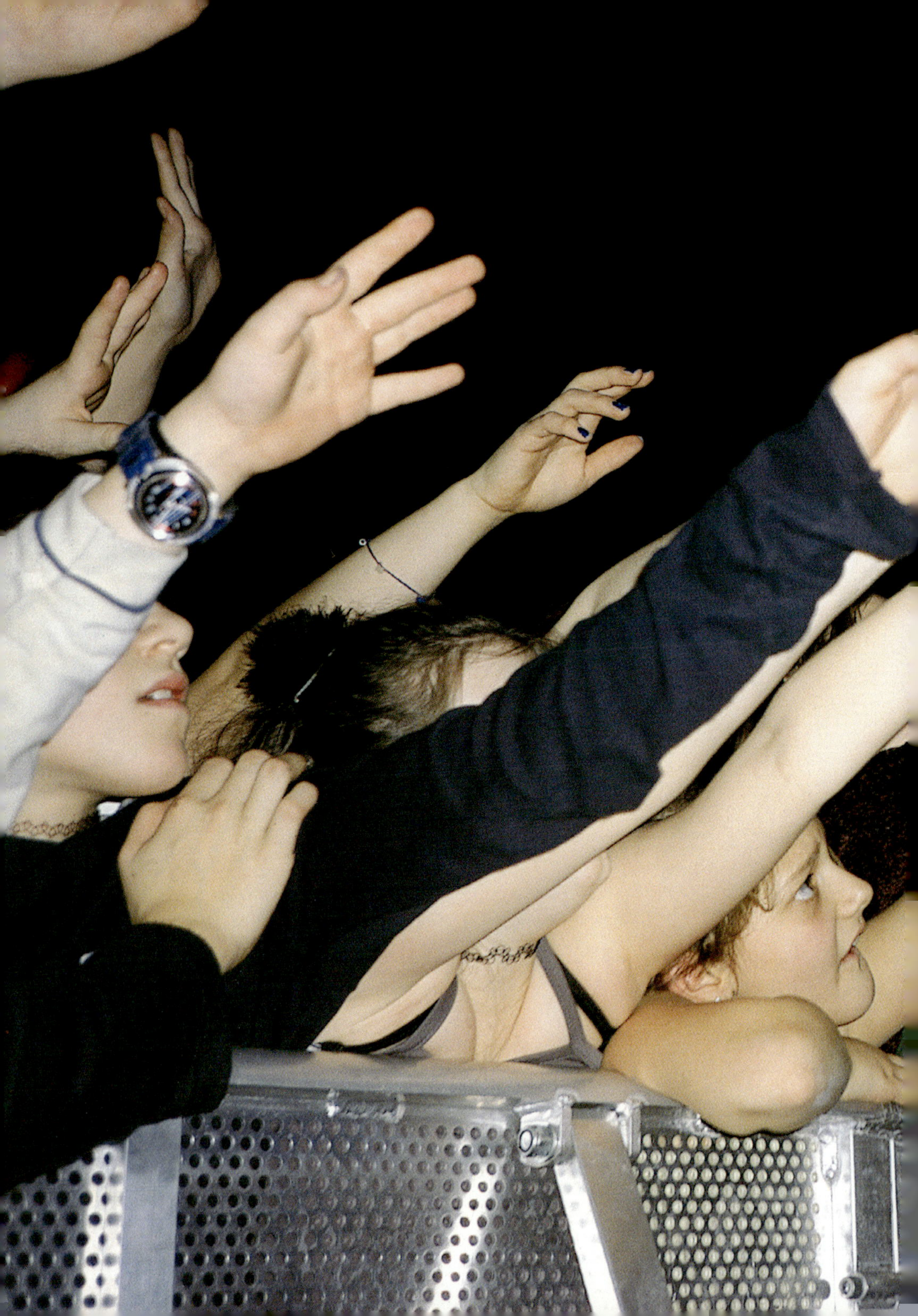

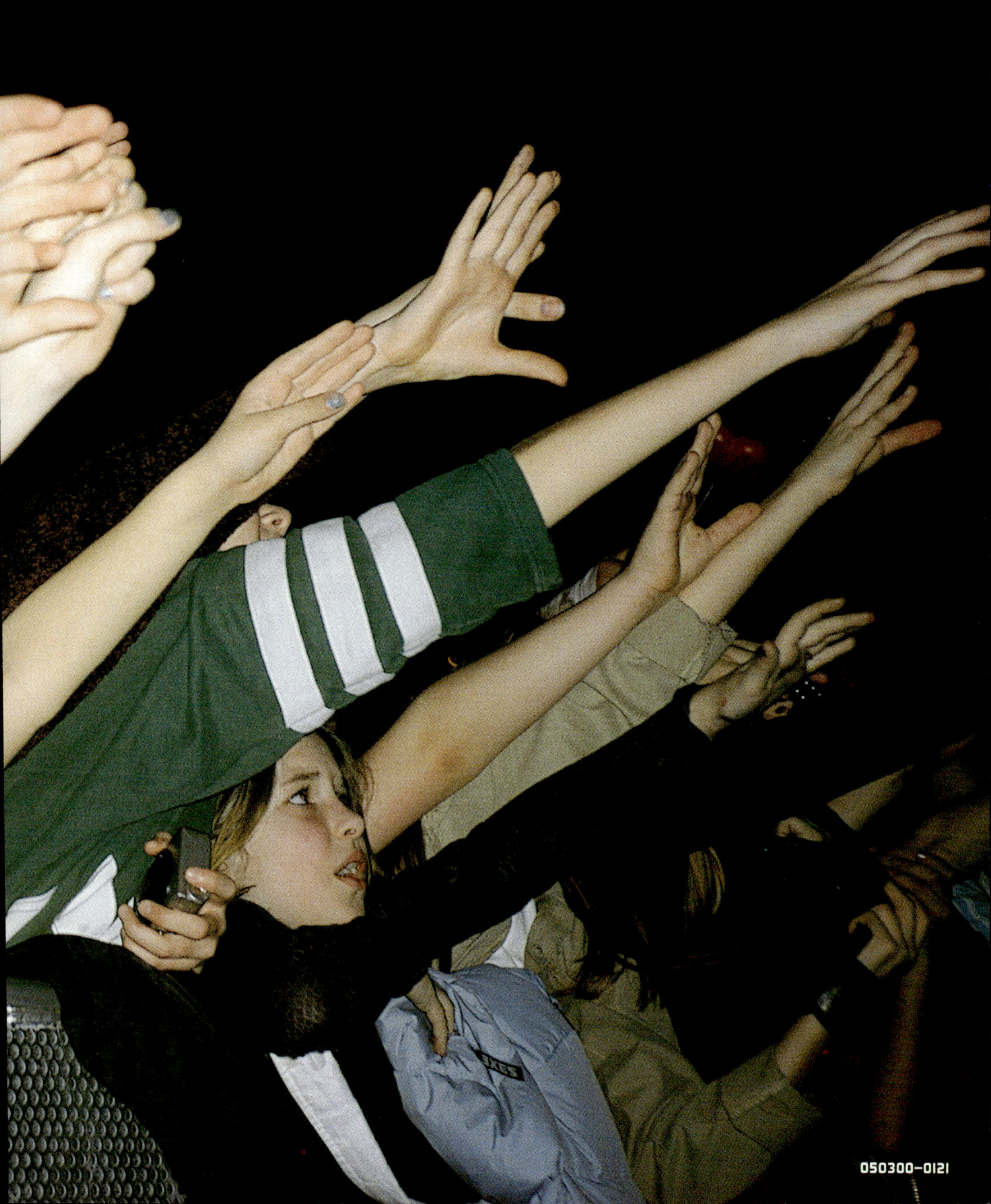
050300-0121

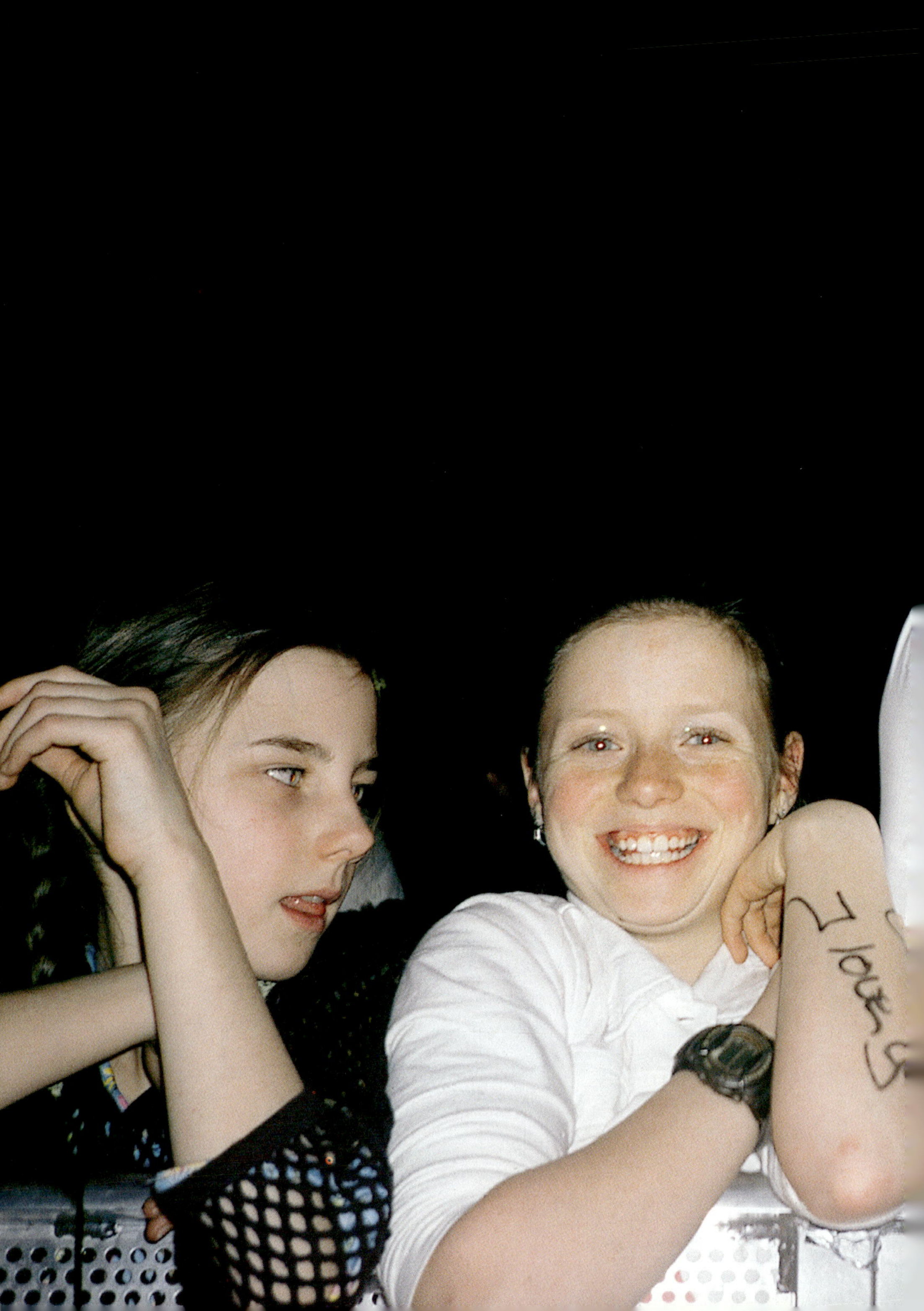

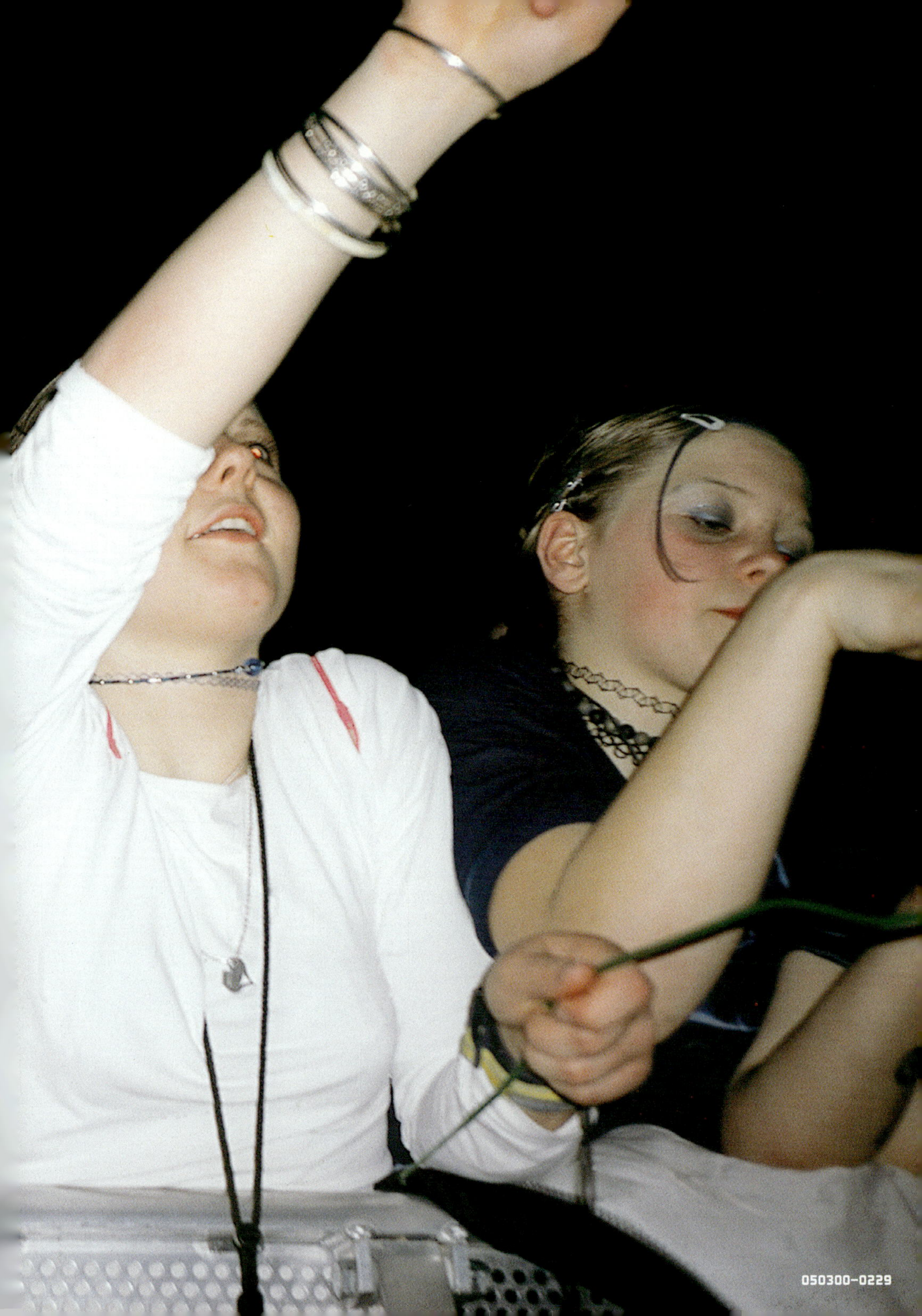
050300-0229

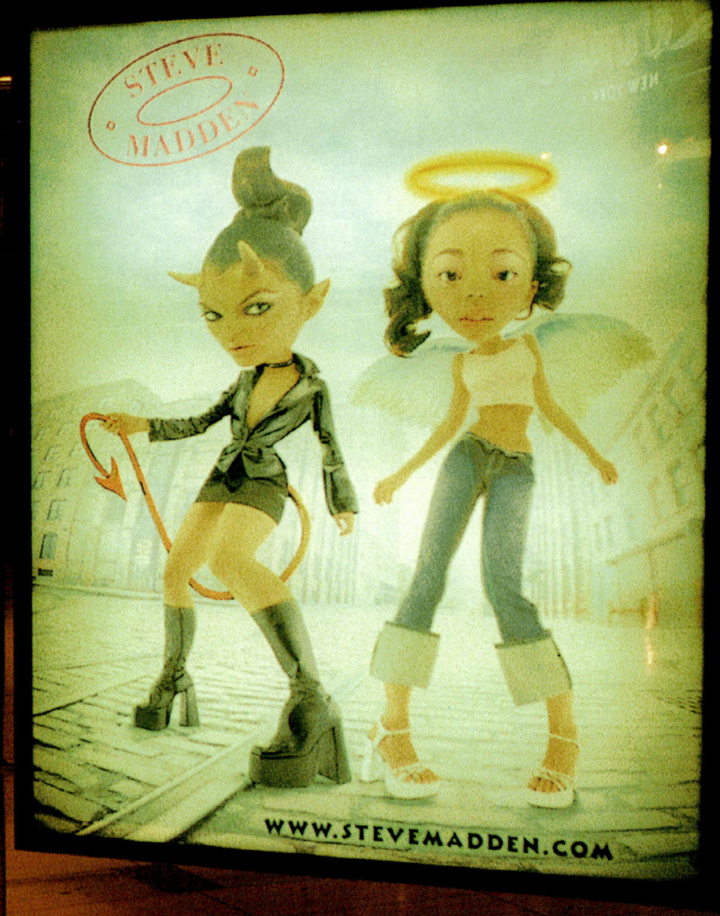

STEVE MADDEN
NEW YORK
WWW.STEVEMADDEN.COM

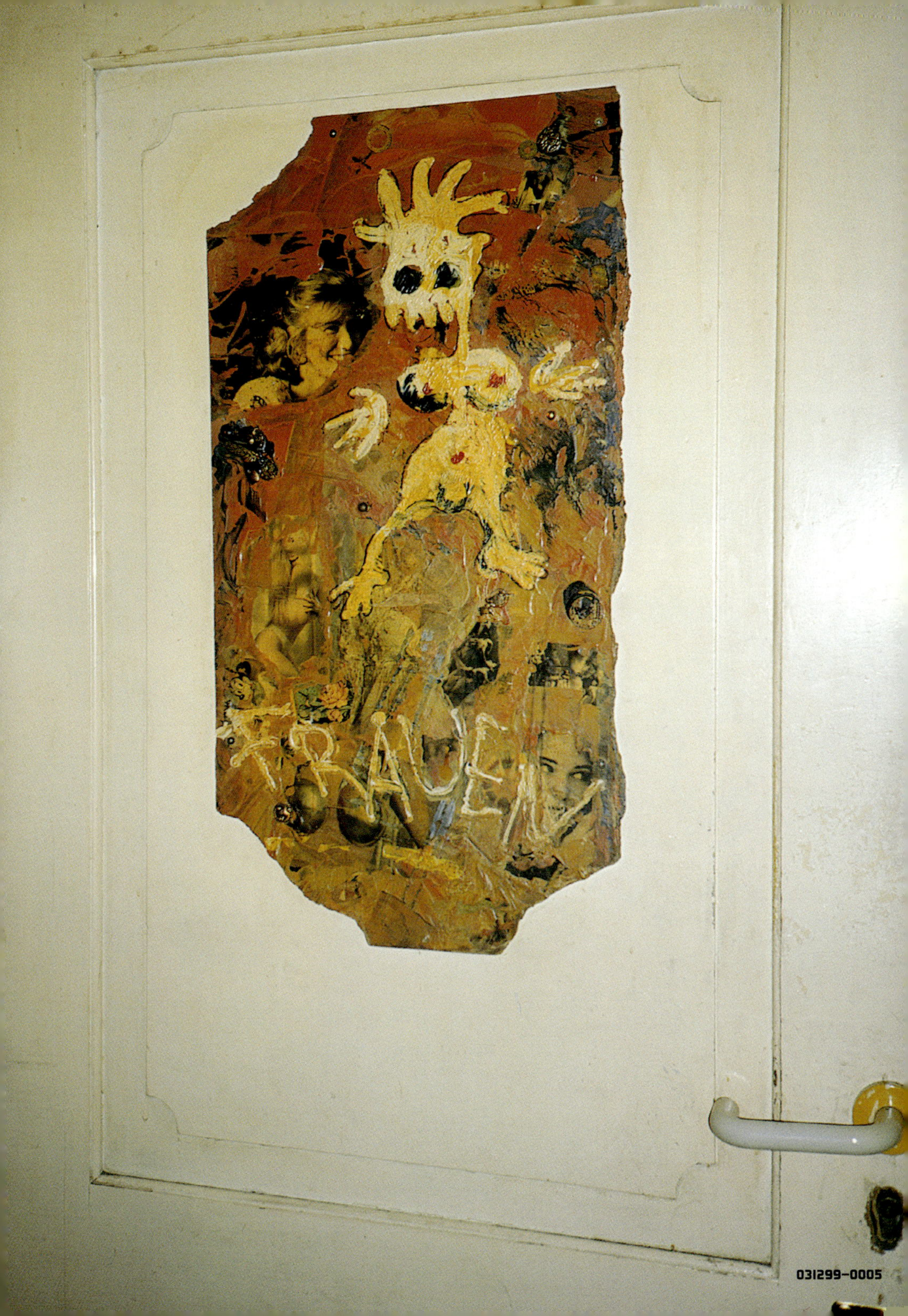
FRAUEN

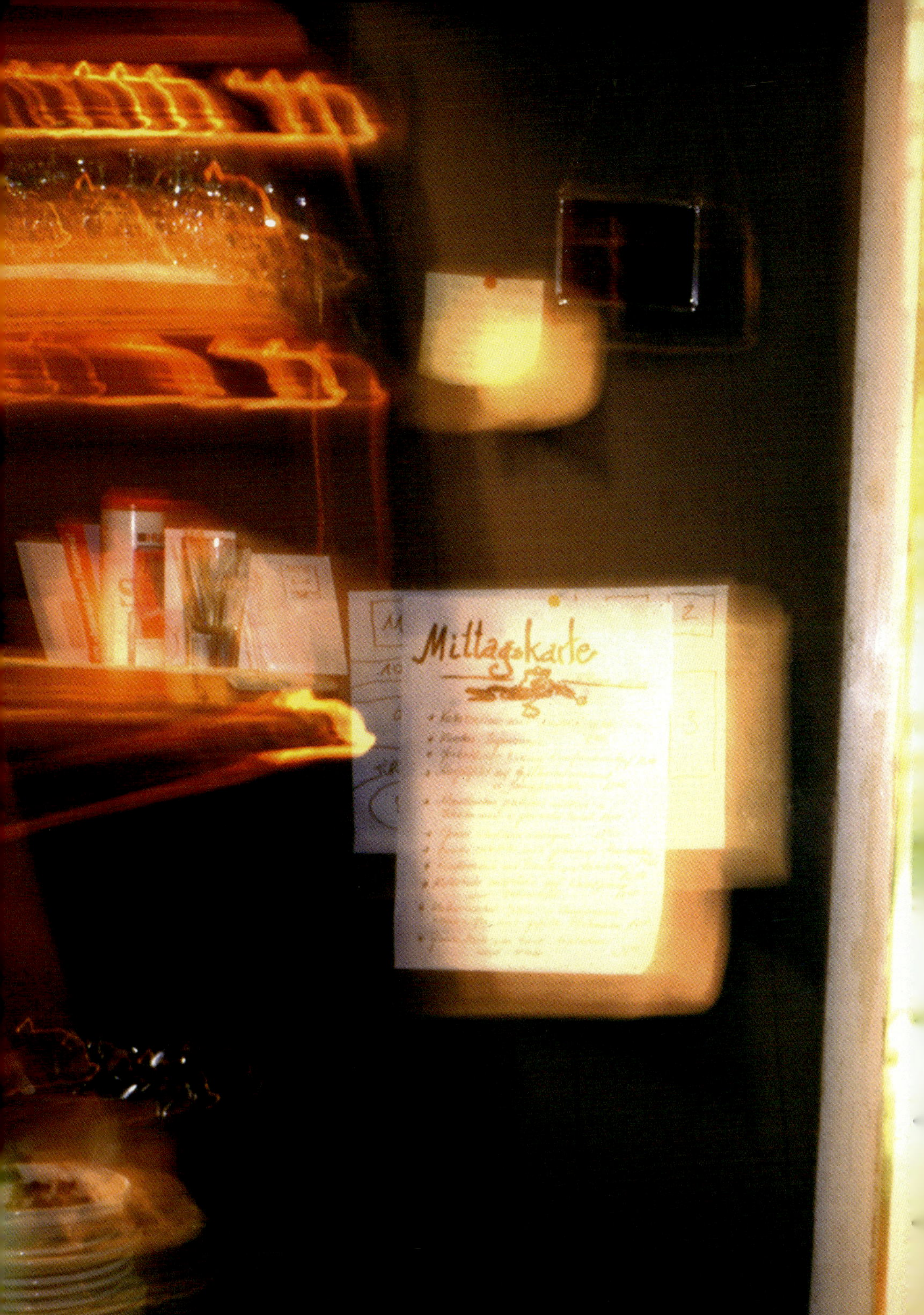

Mittagskarte

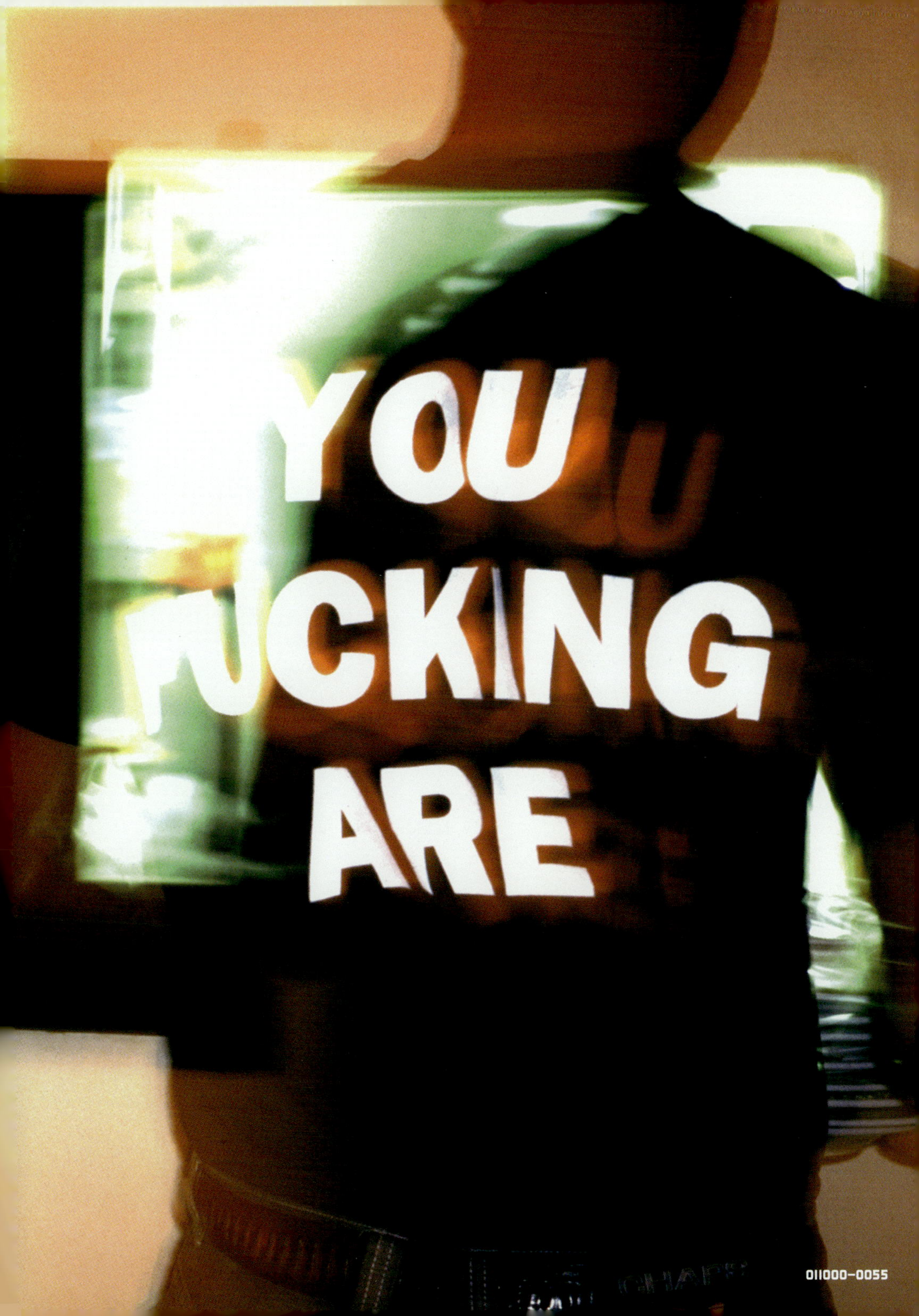

YOU
FUCKING
ARE

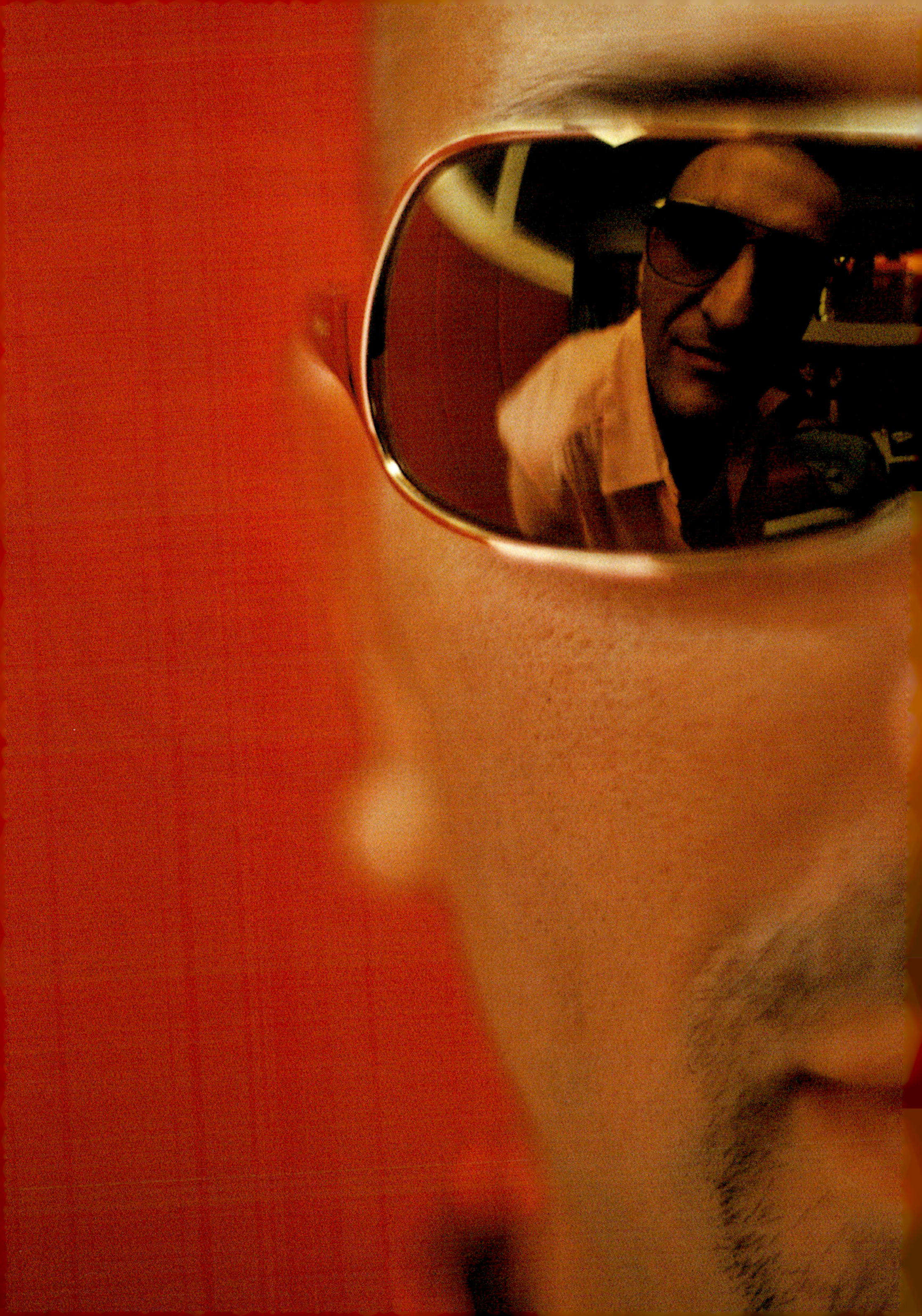

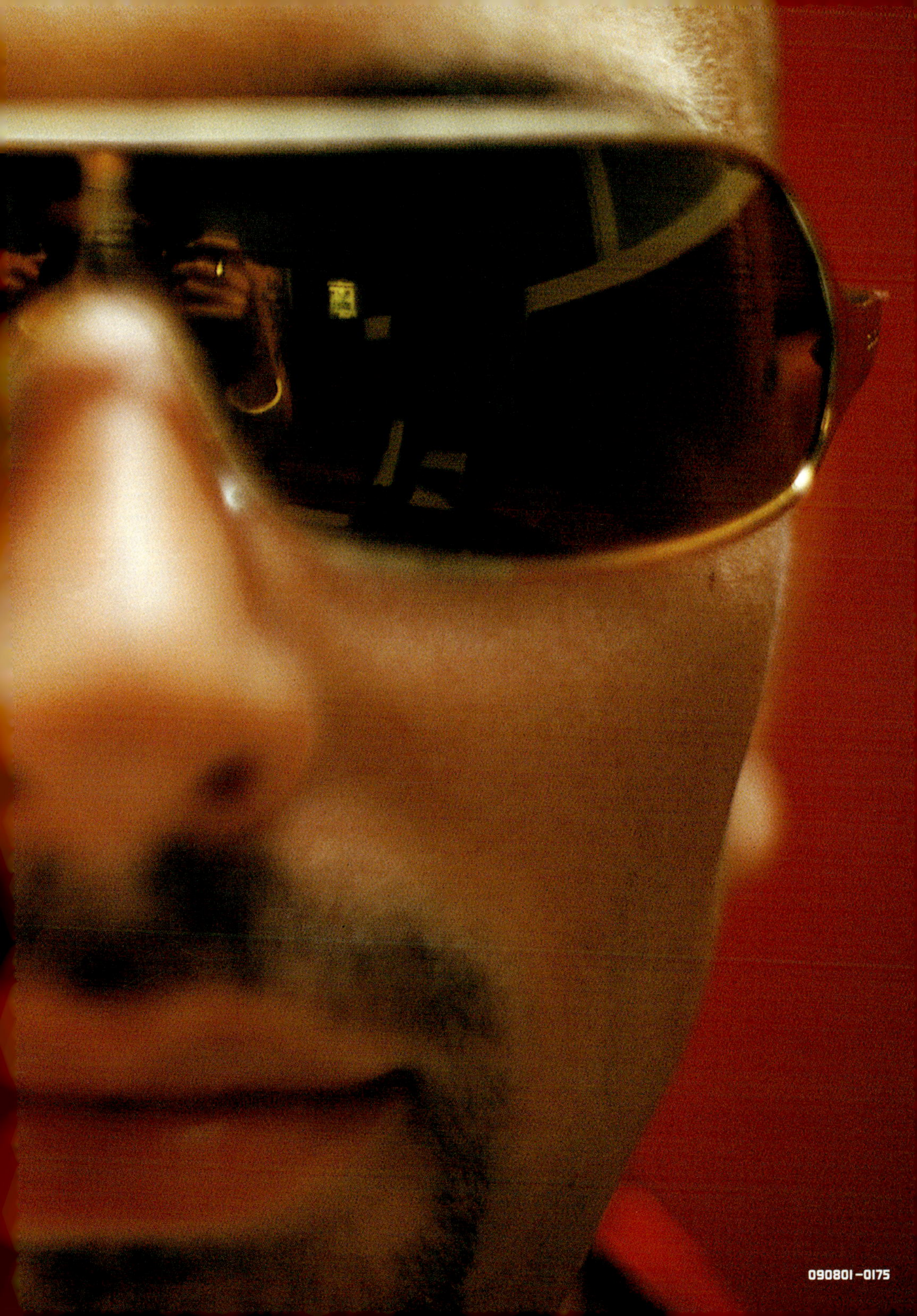

090801-0175

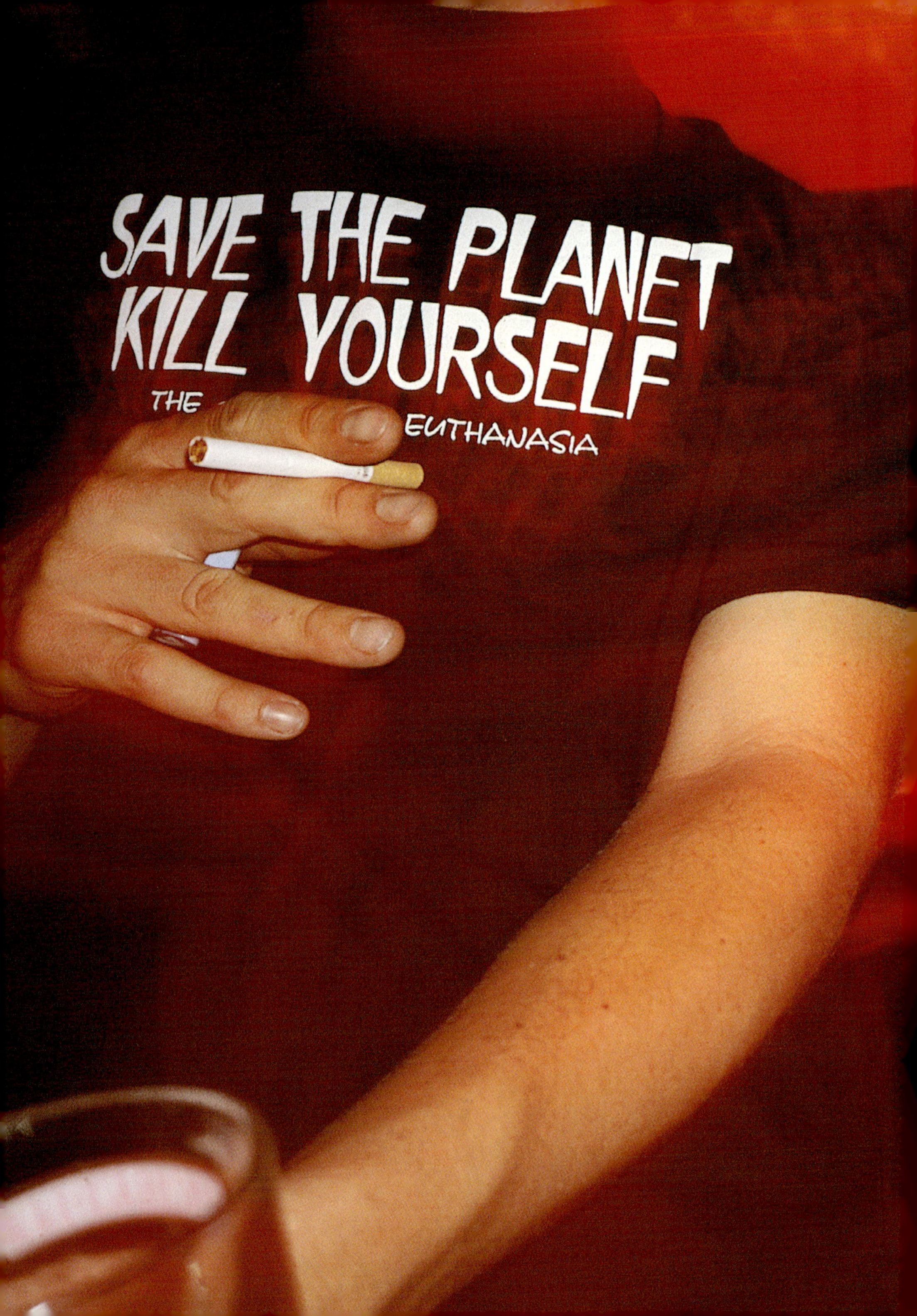

SAVE THE PLANET
KILL YOURSELF
THE   EUTHANASIA

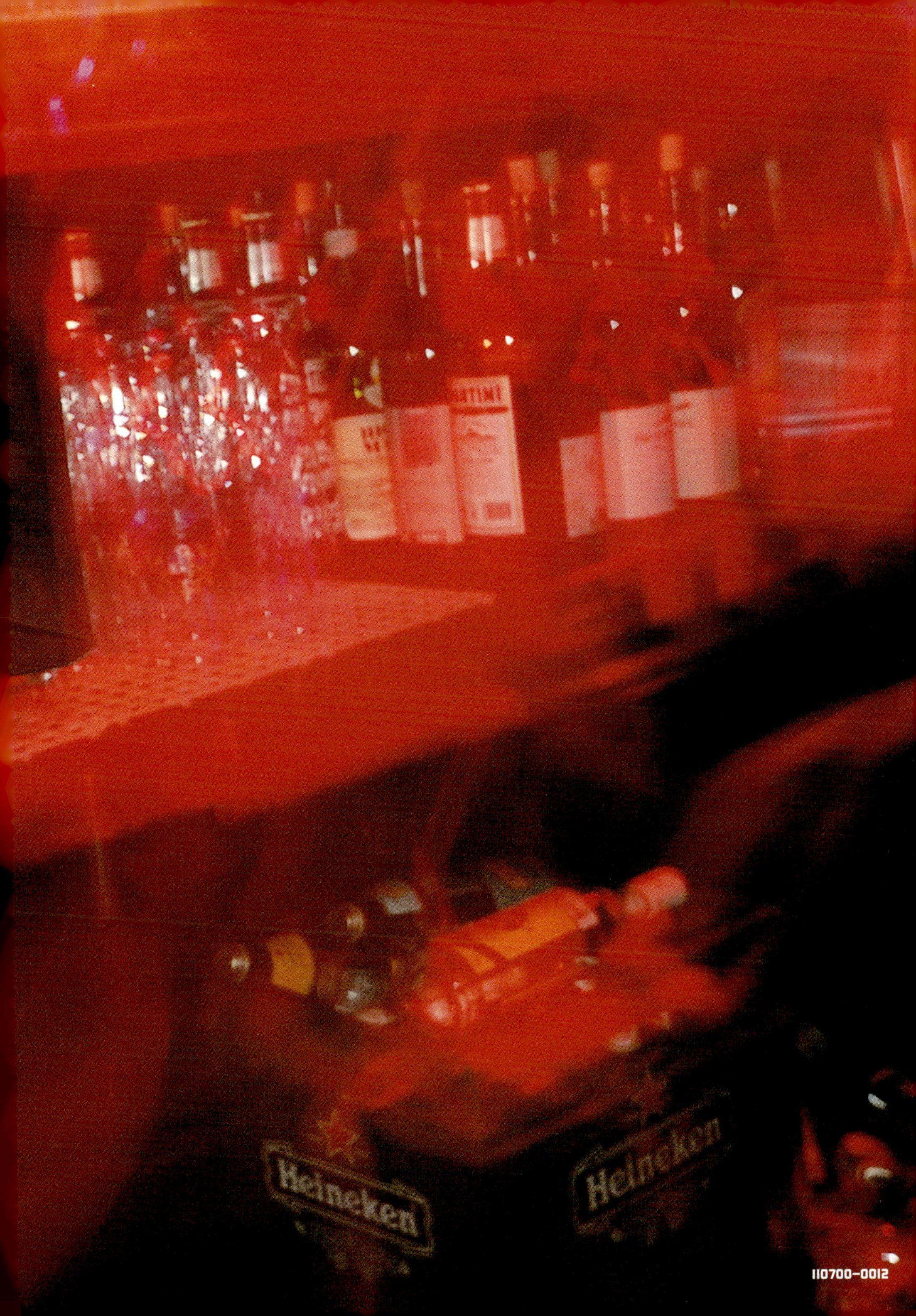

MARTINI
Heineken
Heineken
110700-0012

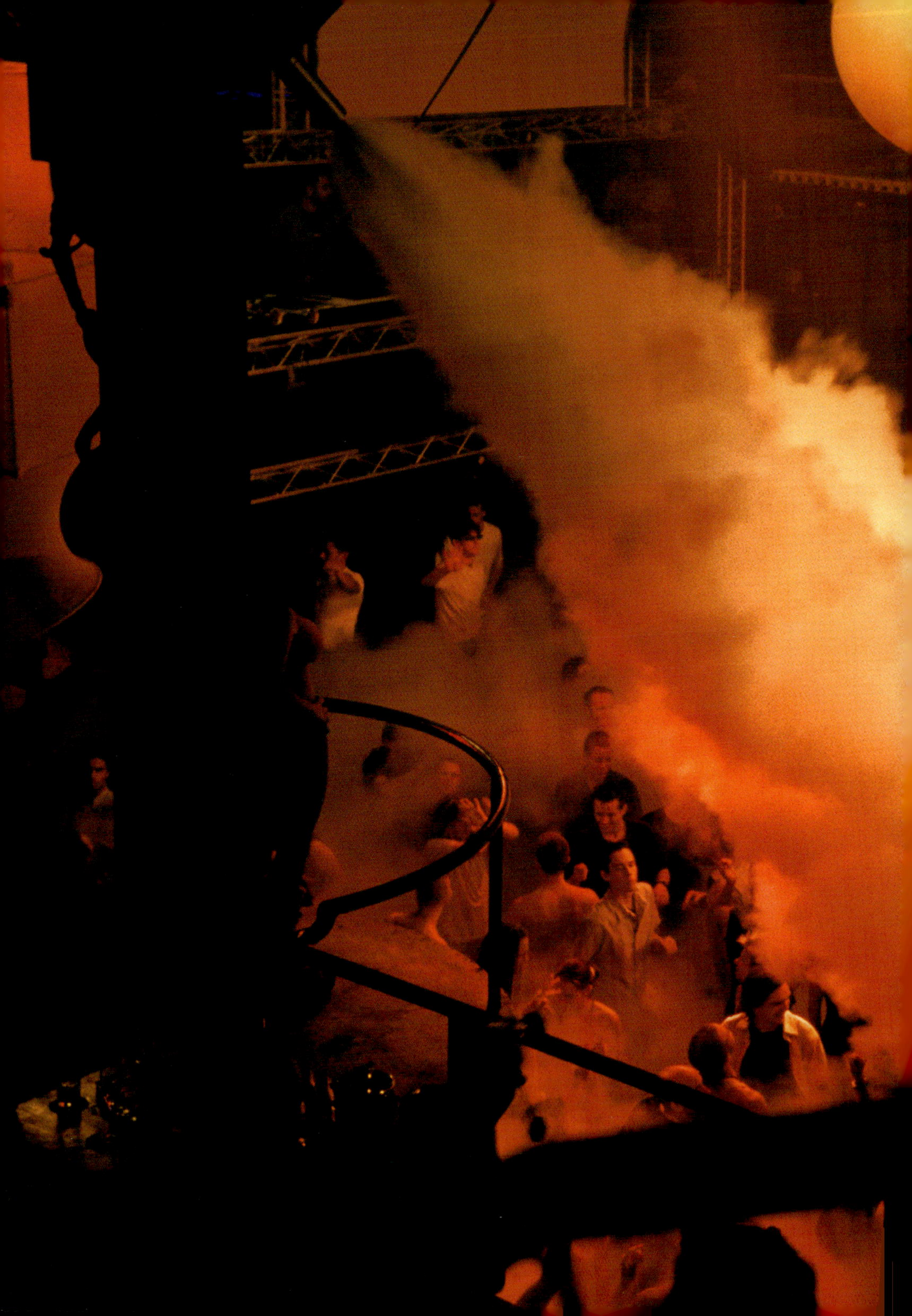

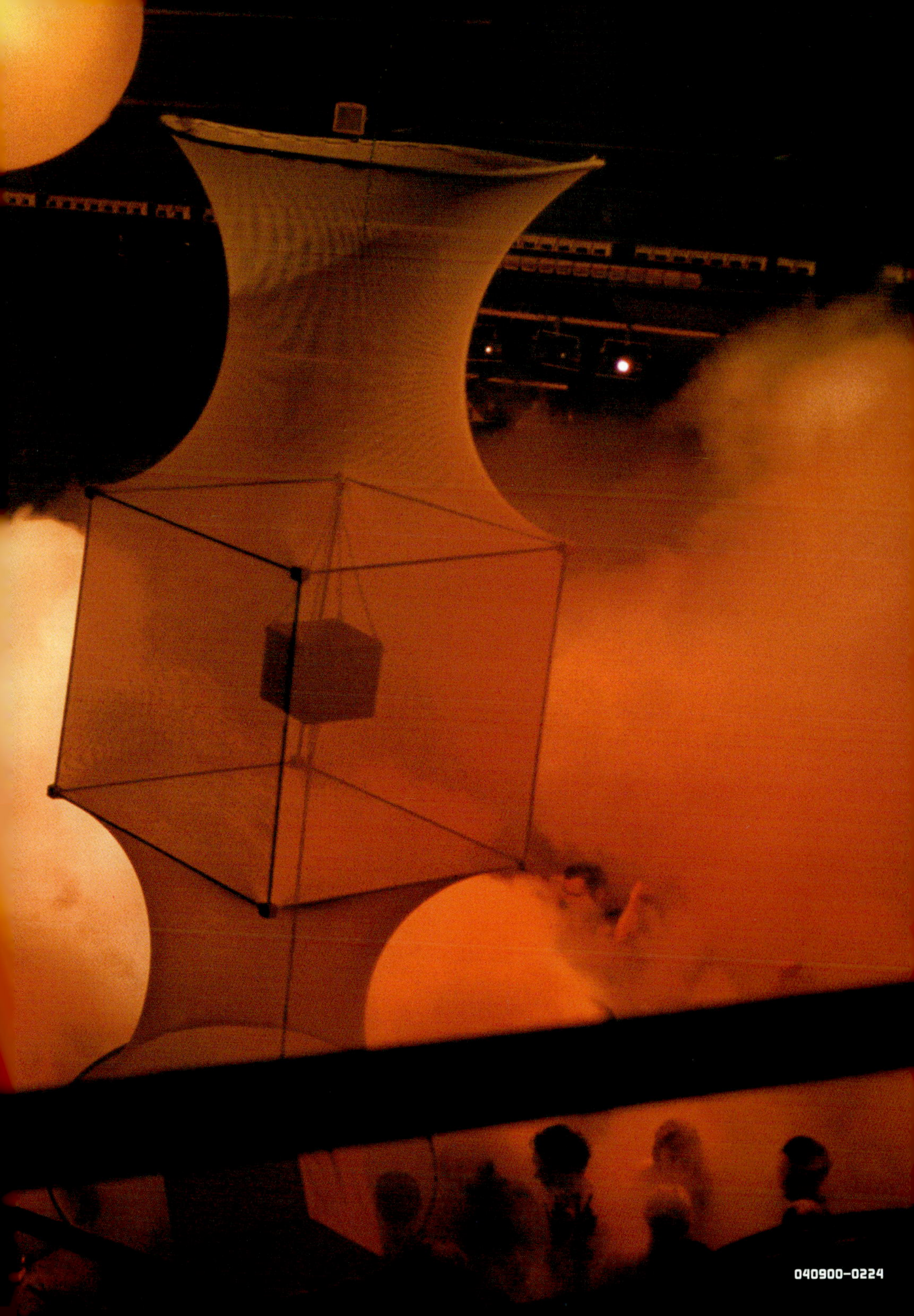

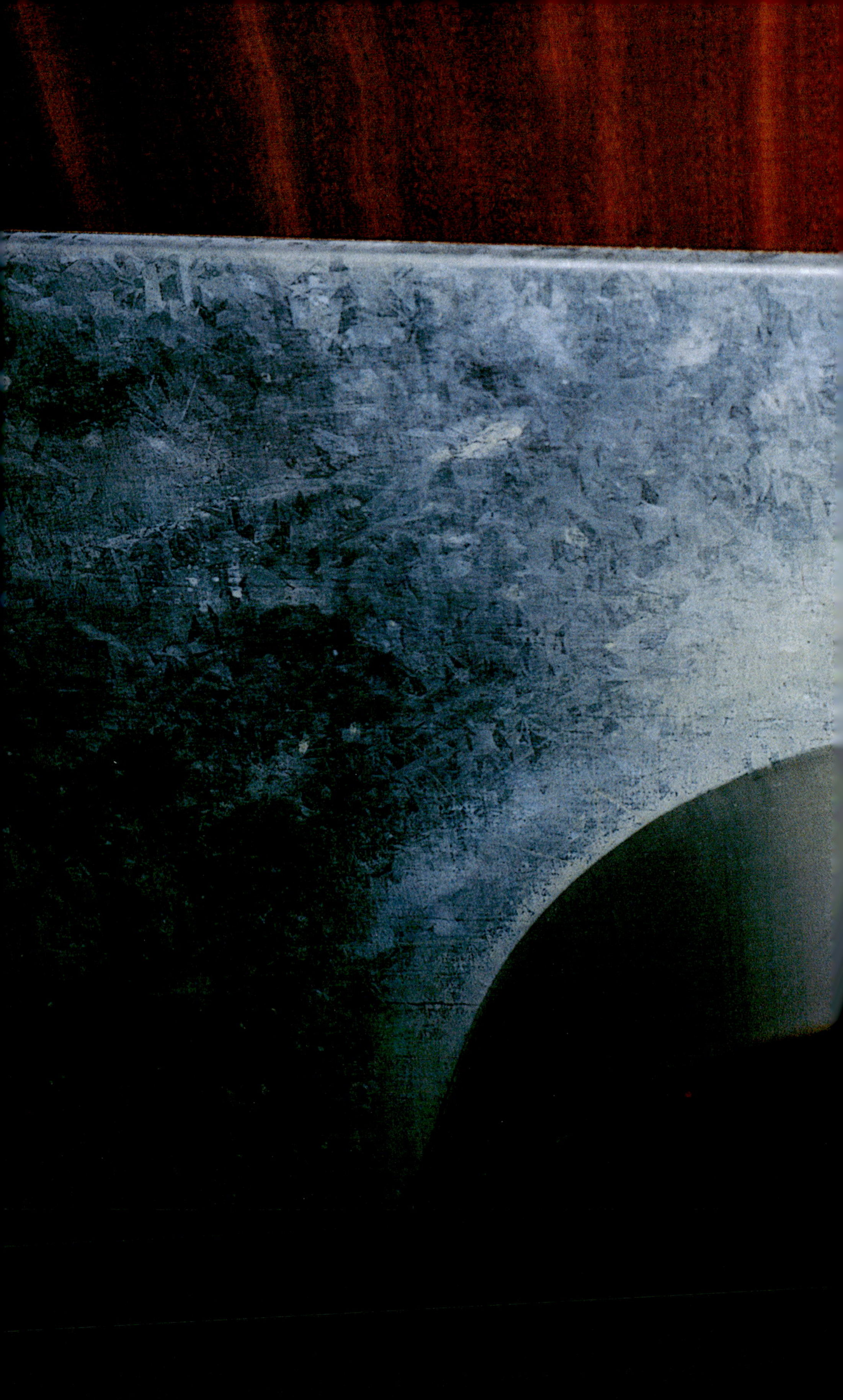

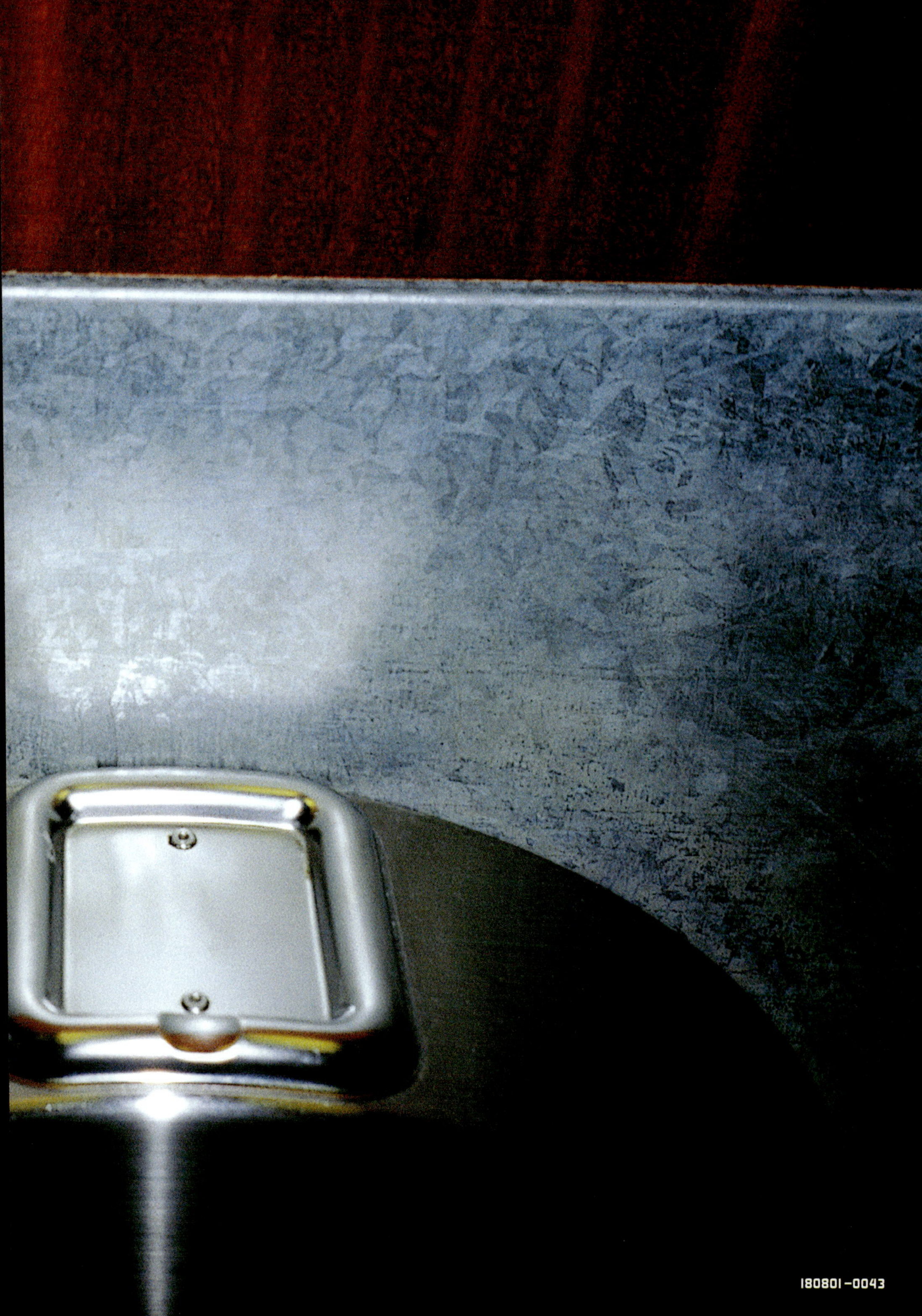

180801-0043

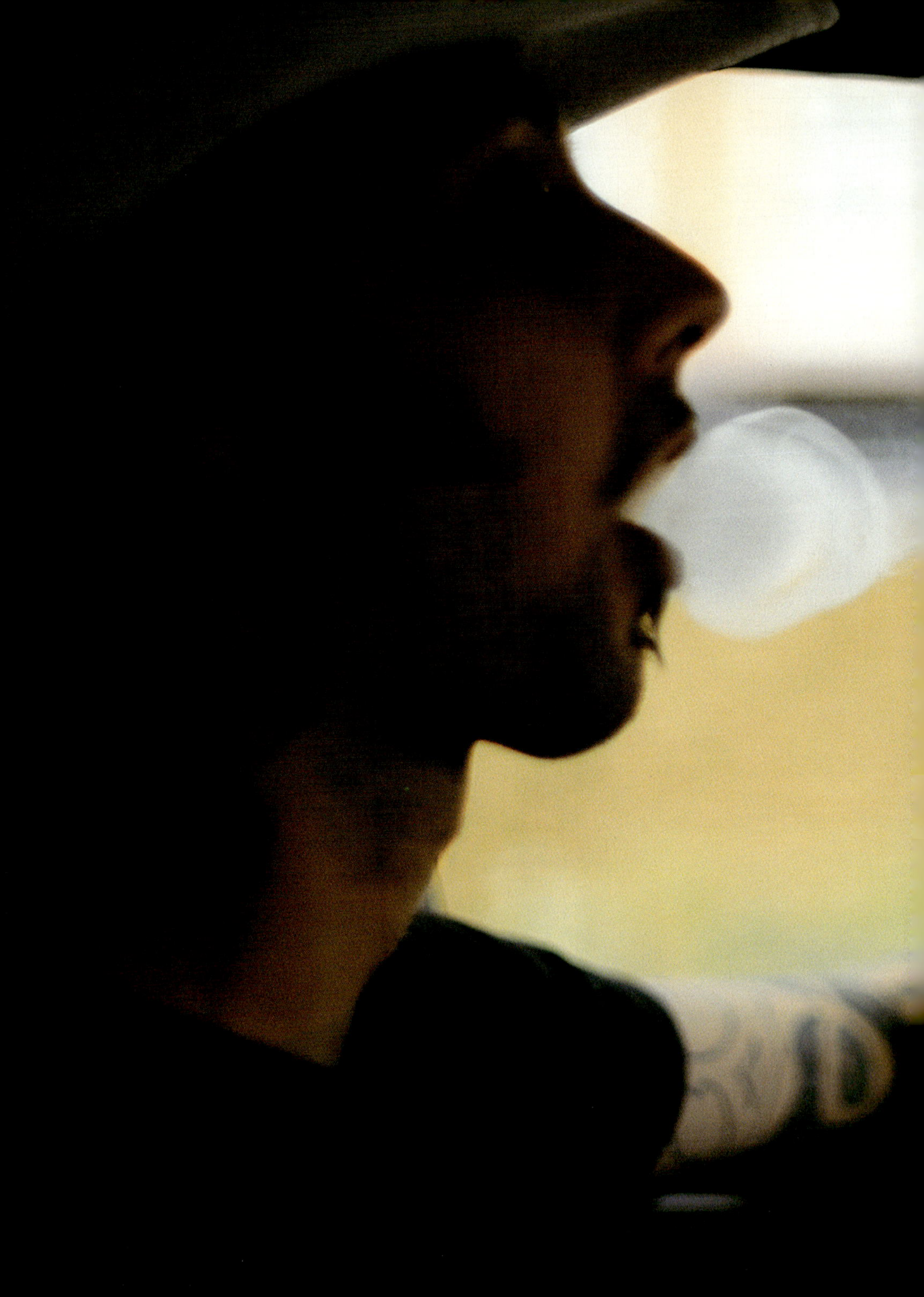

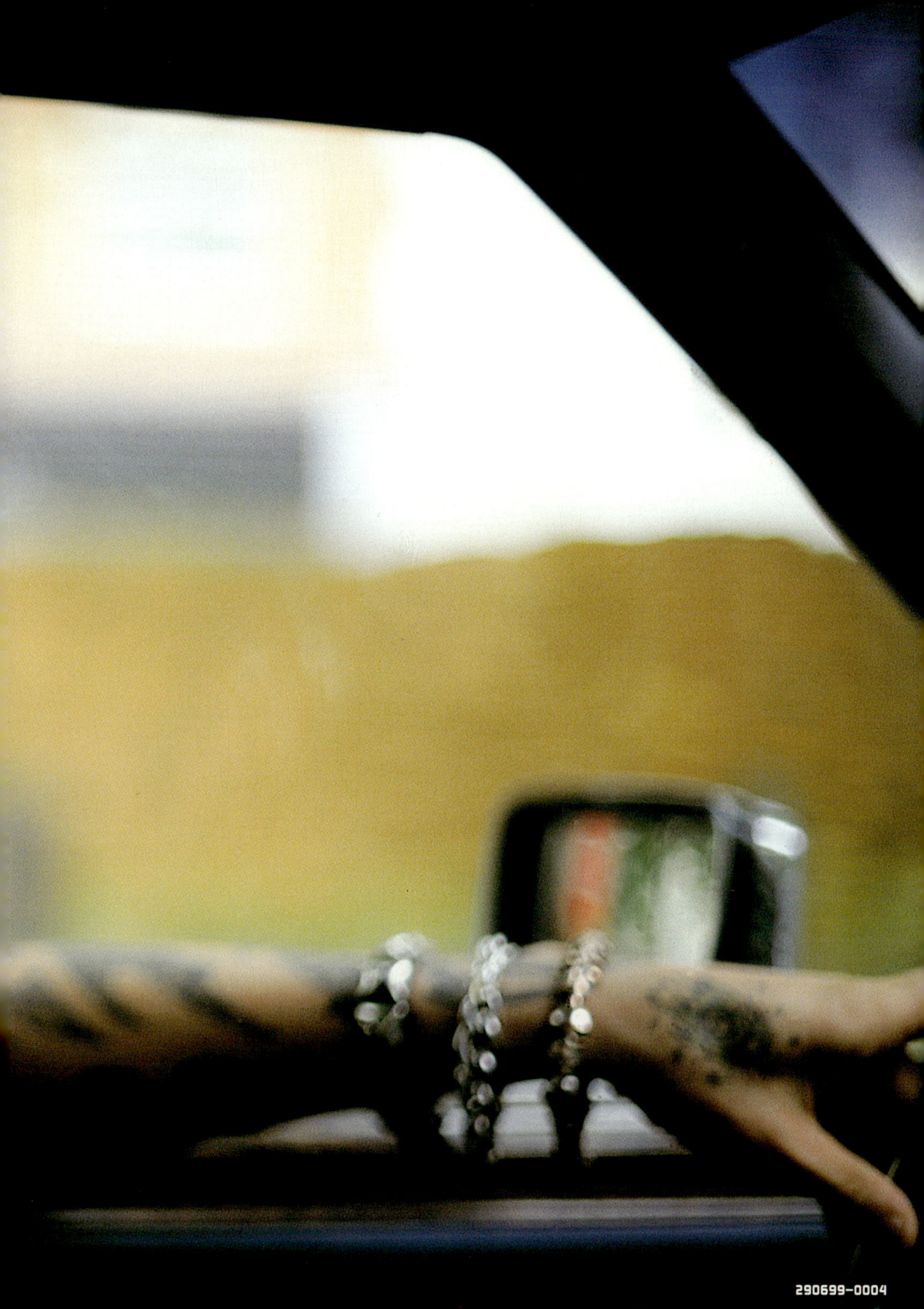
290699-0004

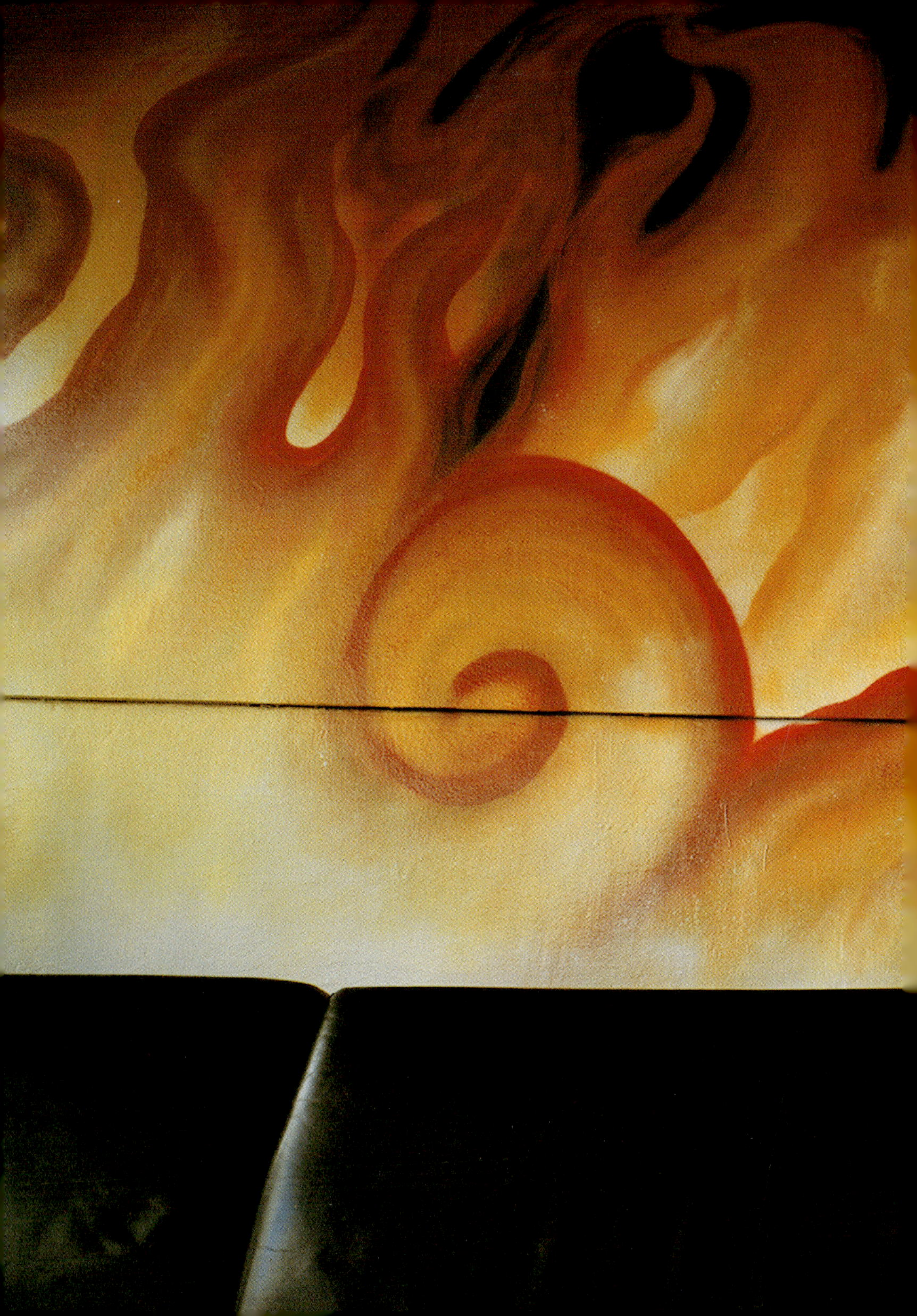

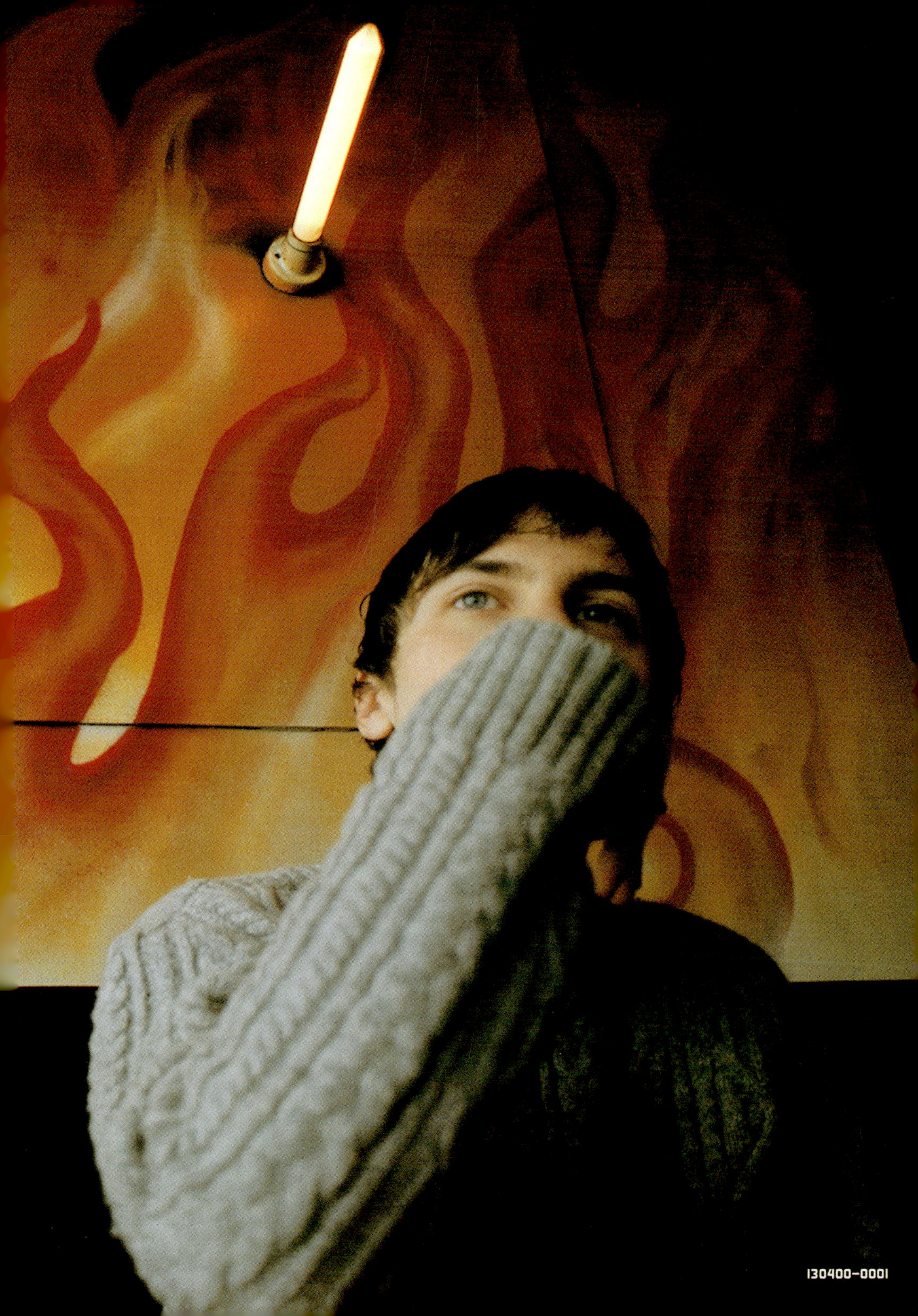
130400-0001

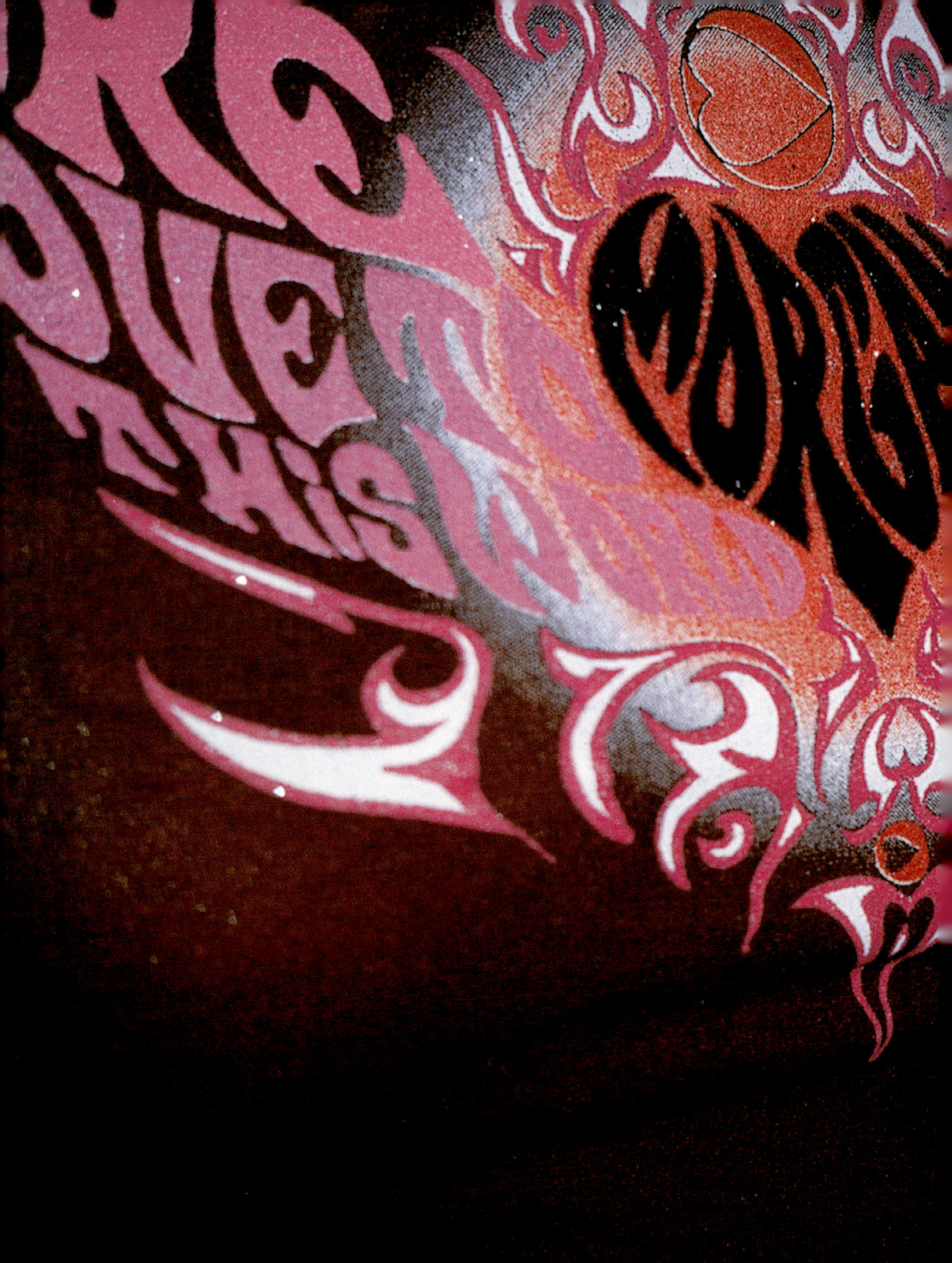

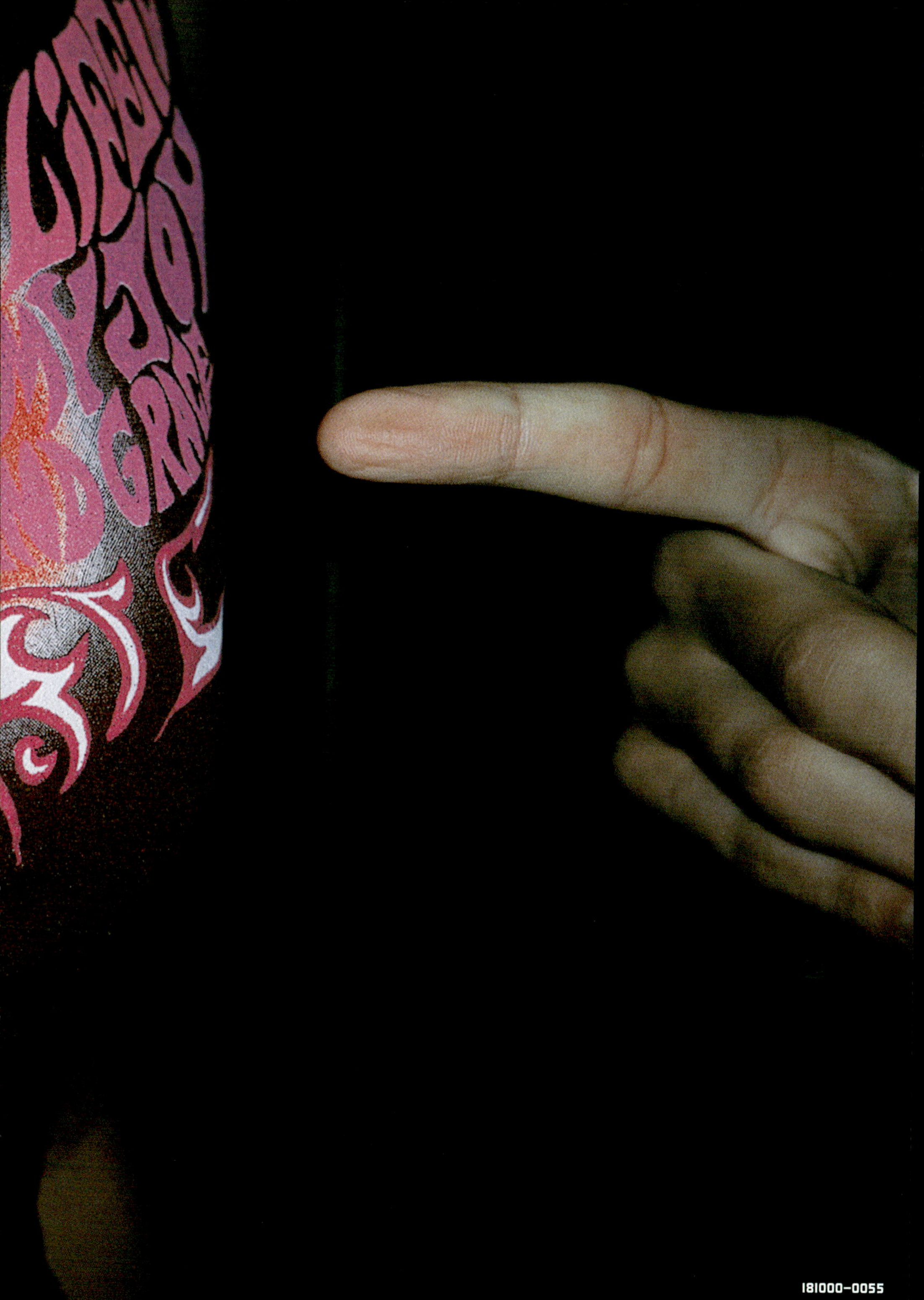

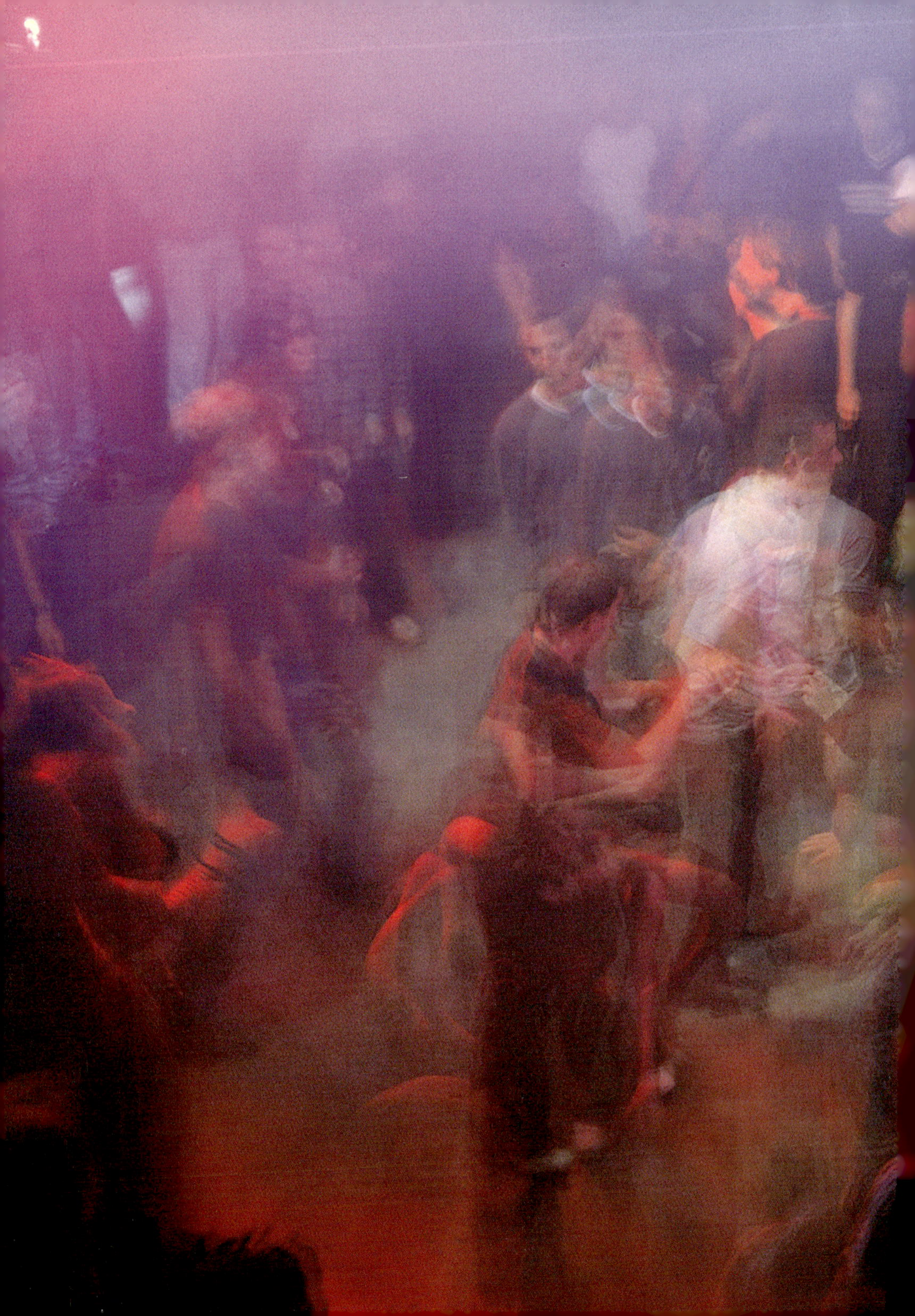

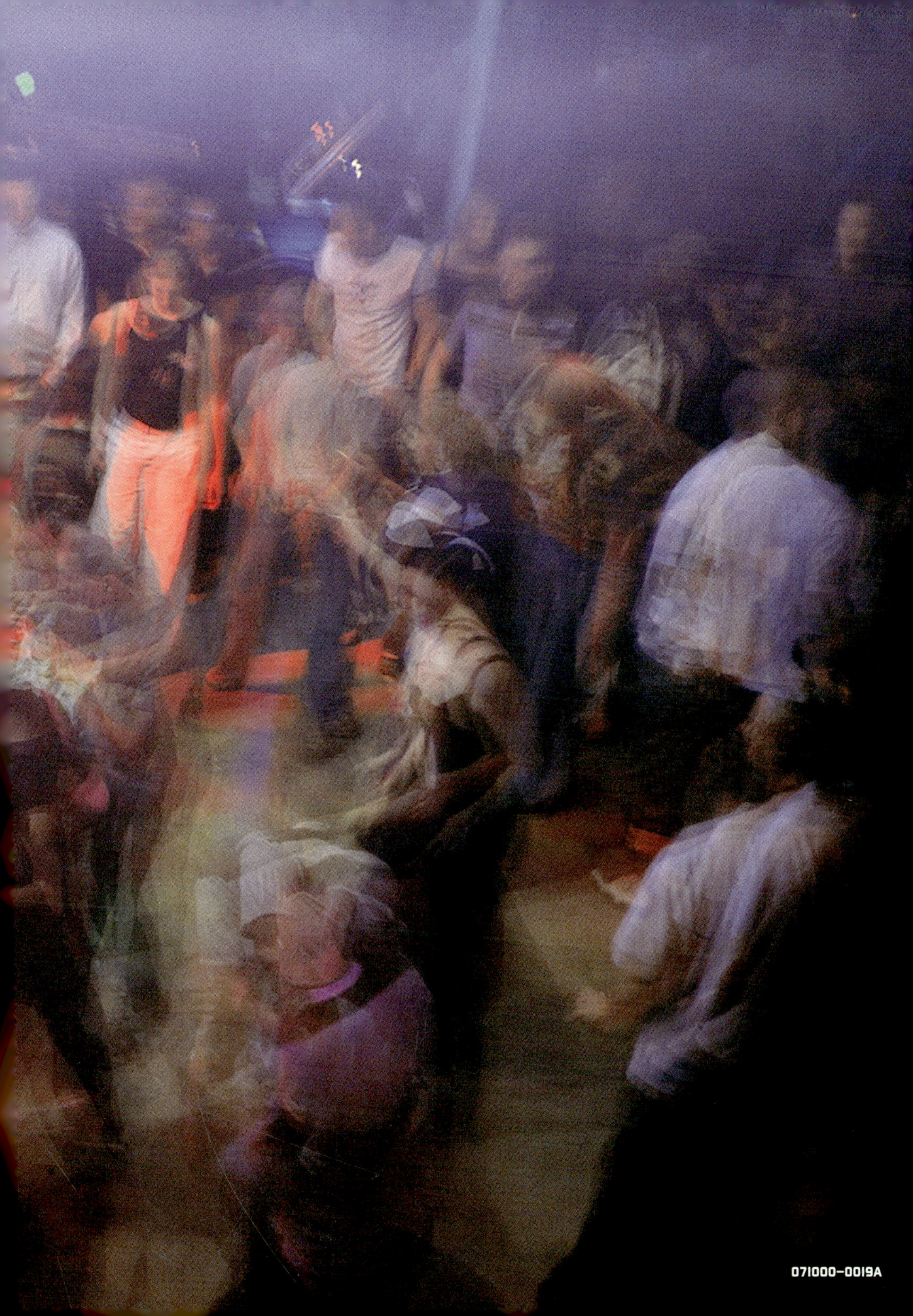
071000-0019A

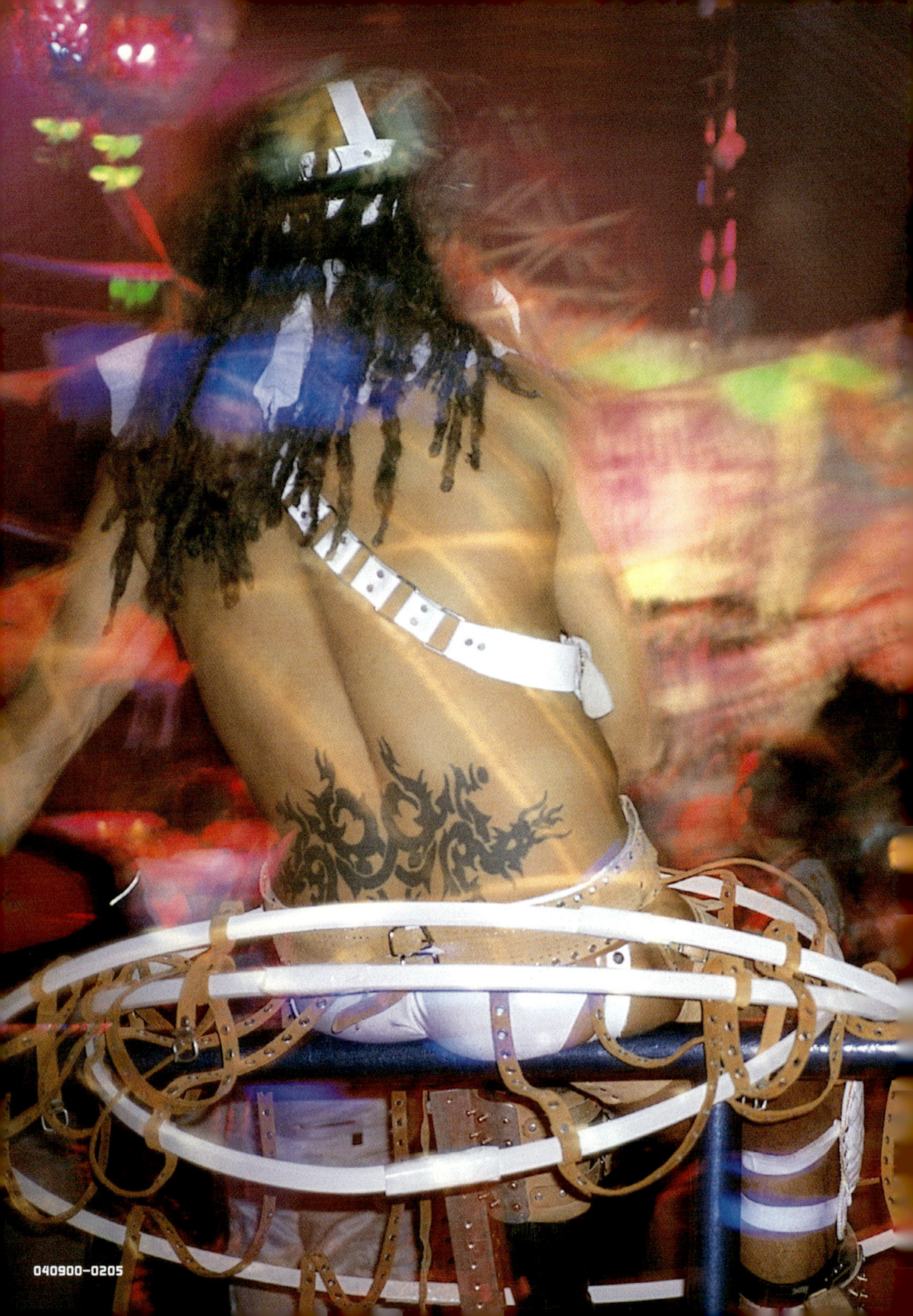

040900-0205

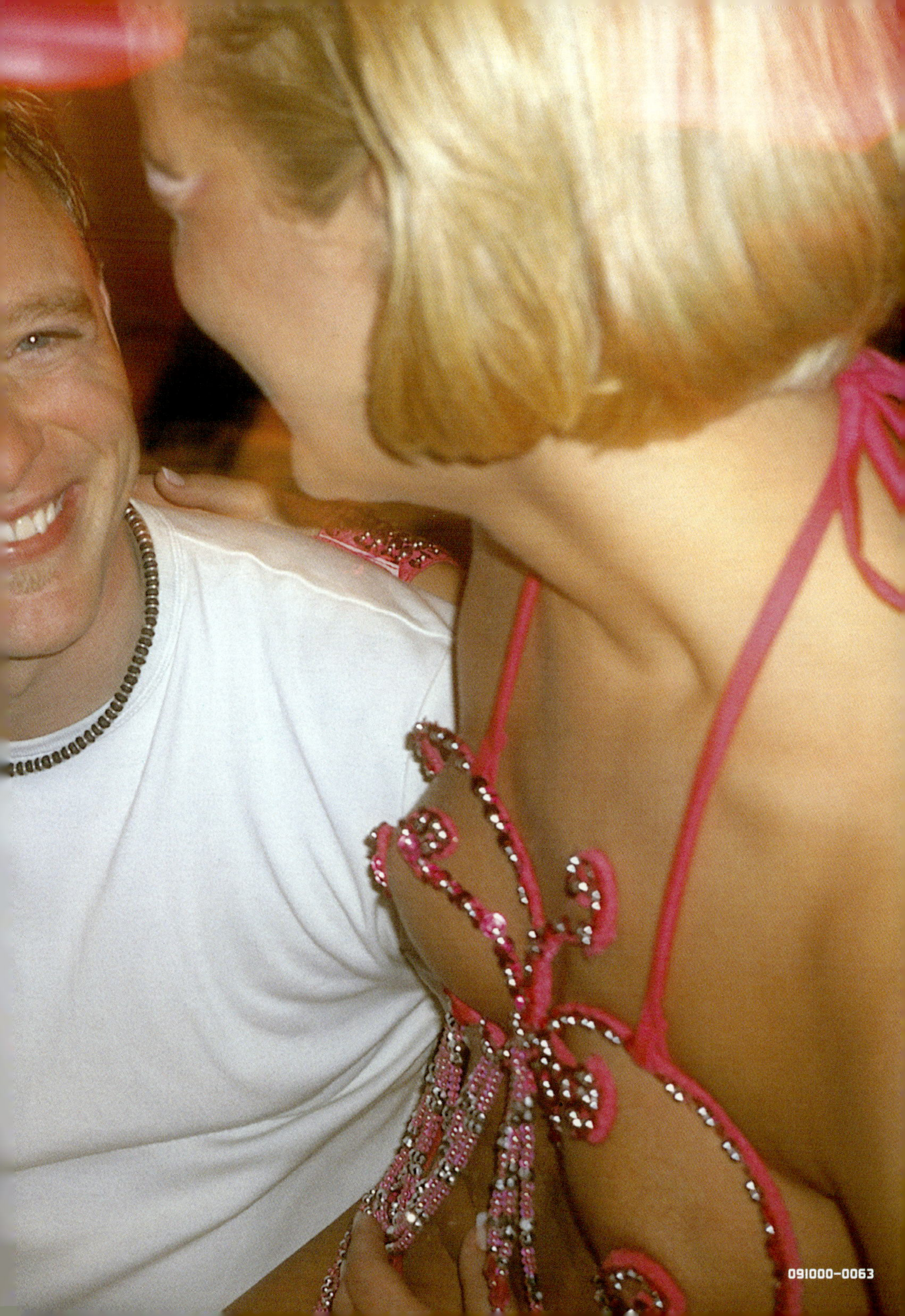
091000-0063

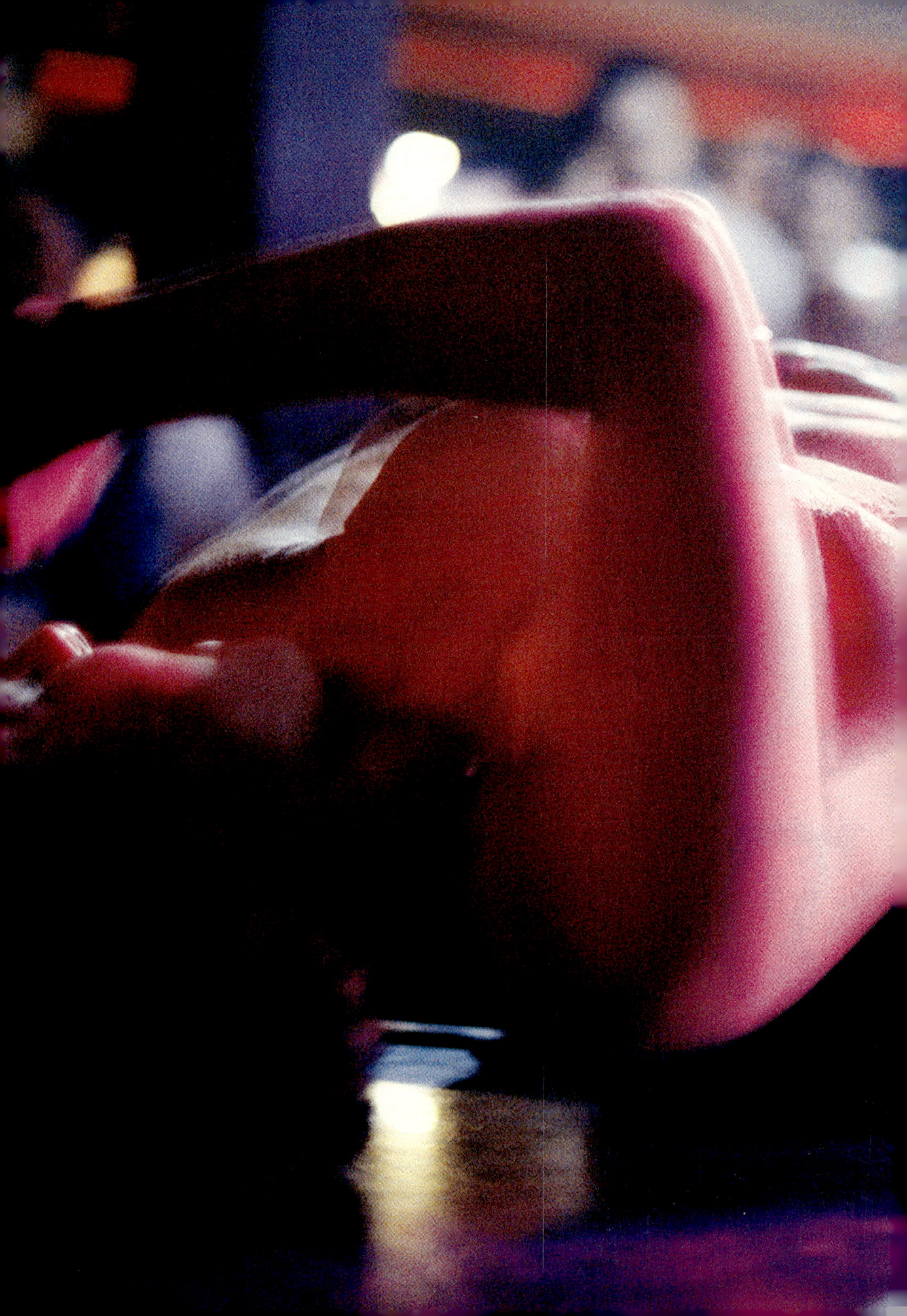

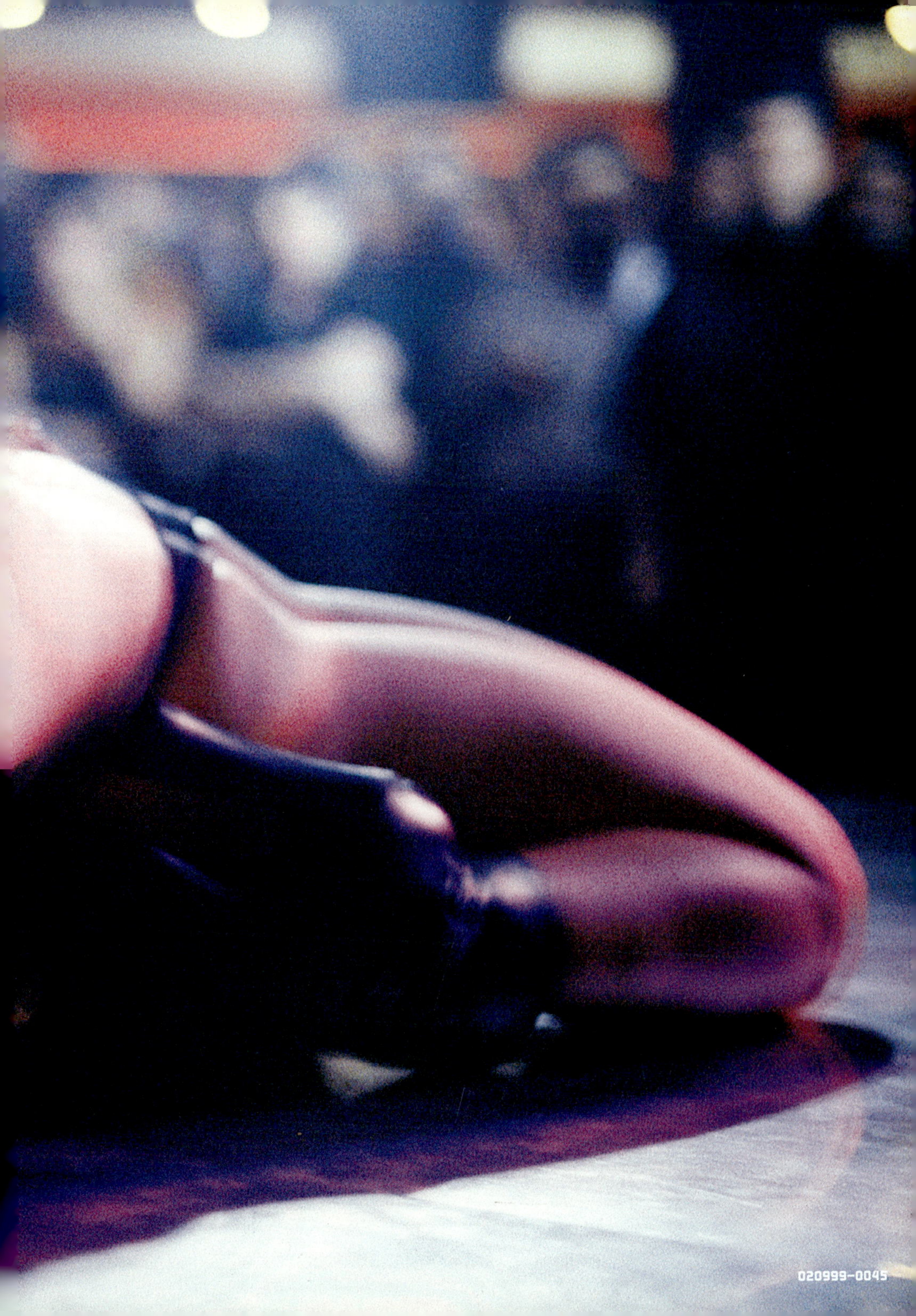
020999-0045

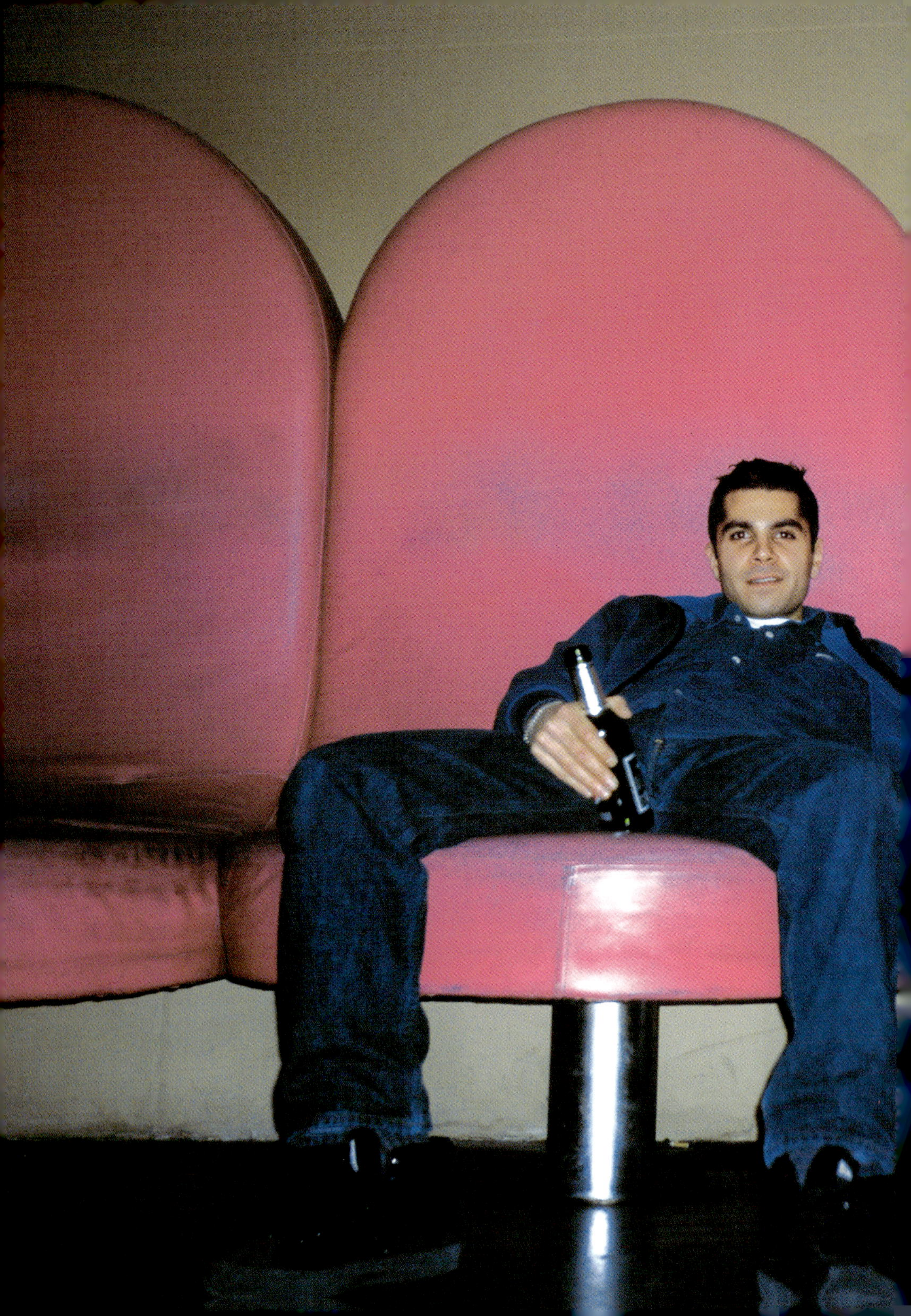

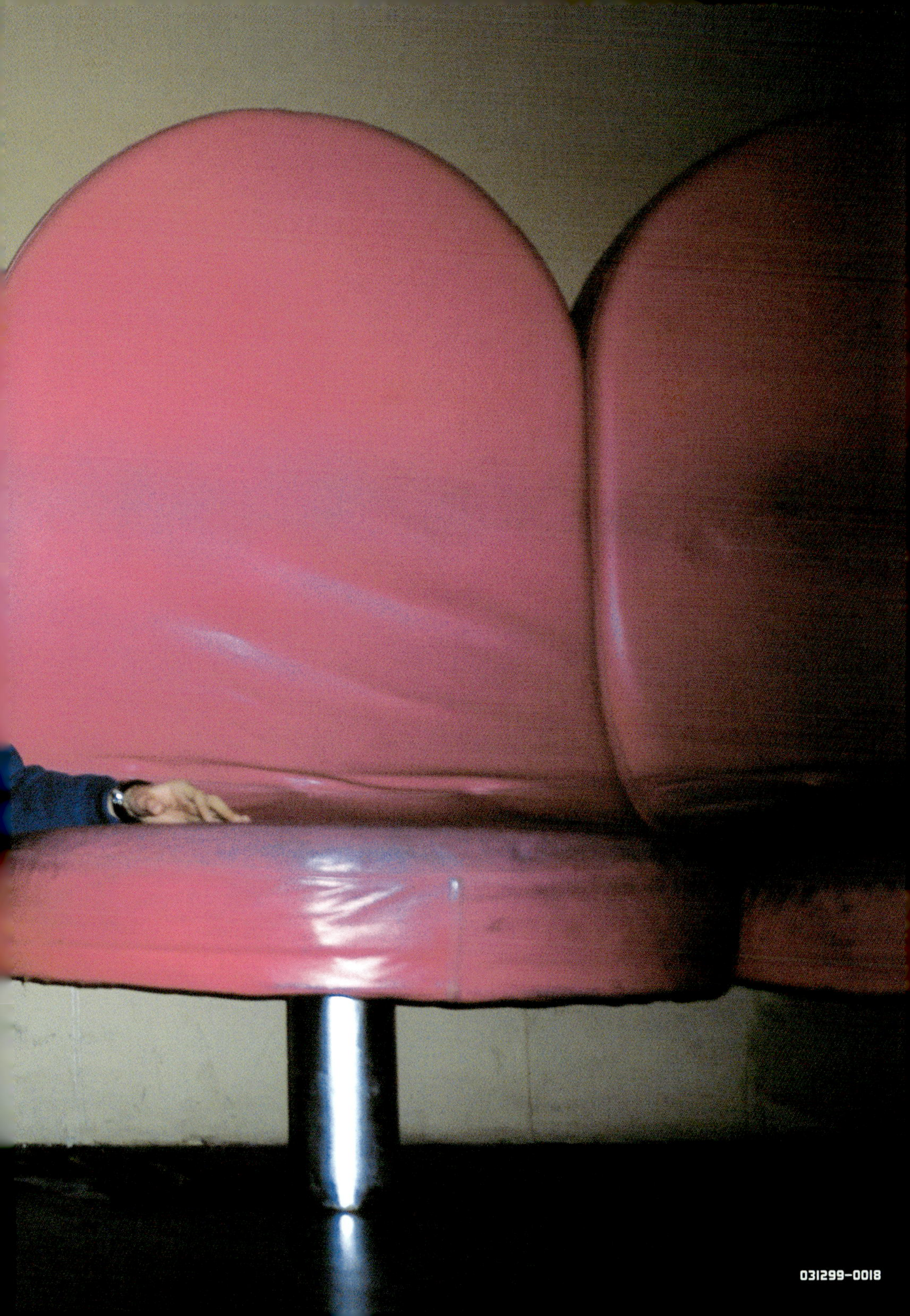
031299-0018

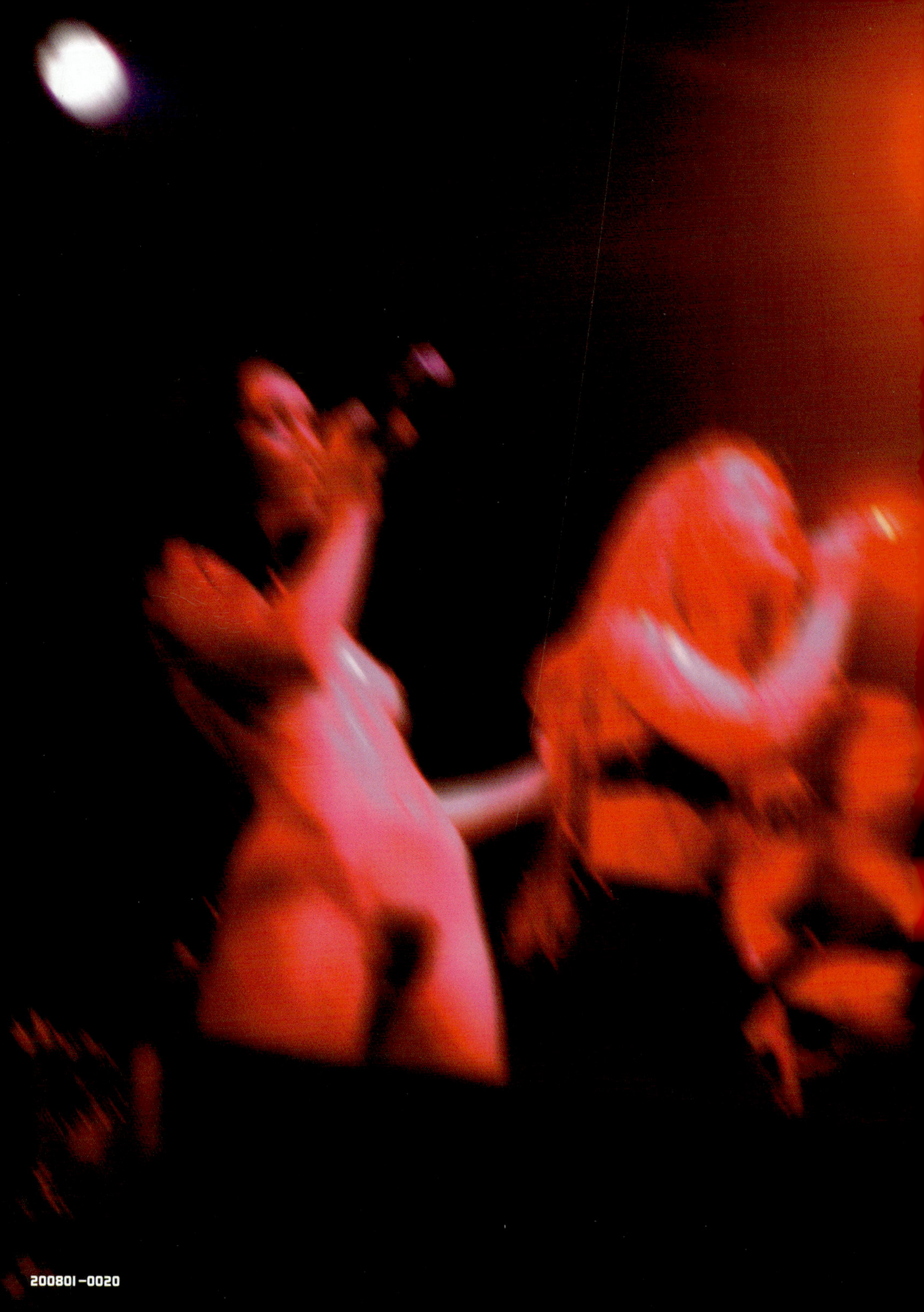
200801-0020

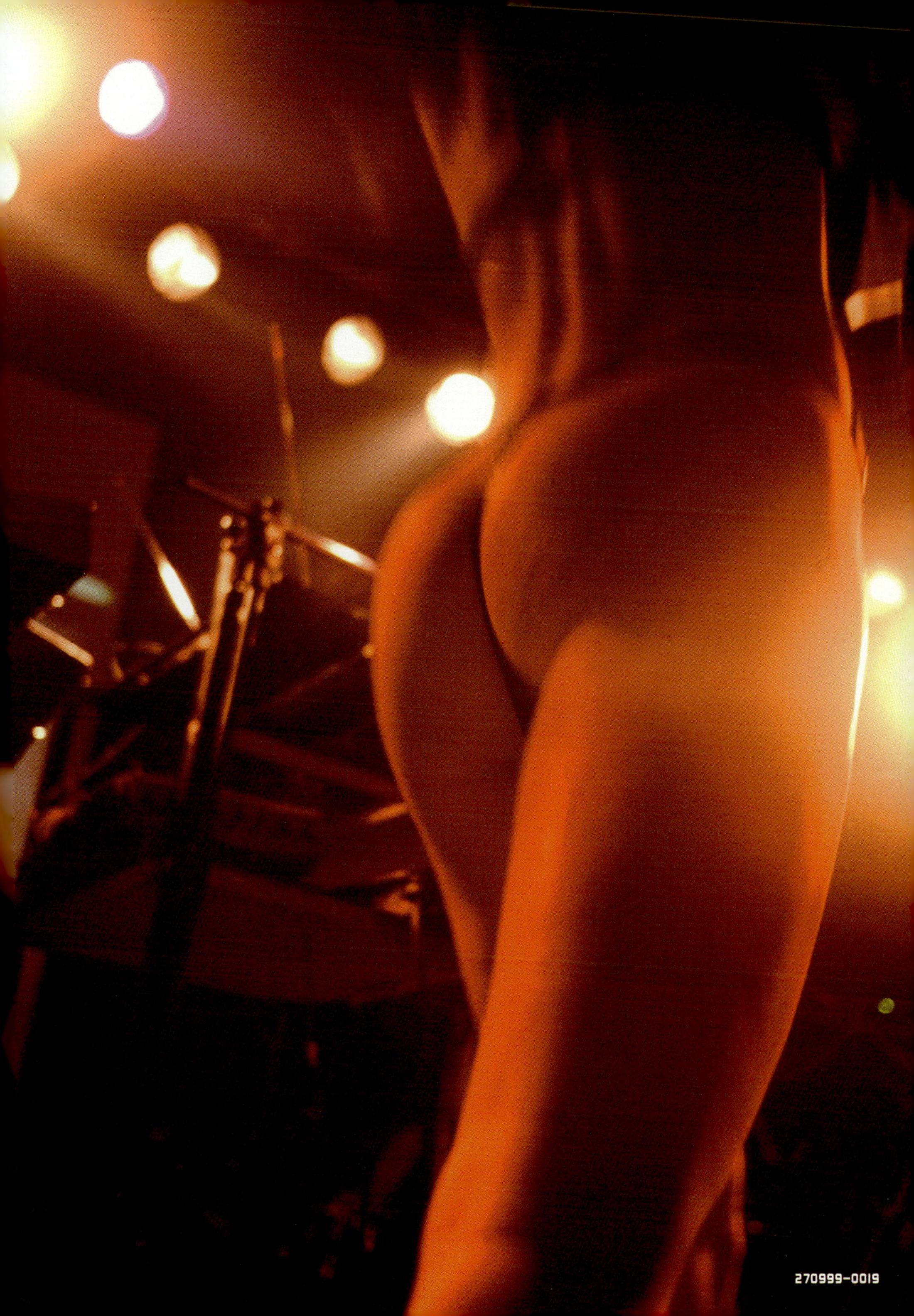
270999-0019

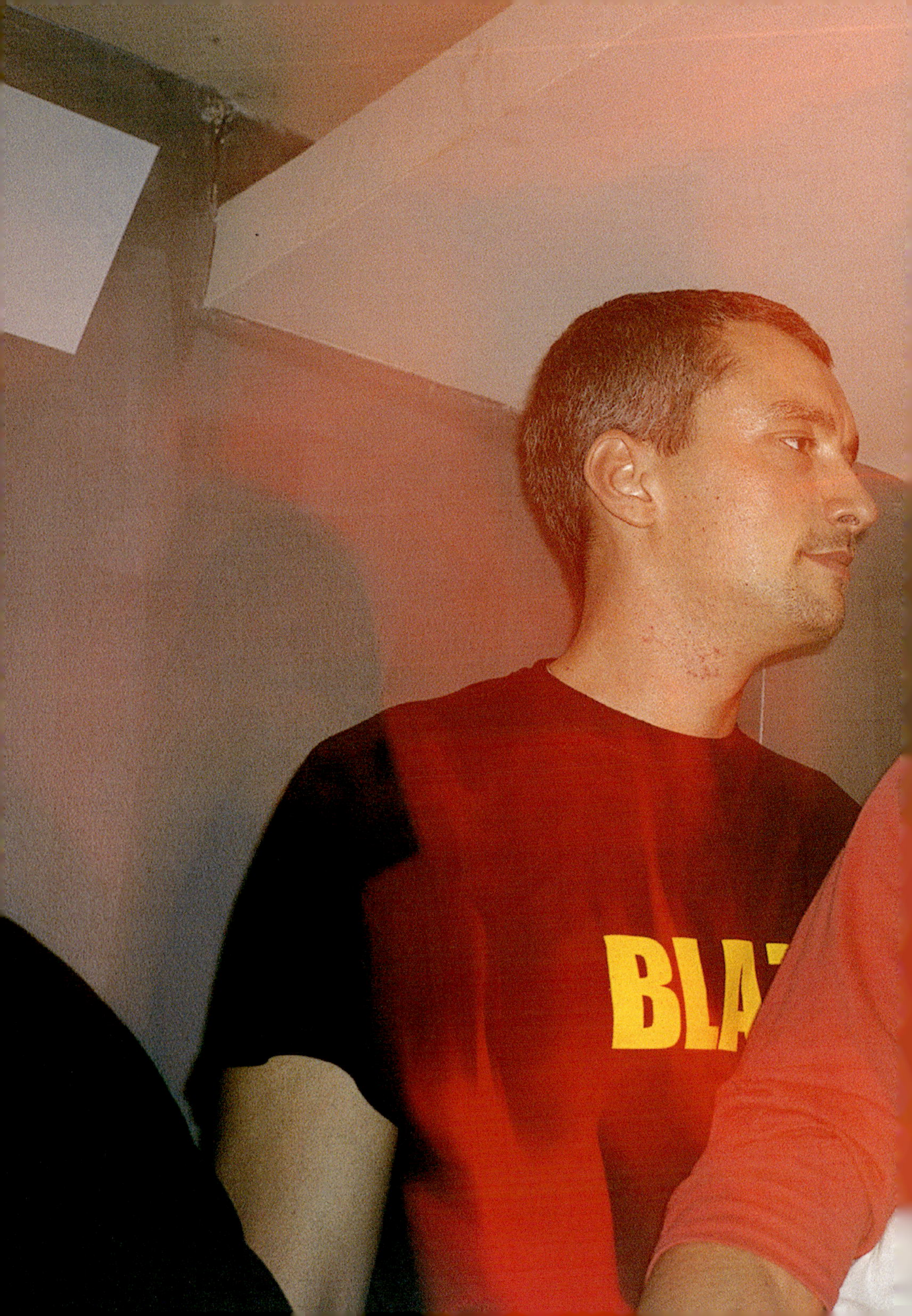
BLA

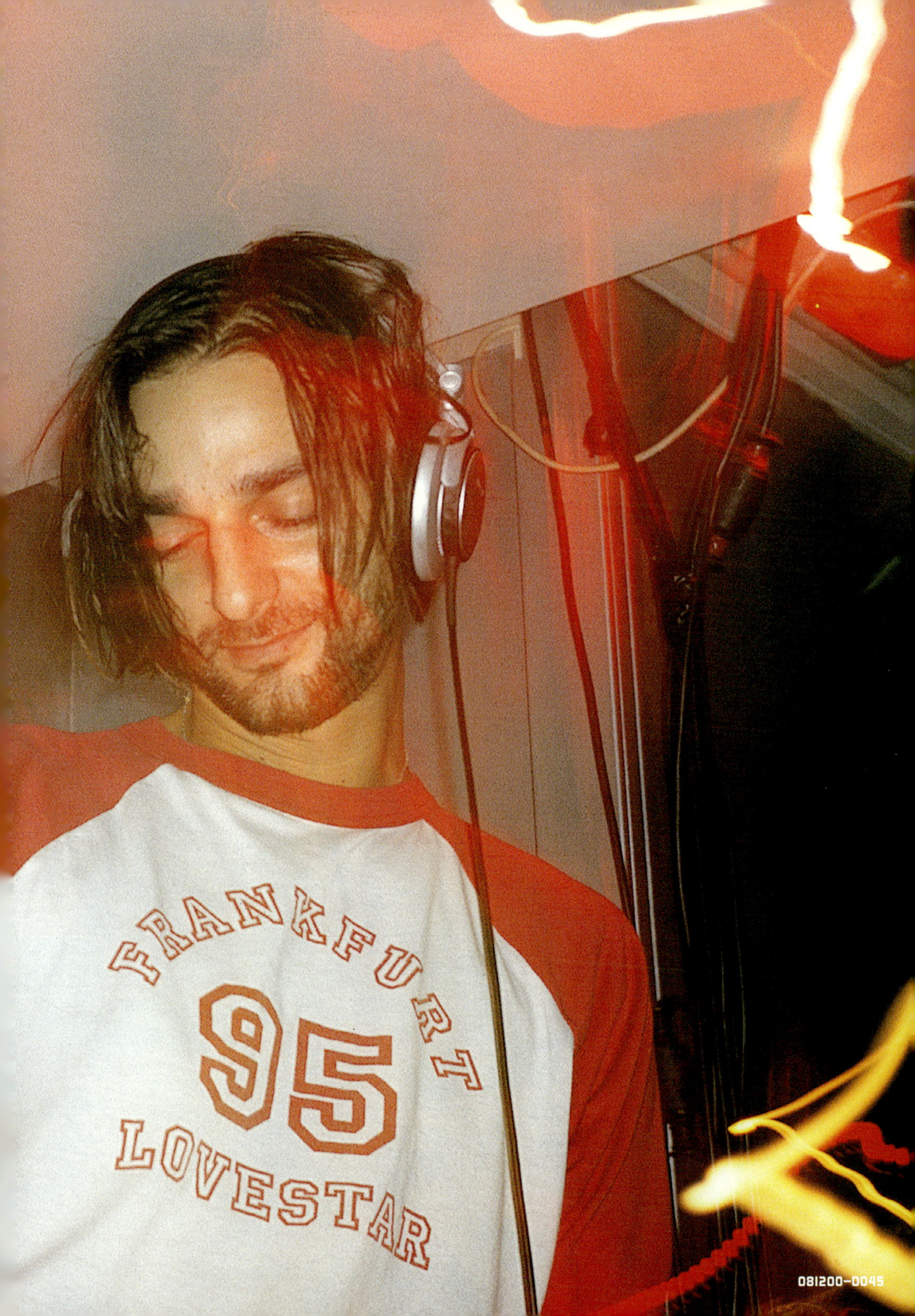

FRANKFURT
95
LOVESTAR
081200-0045

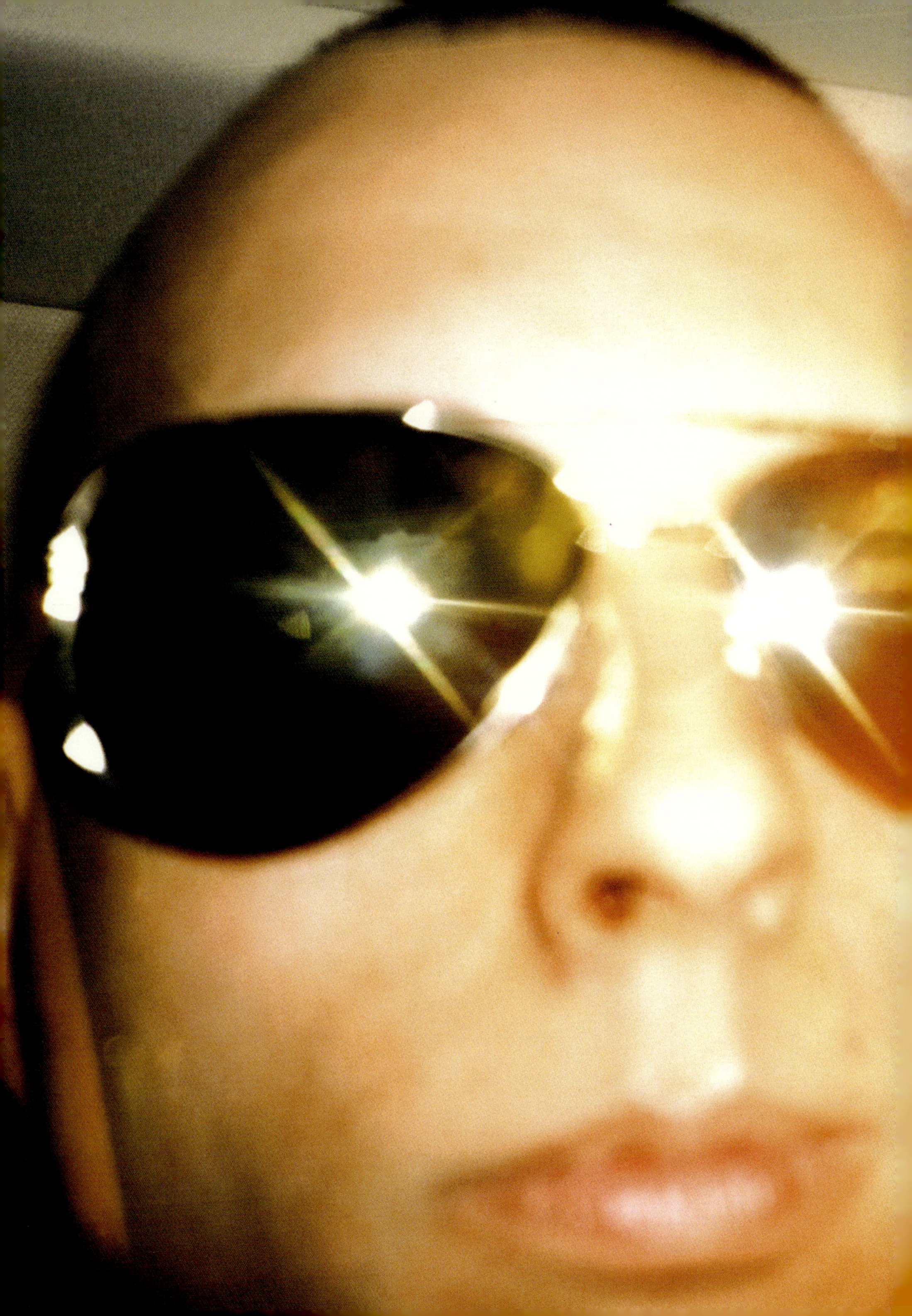

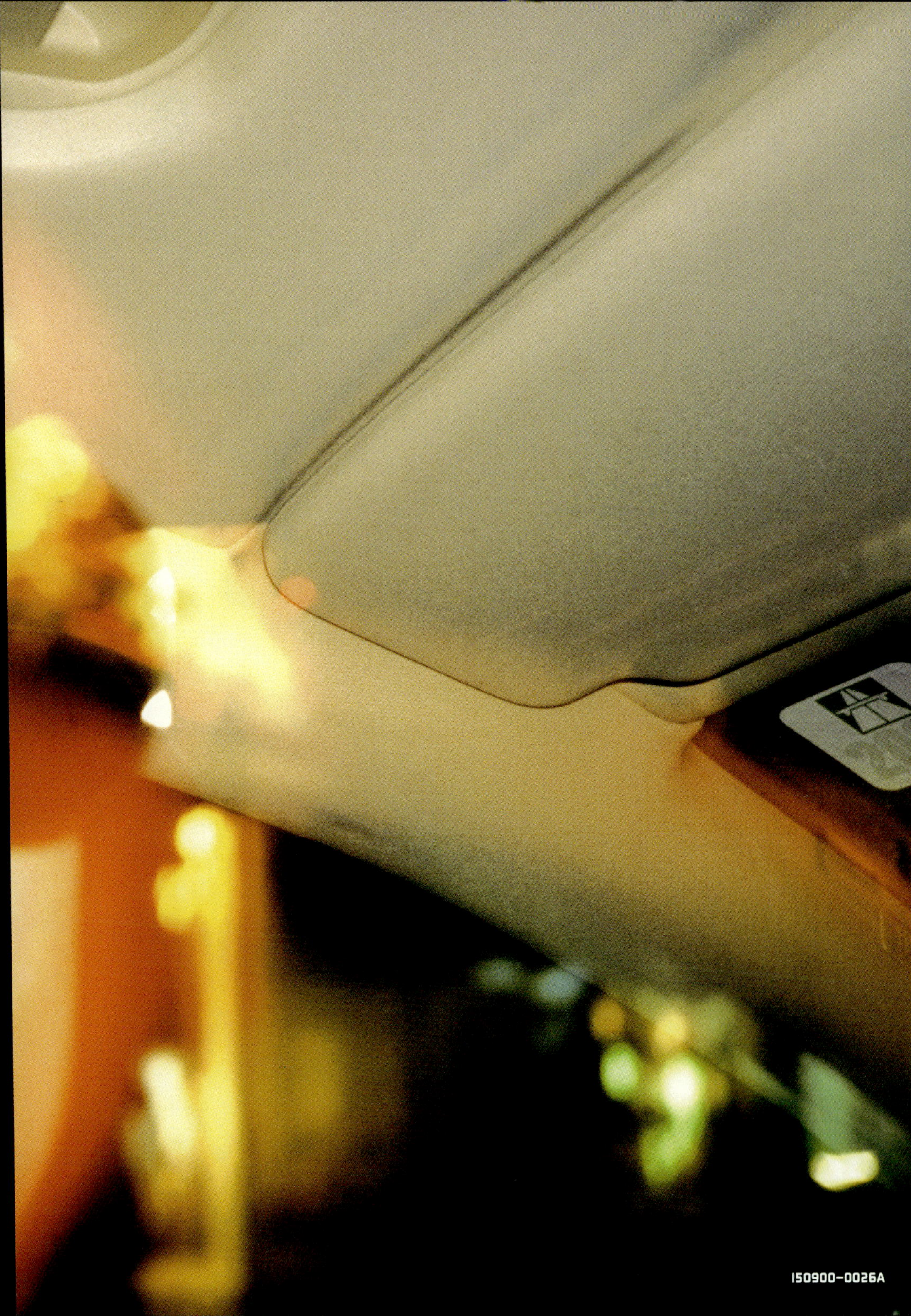
I50900-0026A

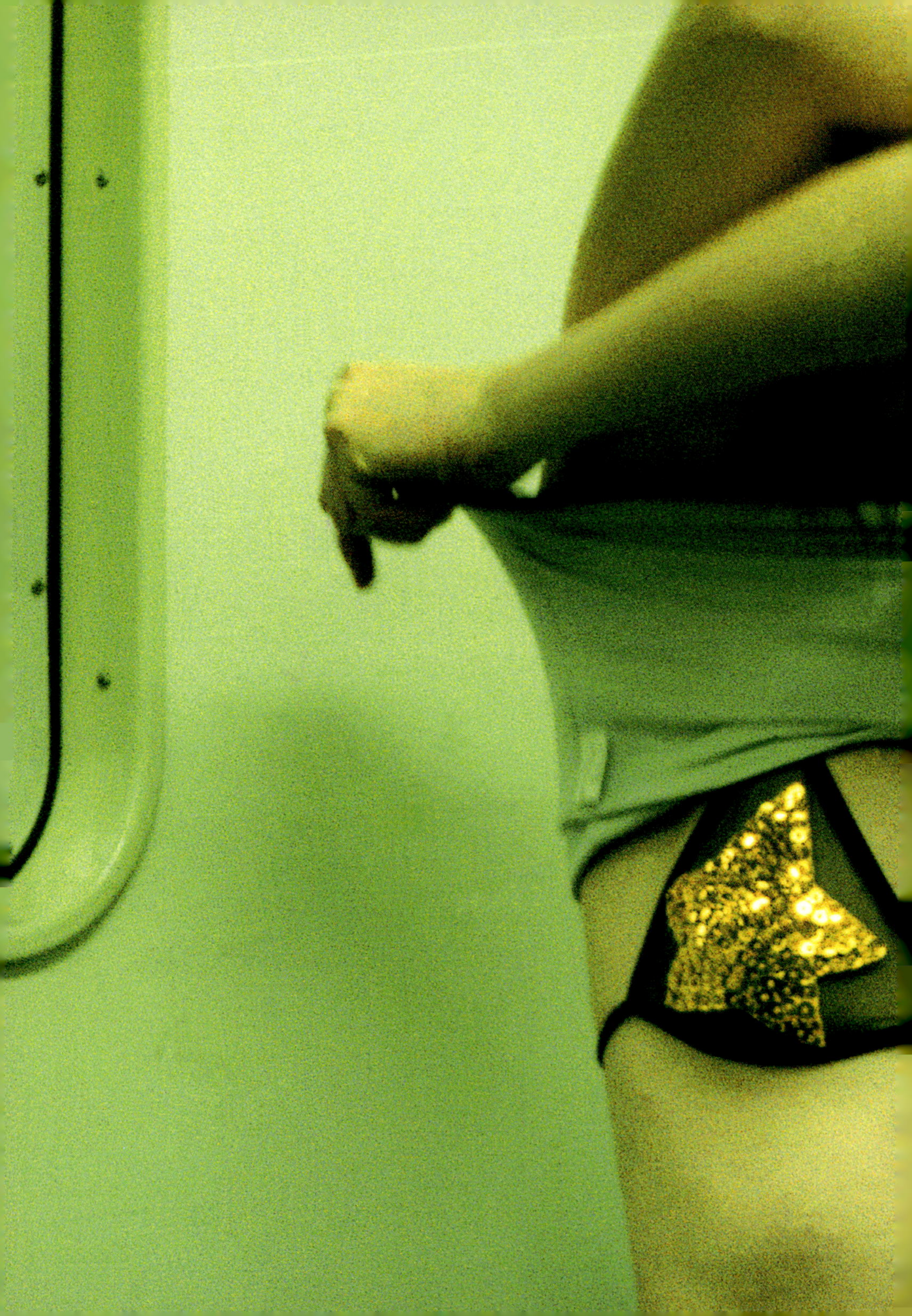

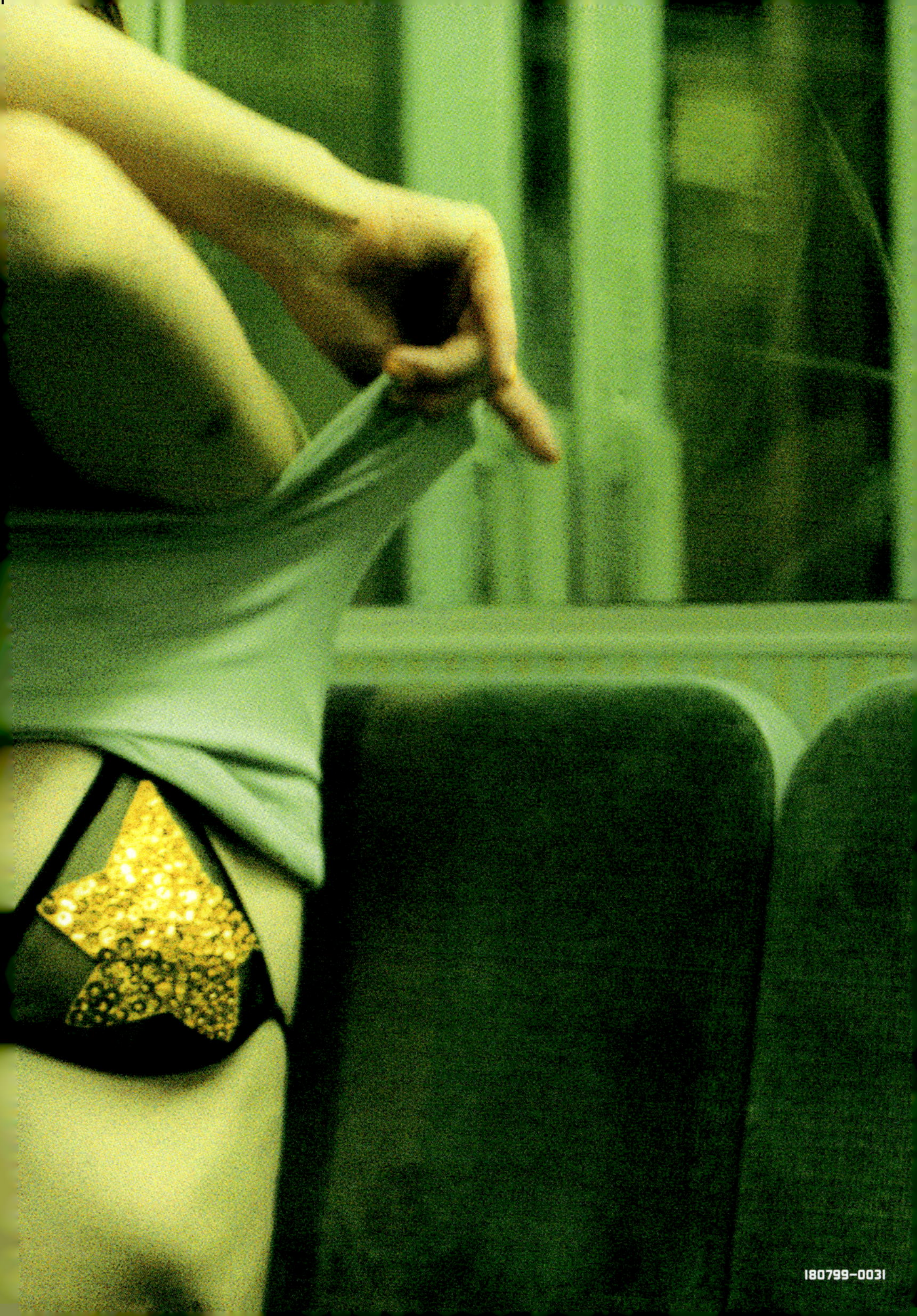
180799-0031

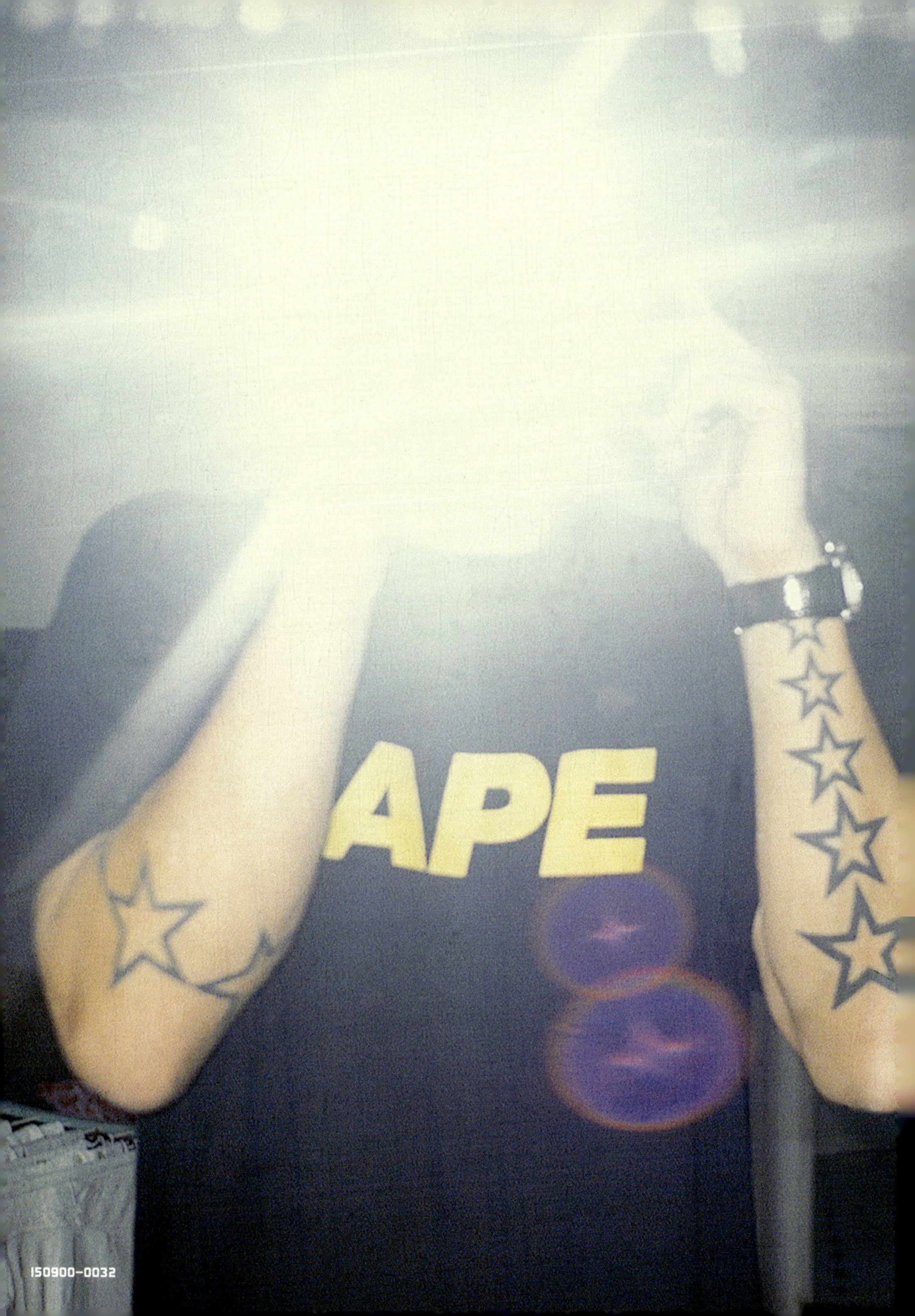

150900-0032

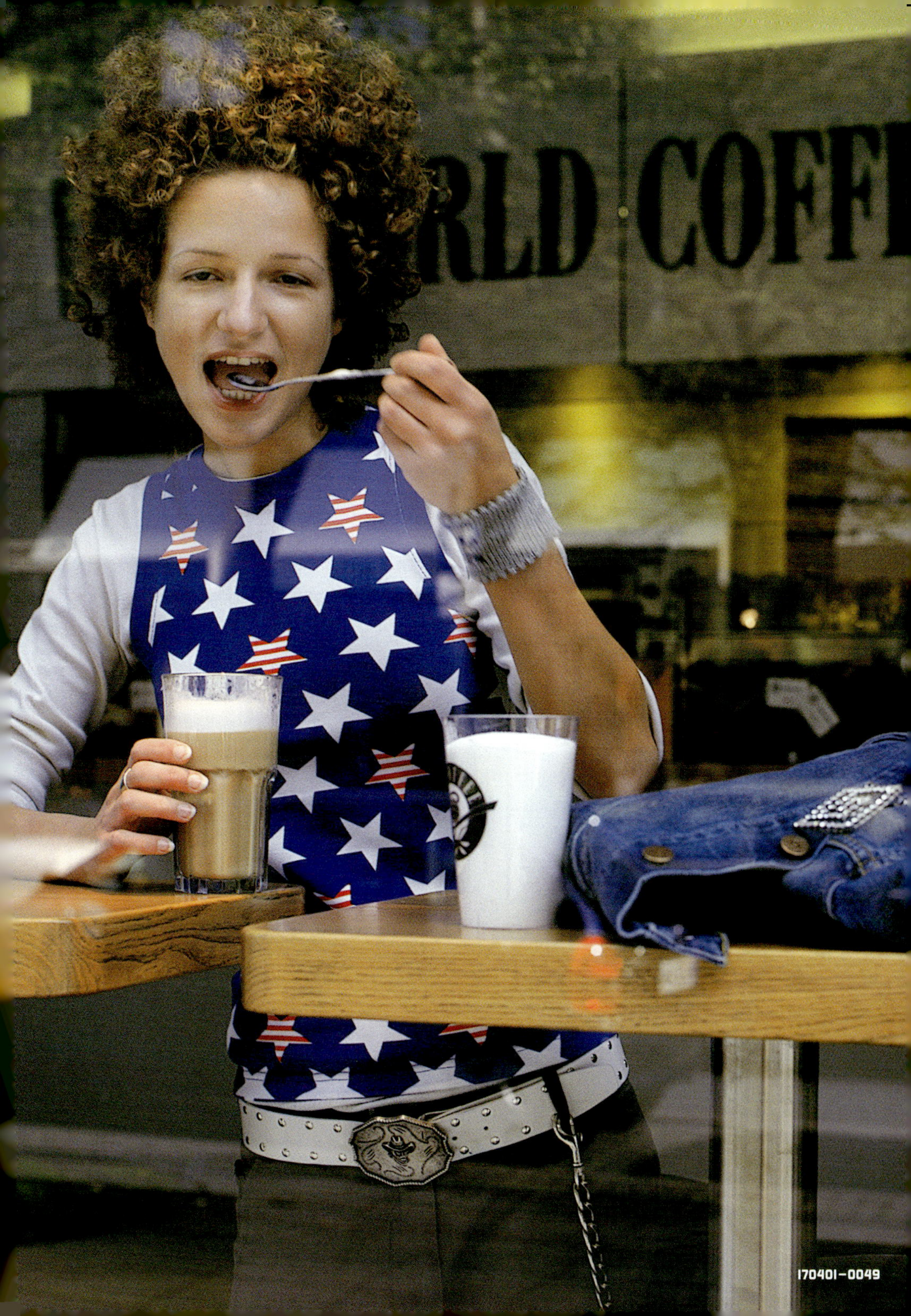

RLD COFF
170401-0049

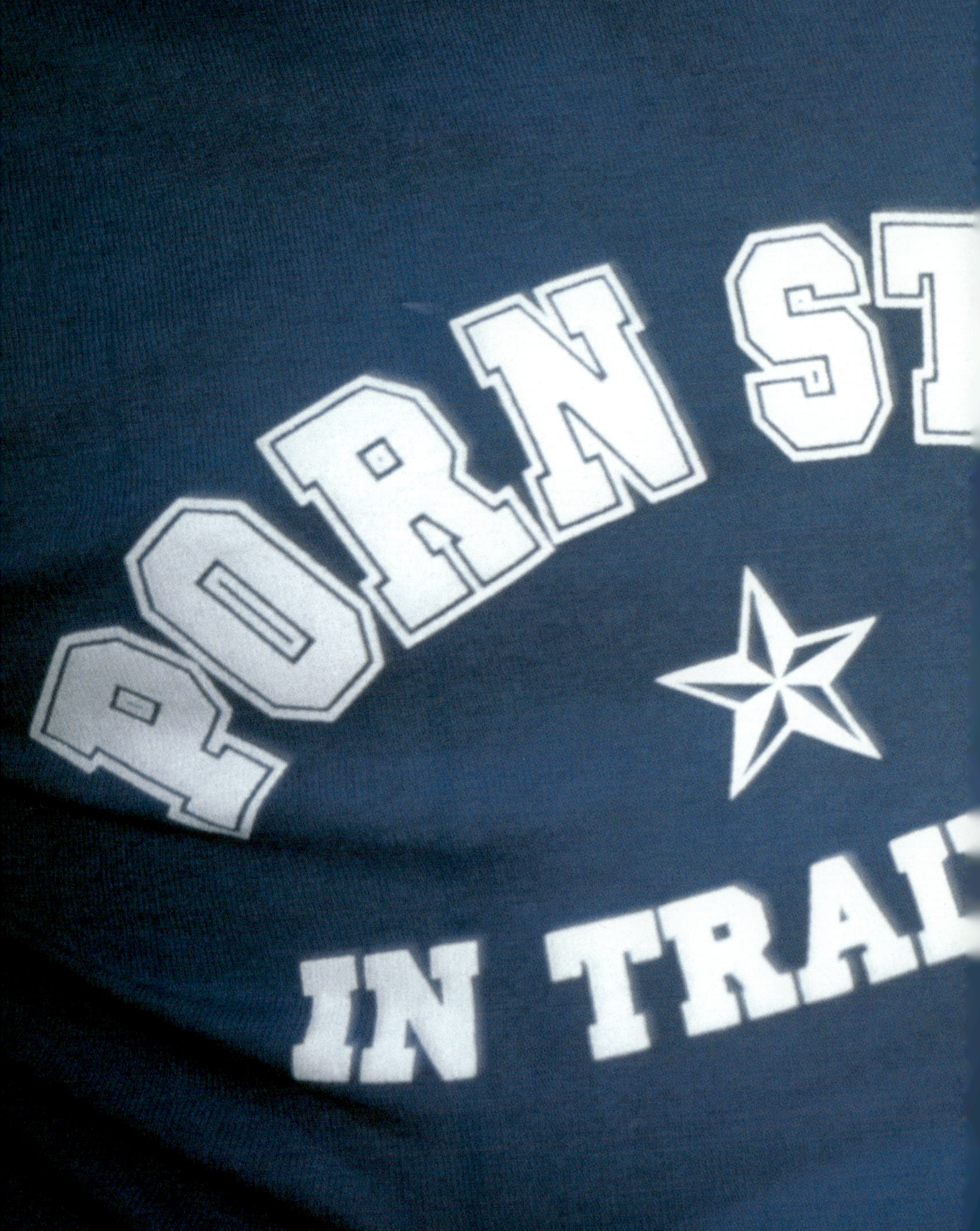
PORN ST
IN TRA

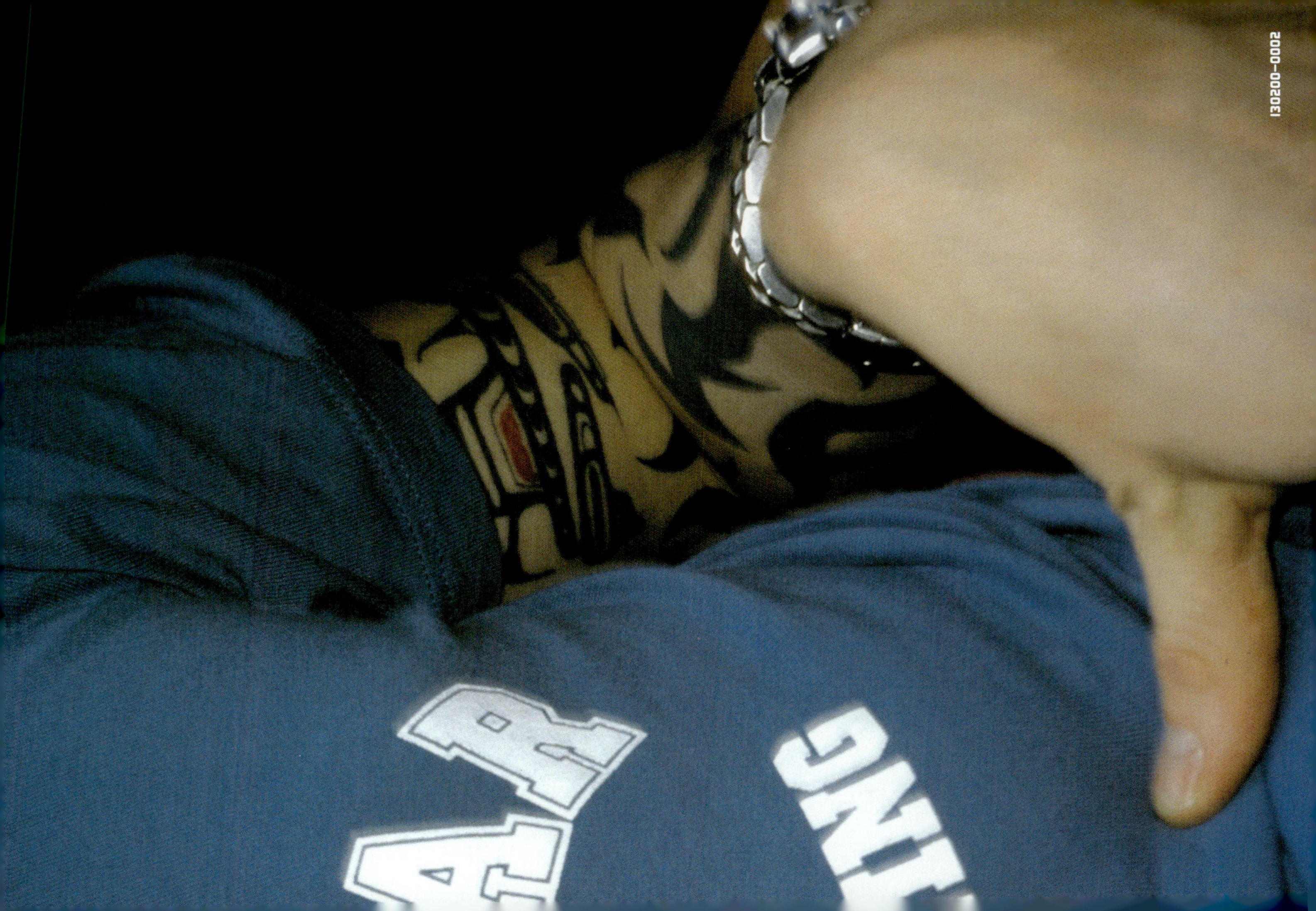
AR
ING

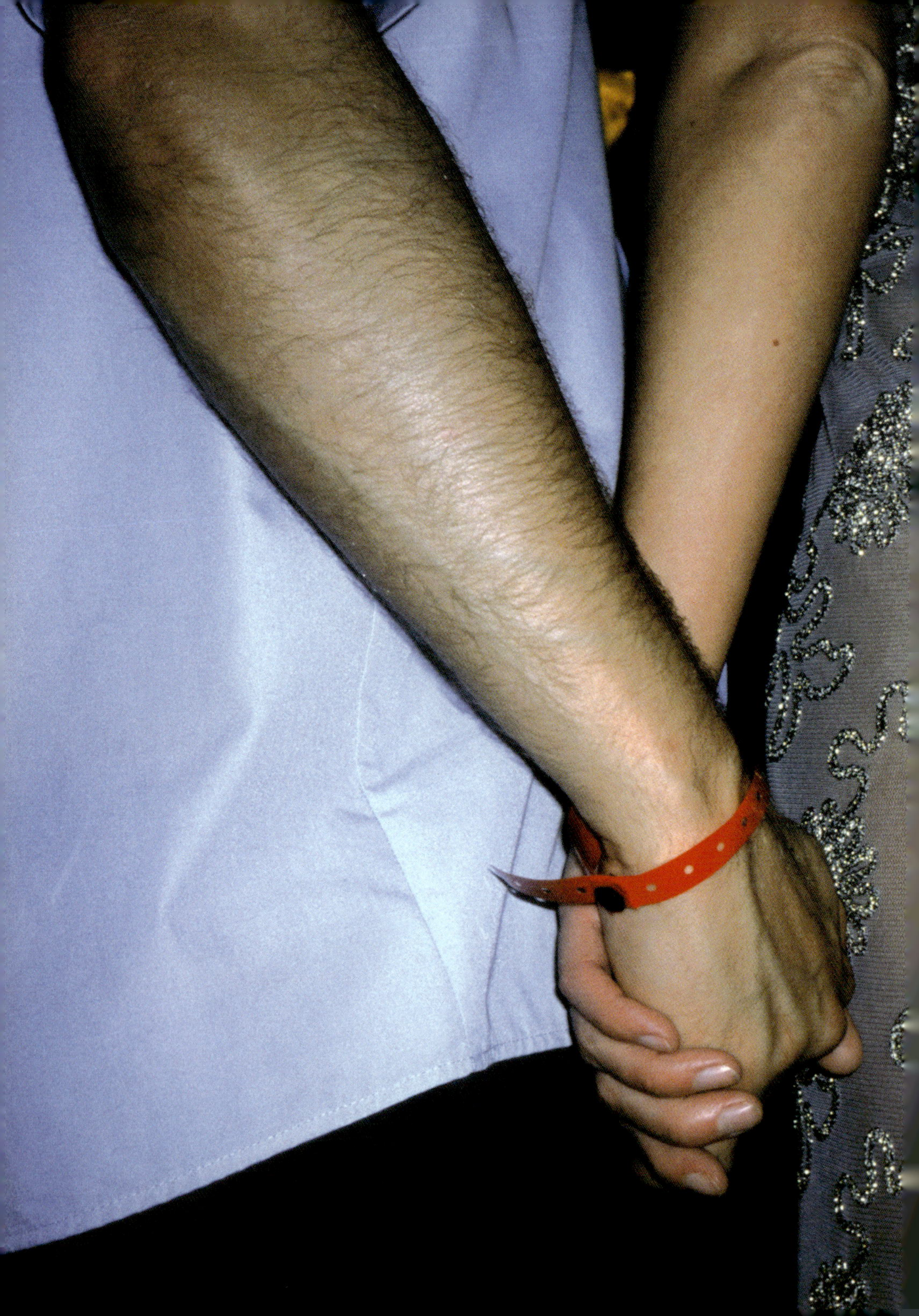

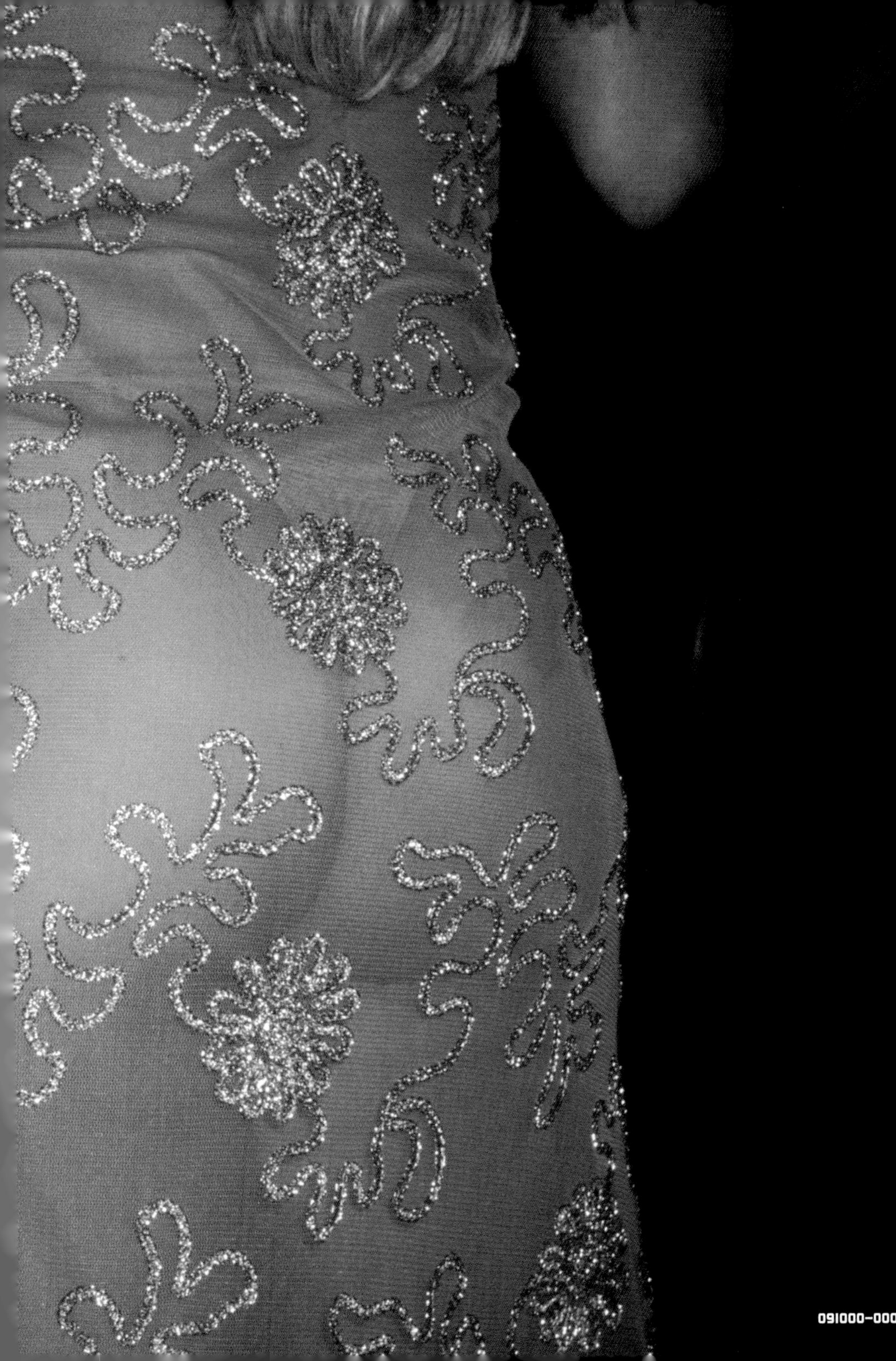

091000-0005

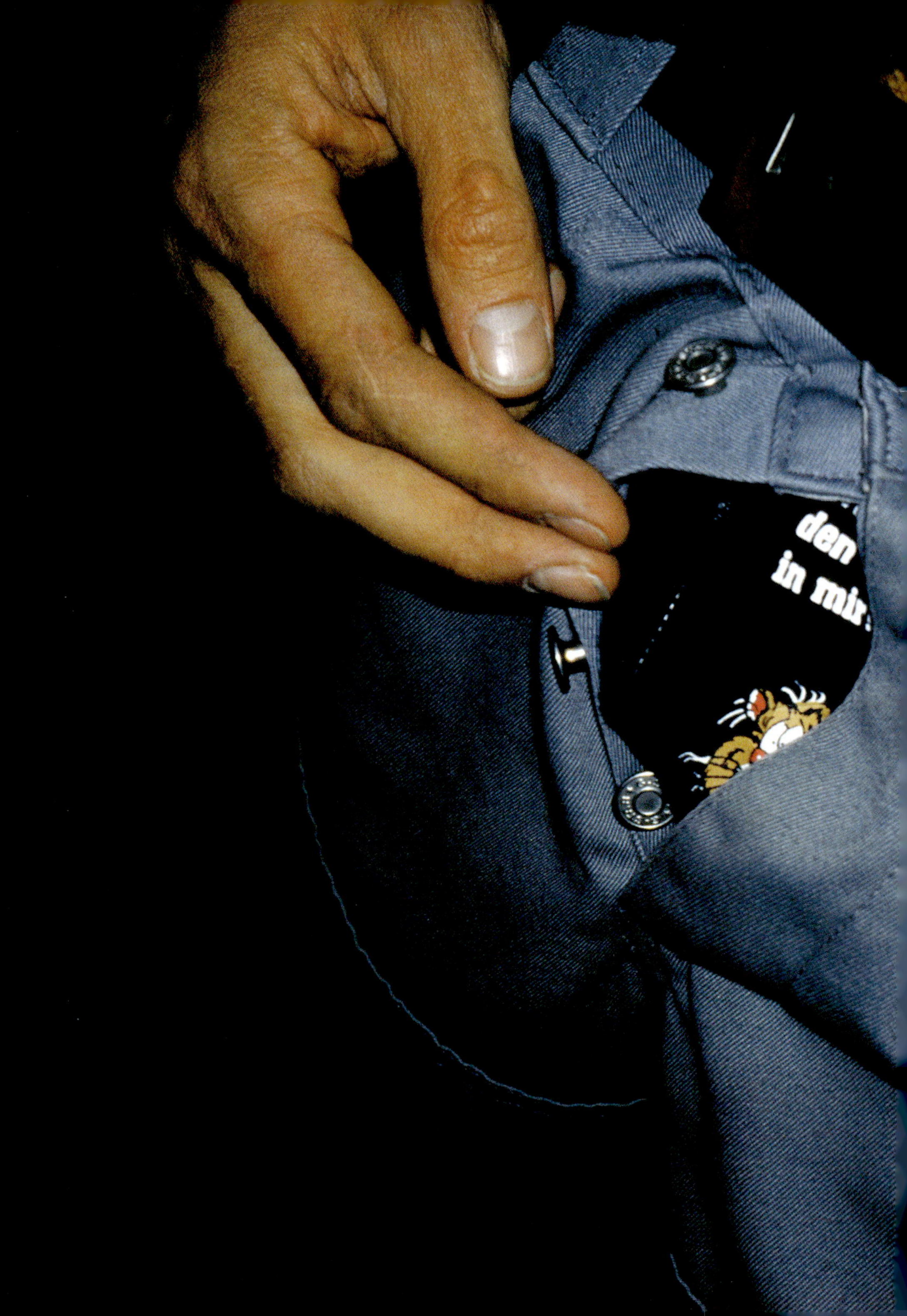
den
in mir

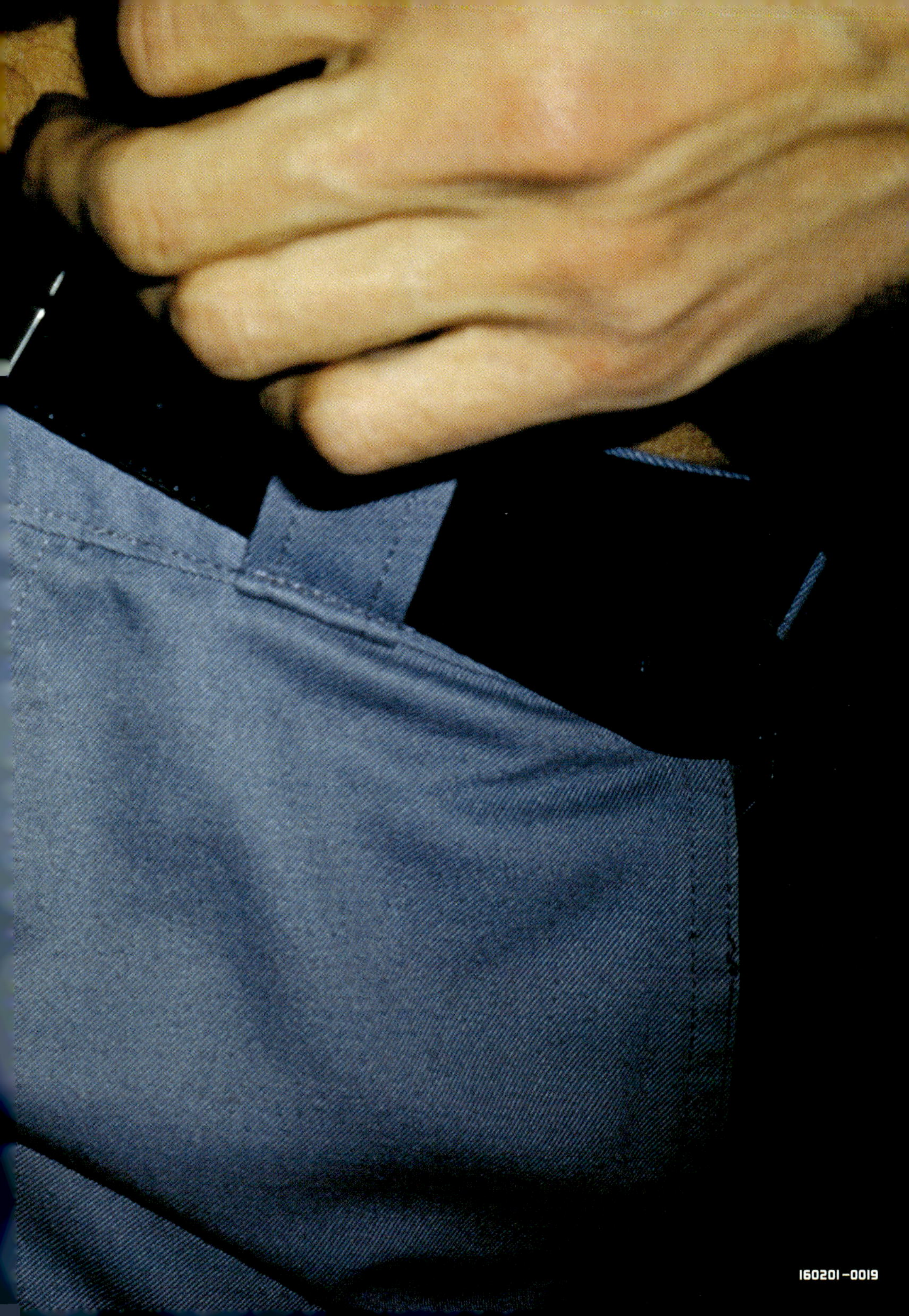
160201-0019

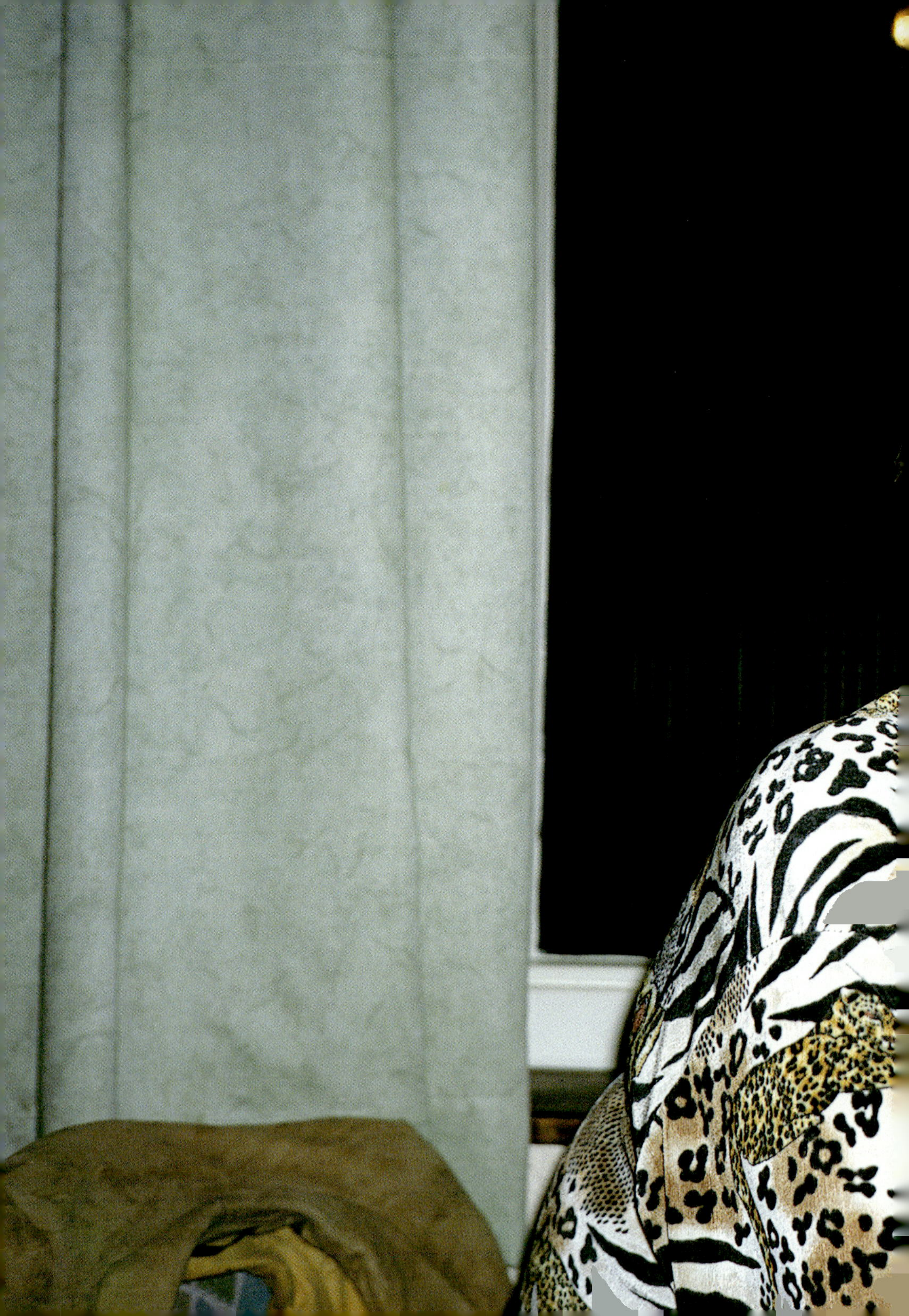

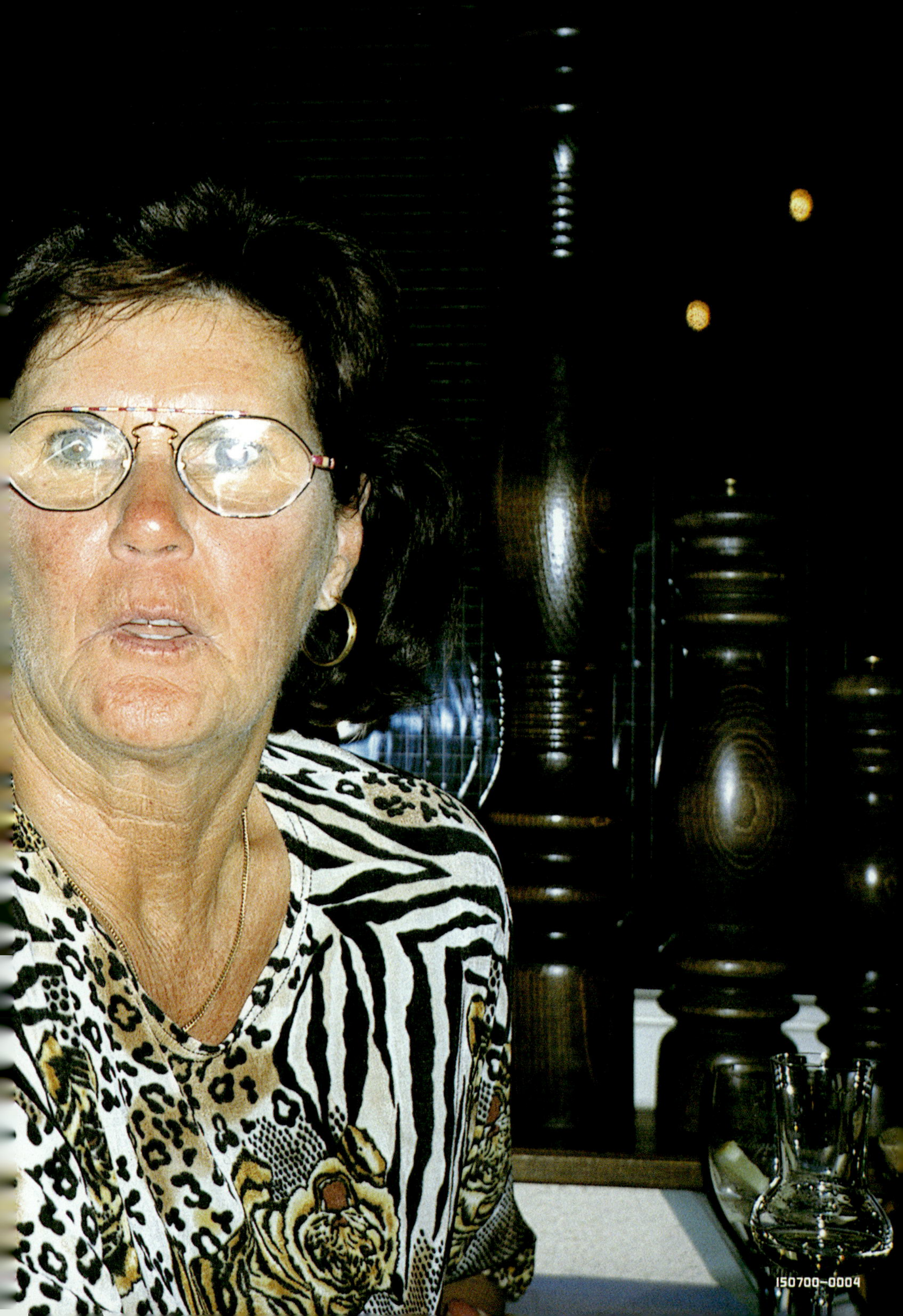

150700-0004

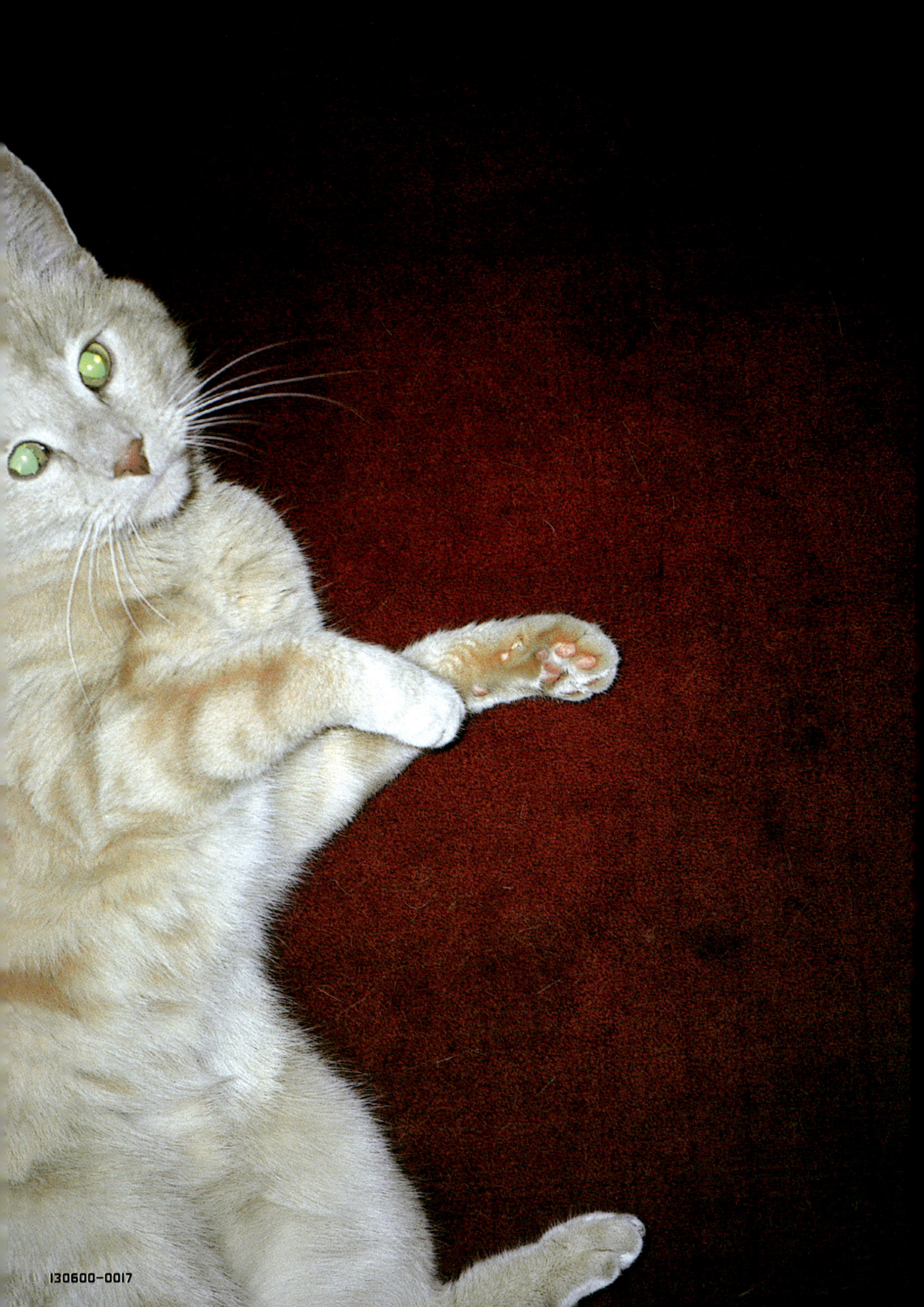
130600-0017

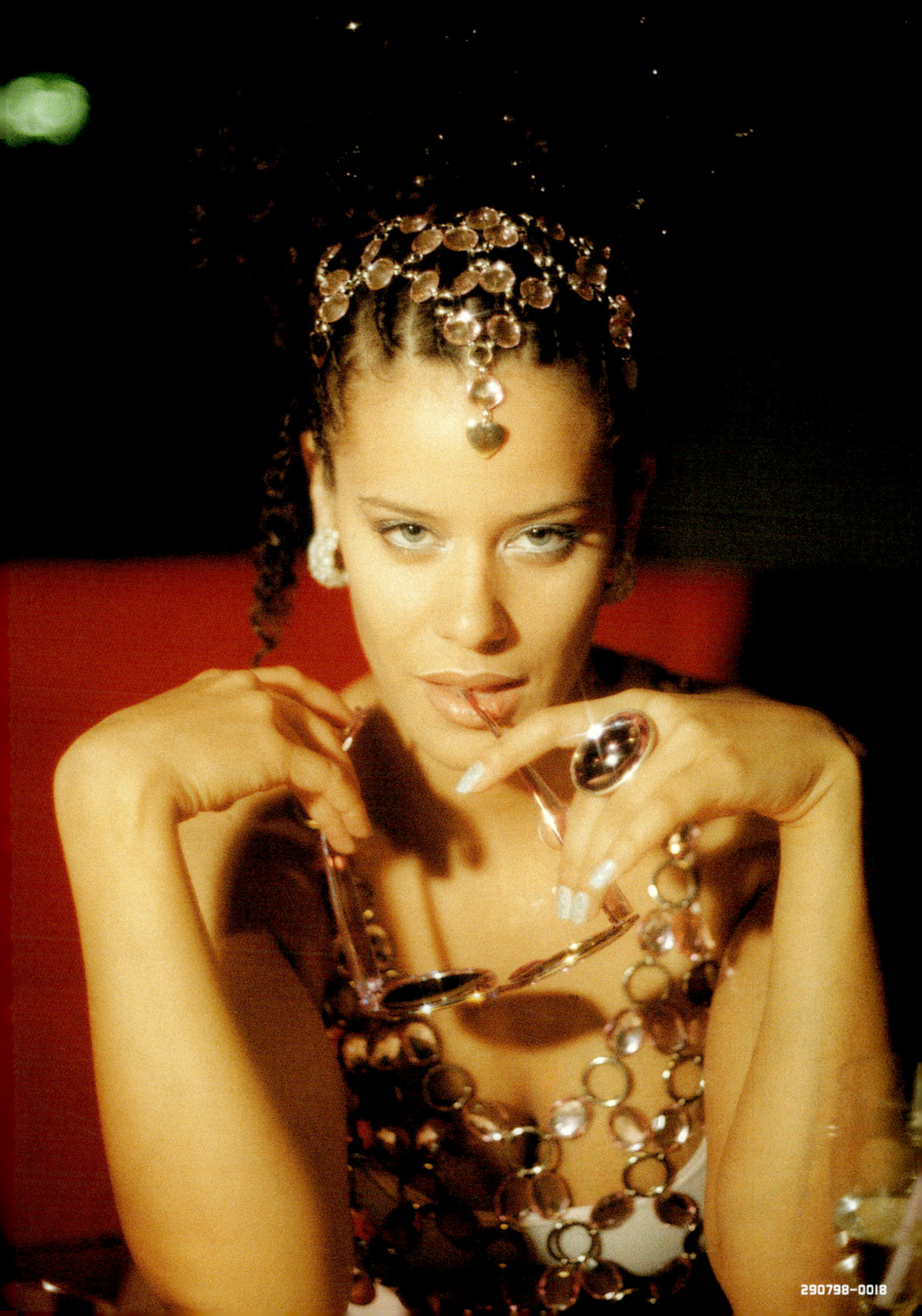
290798-0018

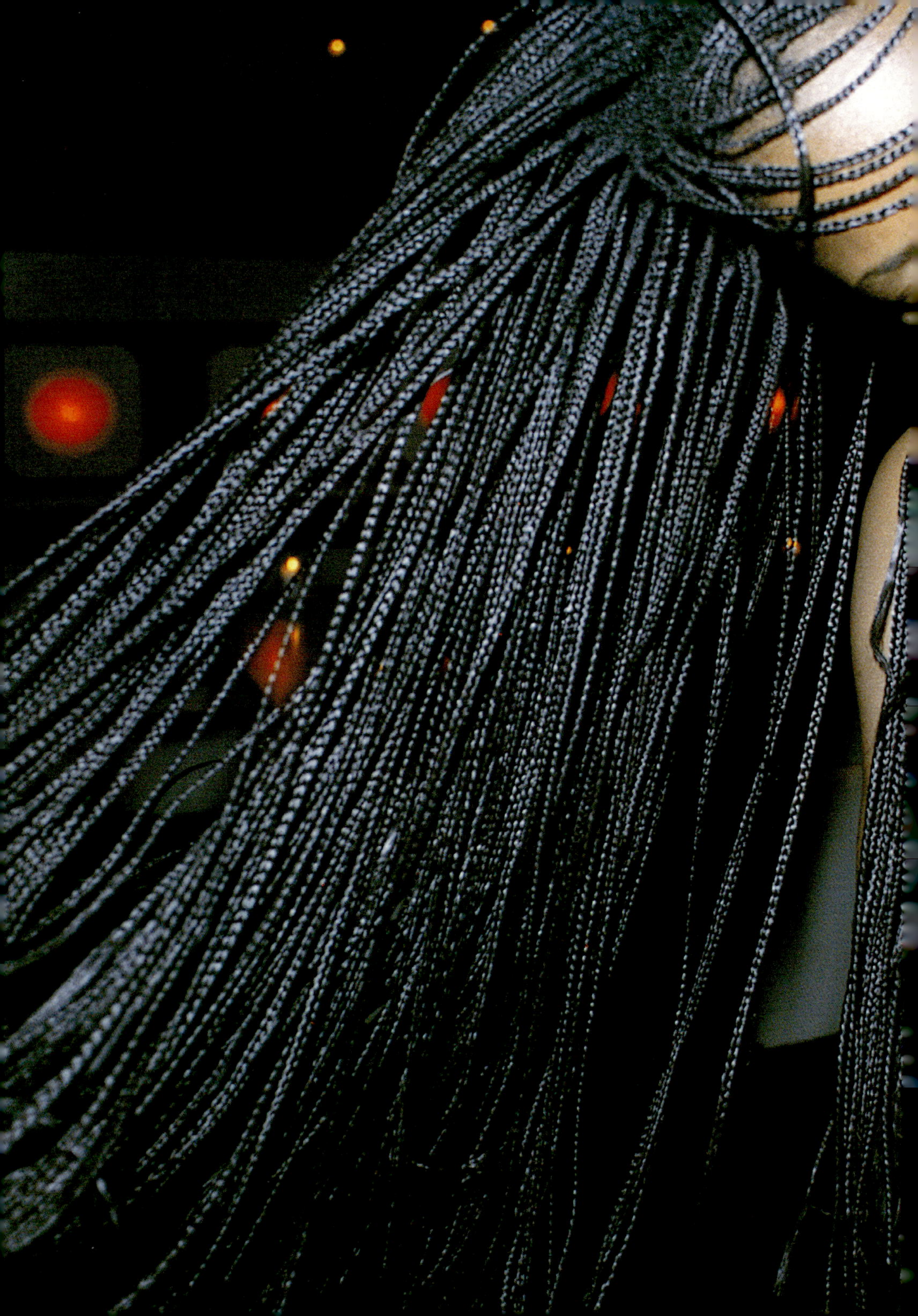

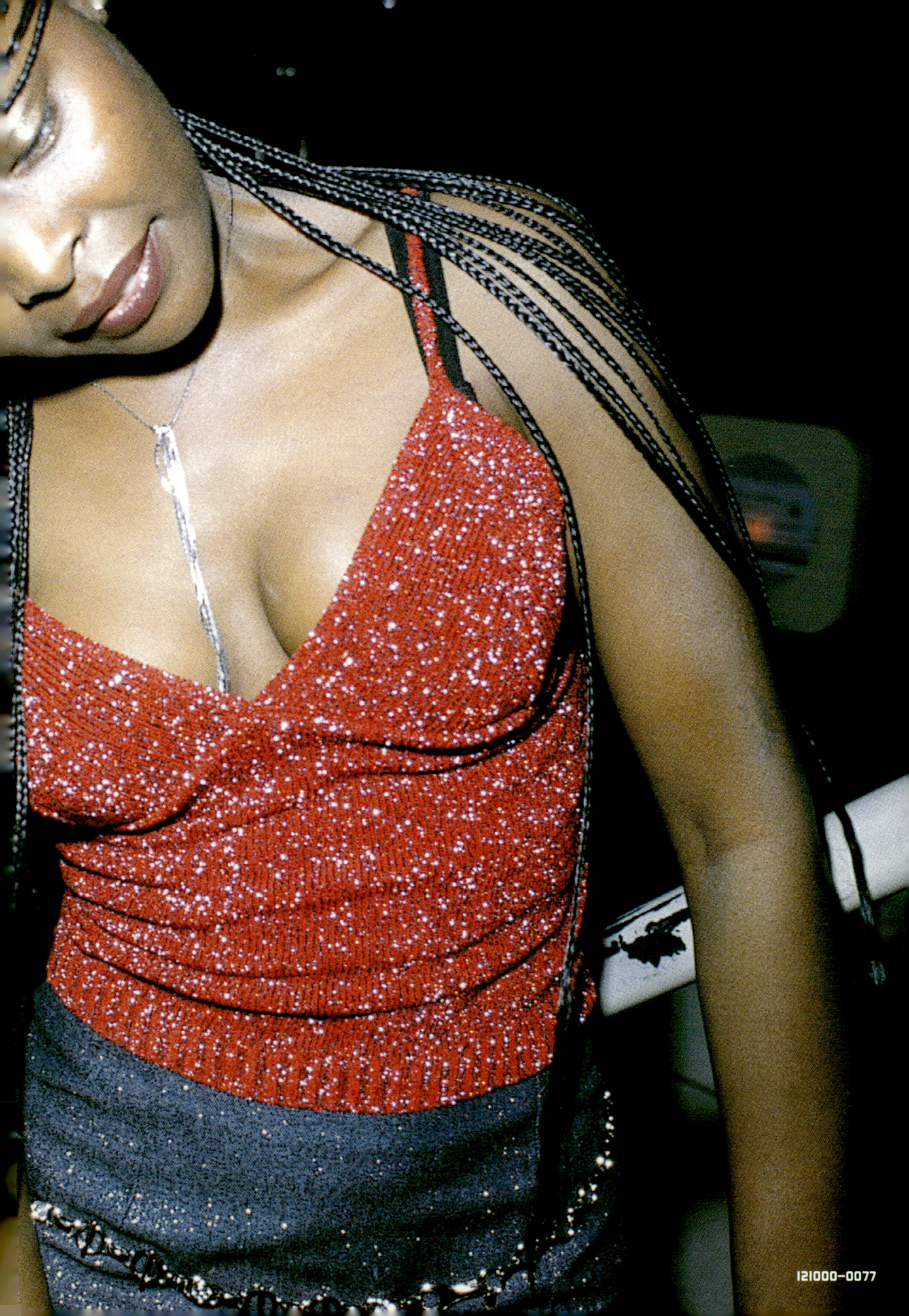
121000-0077

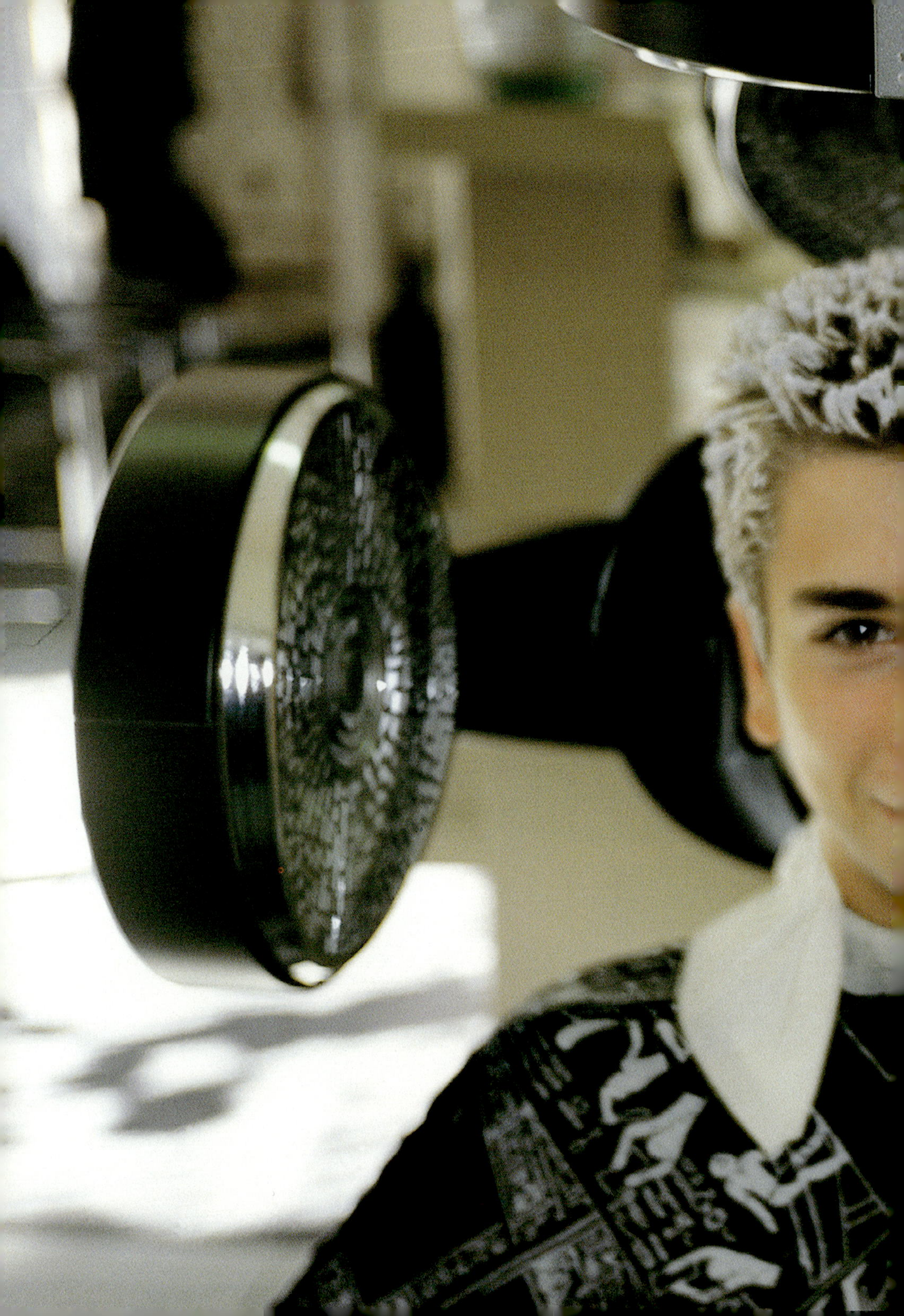

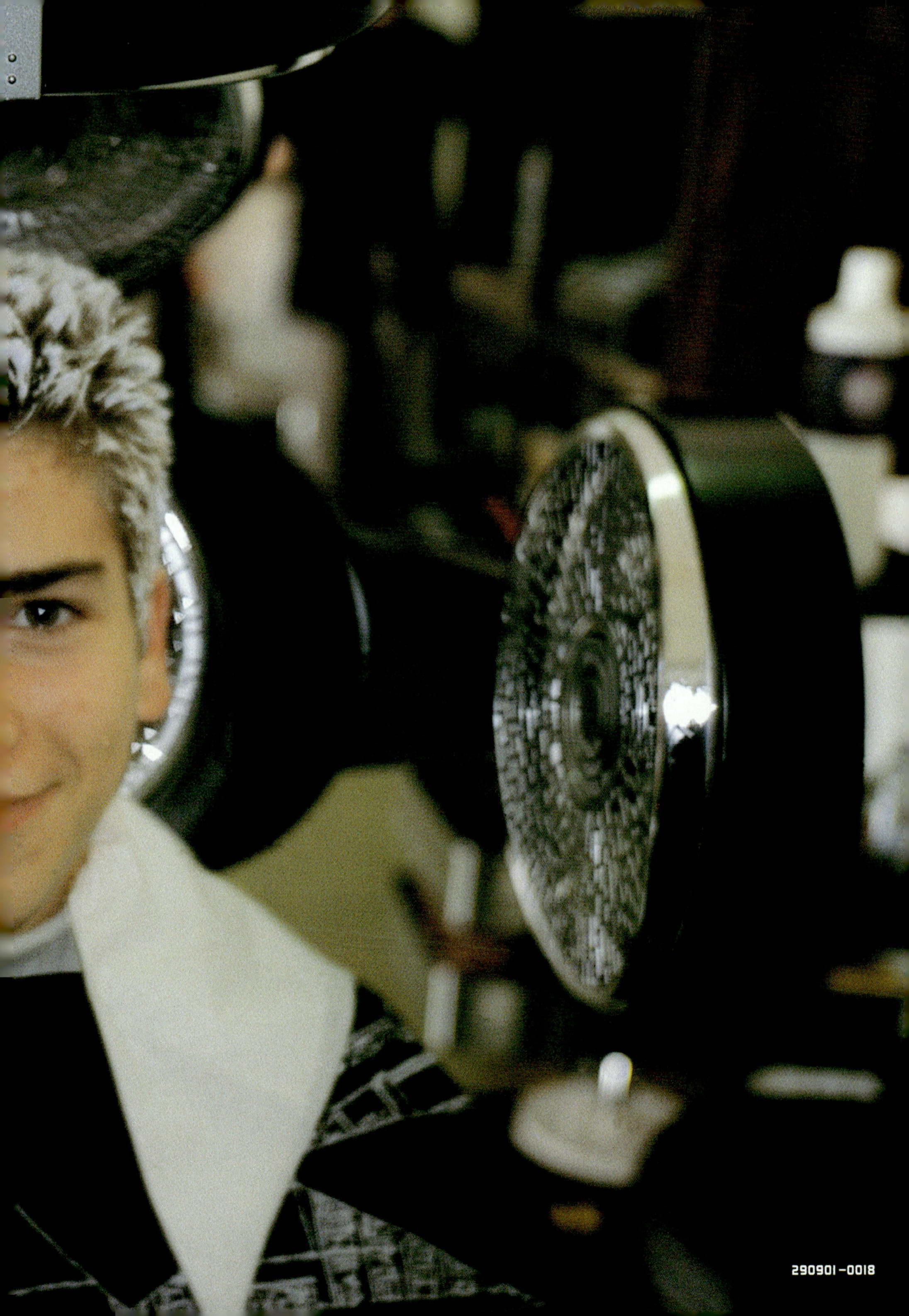
290901-0018

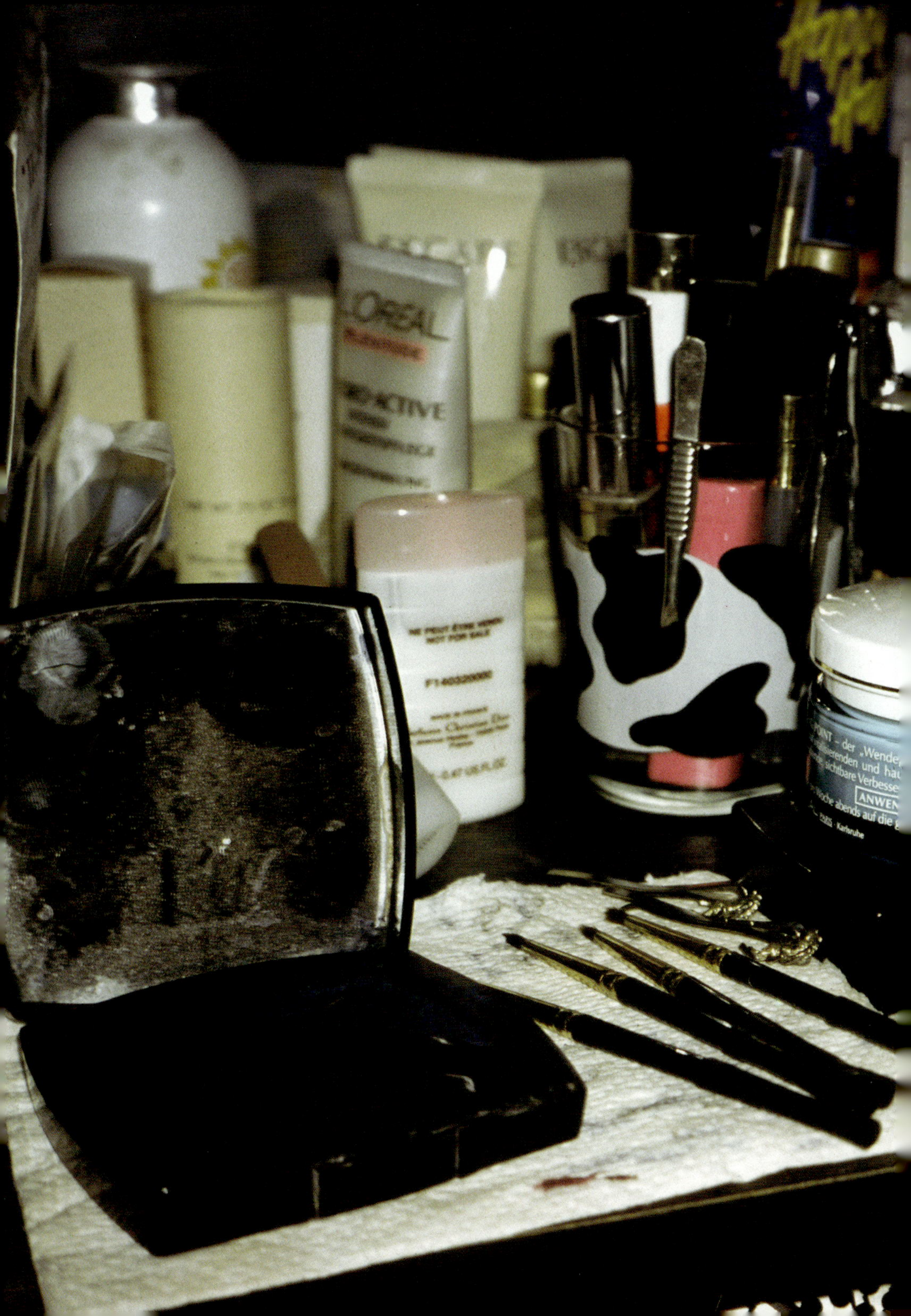

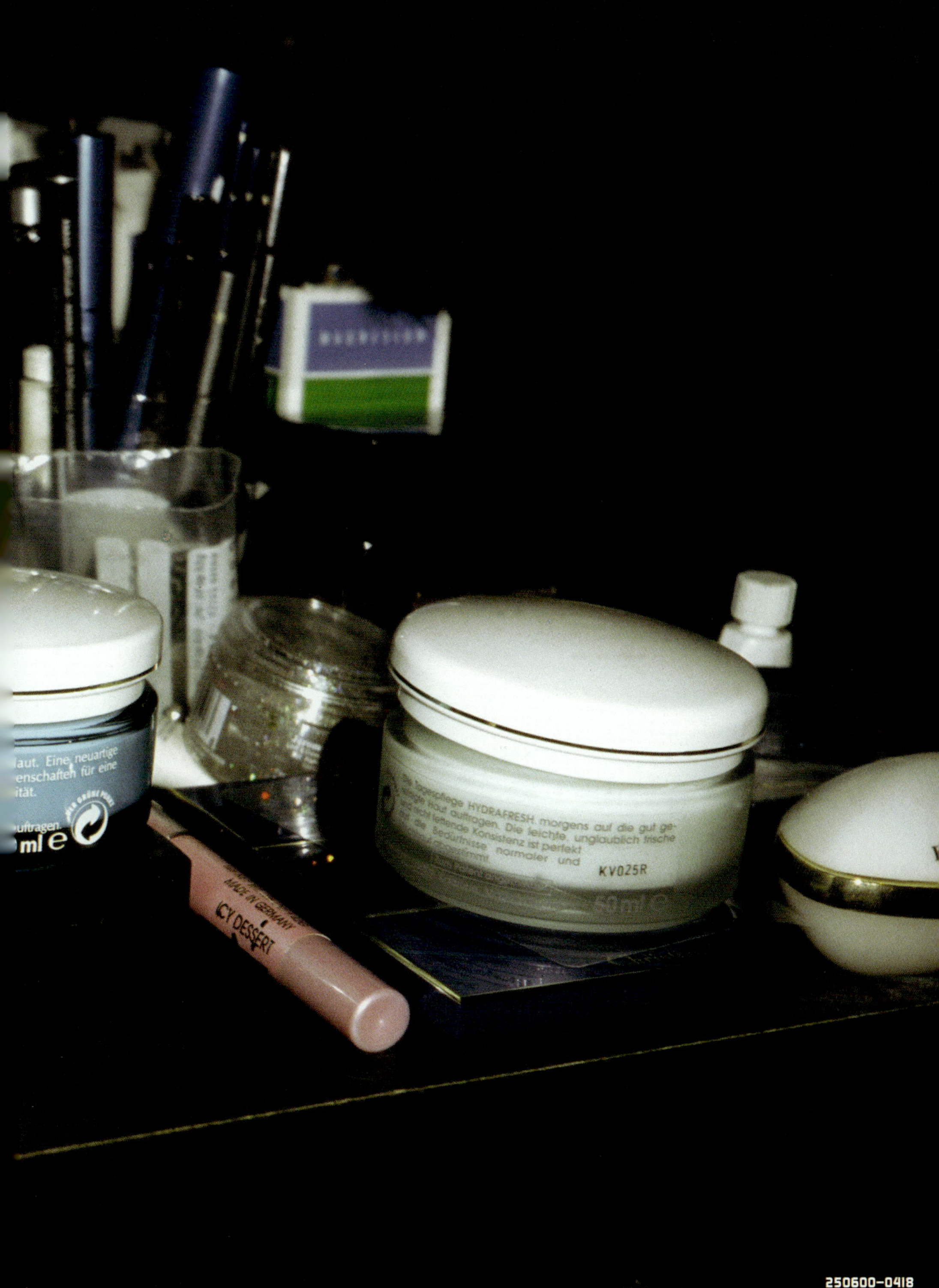

DIORVISION
laut. Eine neuartige
enschaften für eine
ität.
uftragen.
ml e
MADE IN GERMANY
ICY DESSERT
Die Tagespflege HYDRAFRESH, morgens auf die gut ge-
reinigte Haut auftragen. Die leichte, unglaublich frische
und wohl leitende Konsistenz ist perfekt
auf die Bedürfnisse normaler und
abgestimmt
KV025R
50ml e
250600-0418

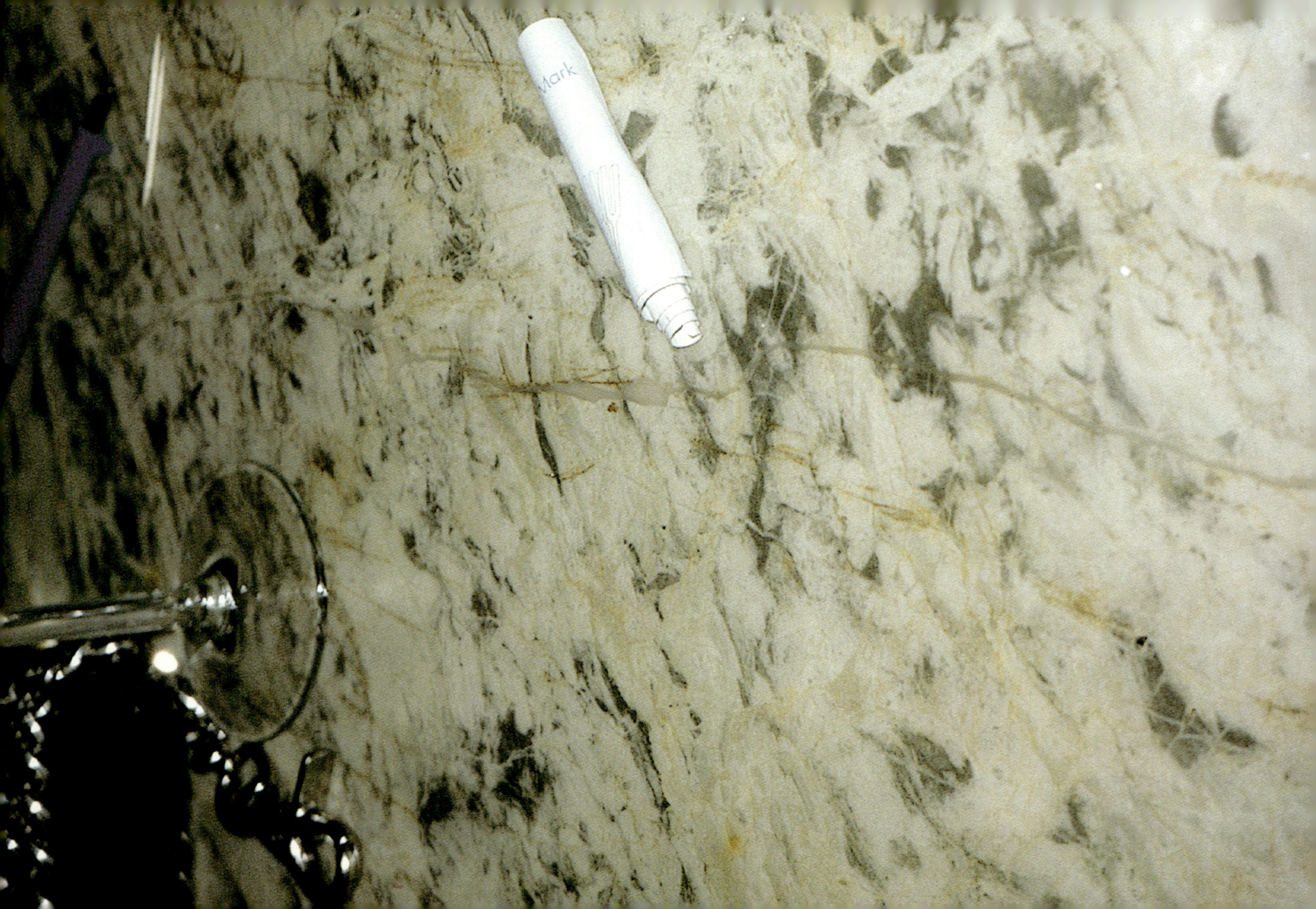
Mark

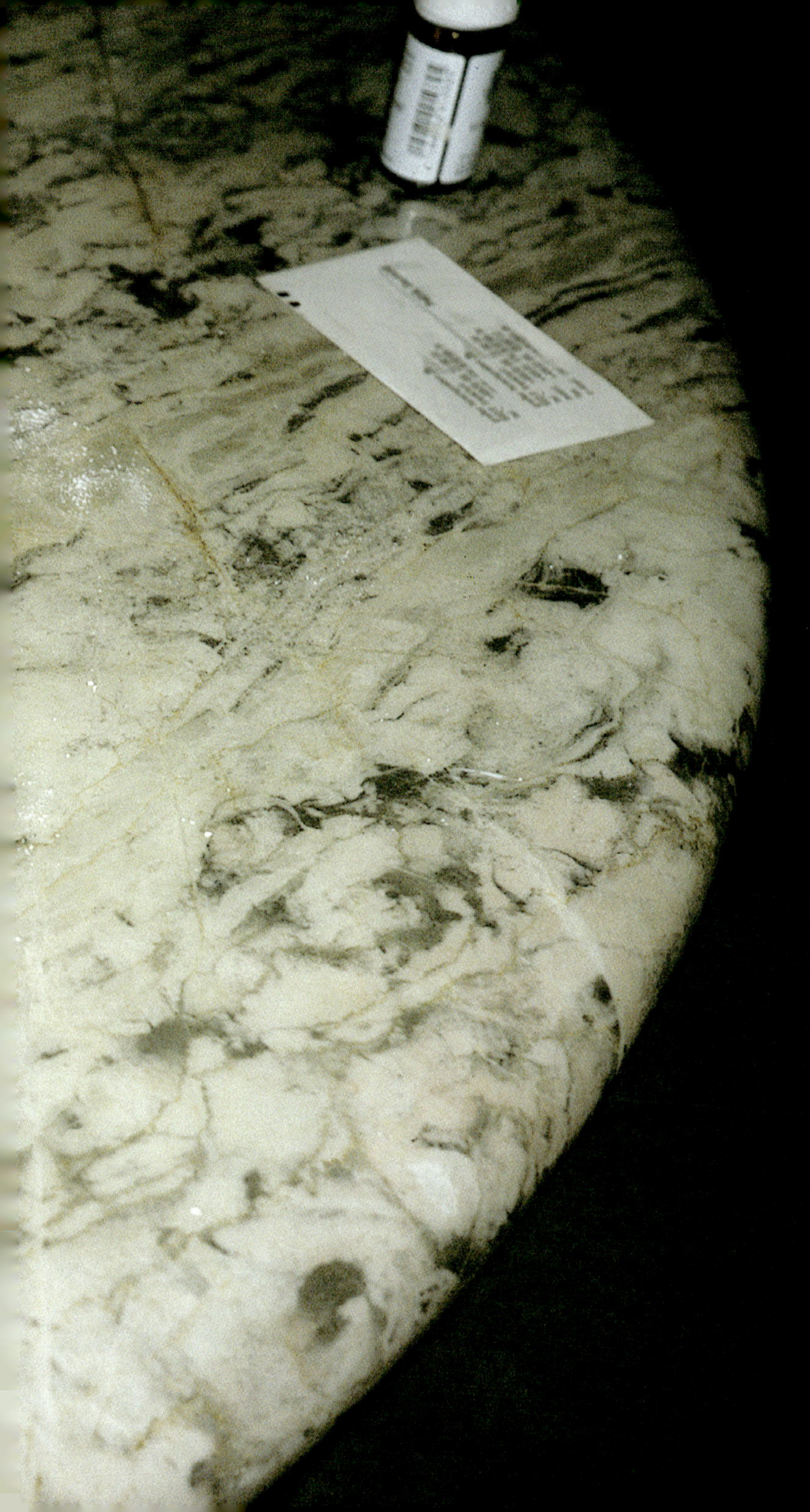

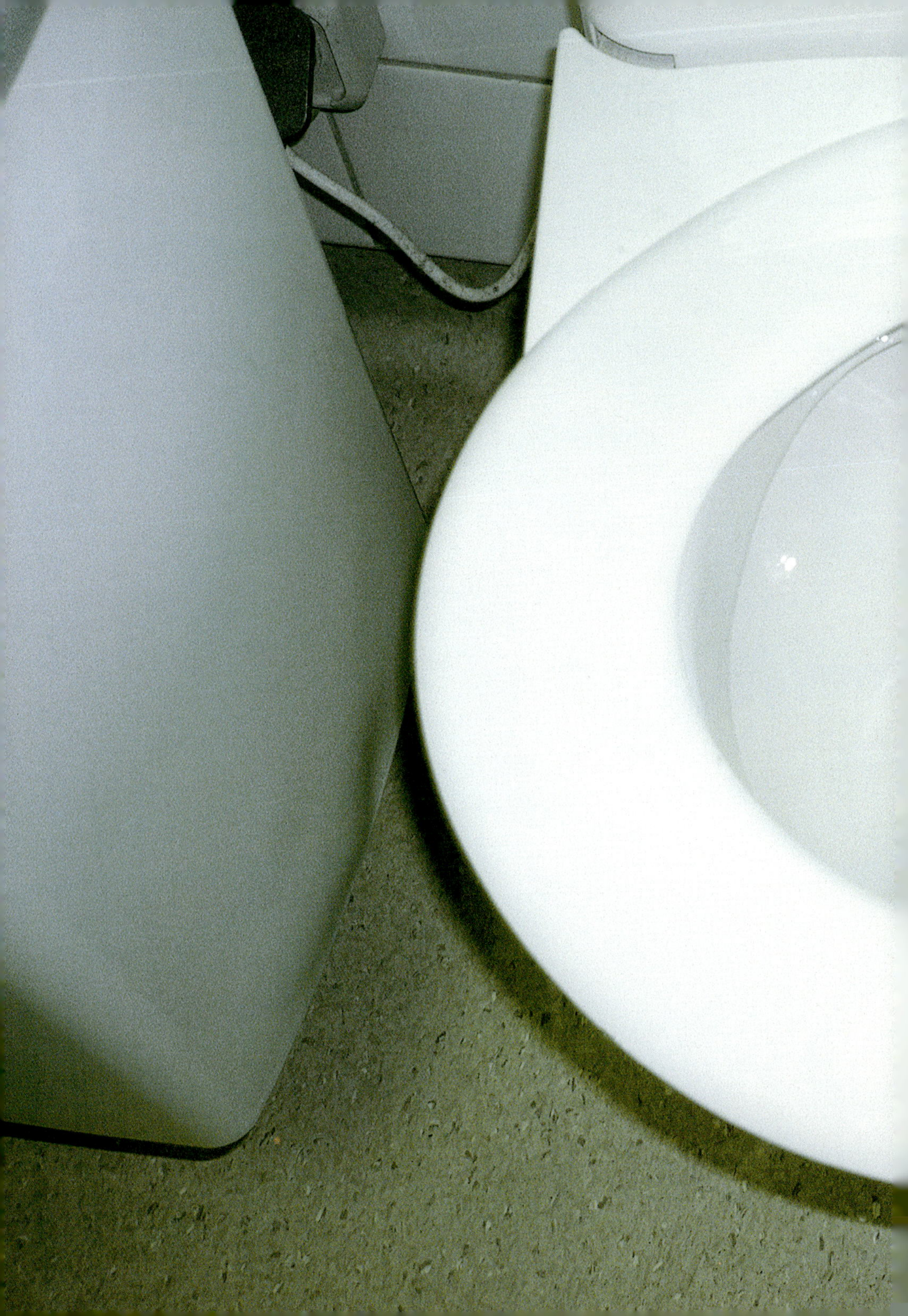

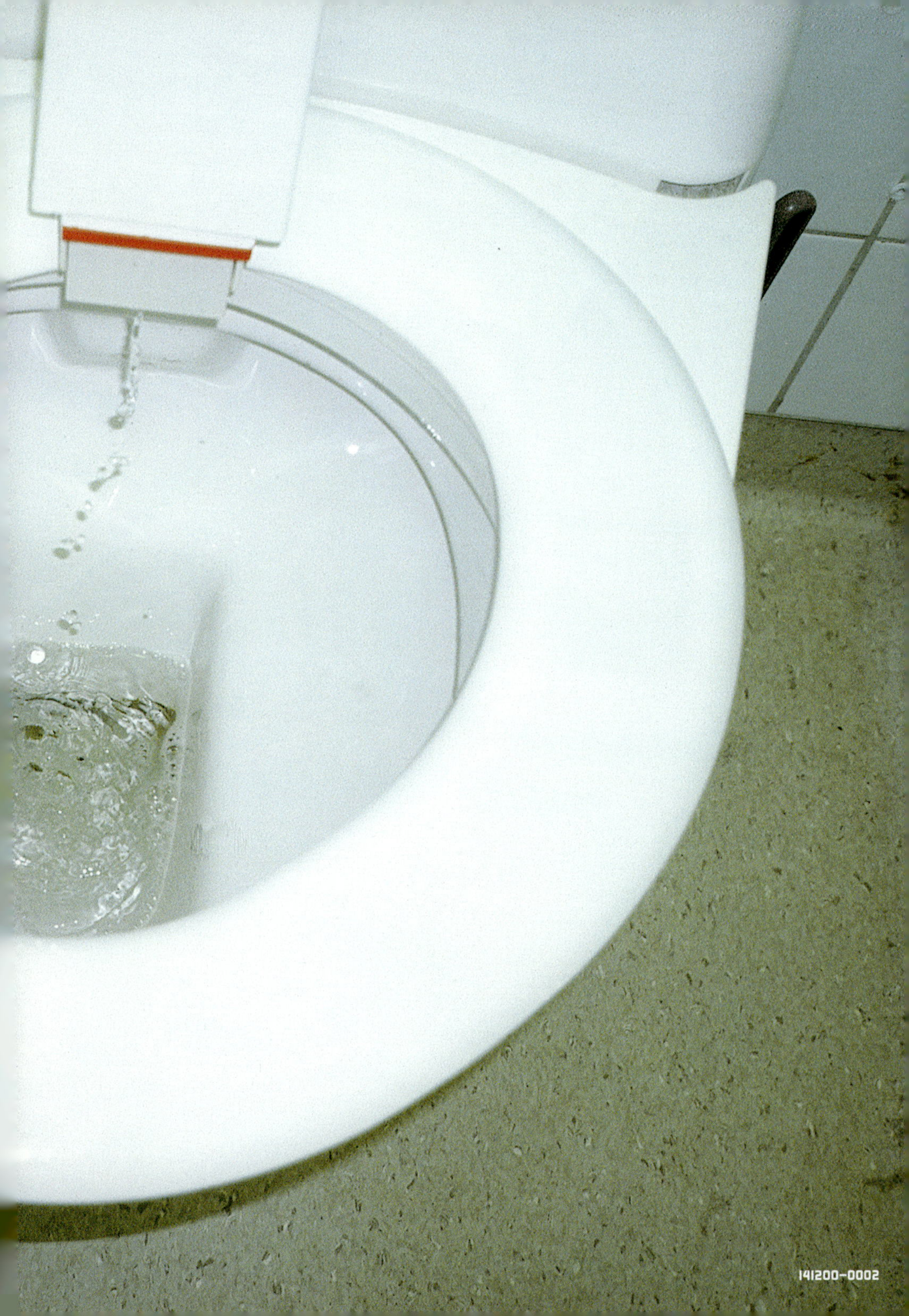
141200-0002

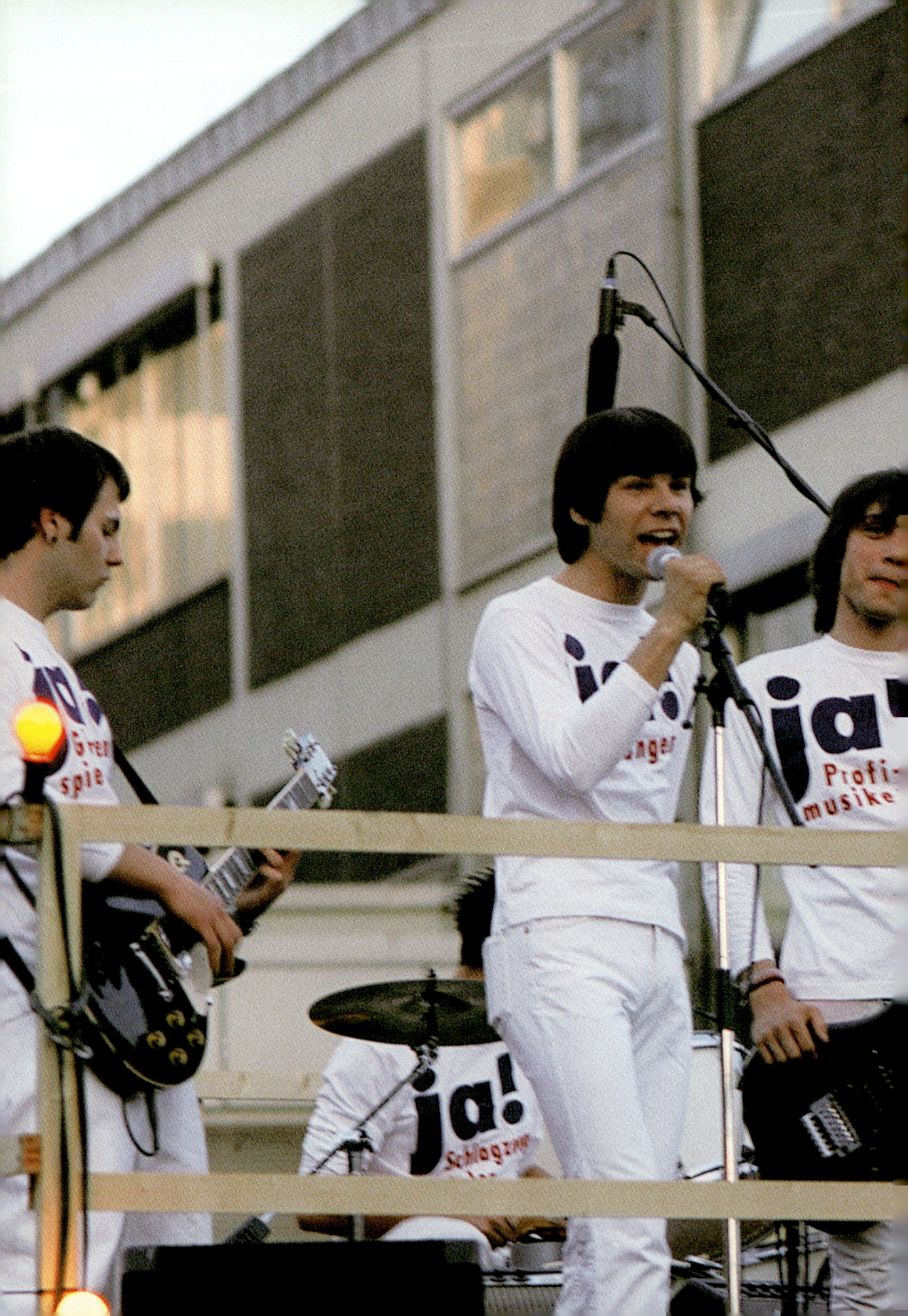

ja!
spie
ja!
Profi-
musike
ja!
Schlagz

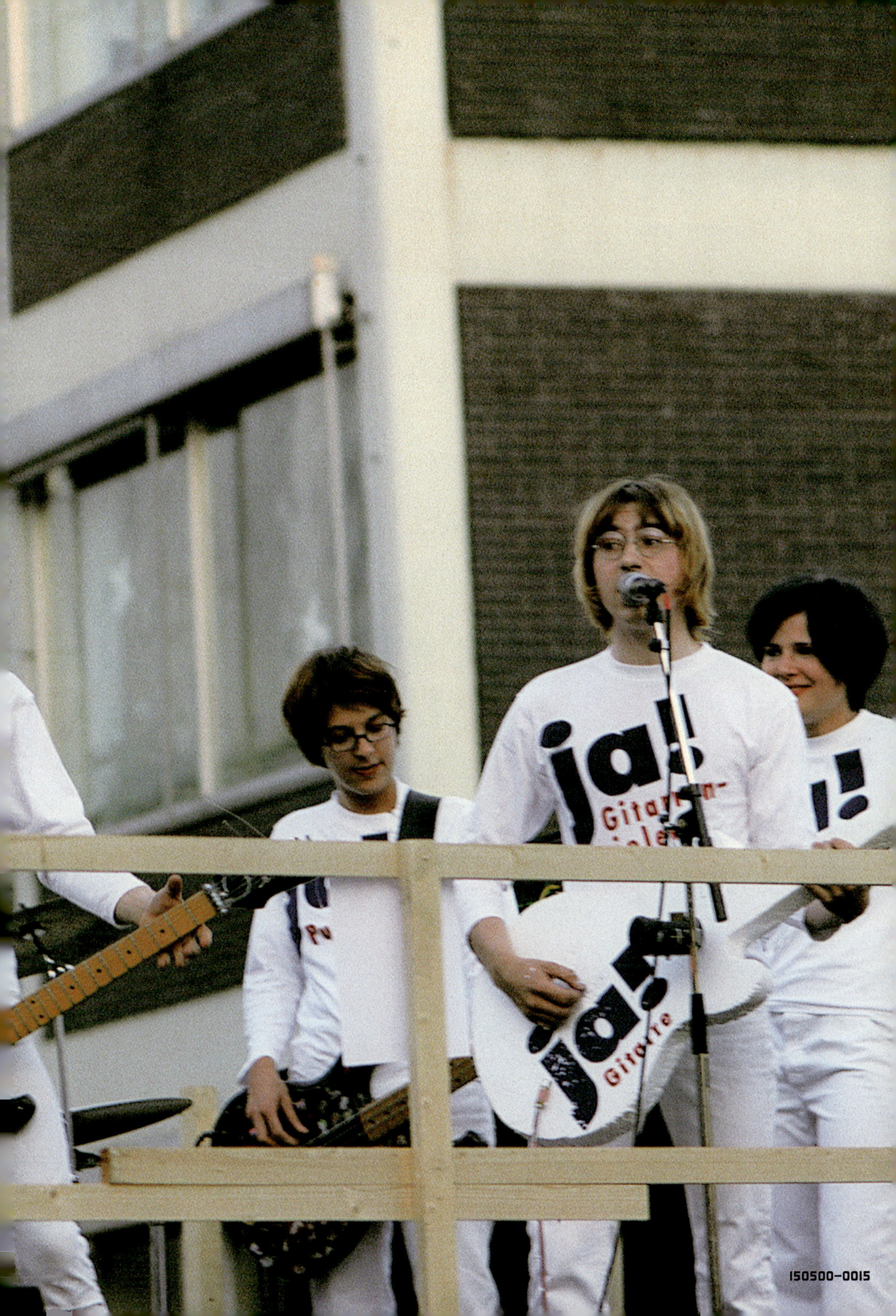
ja!
Gitarren-
ja!
Gitarre
150500-0015

Anja,
du bist jetzt
wohl wirklich an-
genervt von mir,
doch eine Erklärung
sollte wie es doch.

Es geht einfach
nur darum, daß
ich dich liebe, daß
ich so viel Zeit.
wie möglich mit
d[i]s [illegible]
[illegible]

NIVA

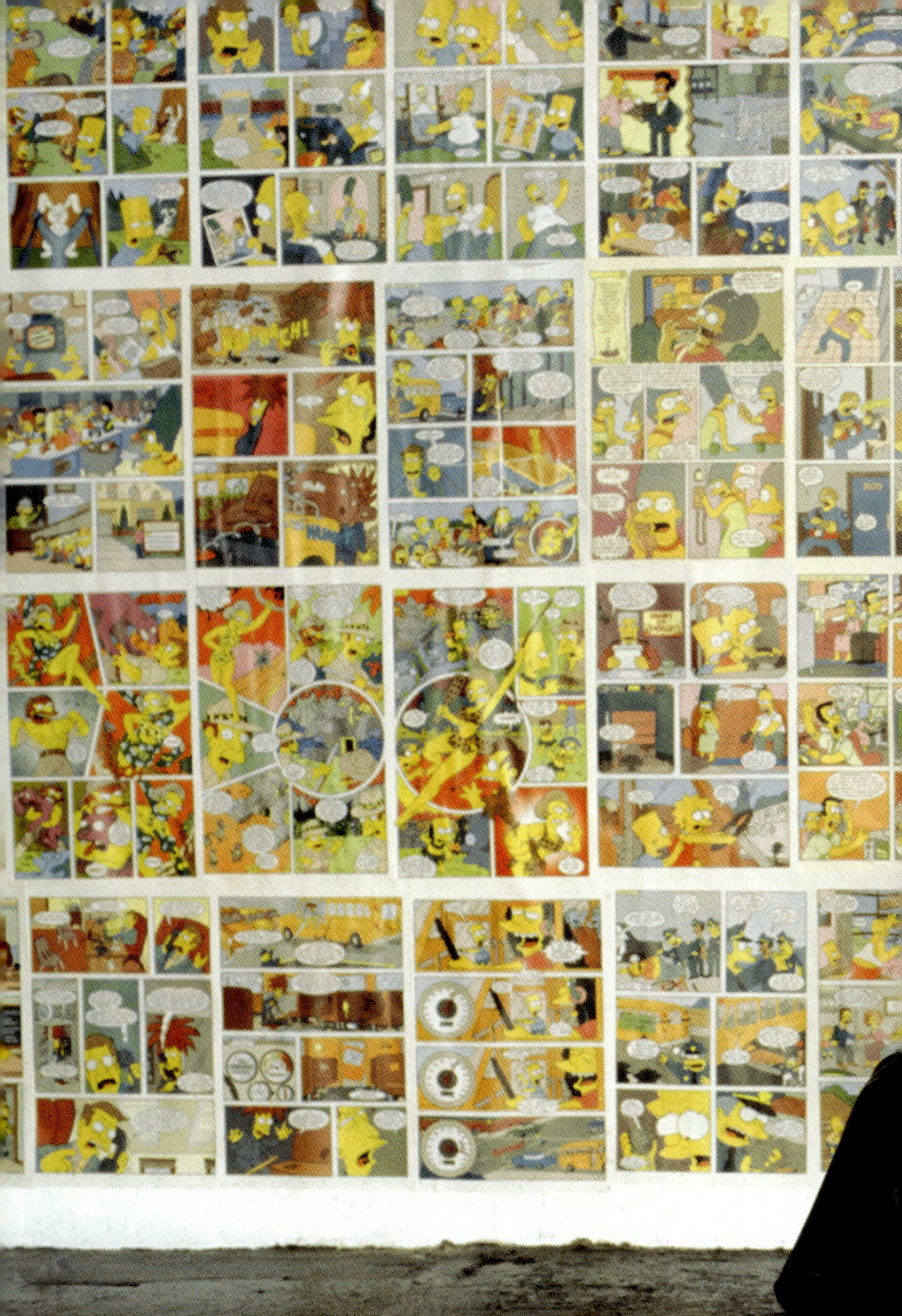

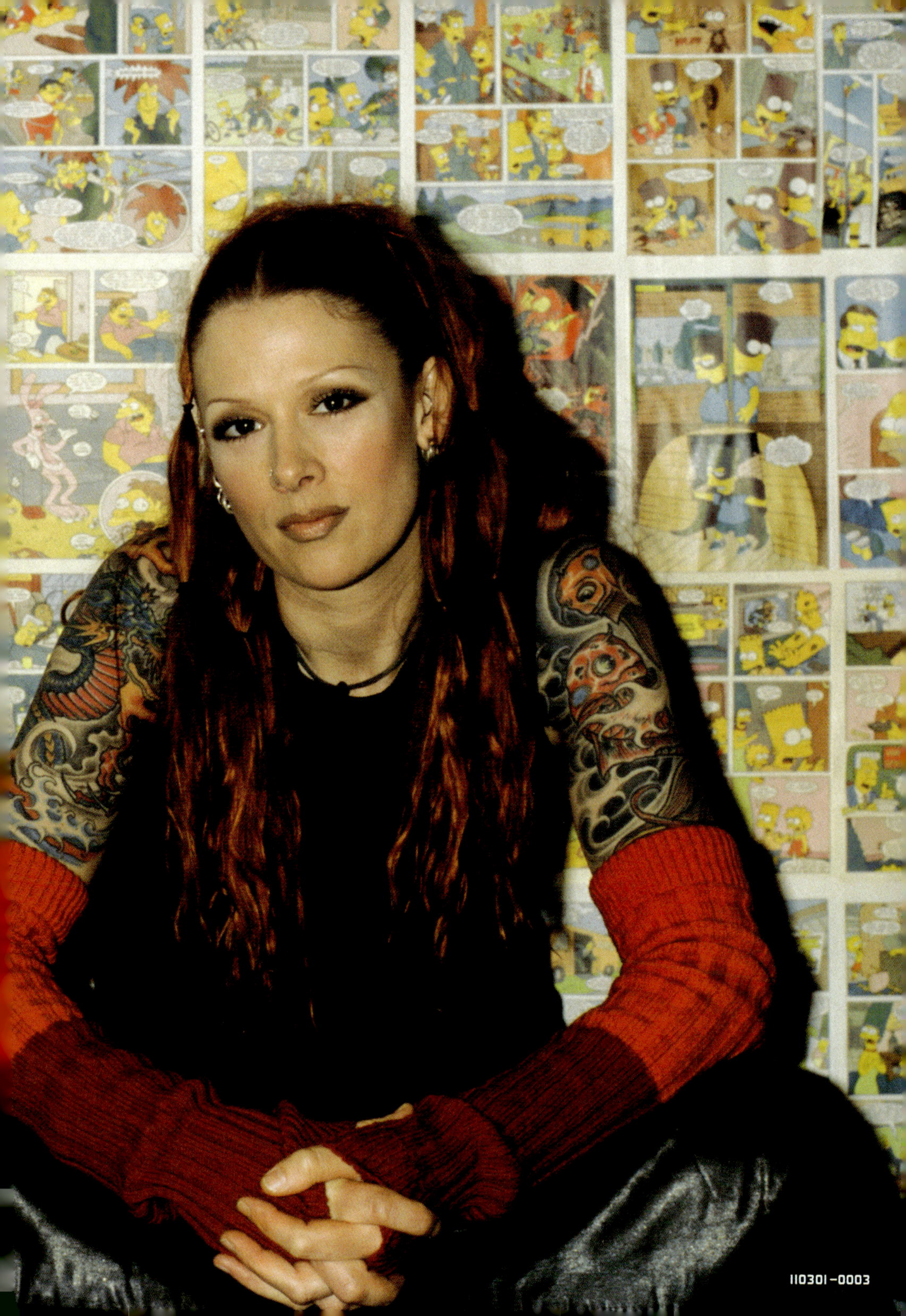
II0301-0003

170998-0017B

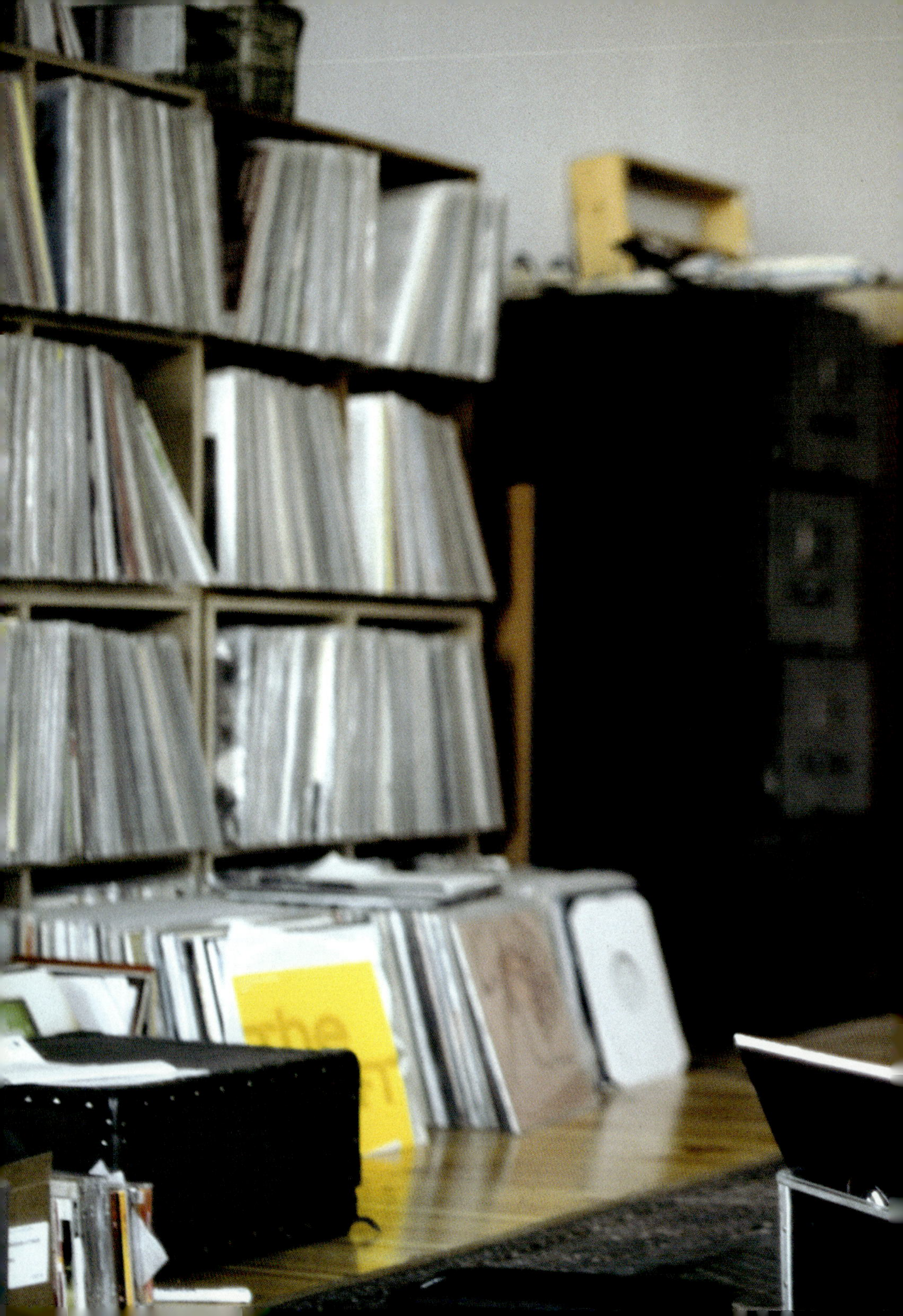

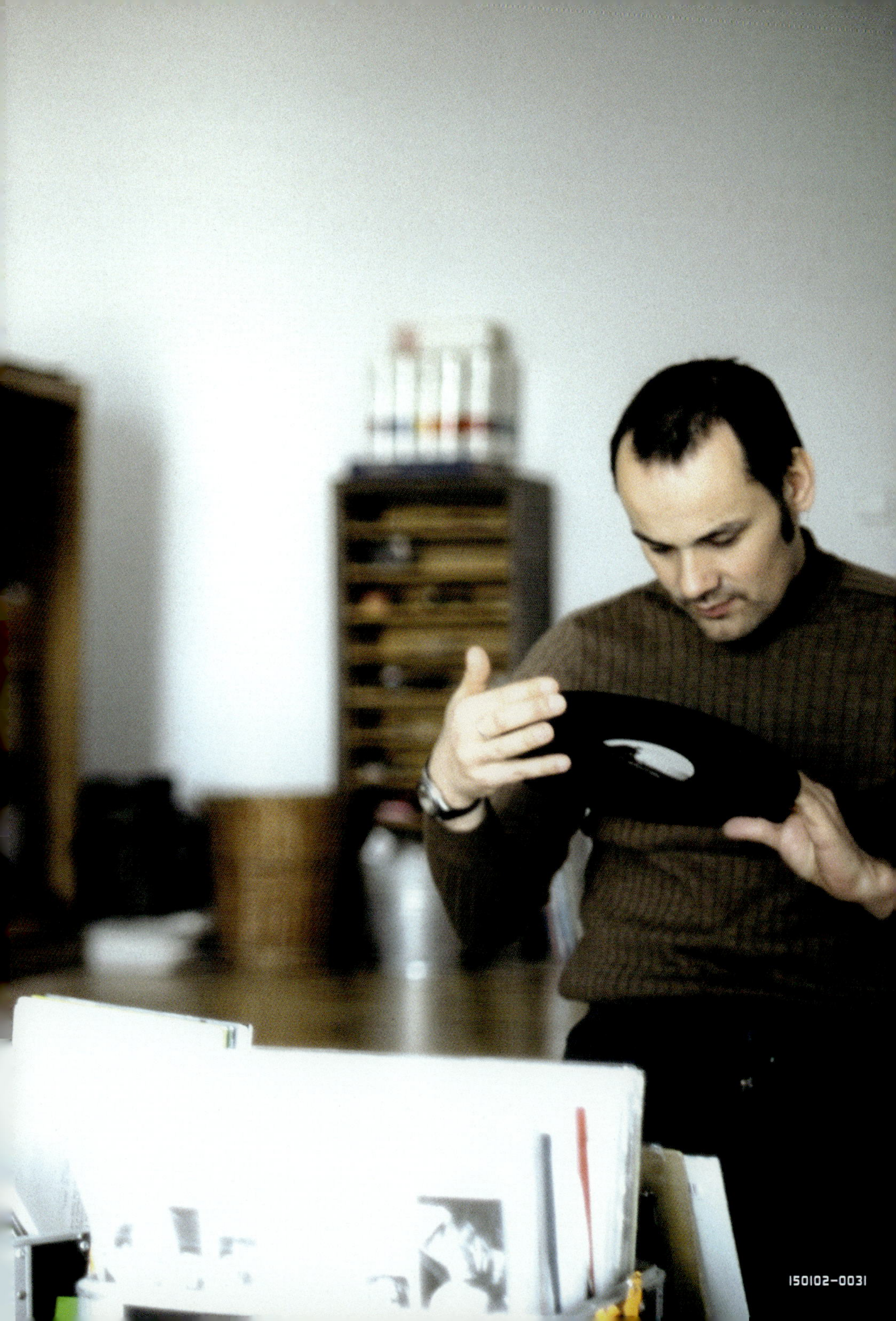
150102-0031

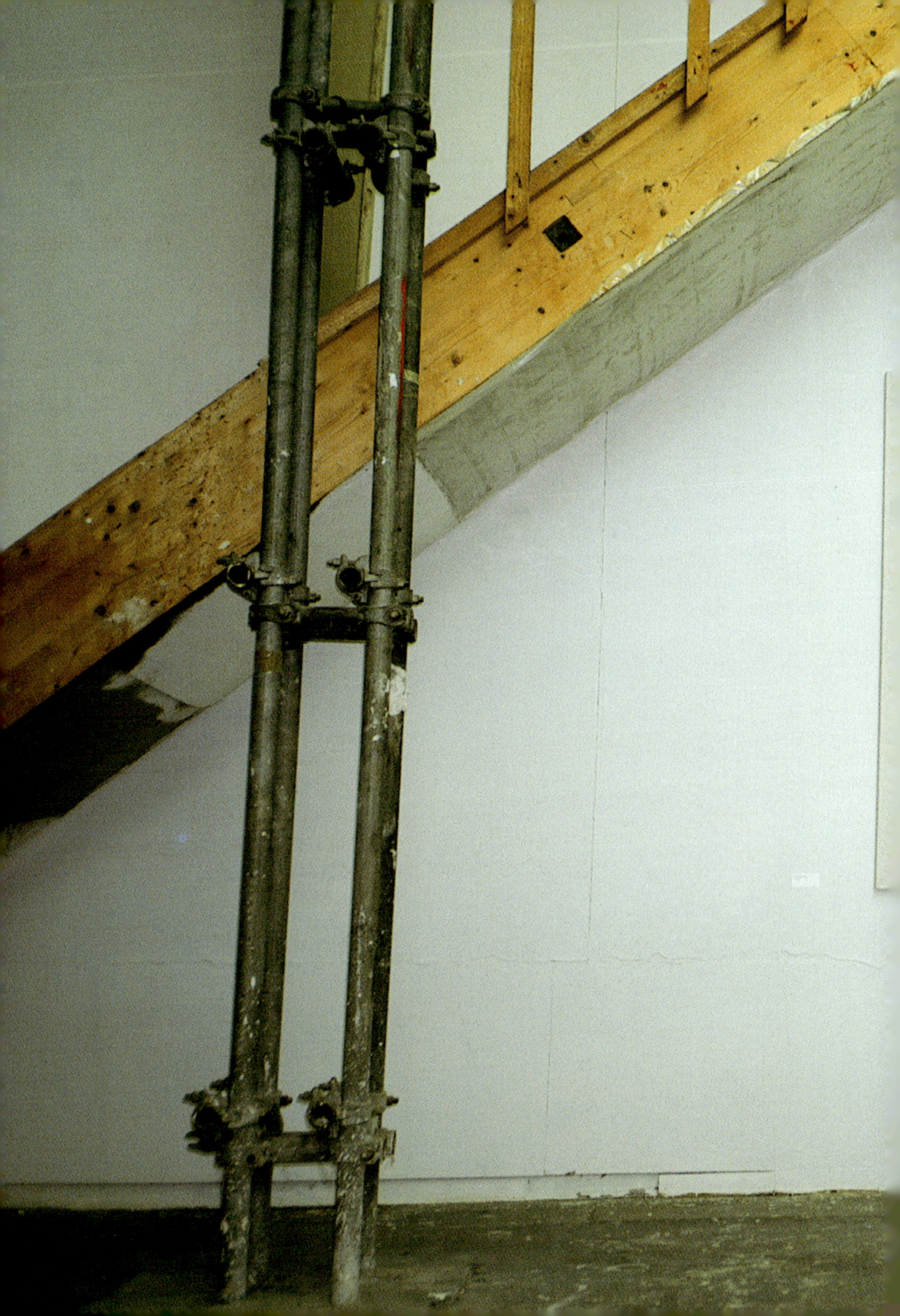

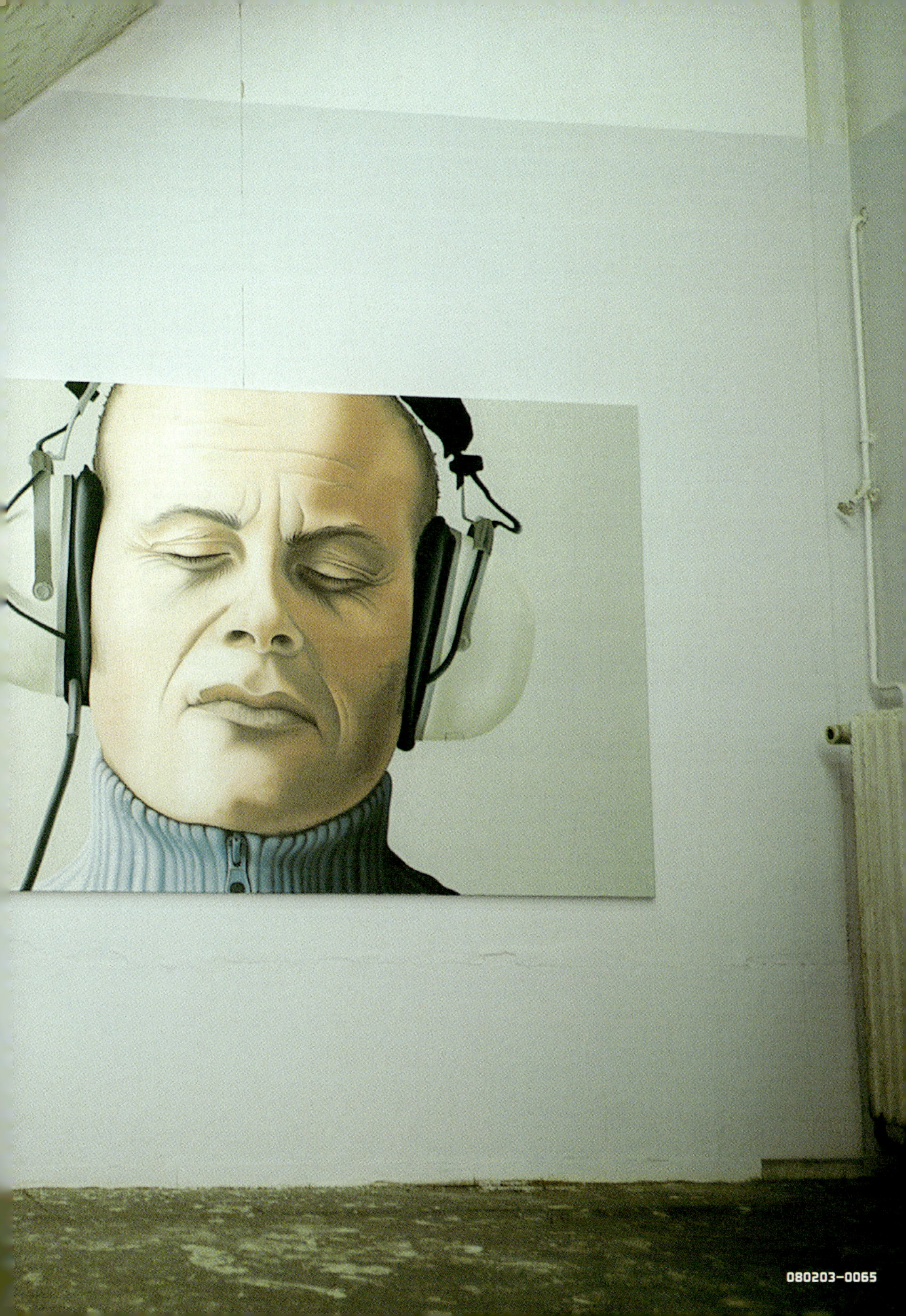
080203-0065

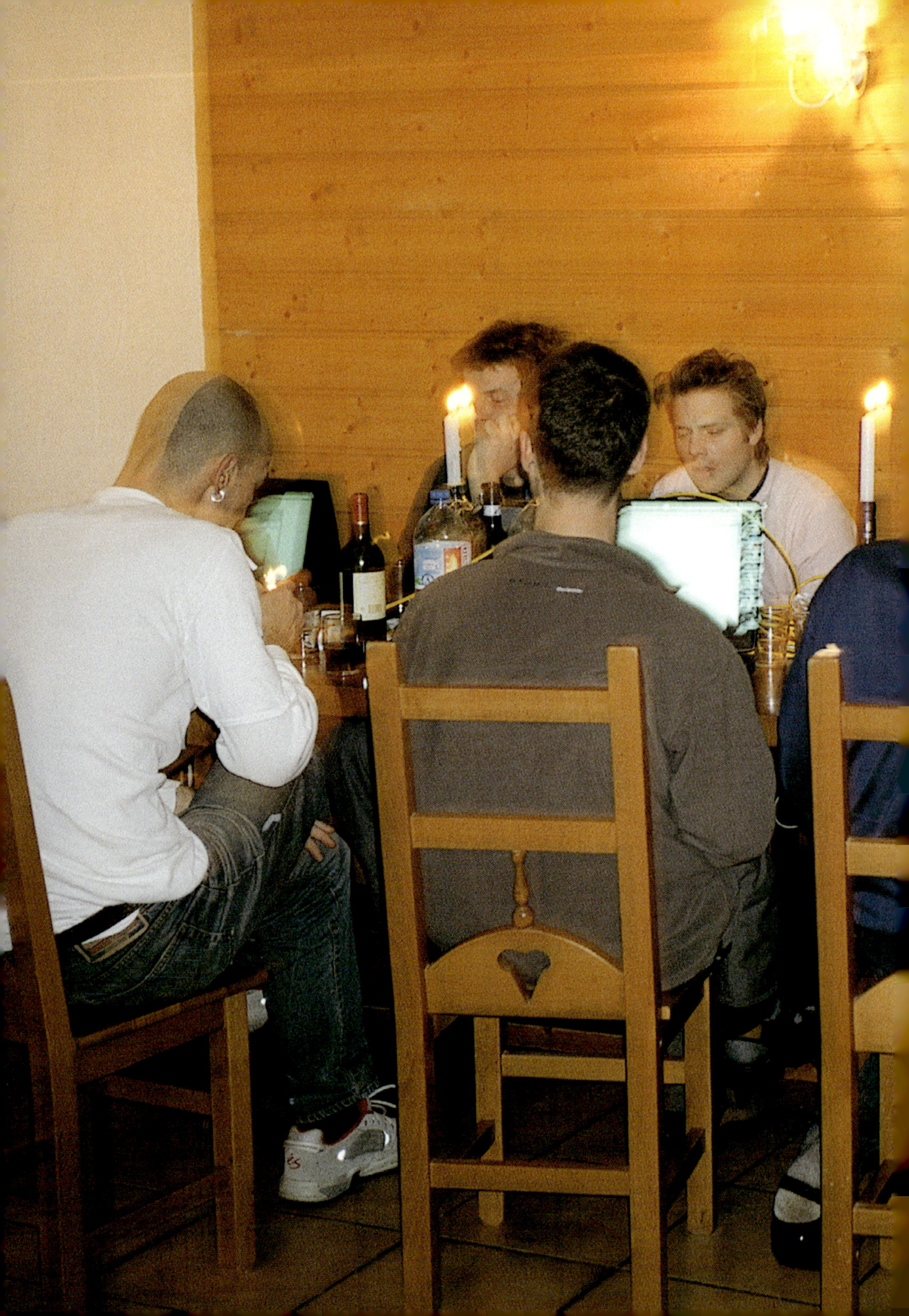

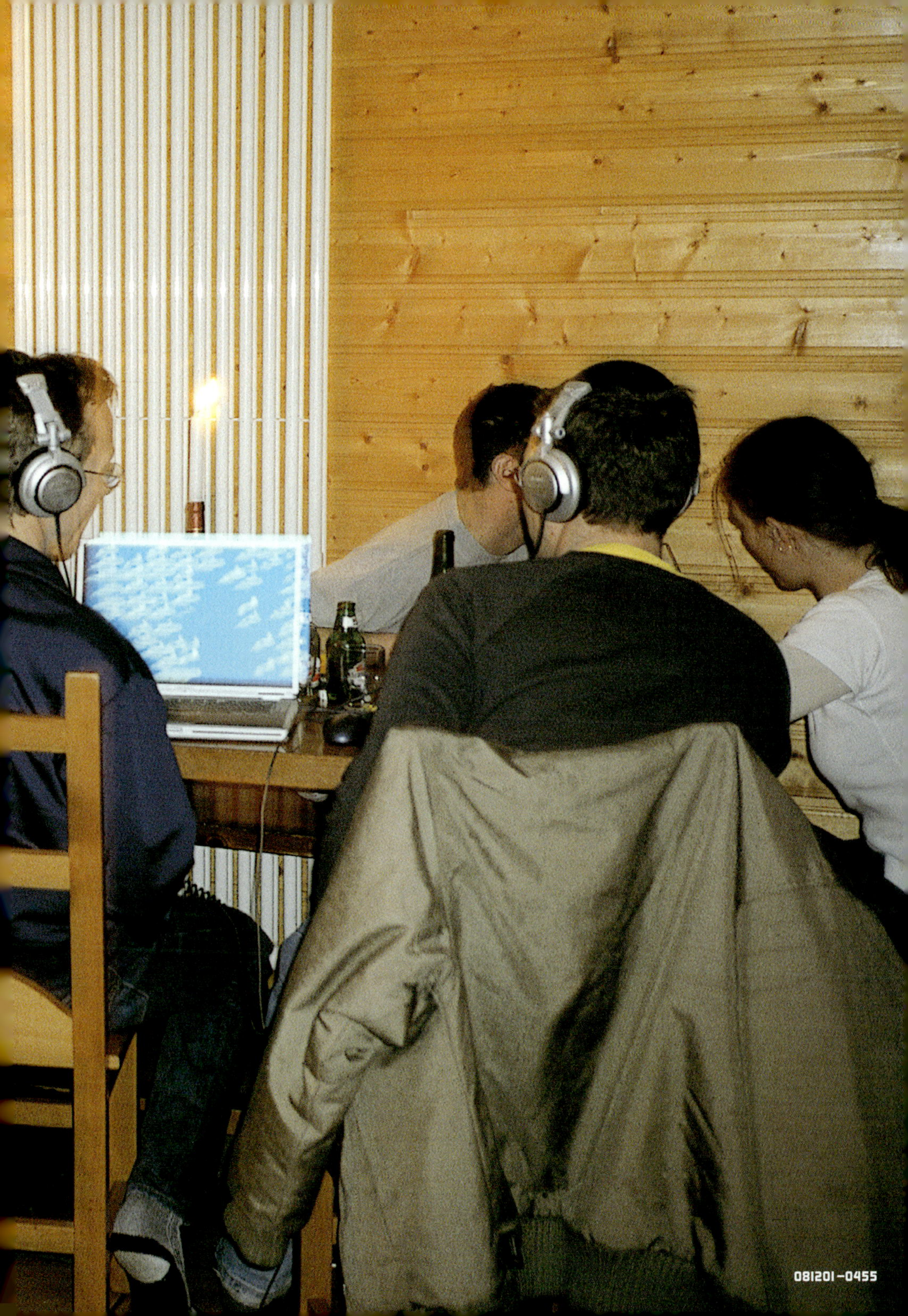
081201-0455

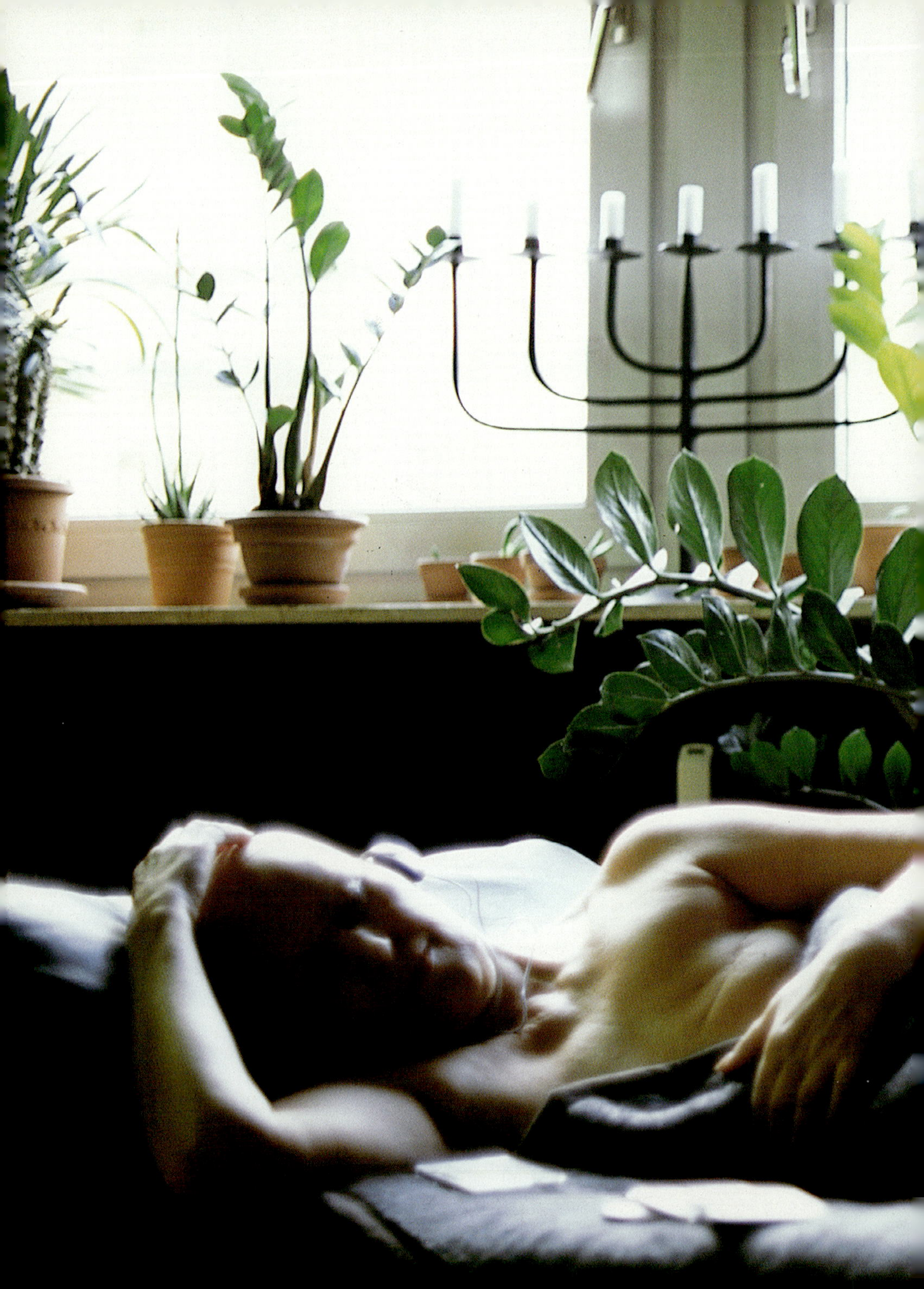

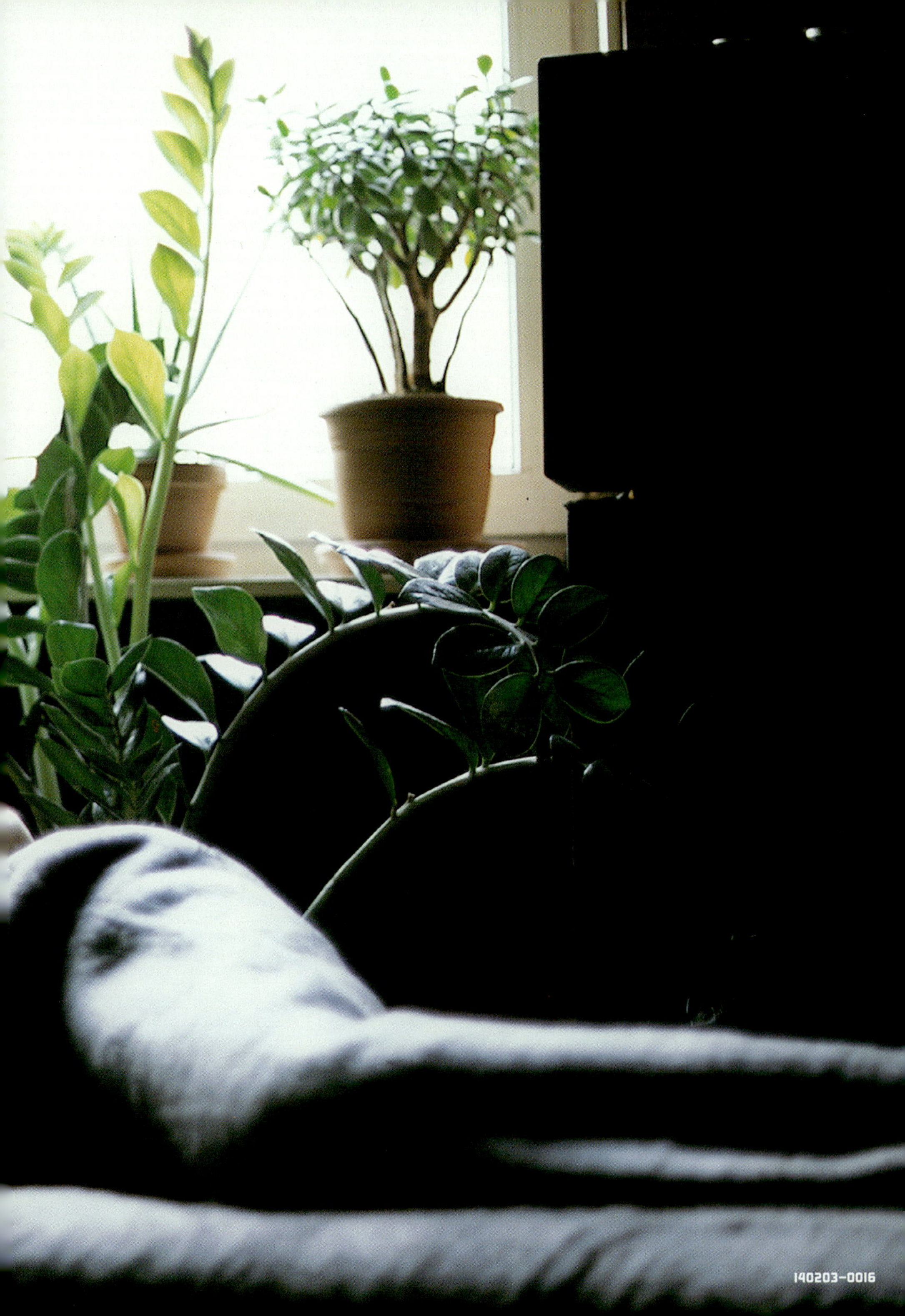
140203-0016

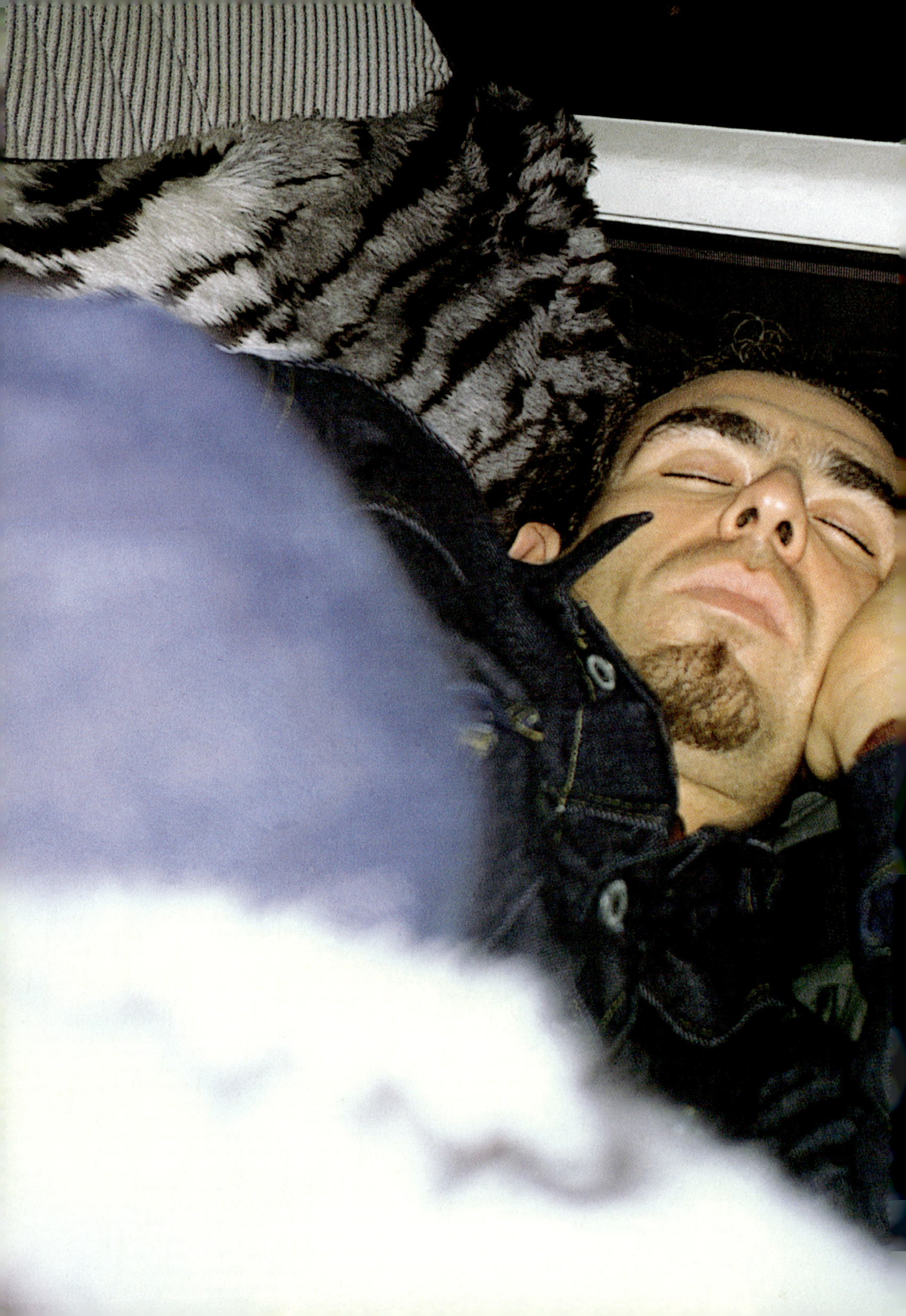

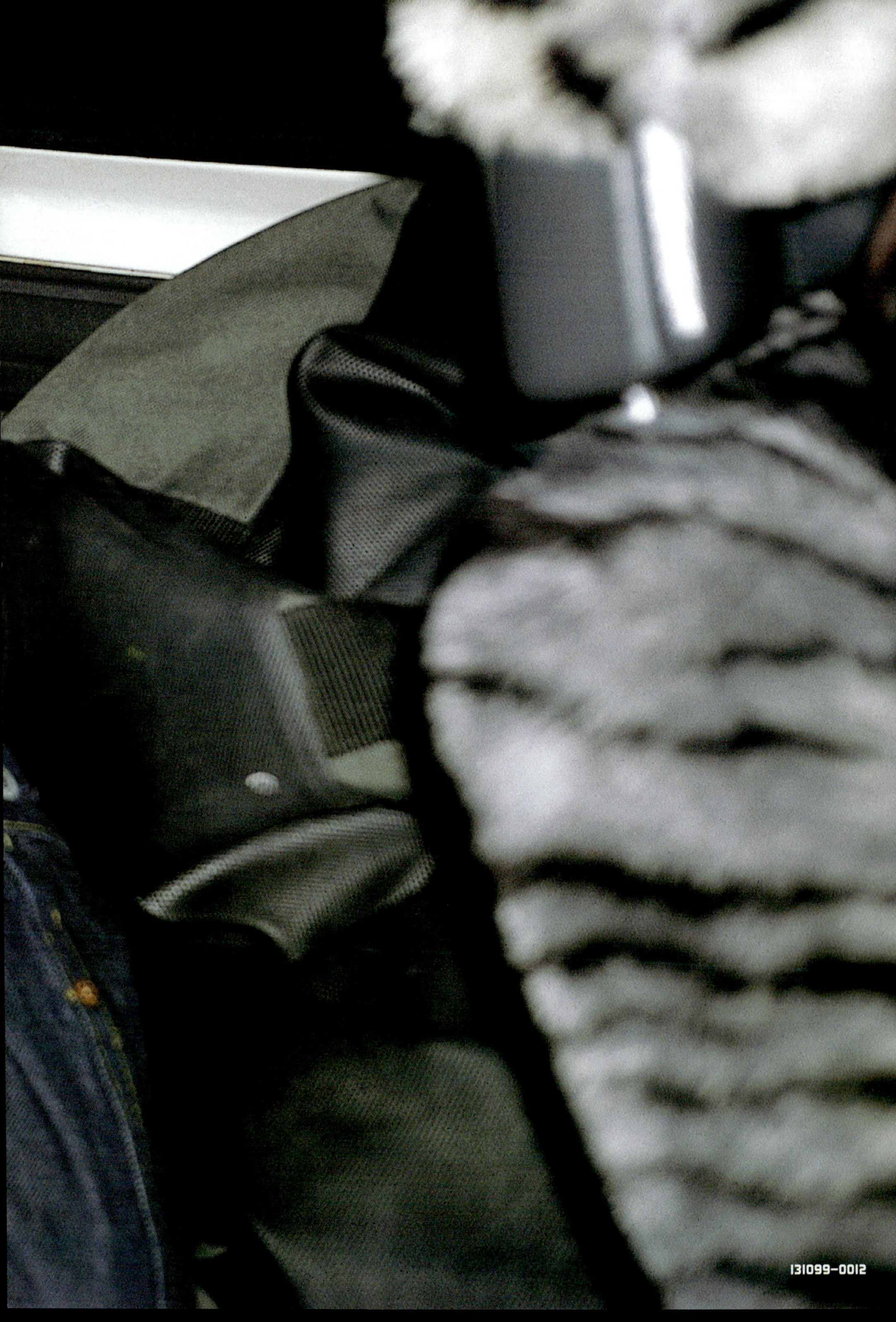
131099-0012

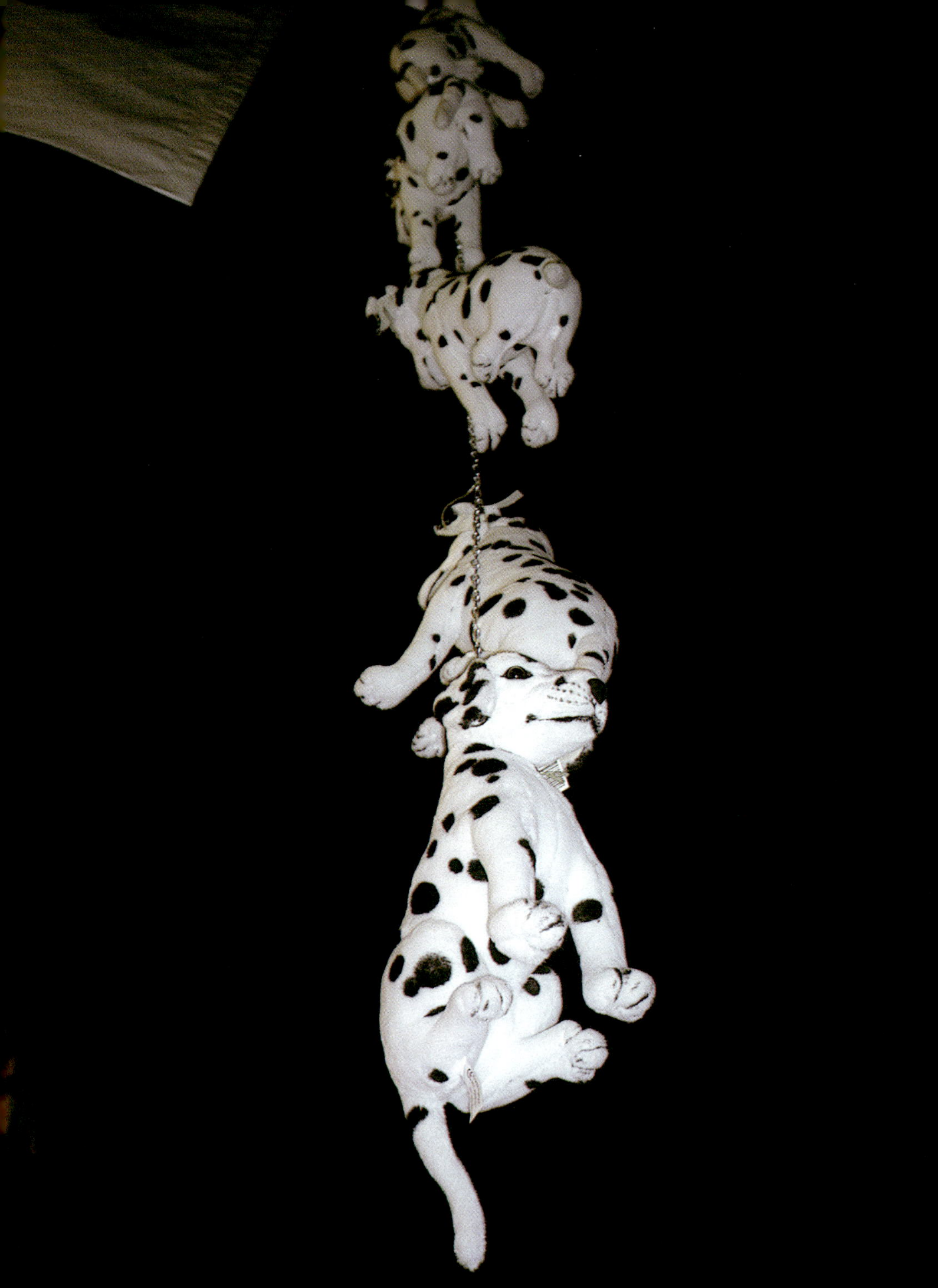

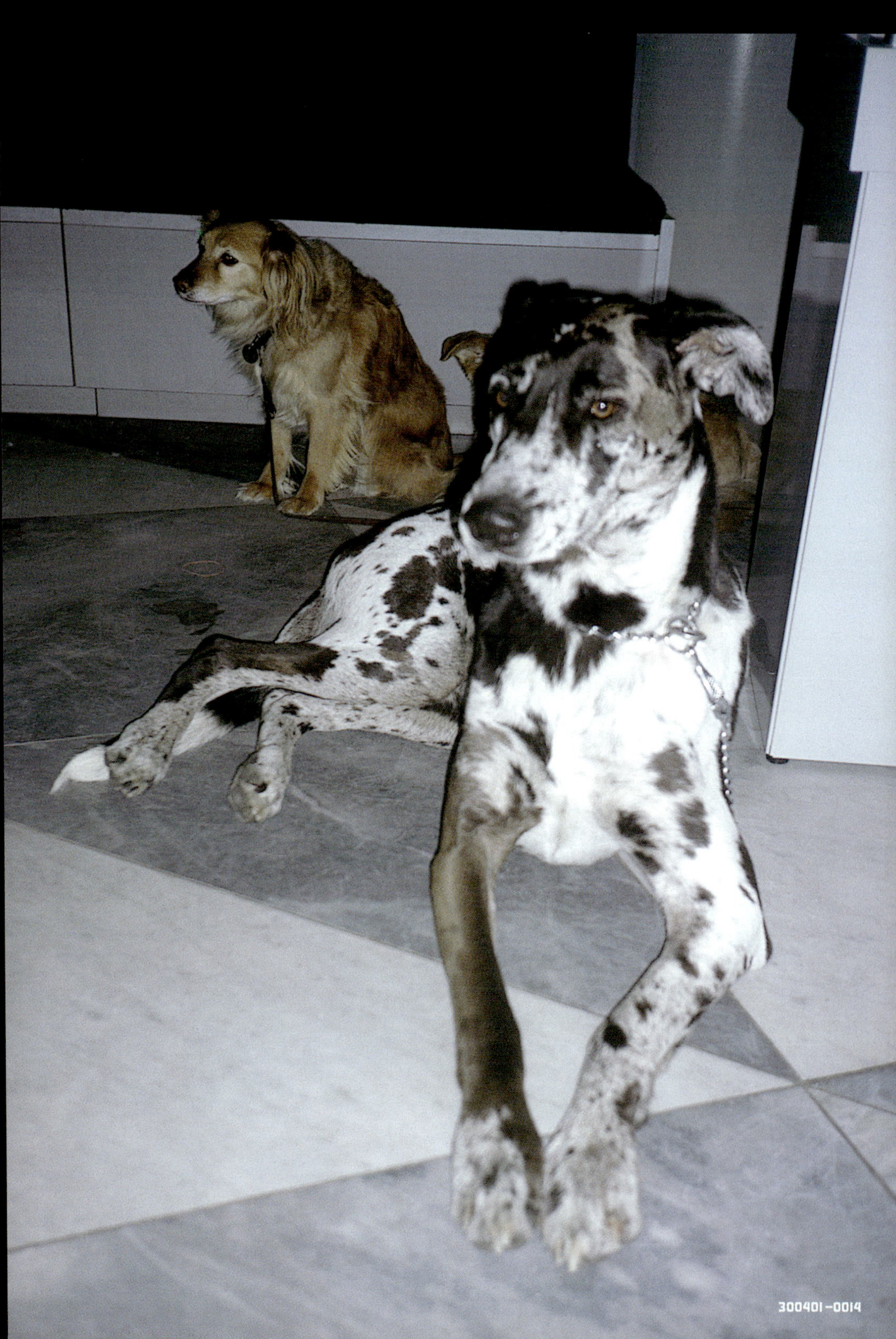
300401-0014

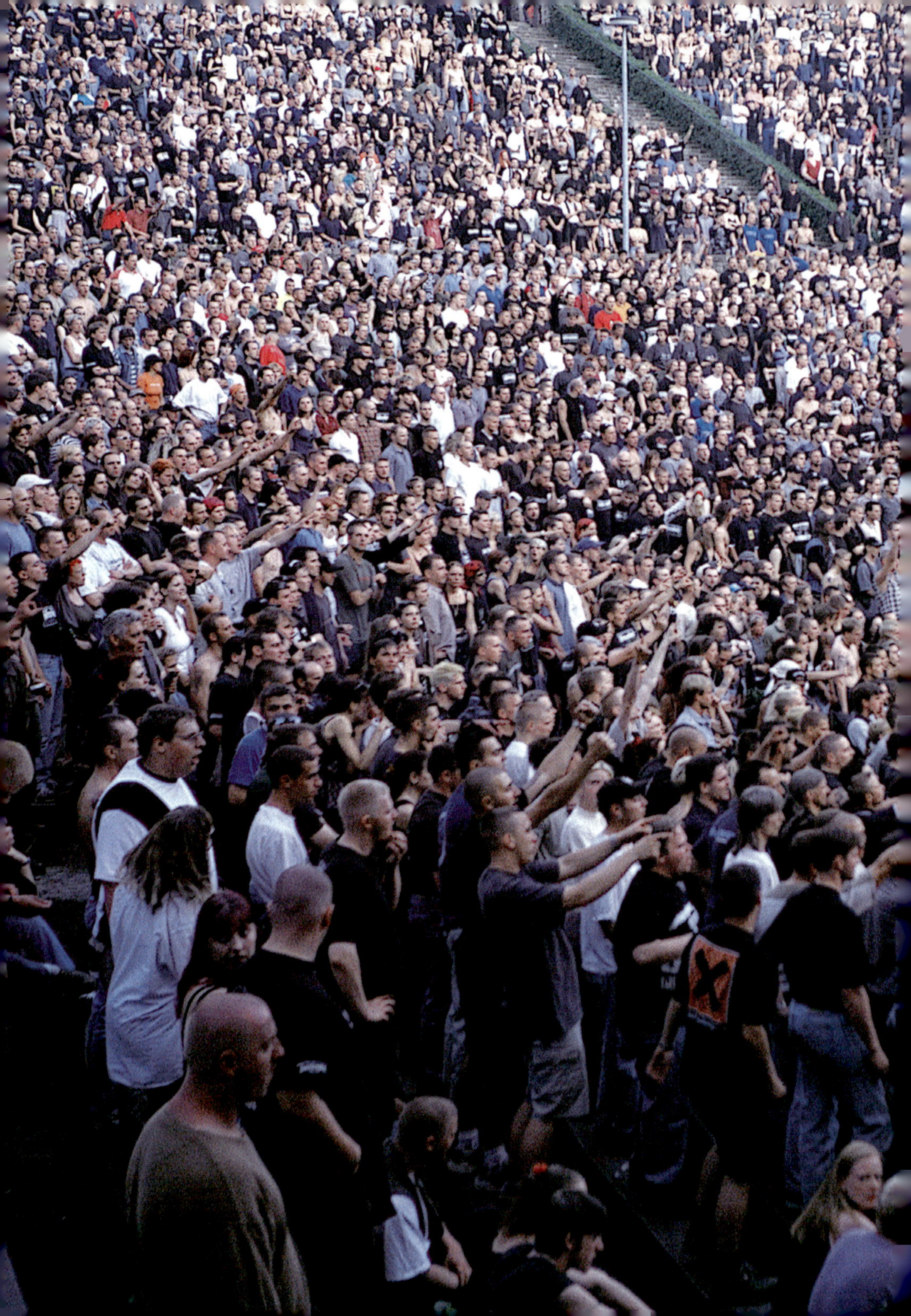

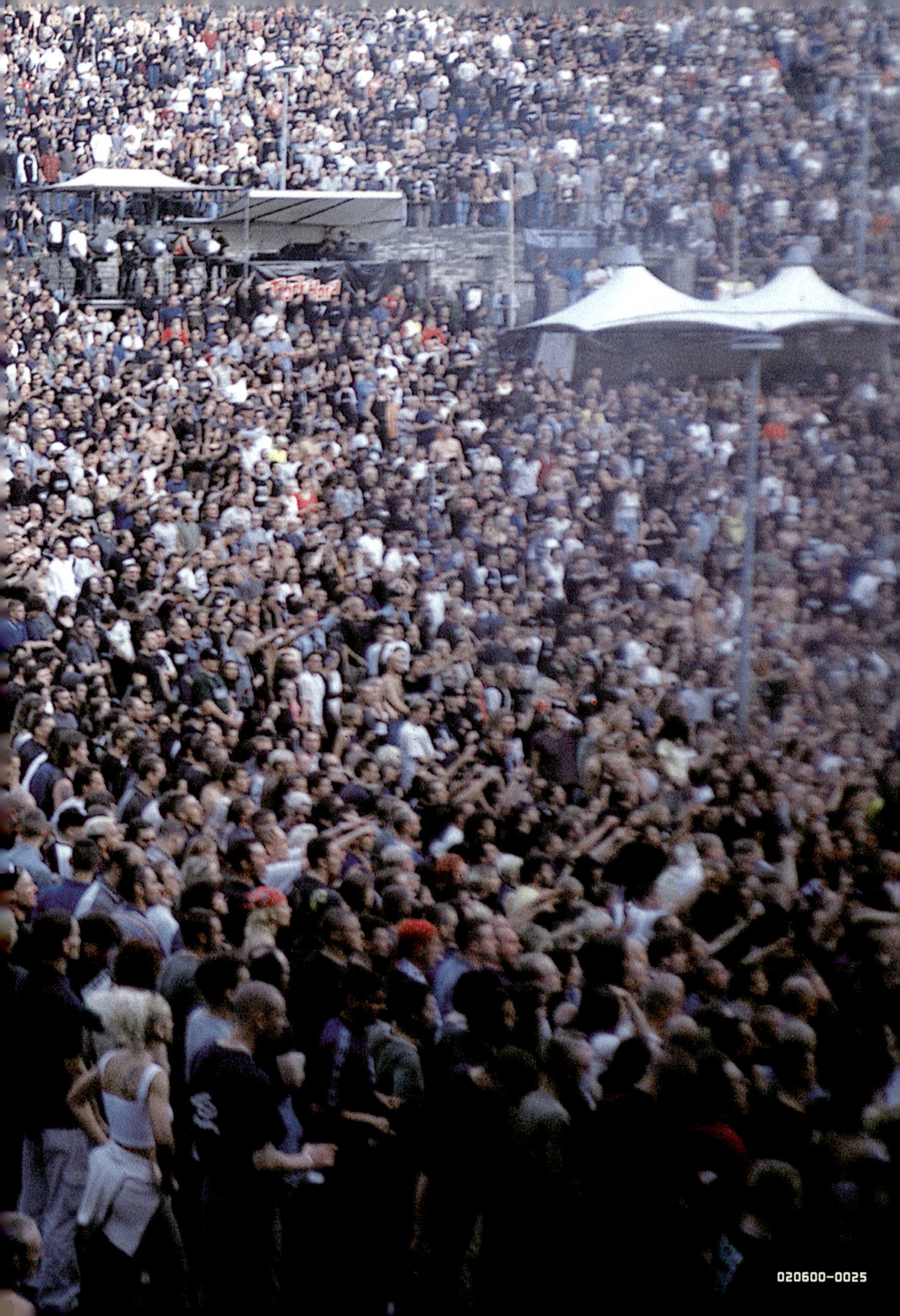

020600-0025

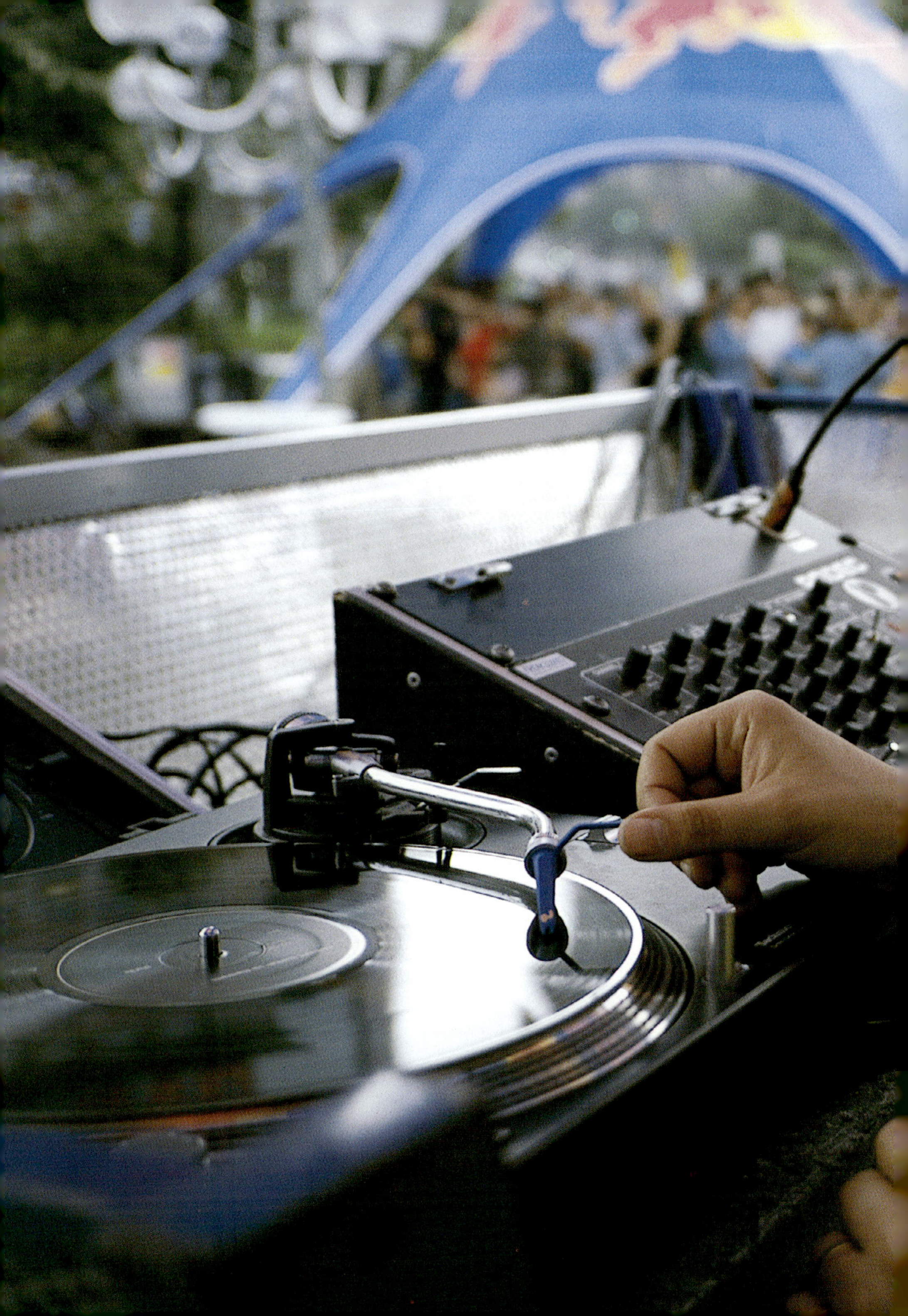

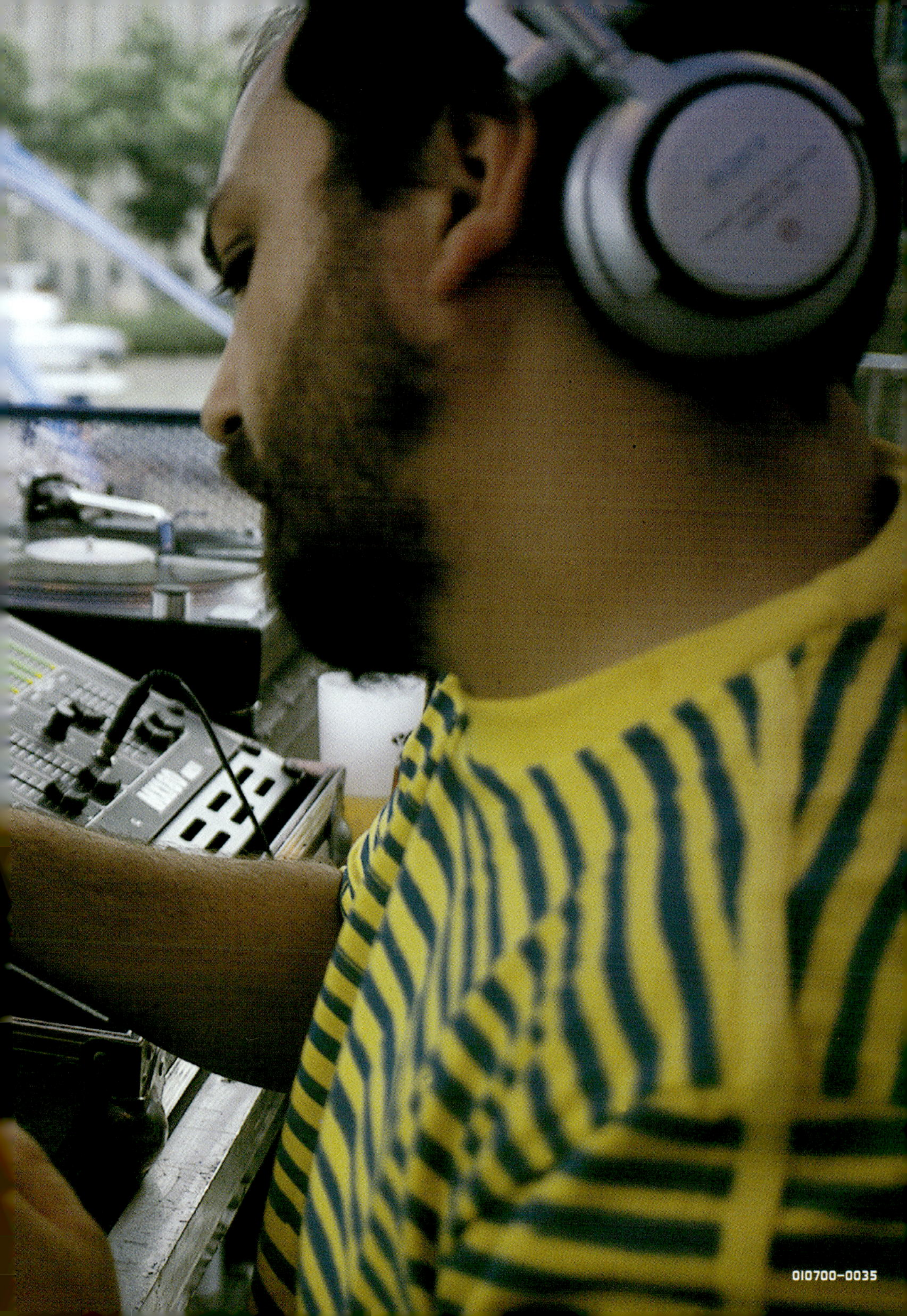

010700-0035

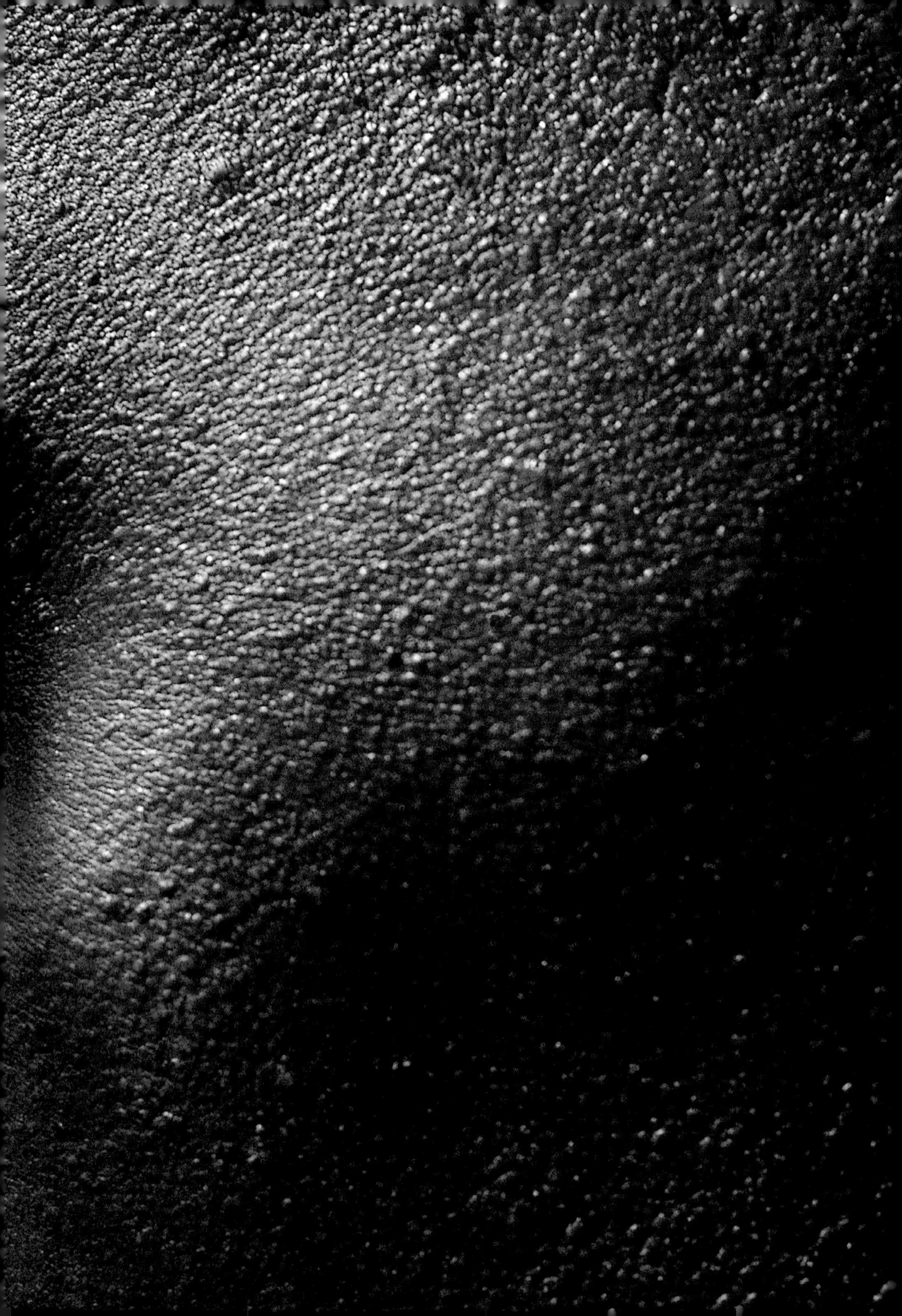

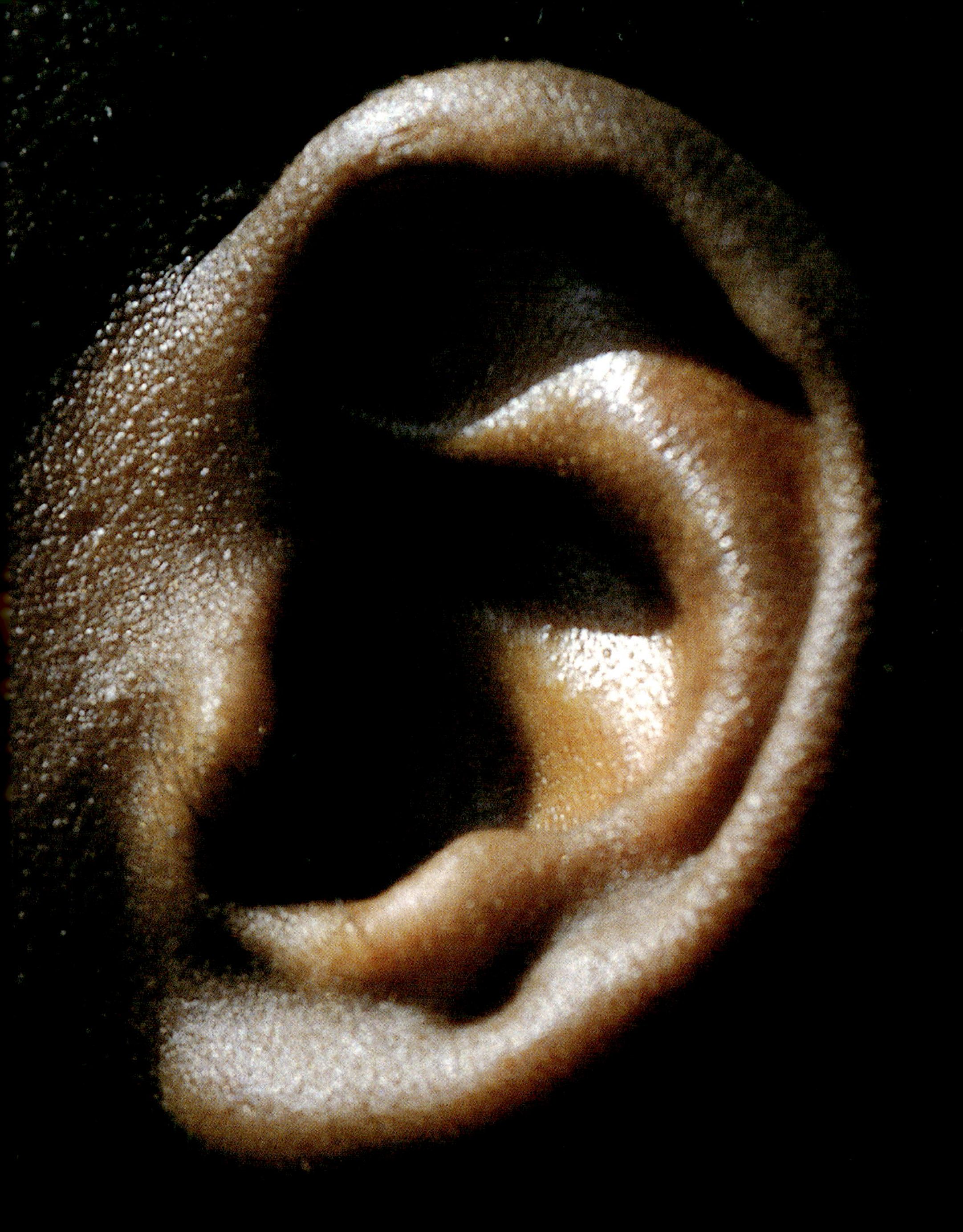

060402-0166

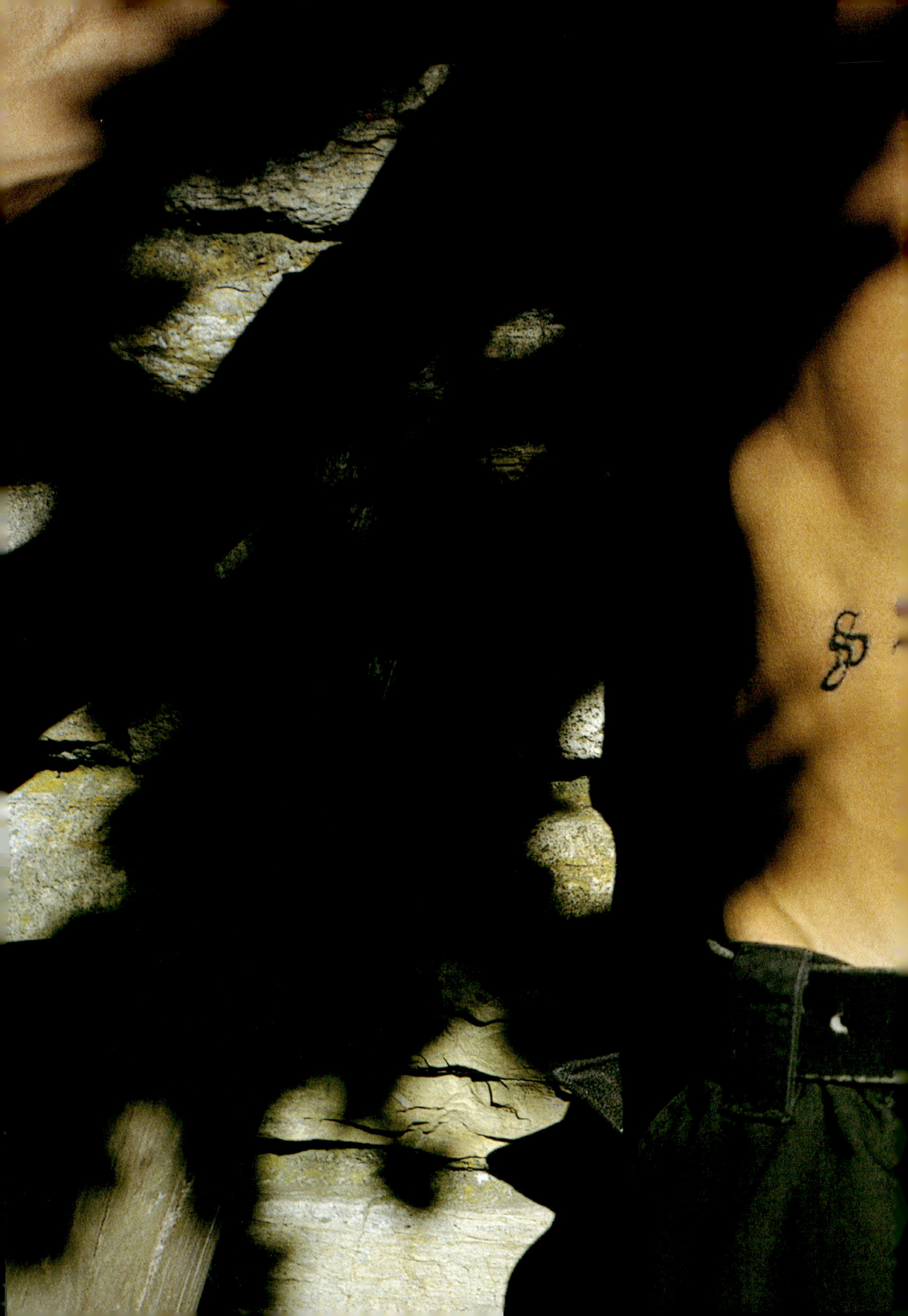

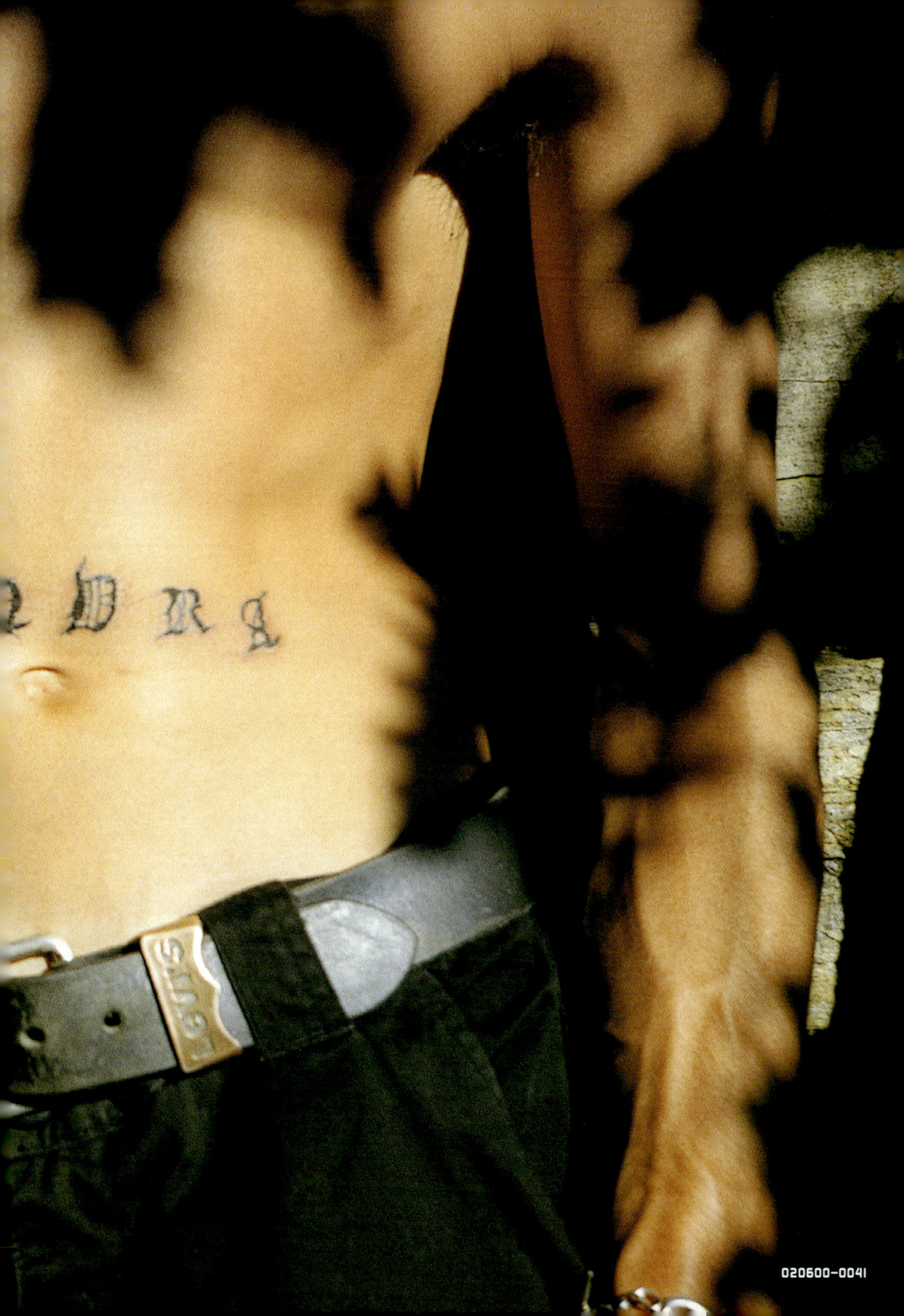
Levi's
020600-0041

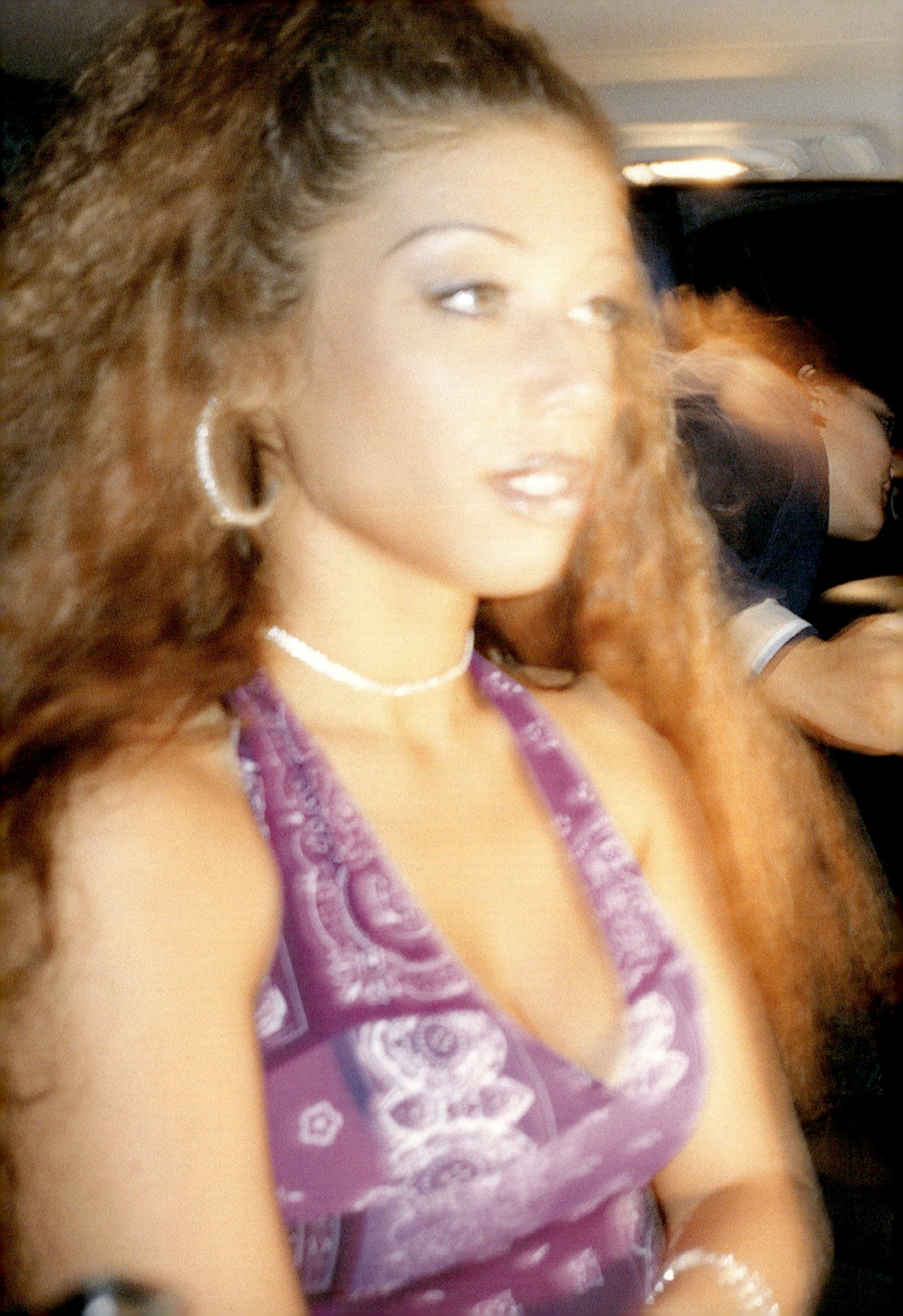

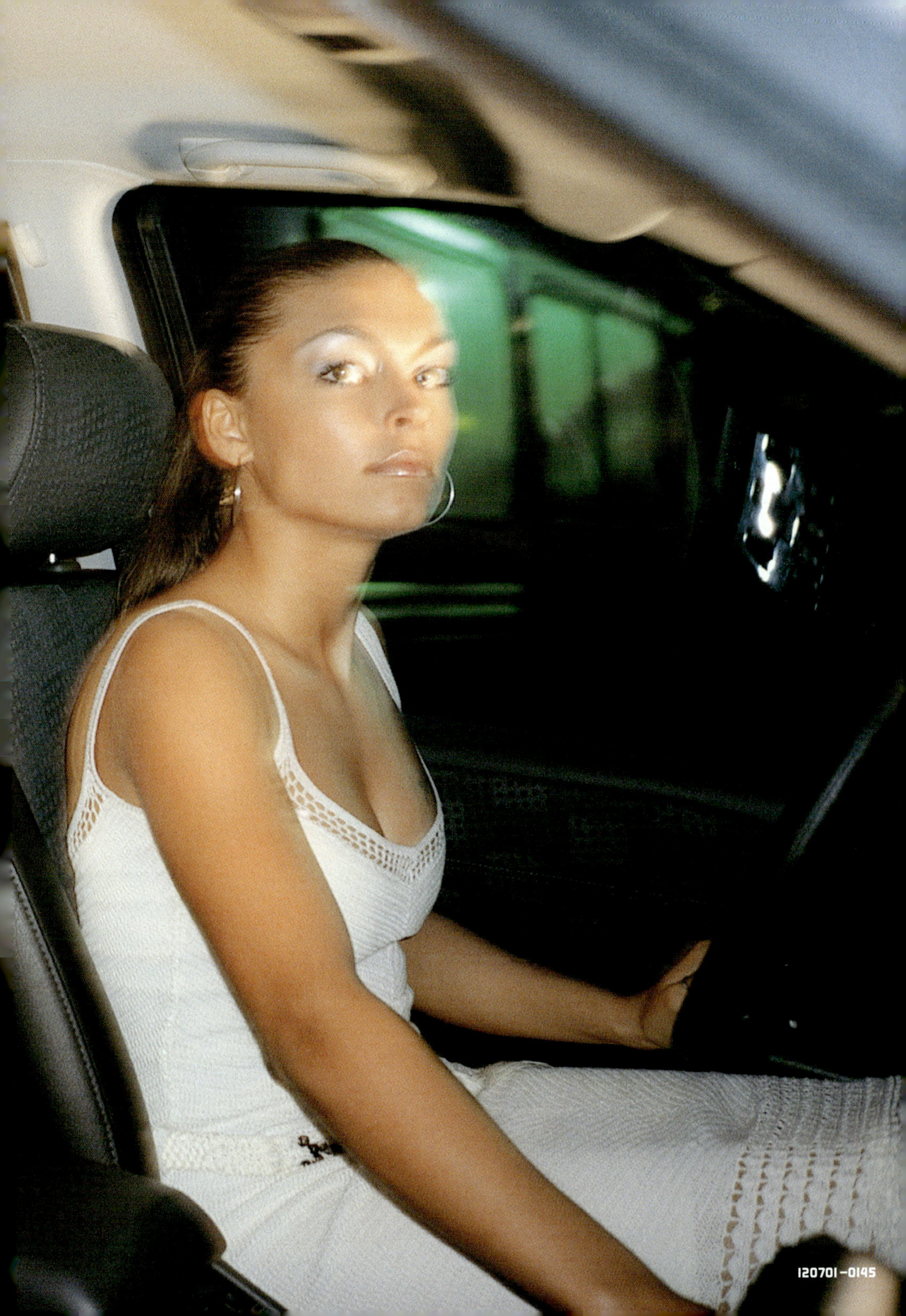
120701 -0145

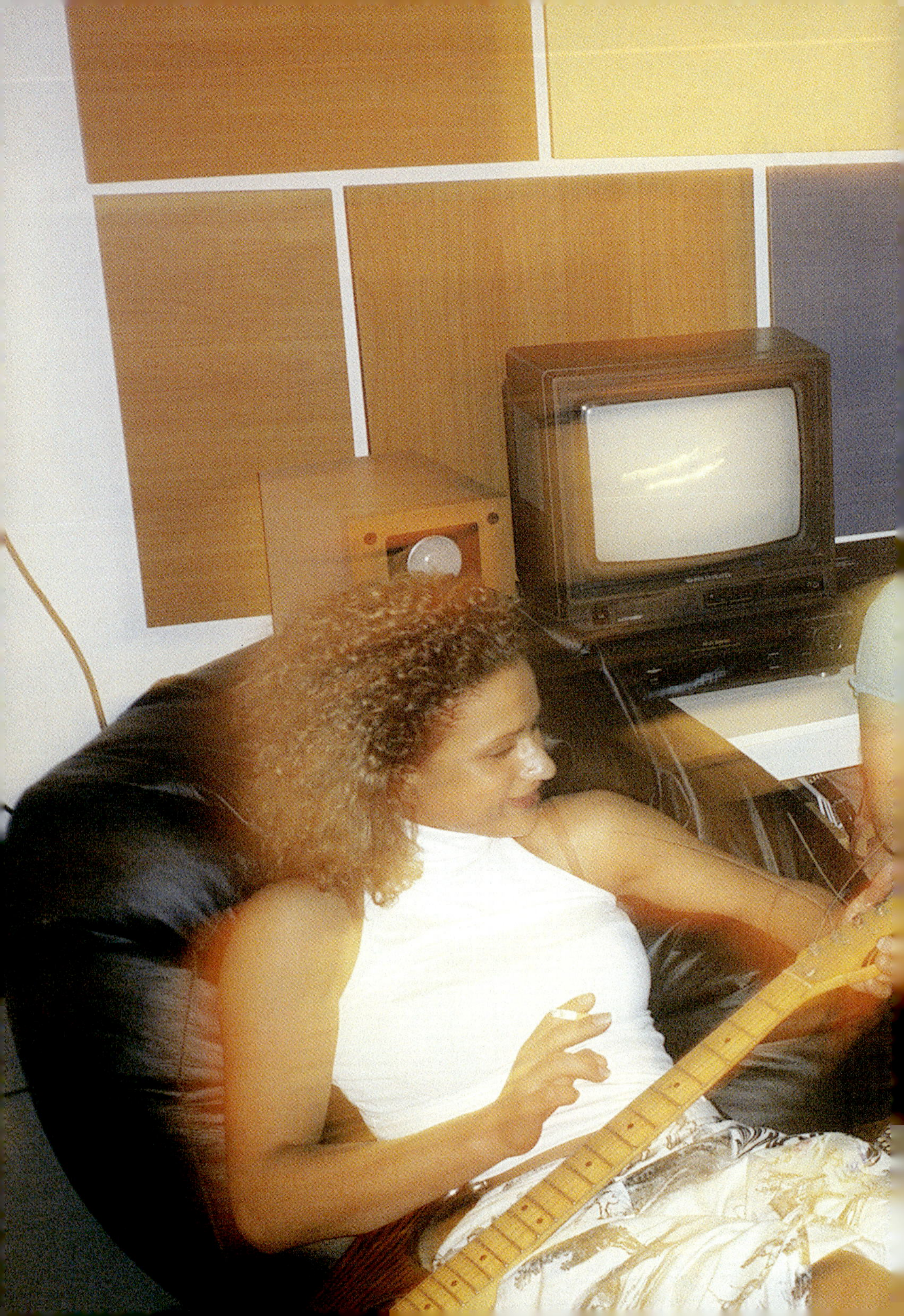

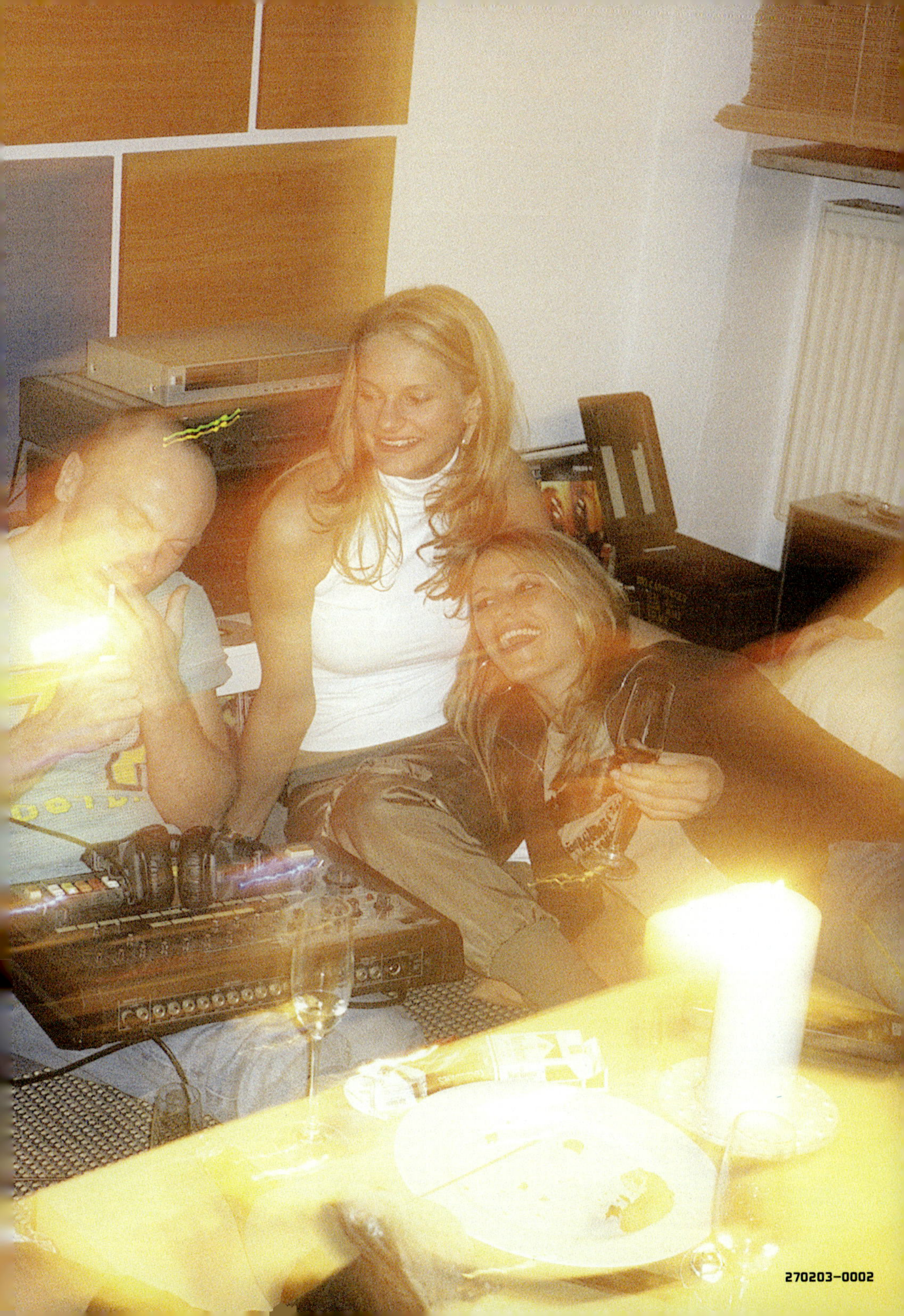
270203-0002

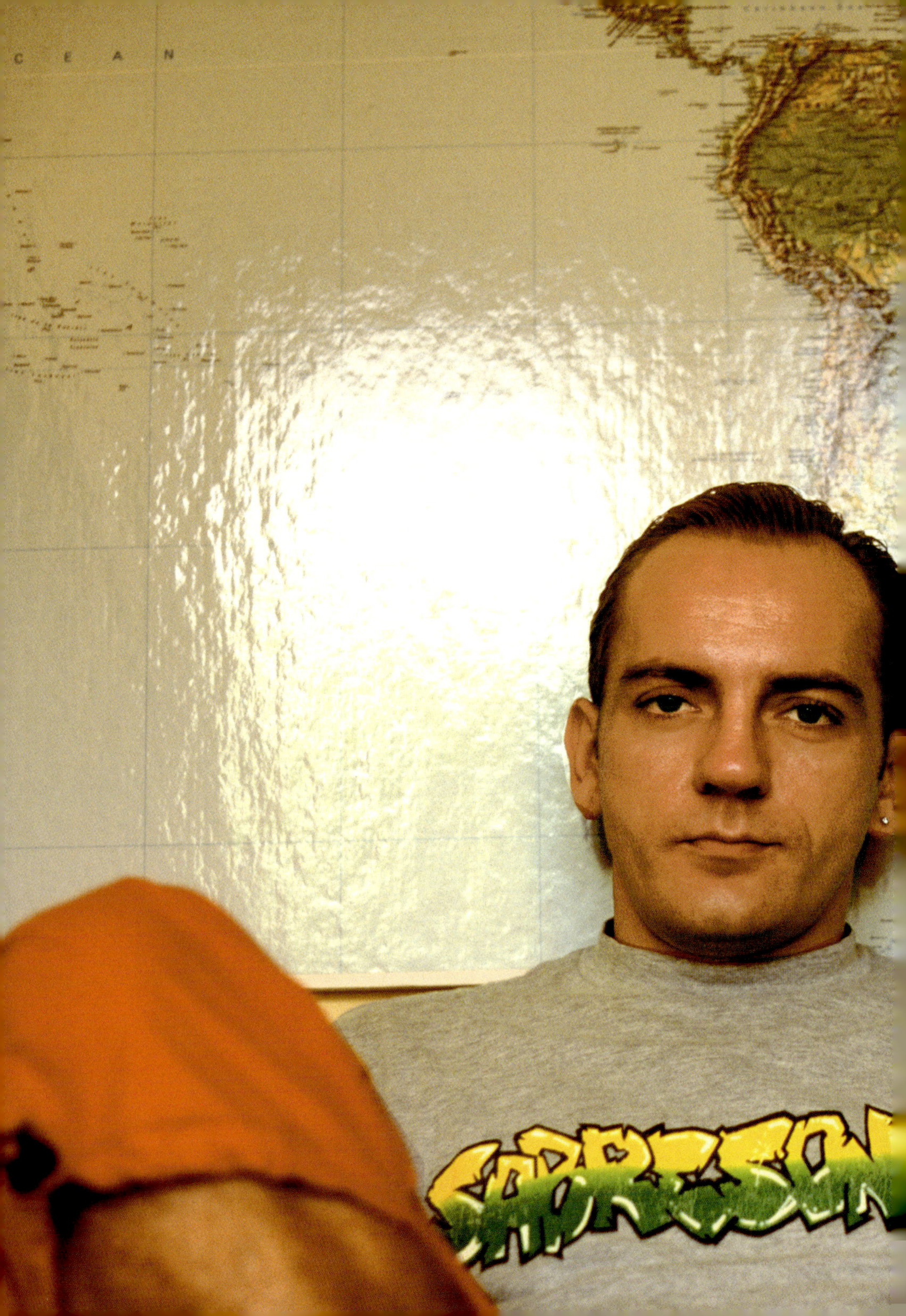

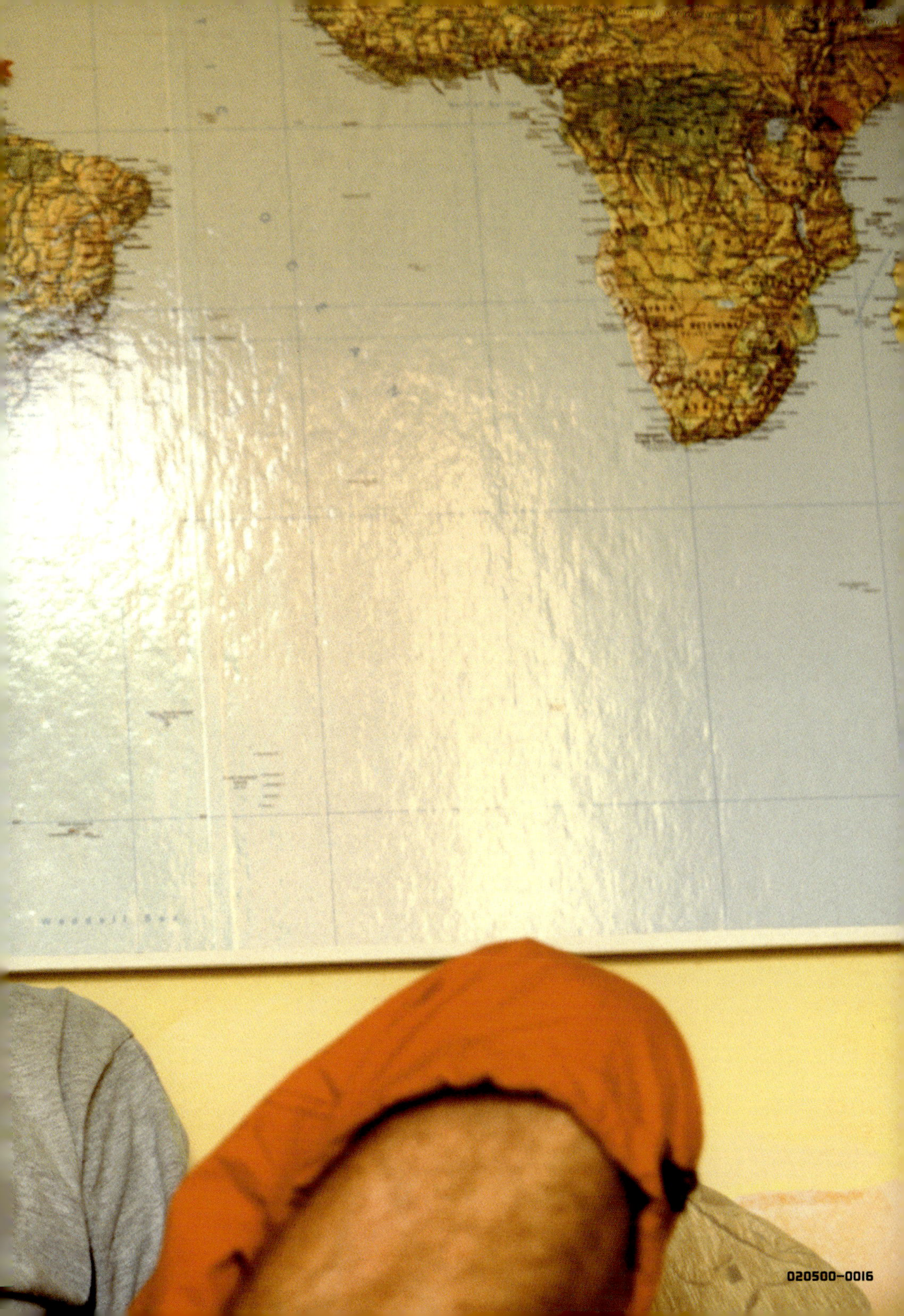

Weddell Sea
BOTSWANA

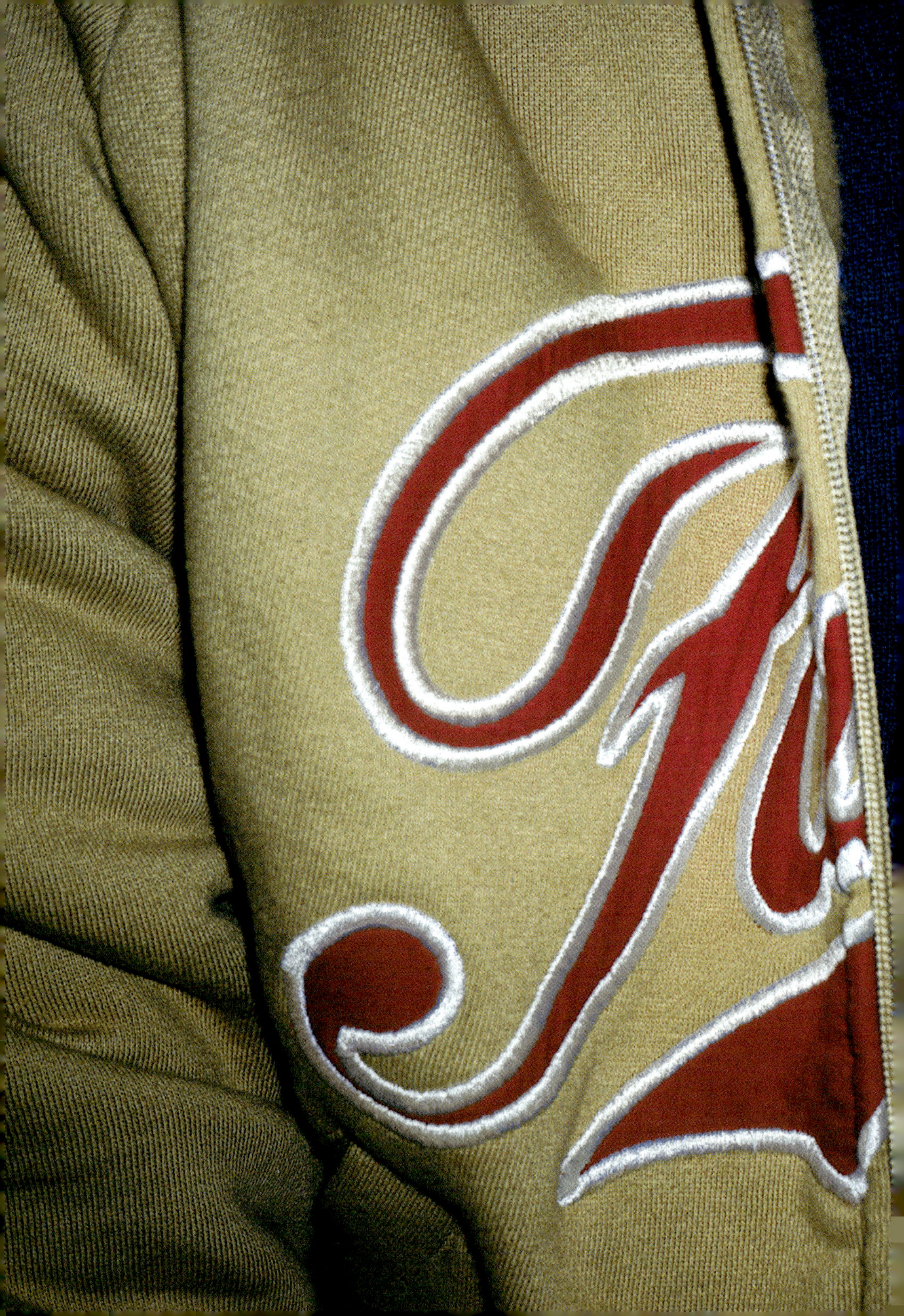

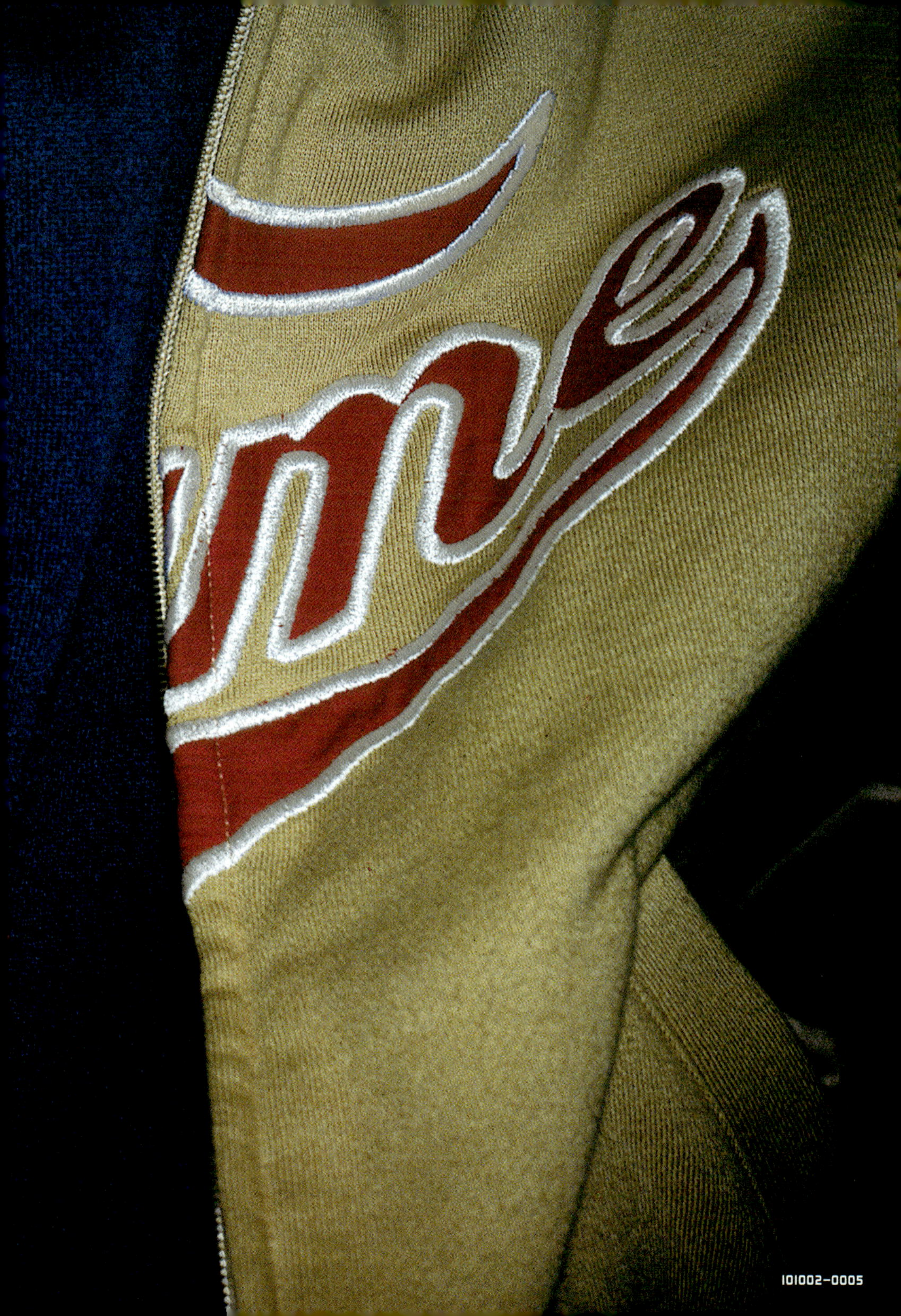

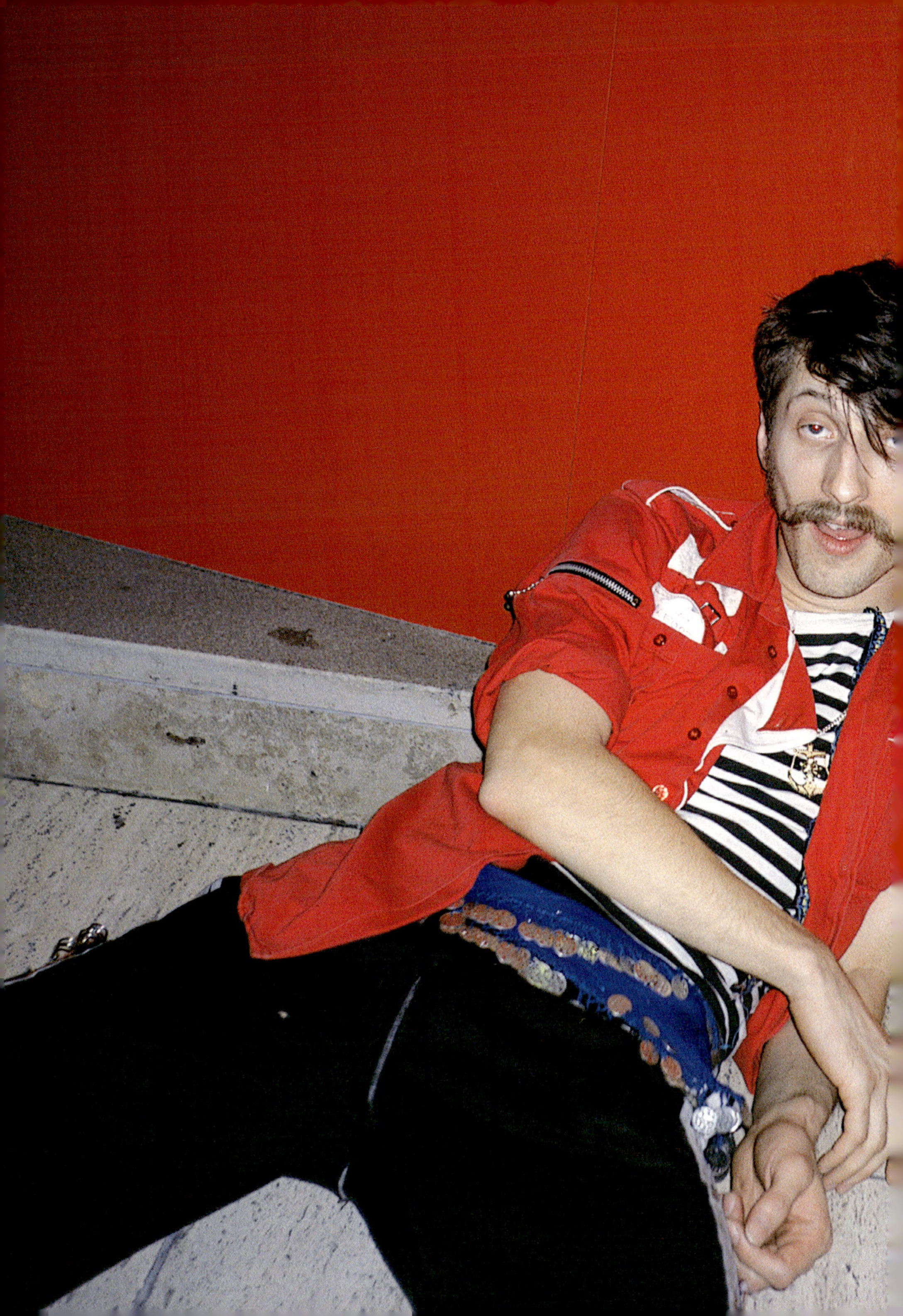

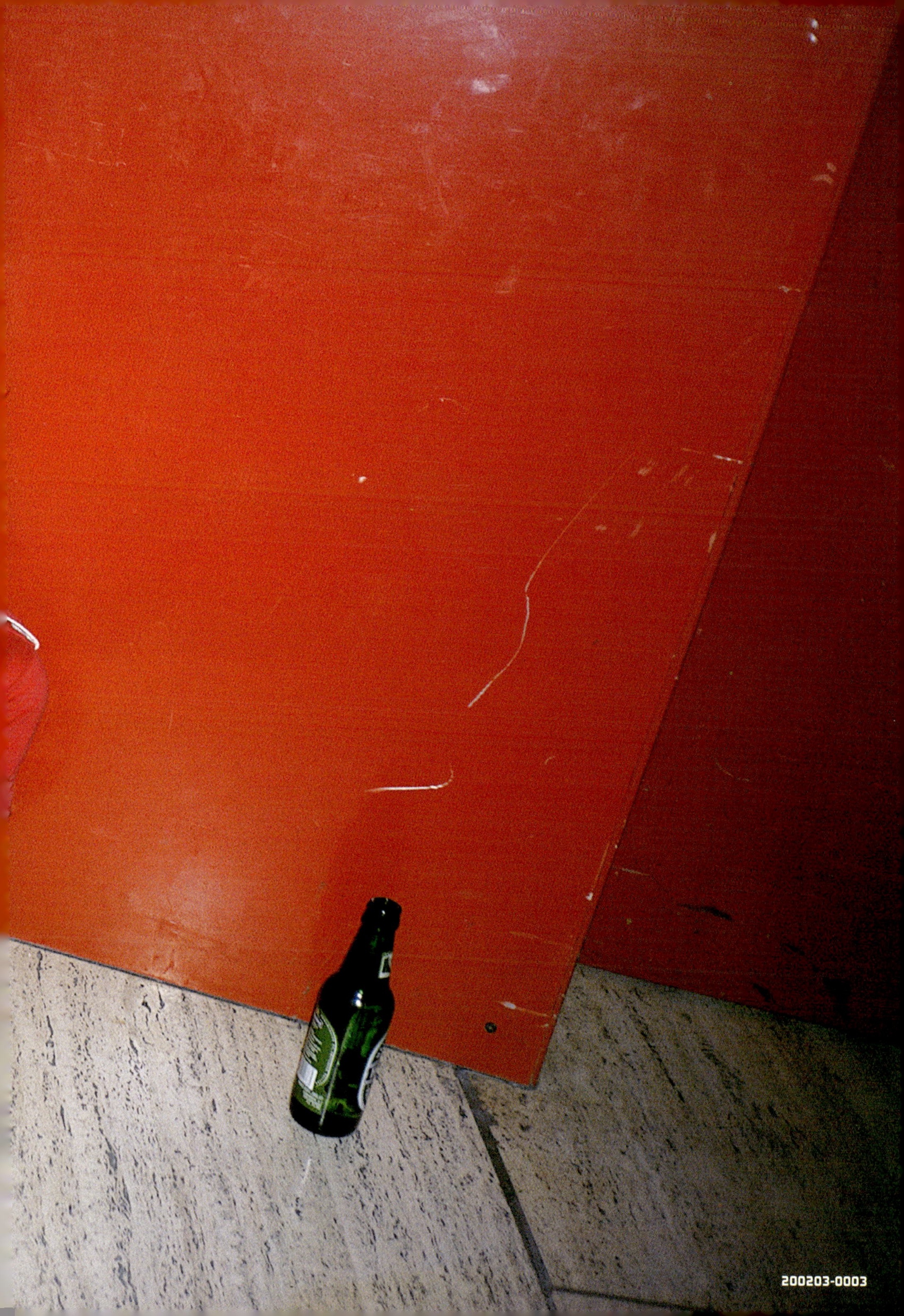

200203-0003

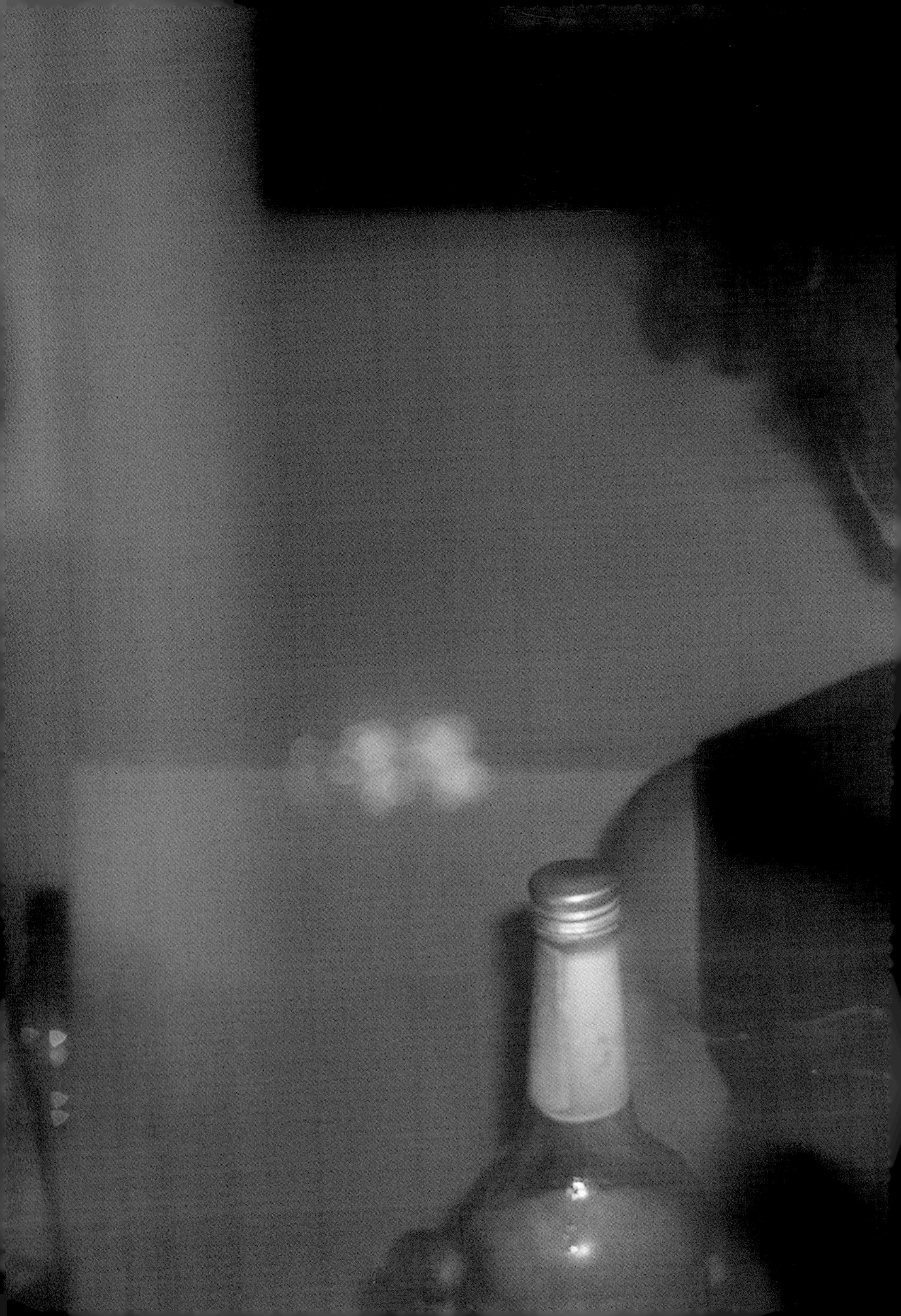

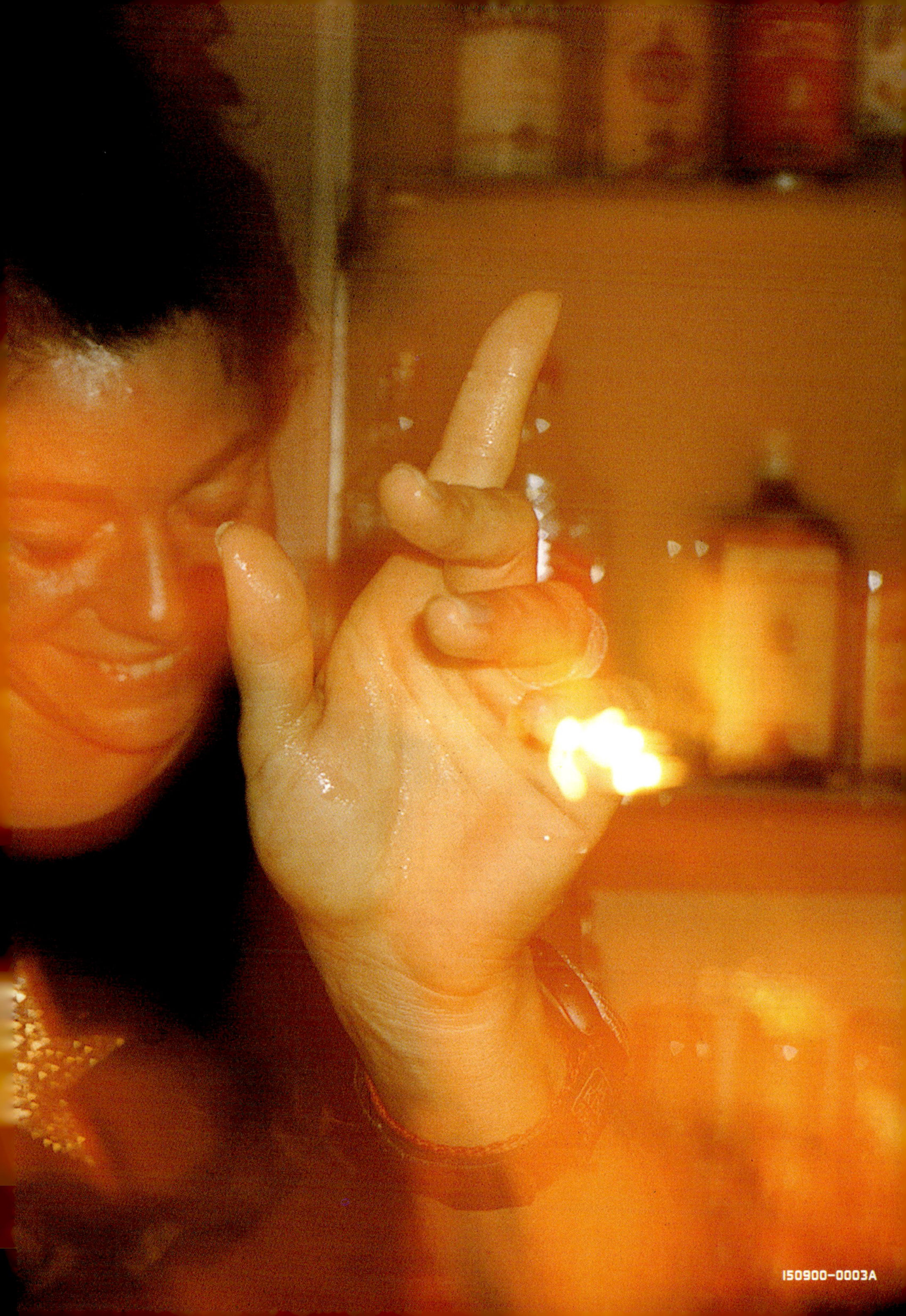
I50900-0003A

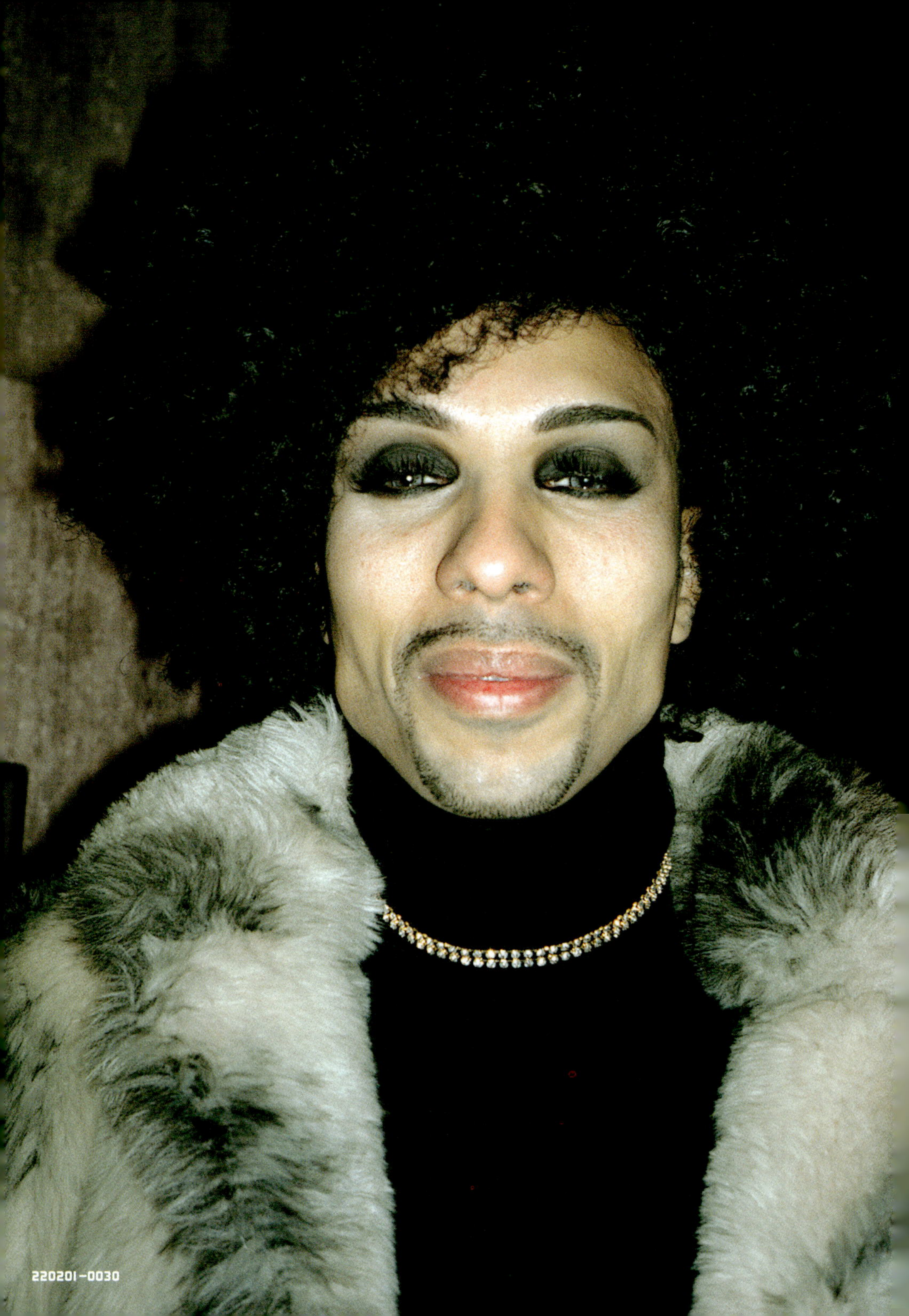
220201-0030

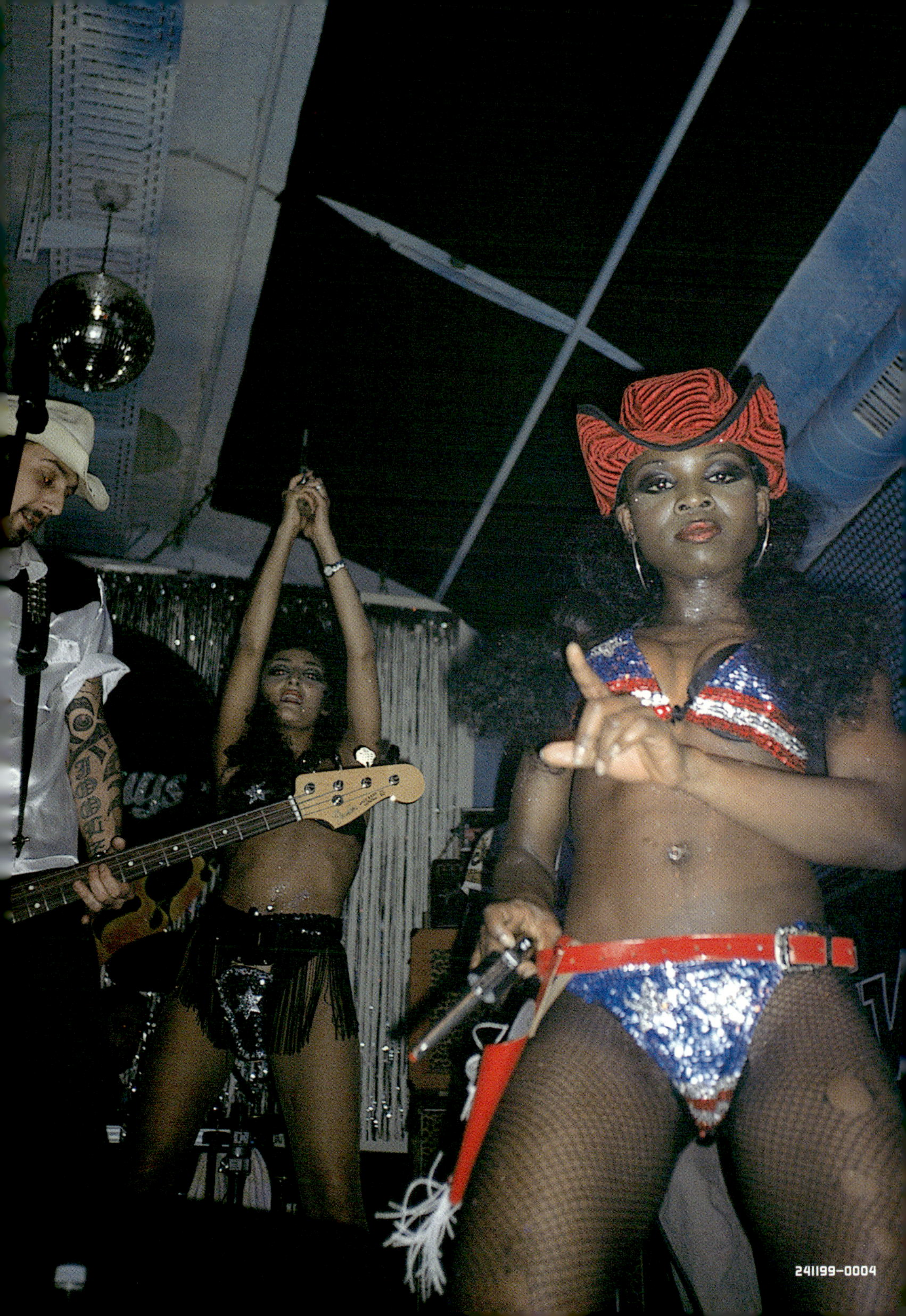
241199-0004

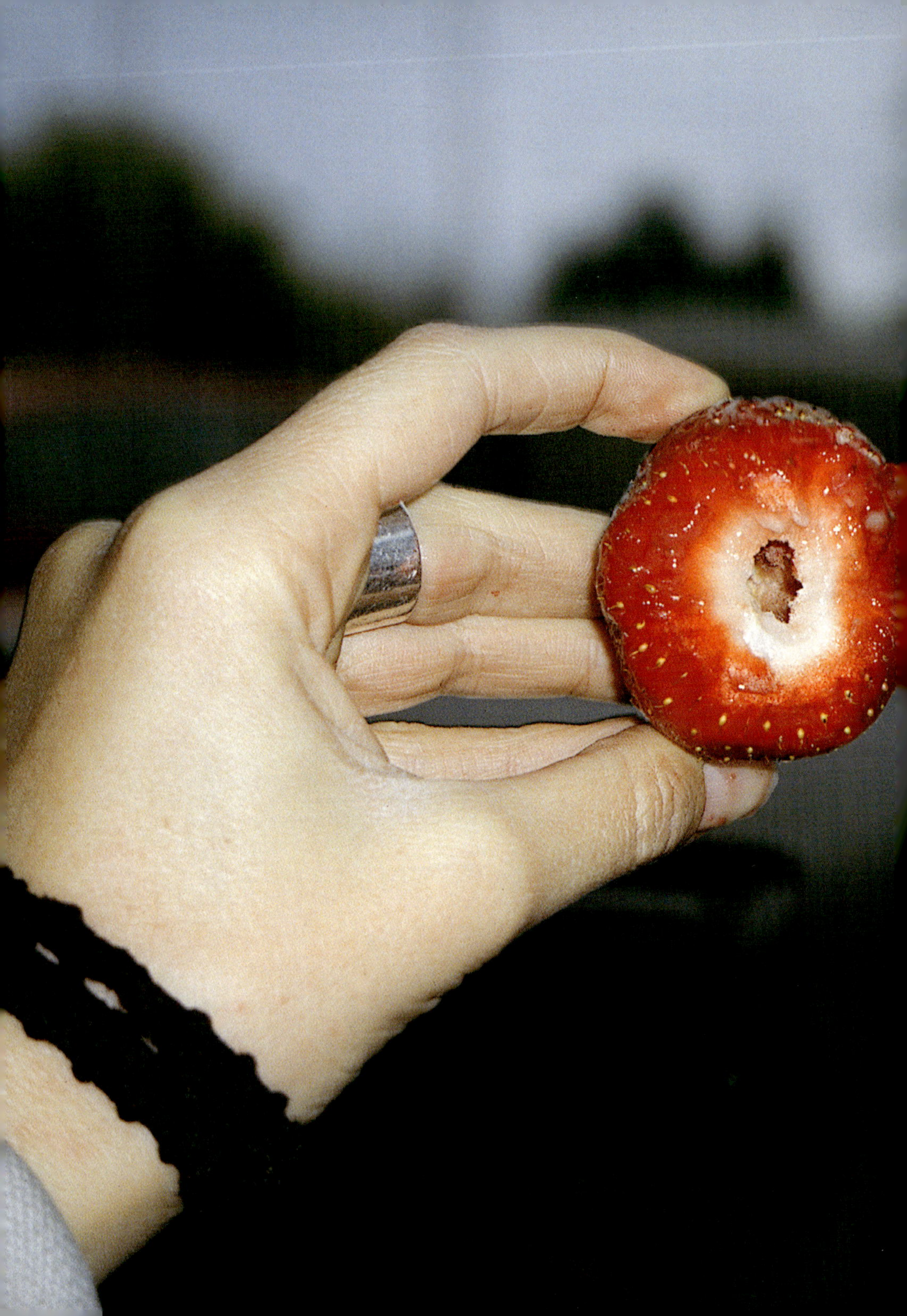

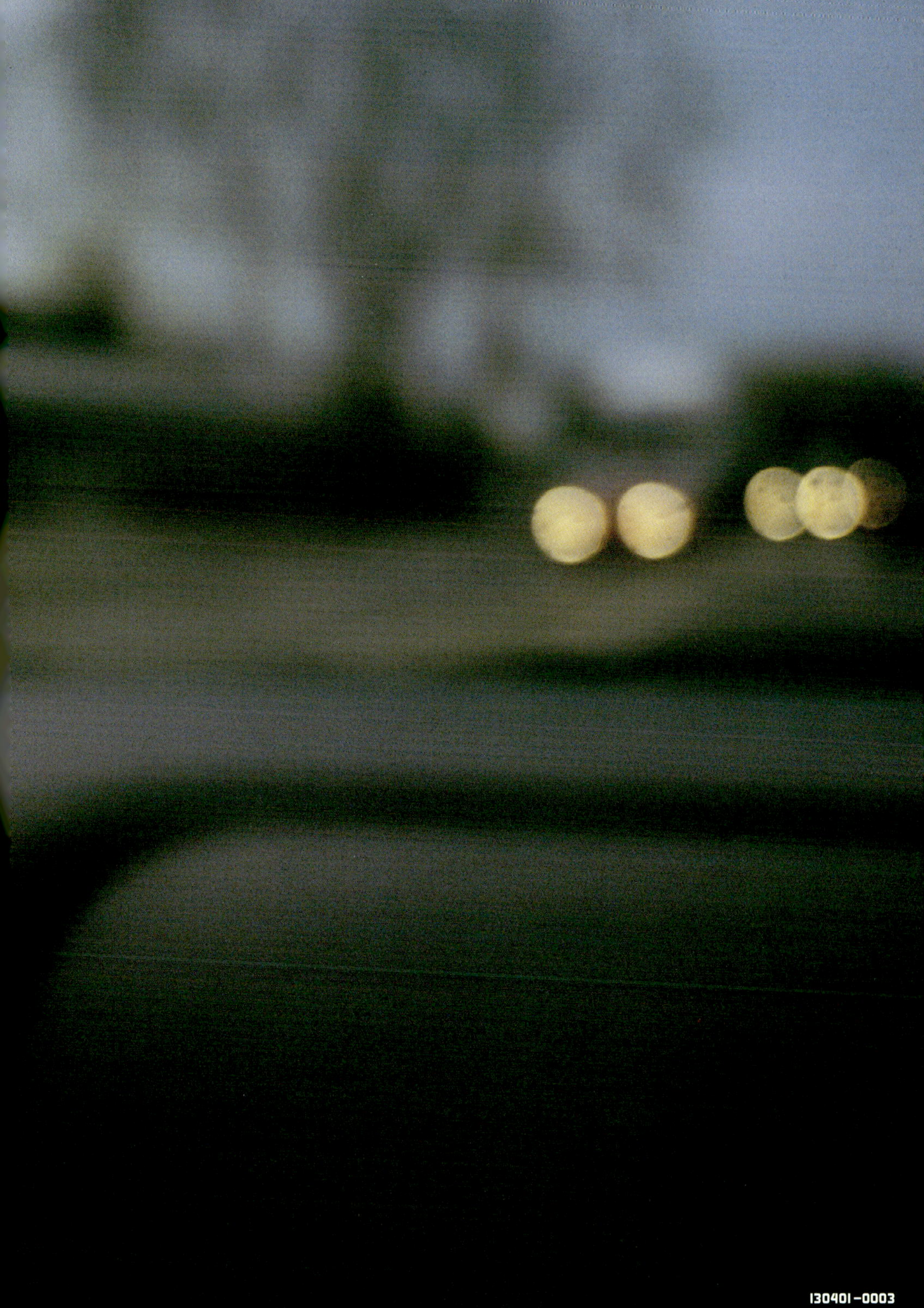
130401-0003

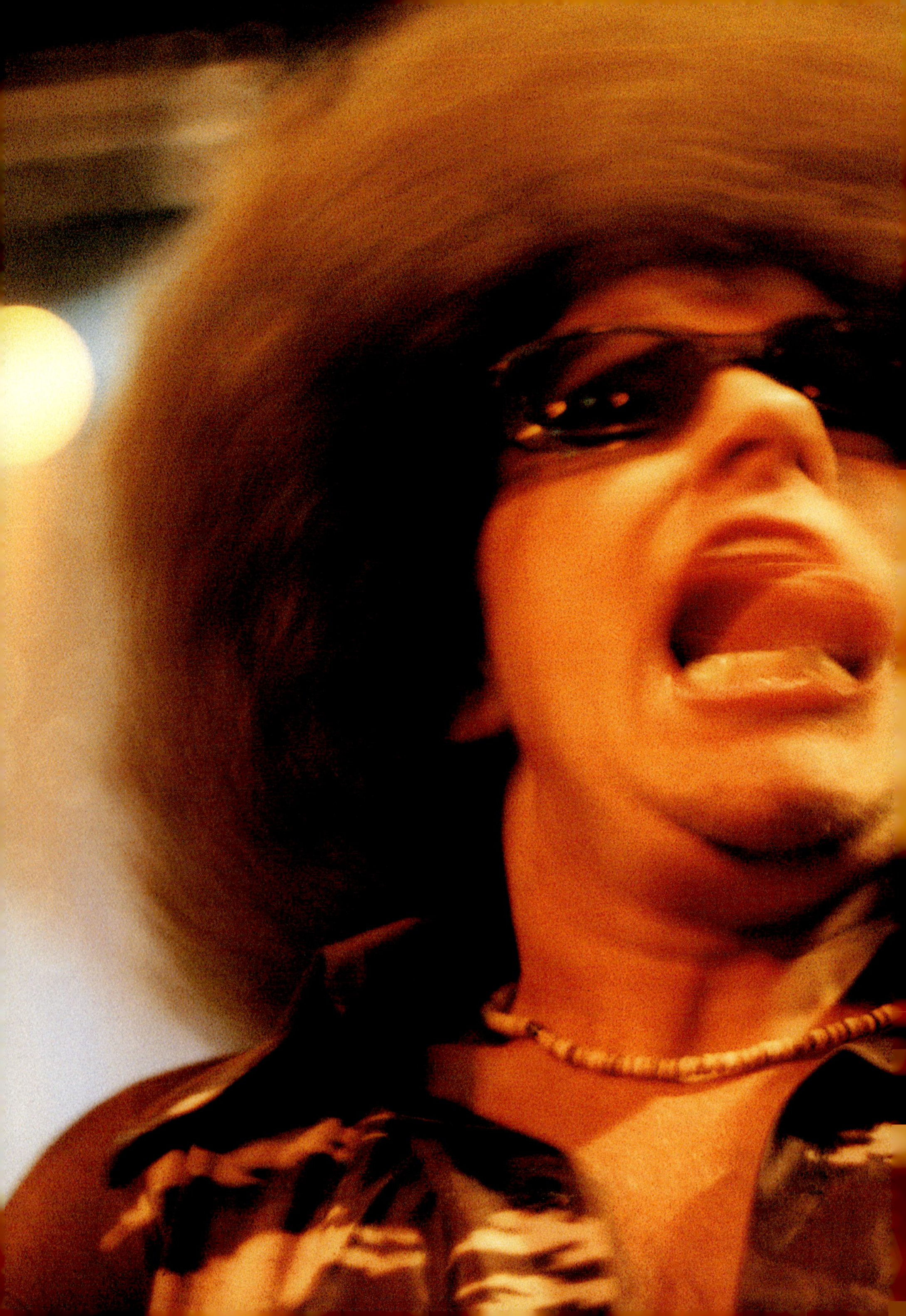

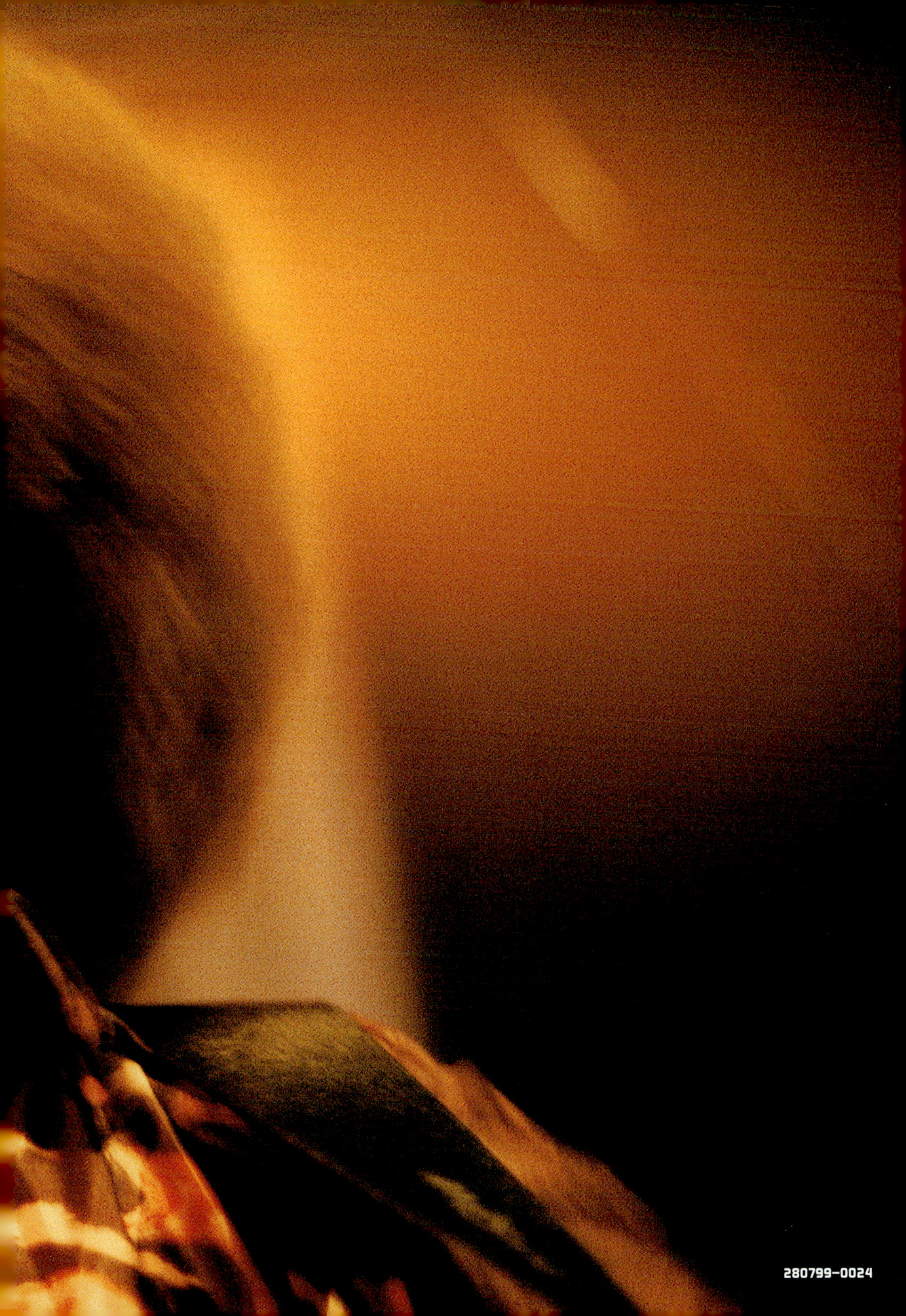
280799-0024

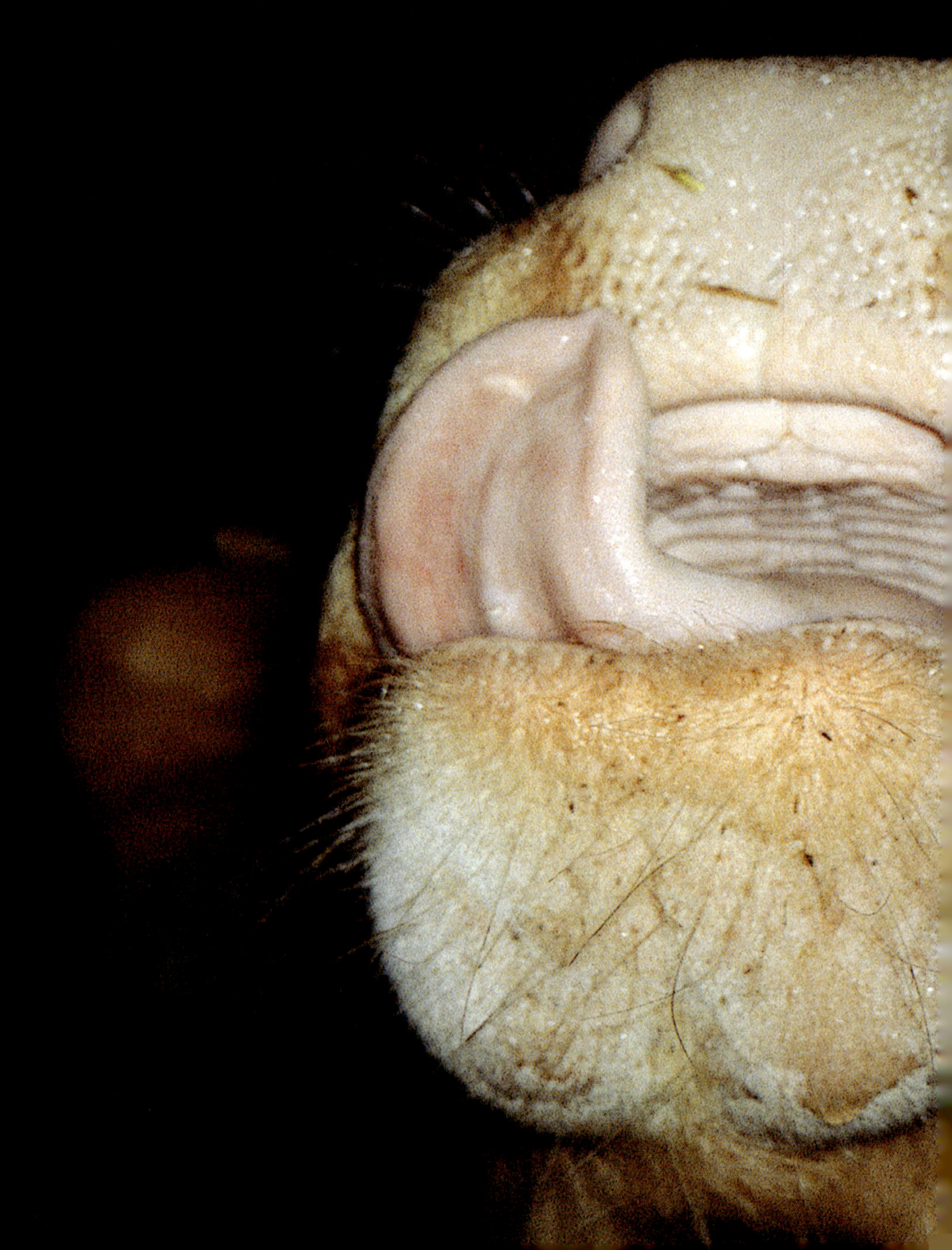

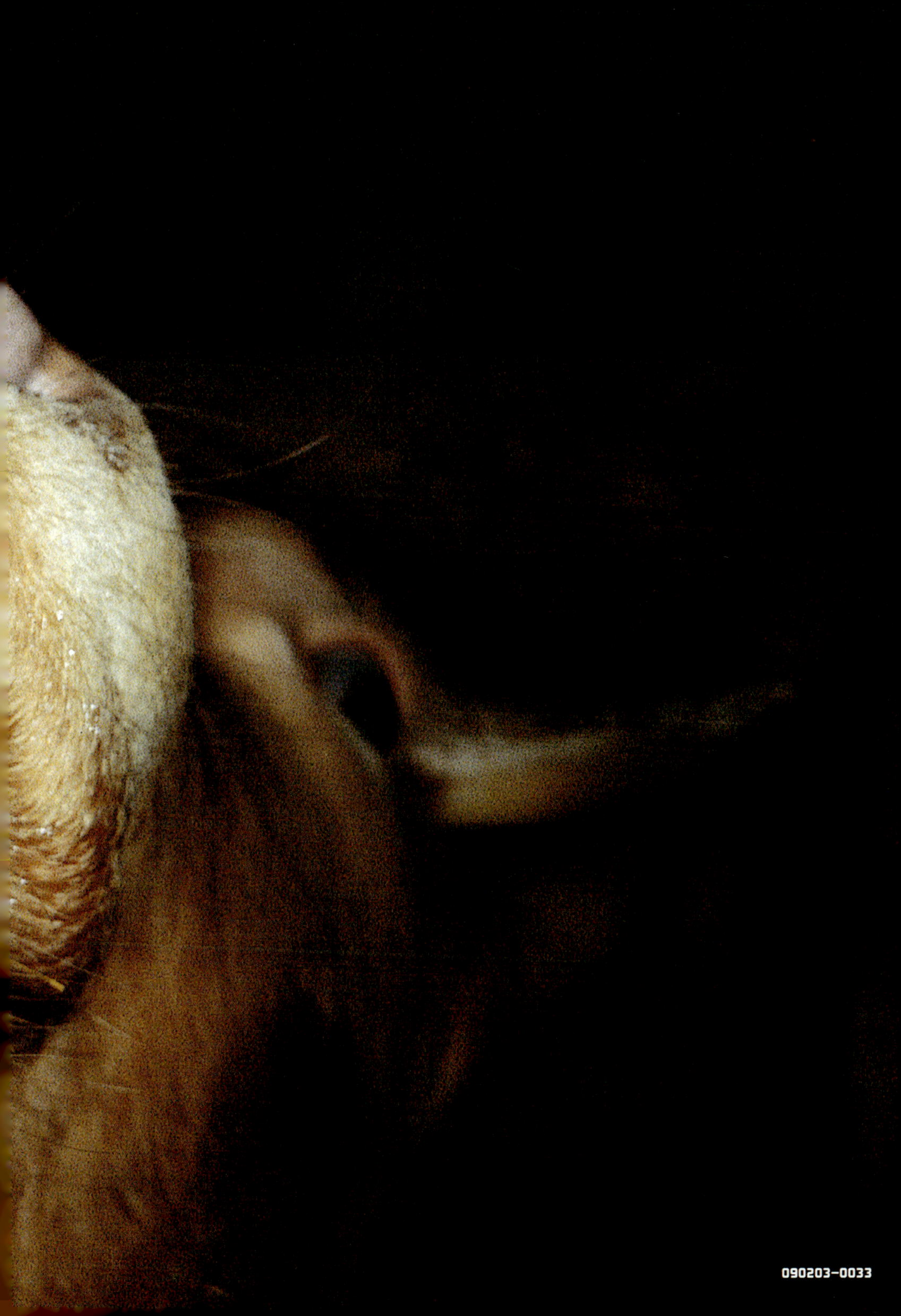
090203-0033

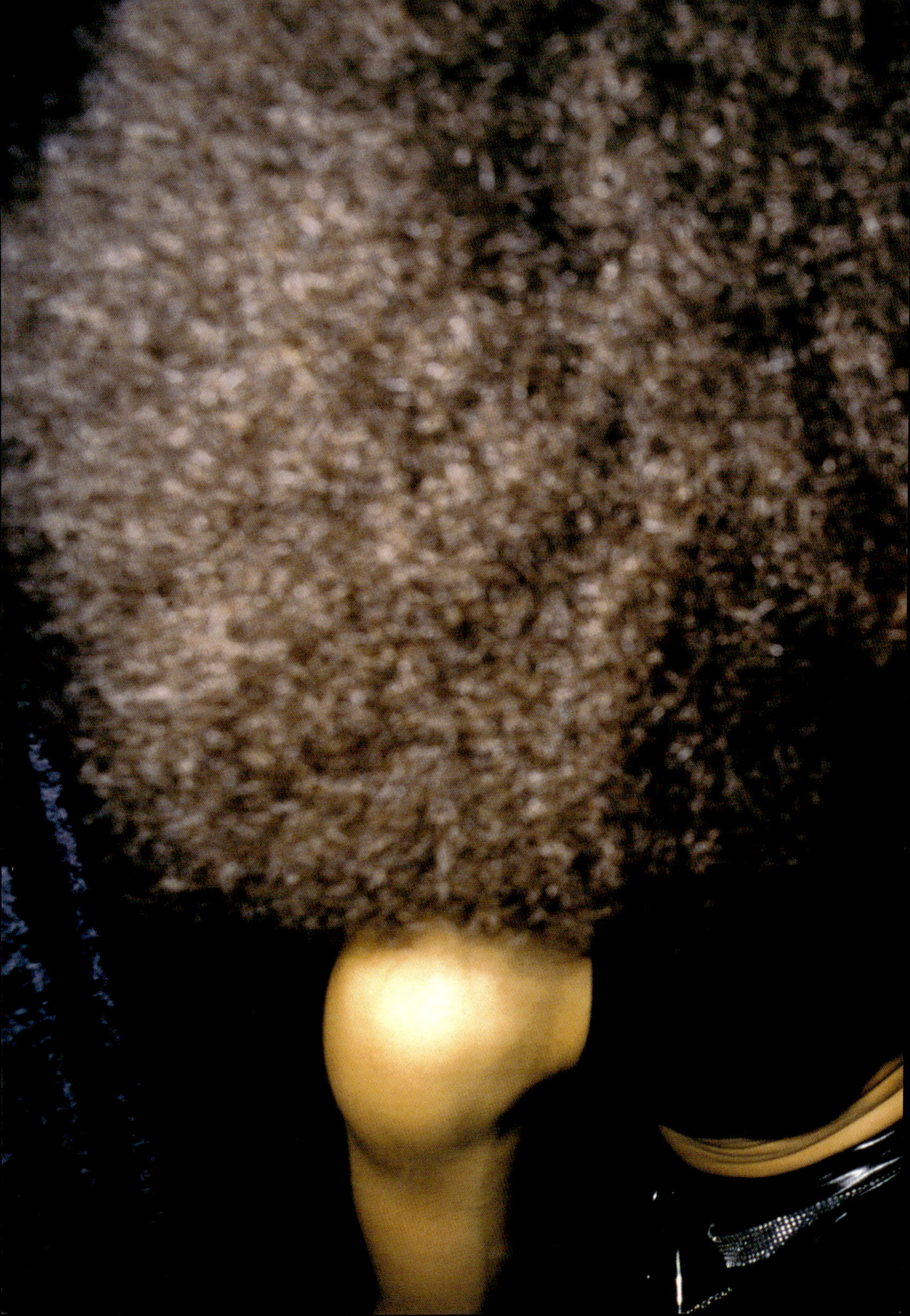

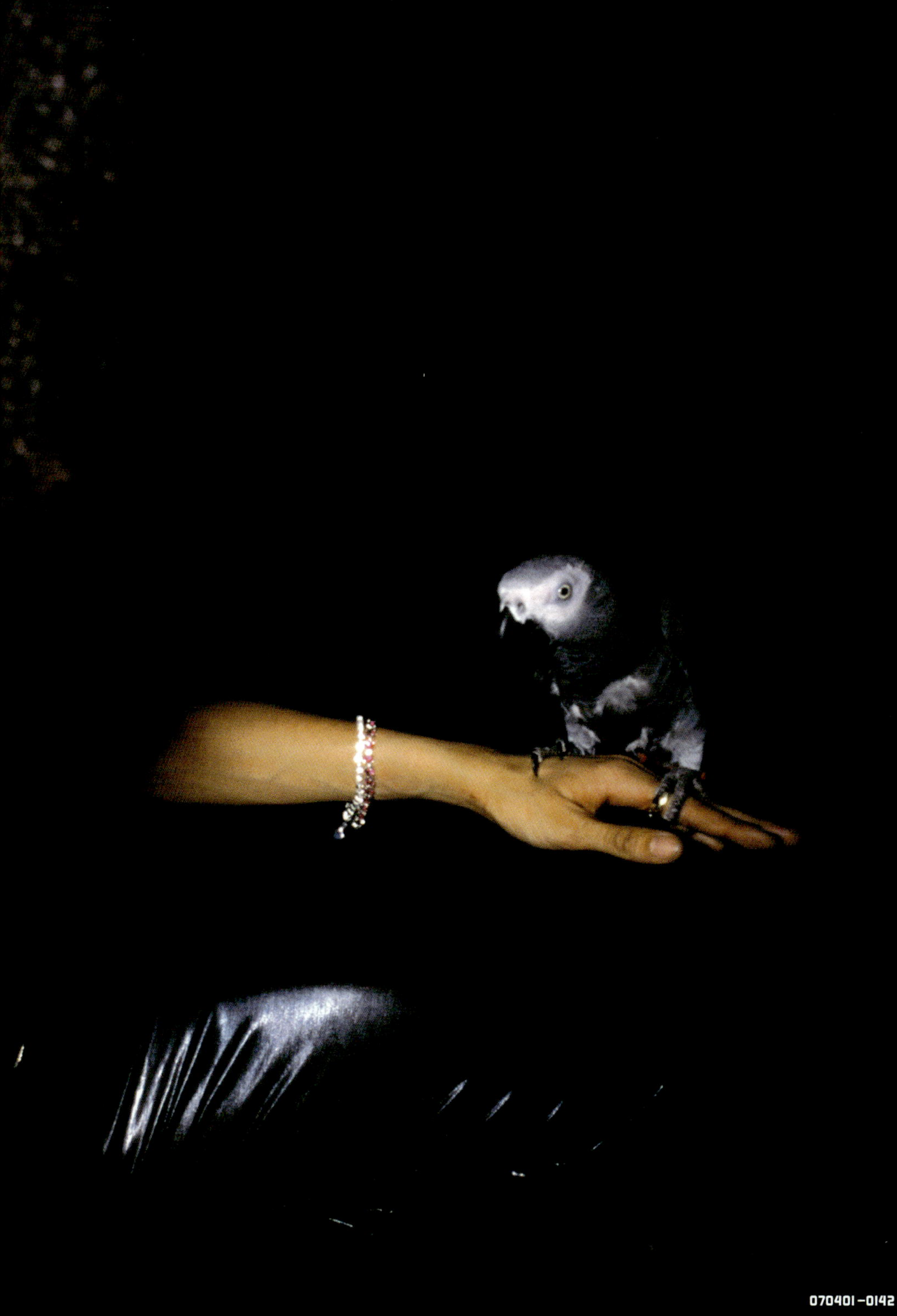
070401-0142

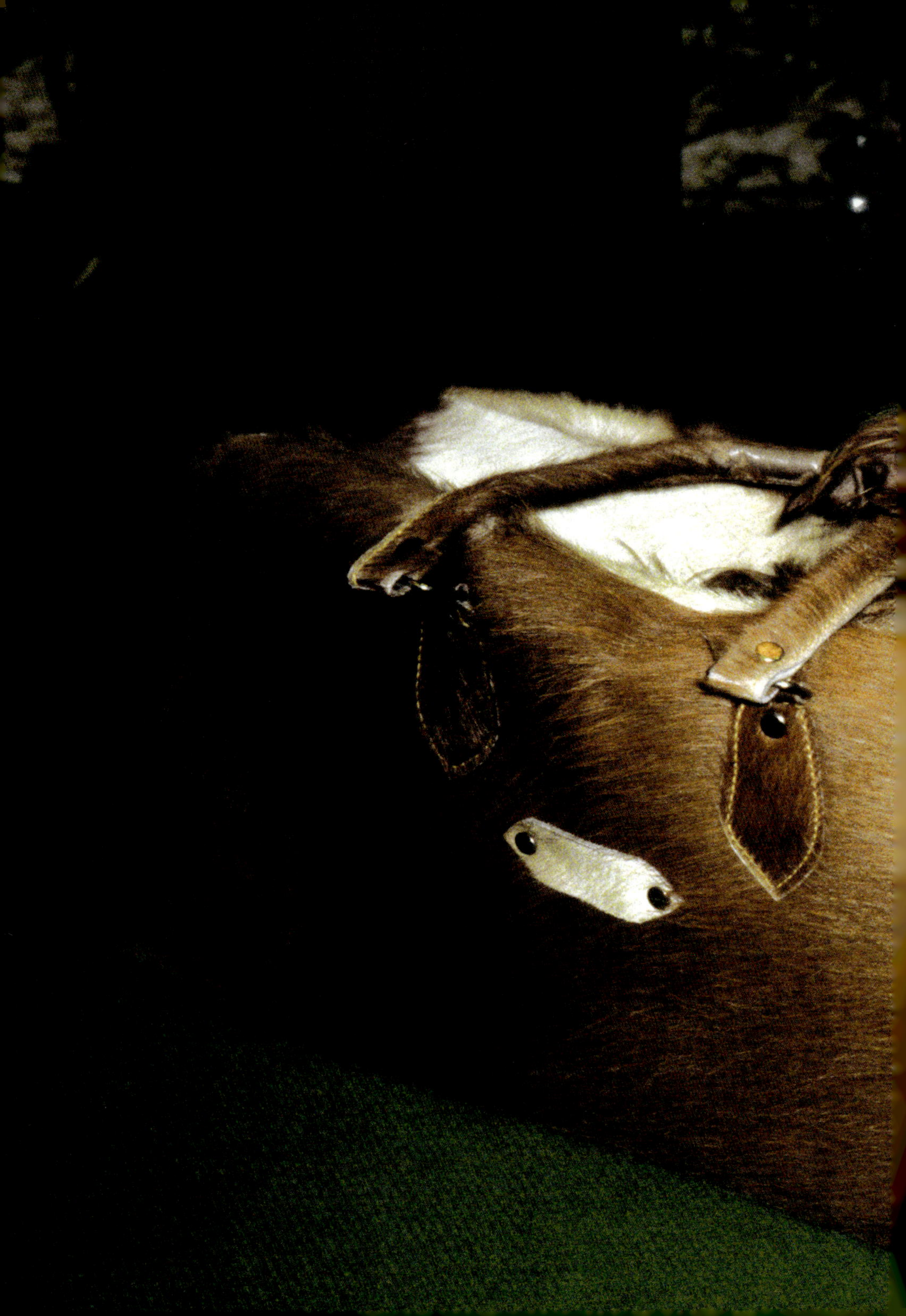

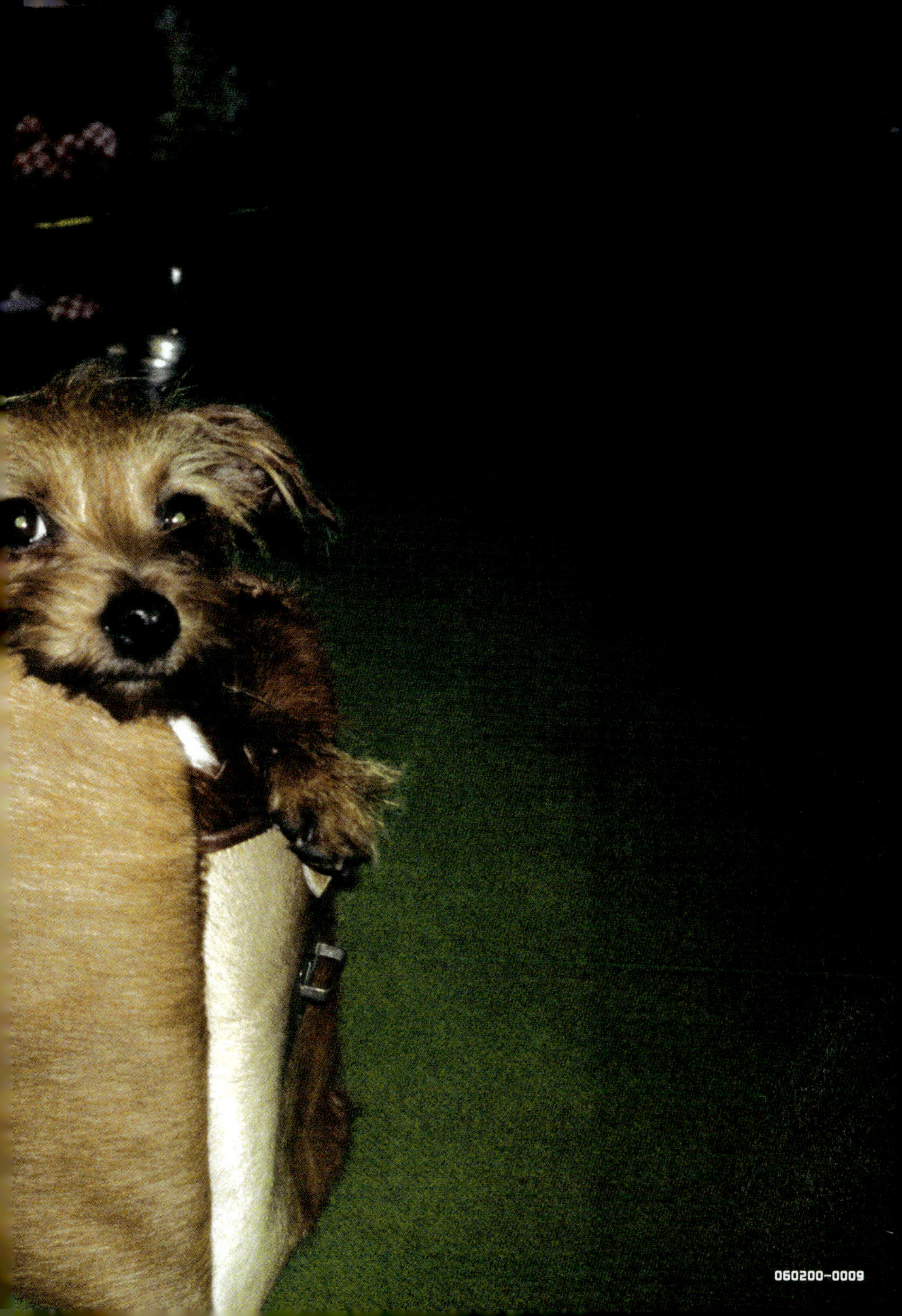
060200-0009

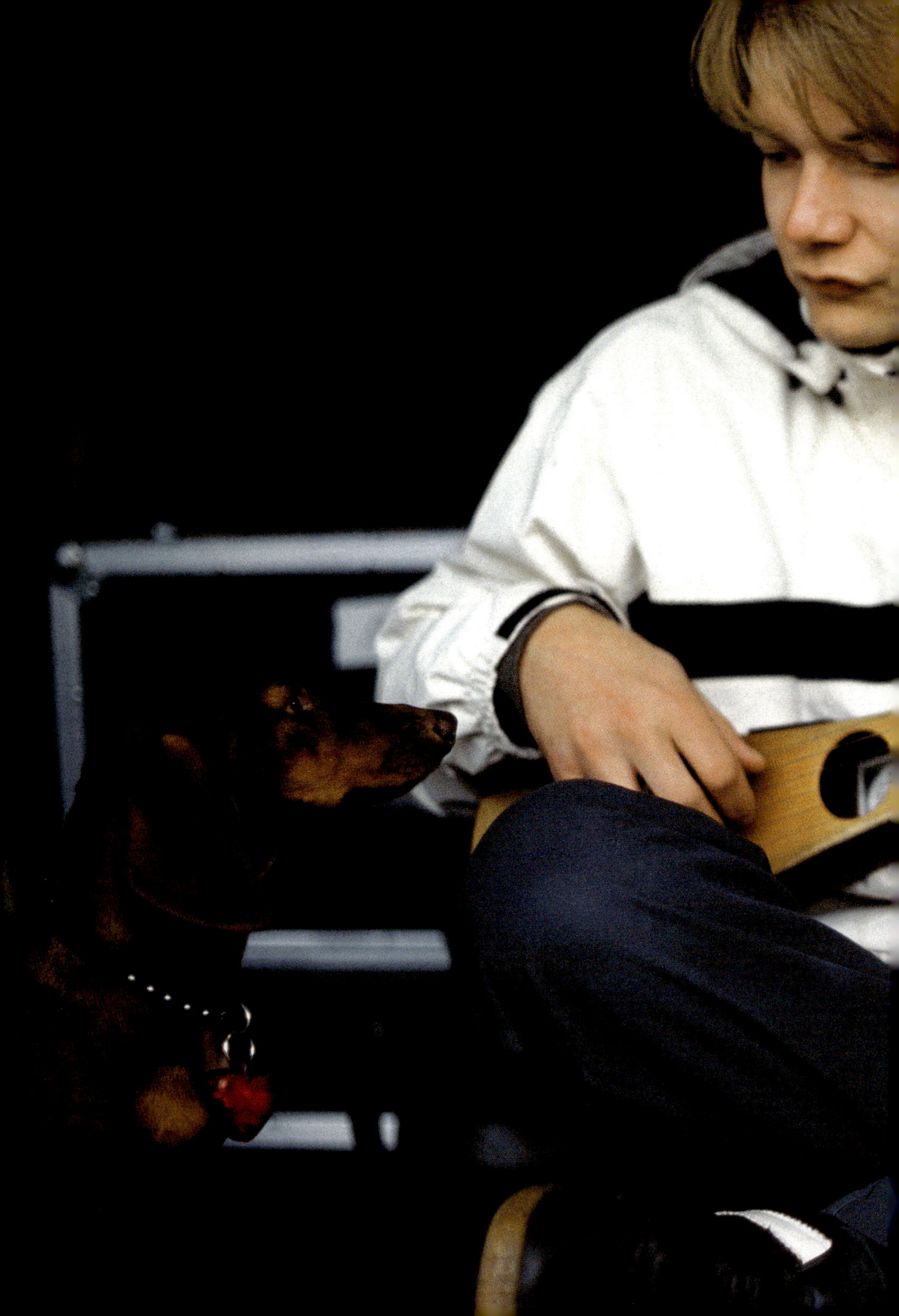

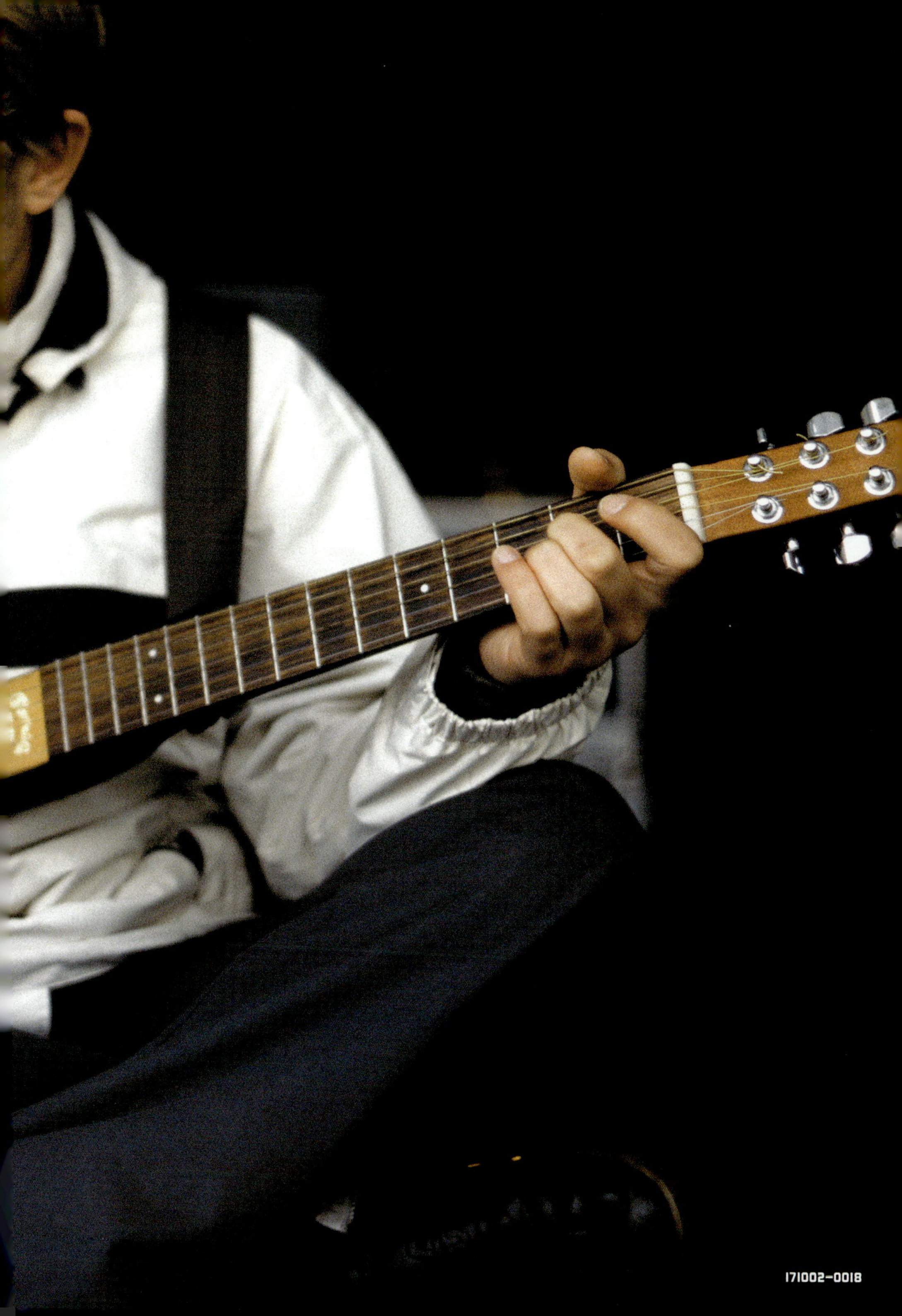
171002-0018

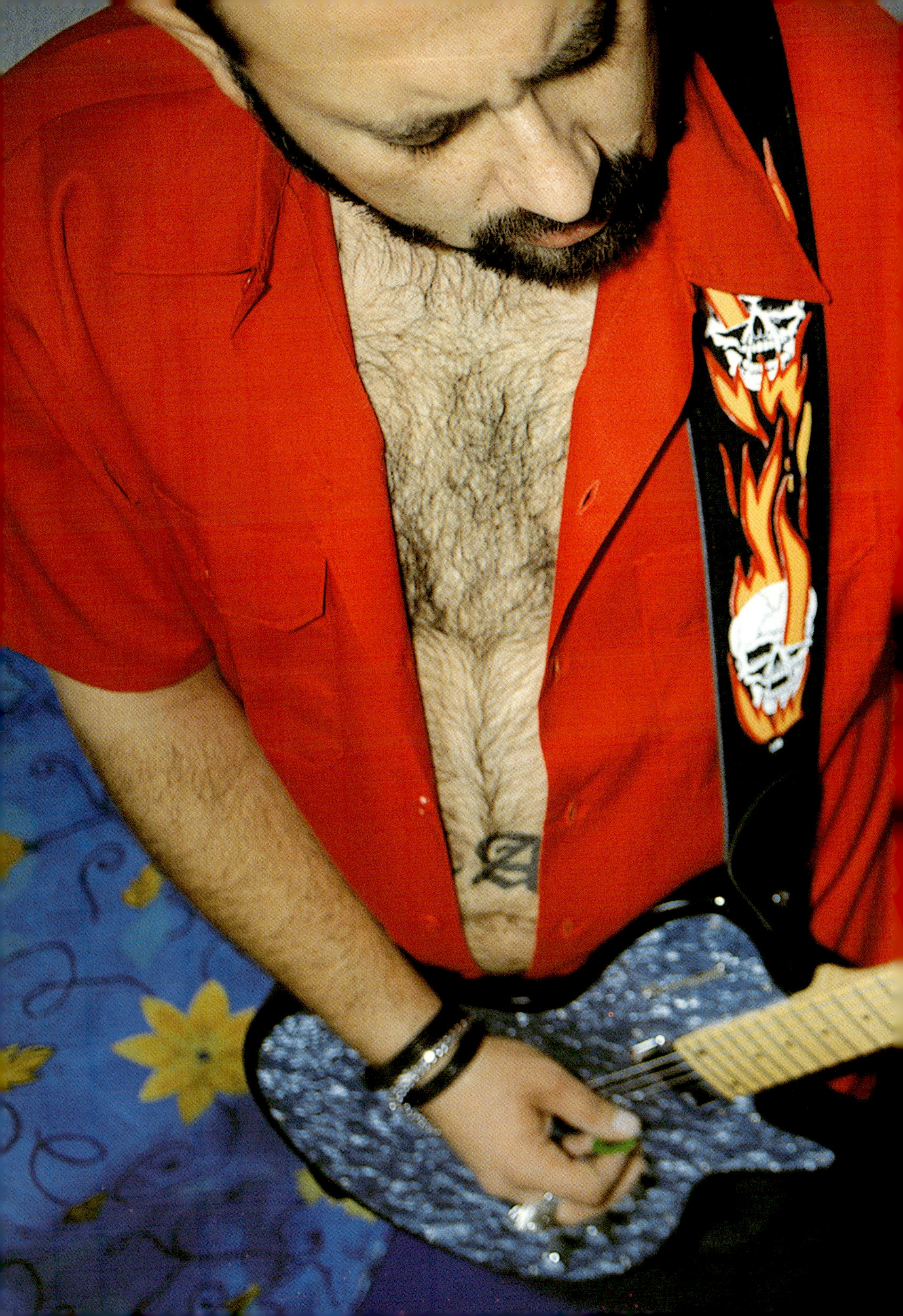

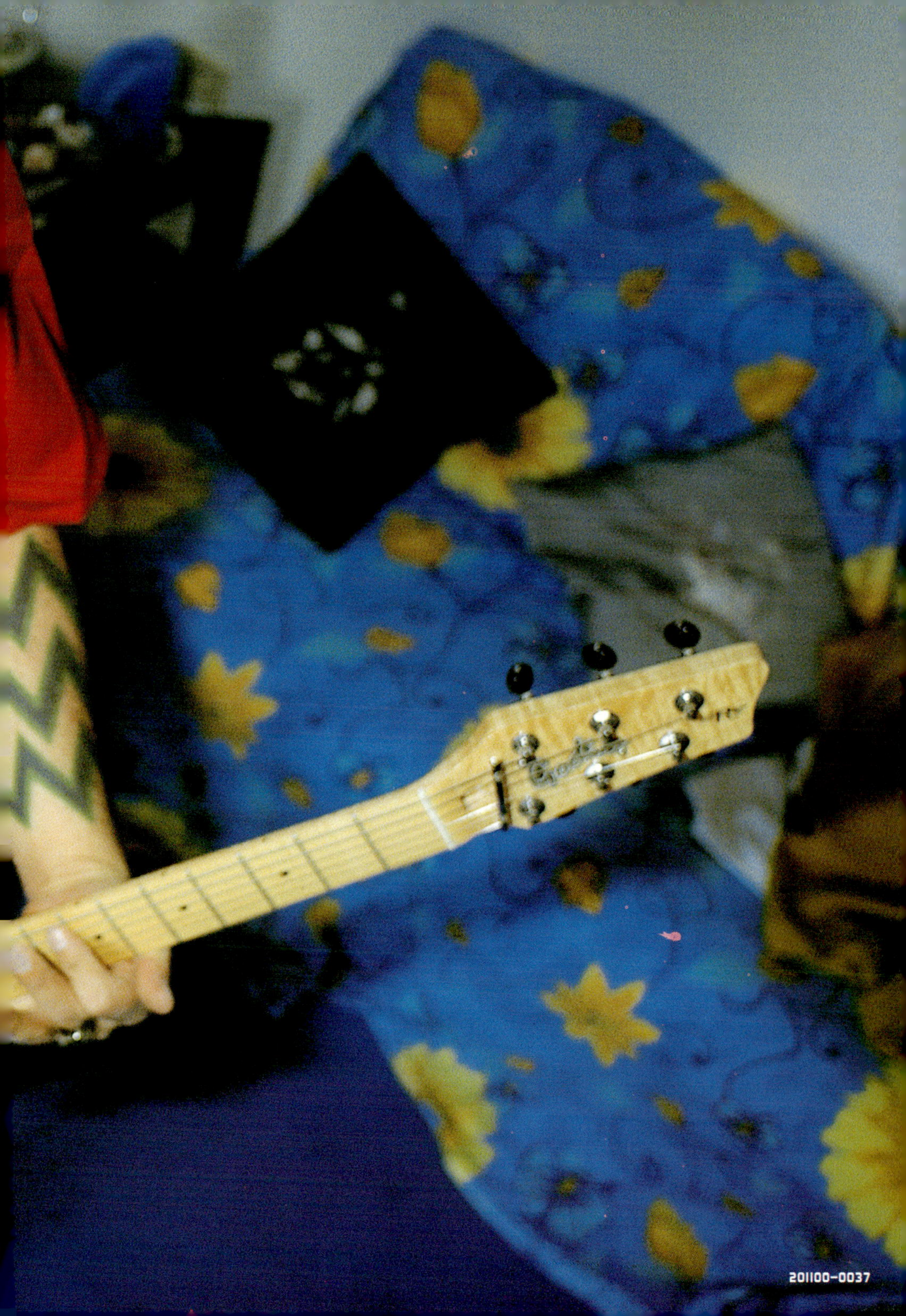

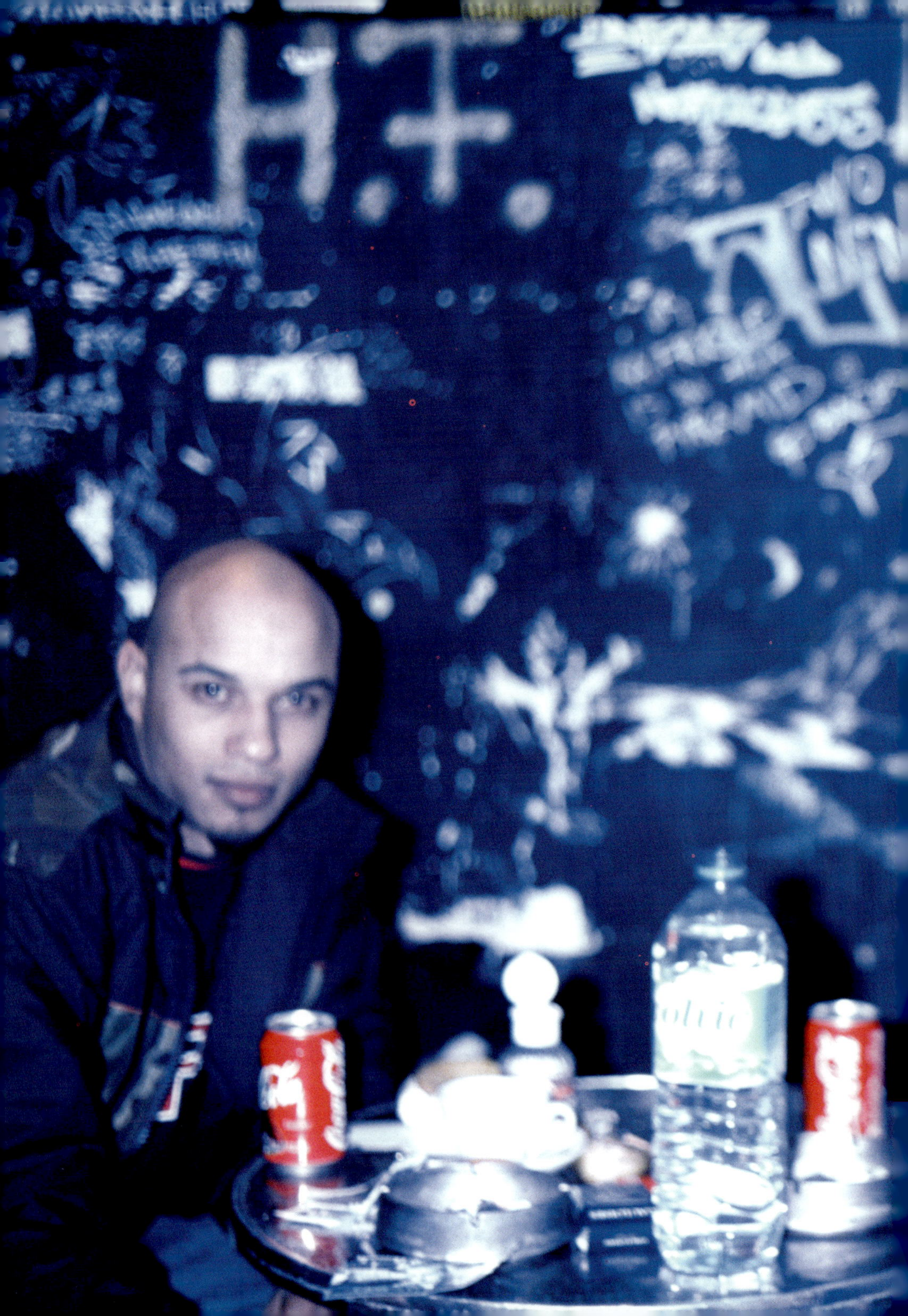

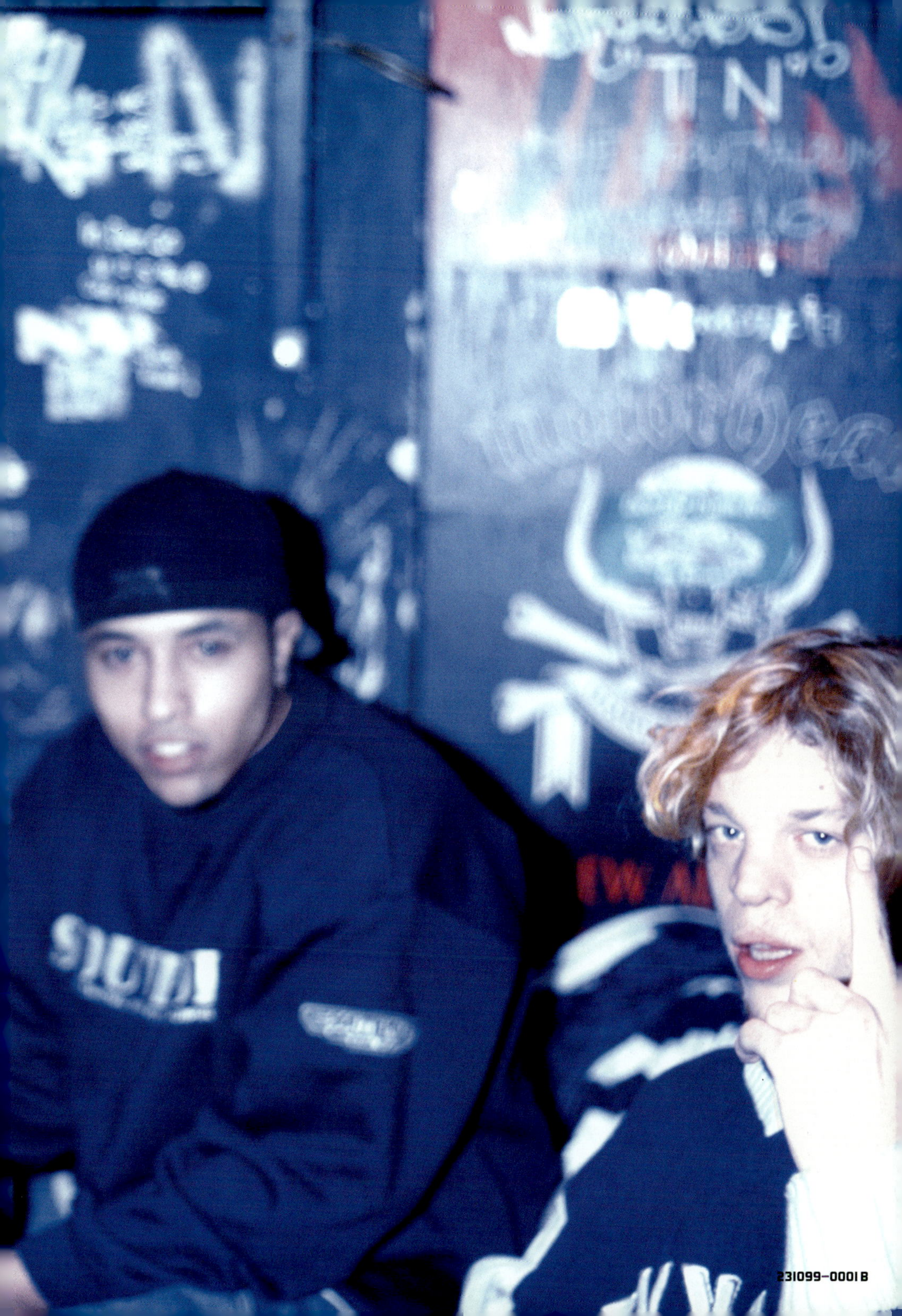

231099-0001 B

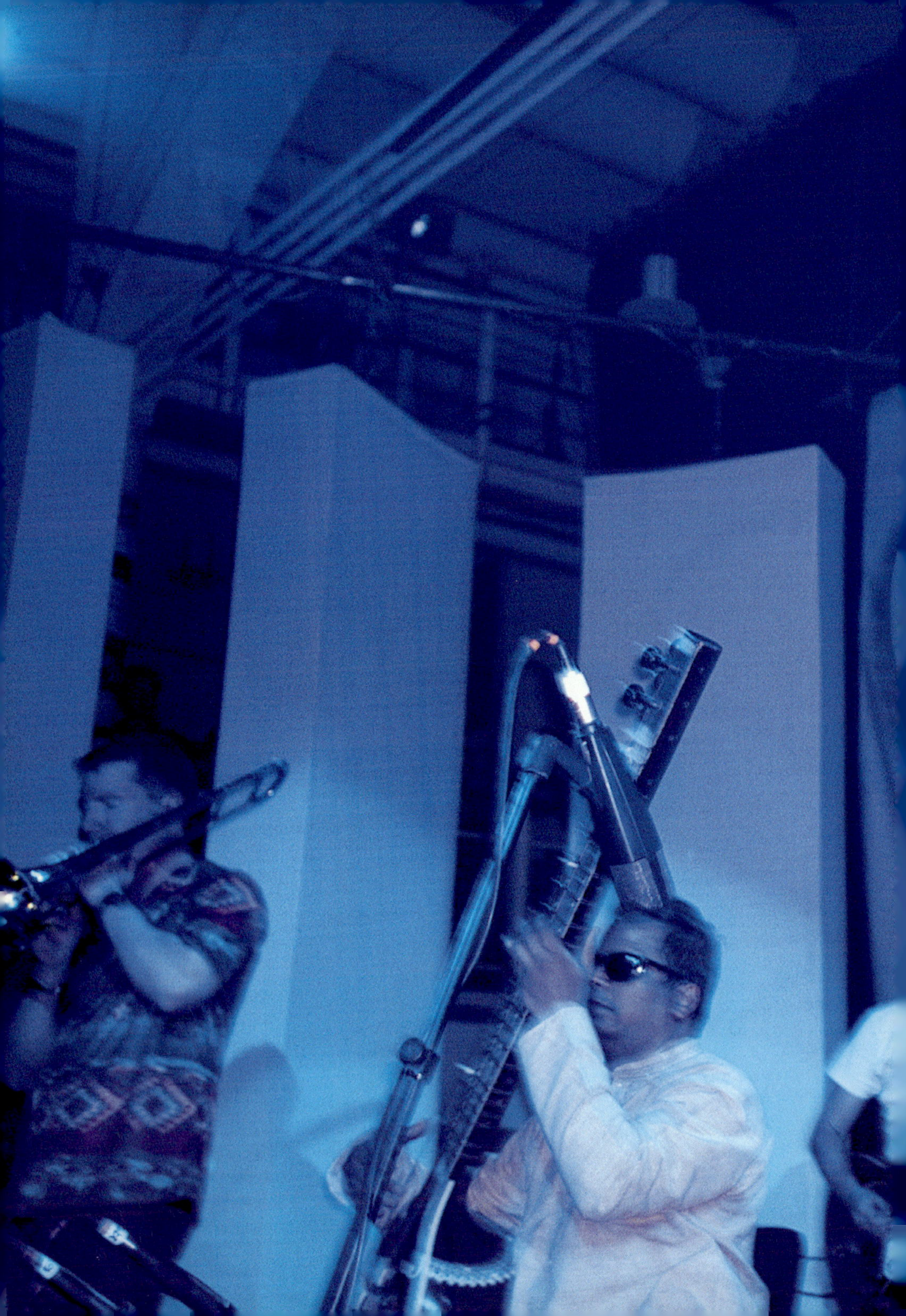

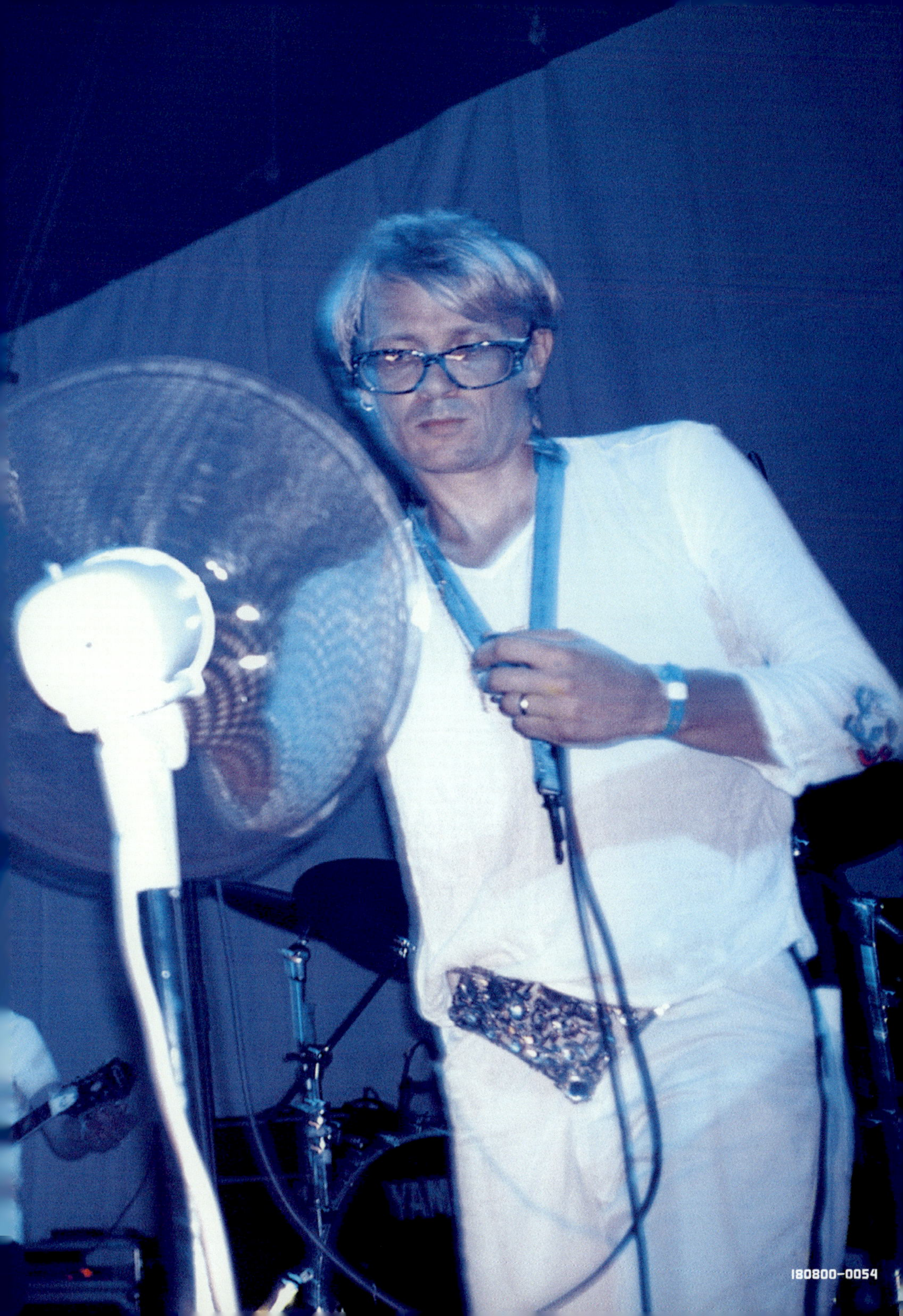
180800-0054

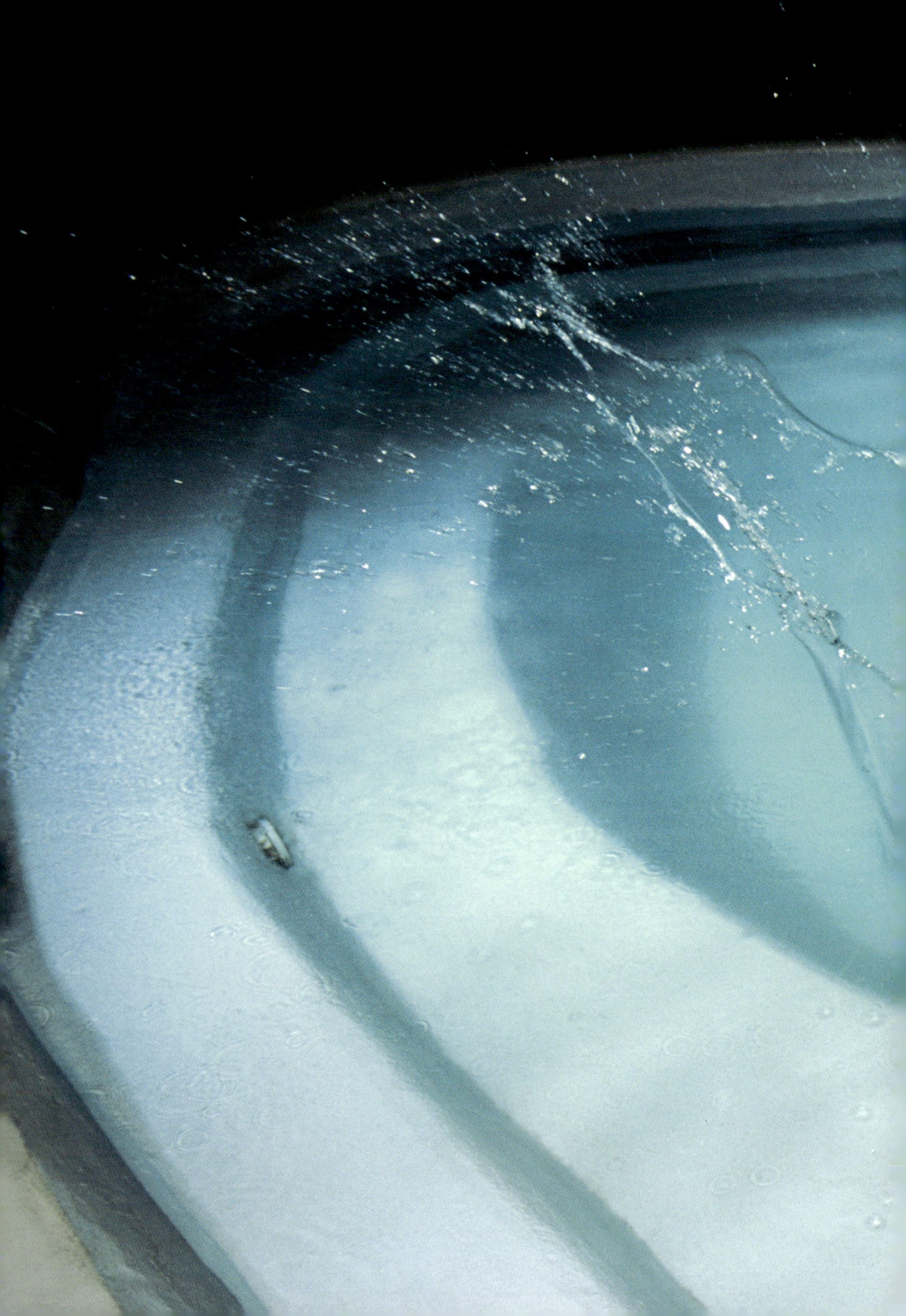

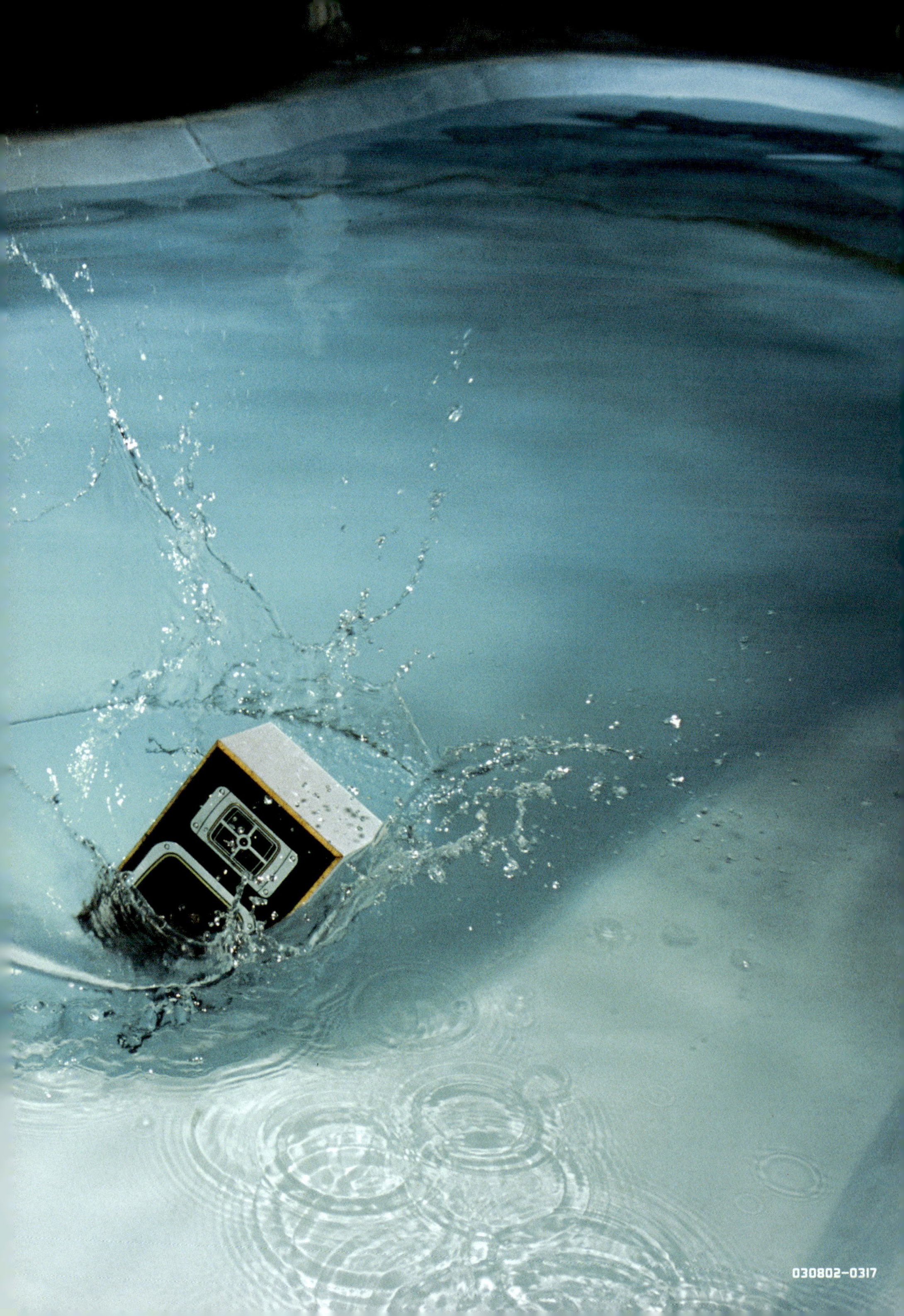
030802-0317

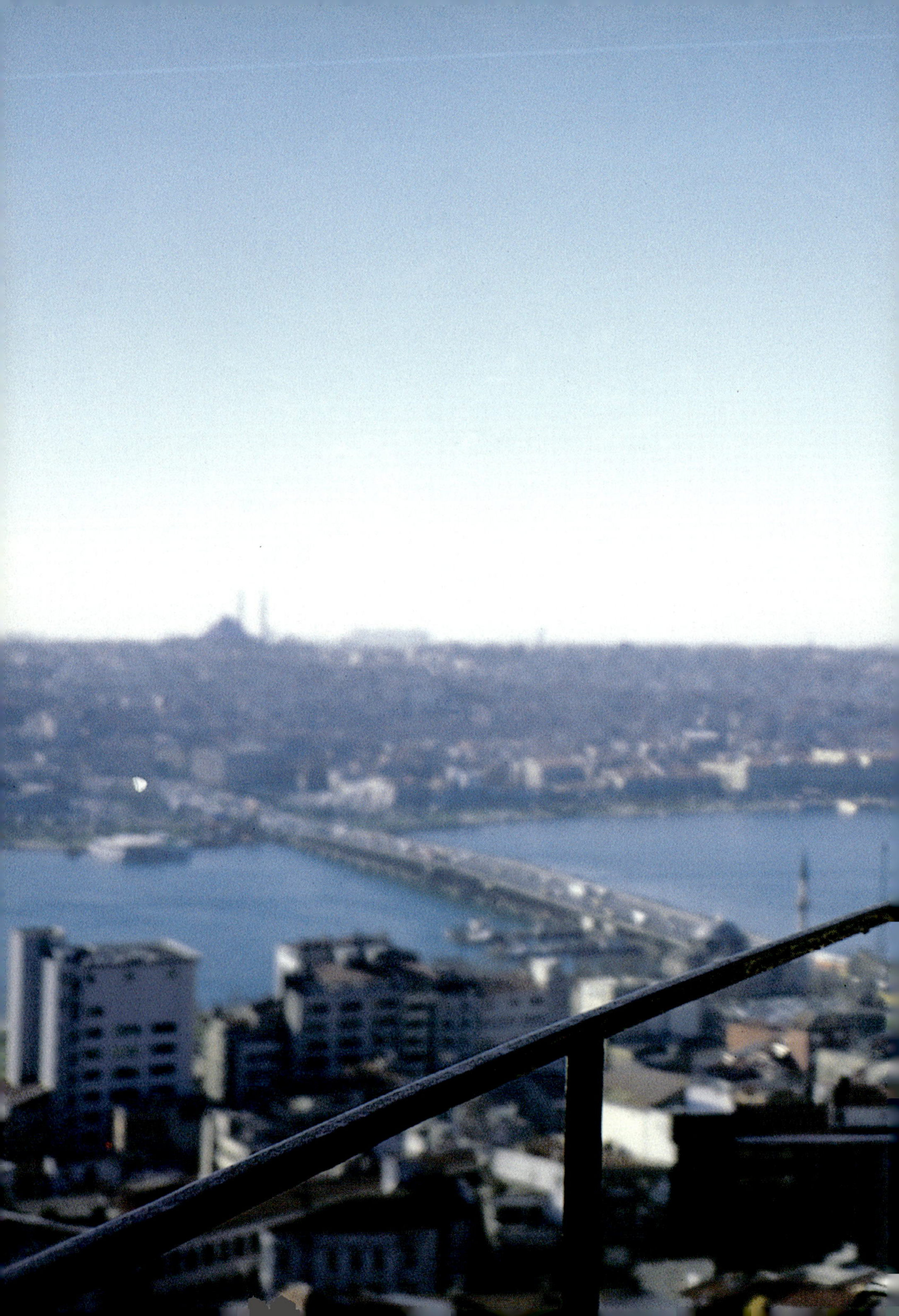

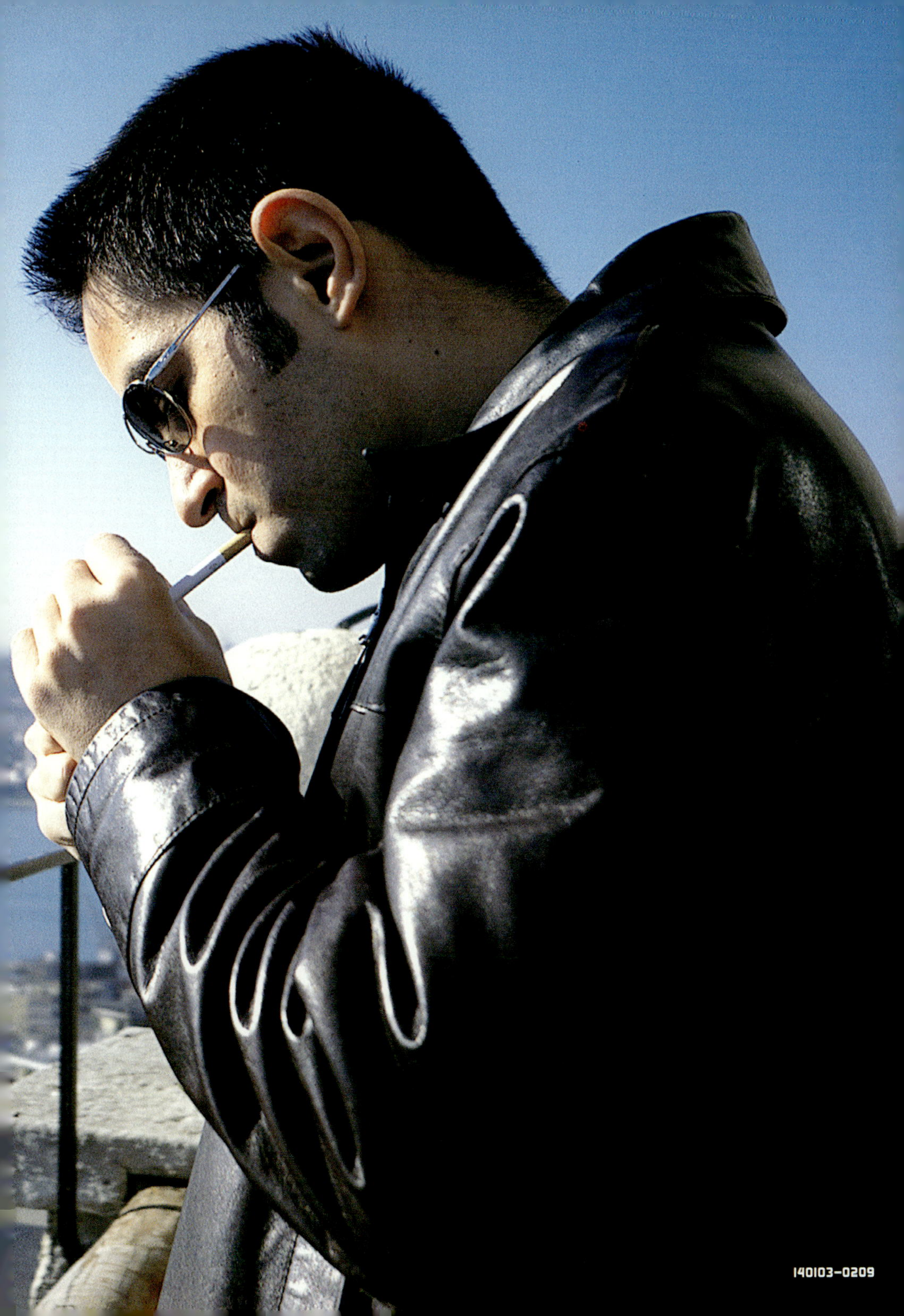

140103-0209

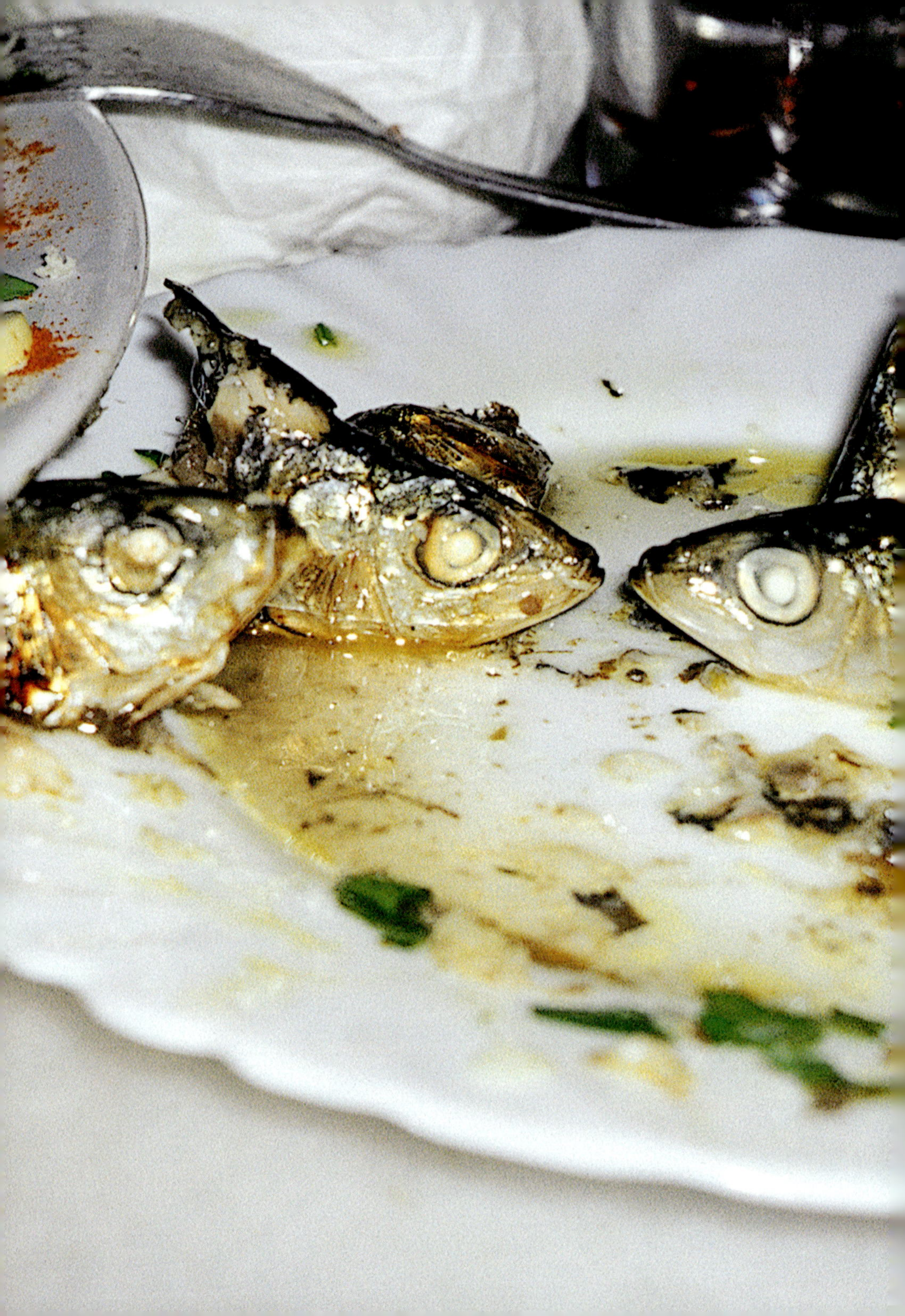

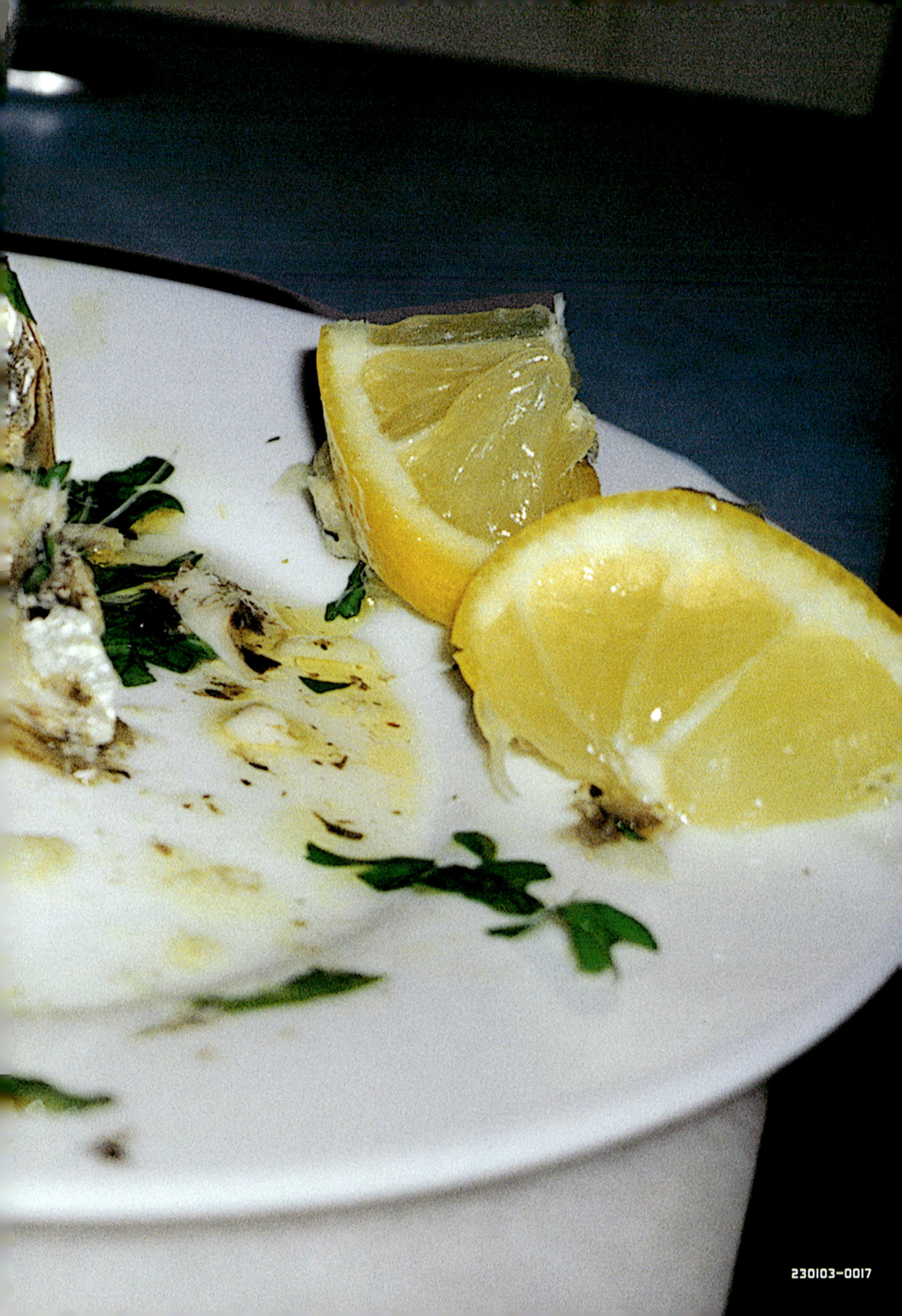
230103-0017

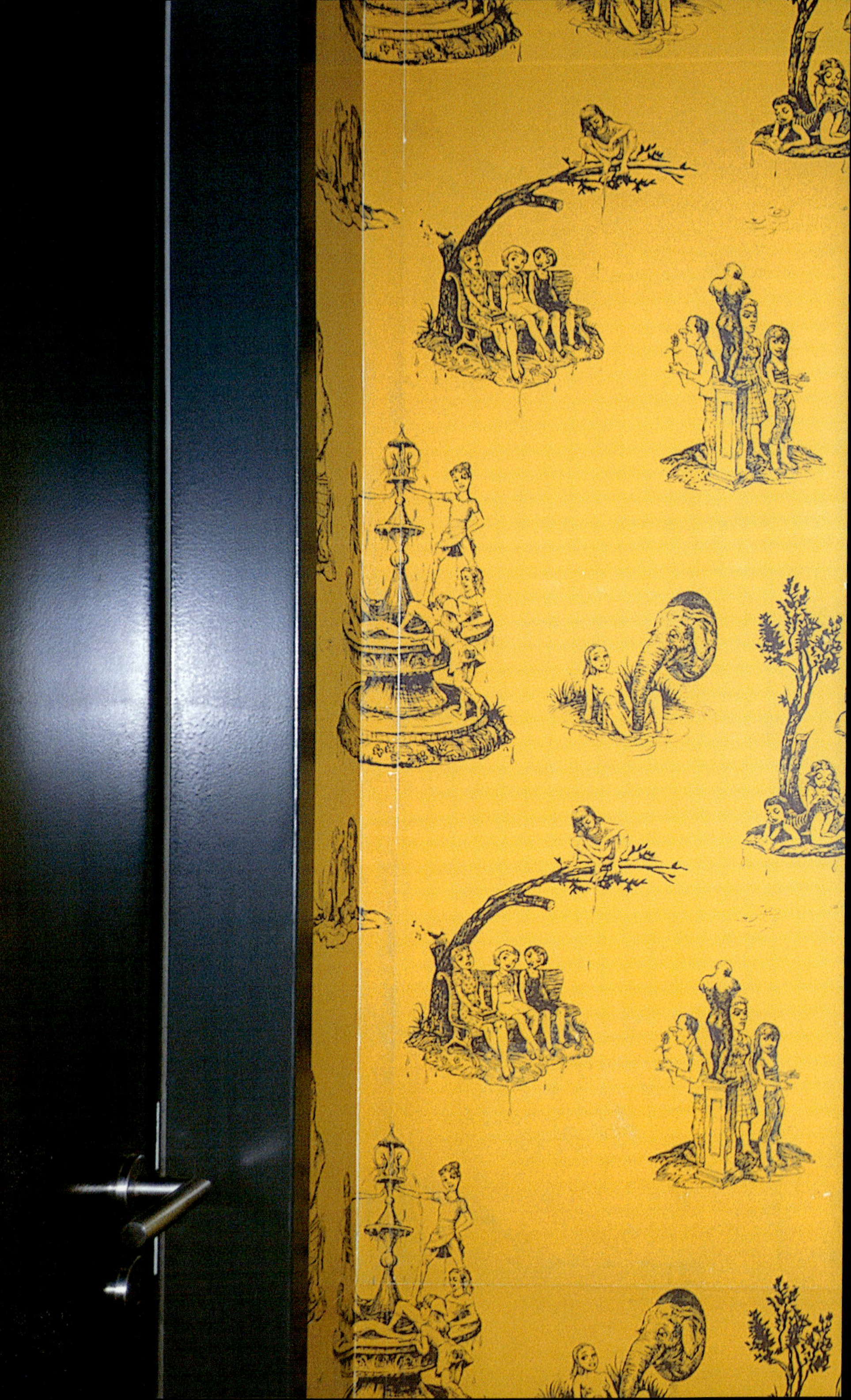

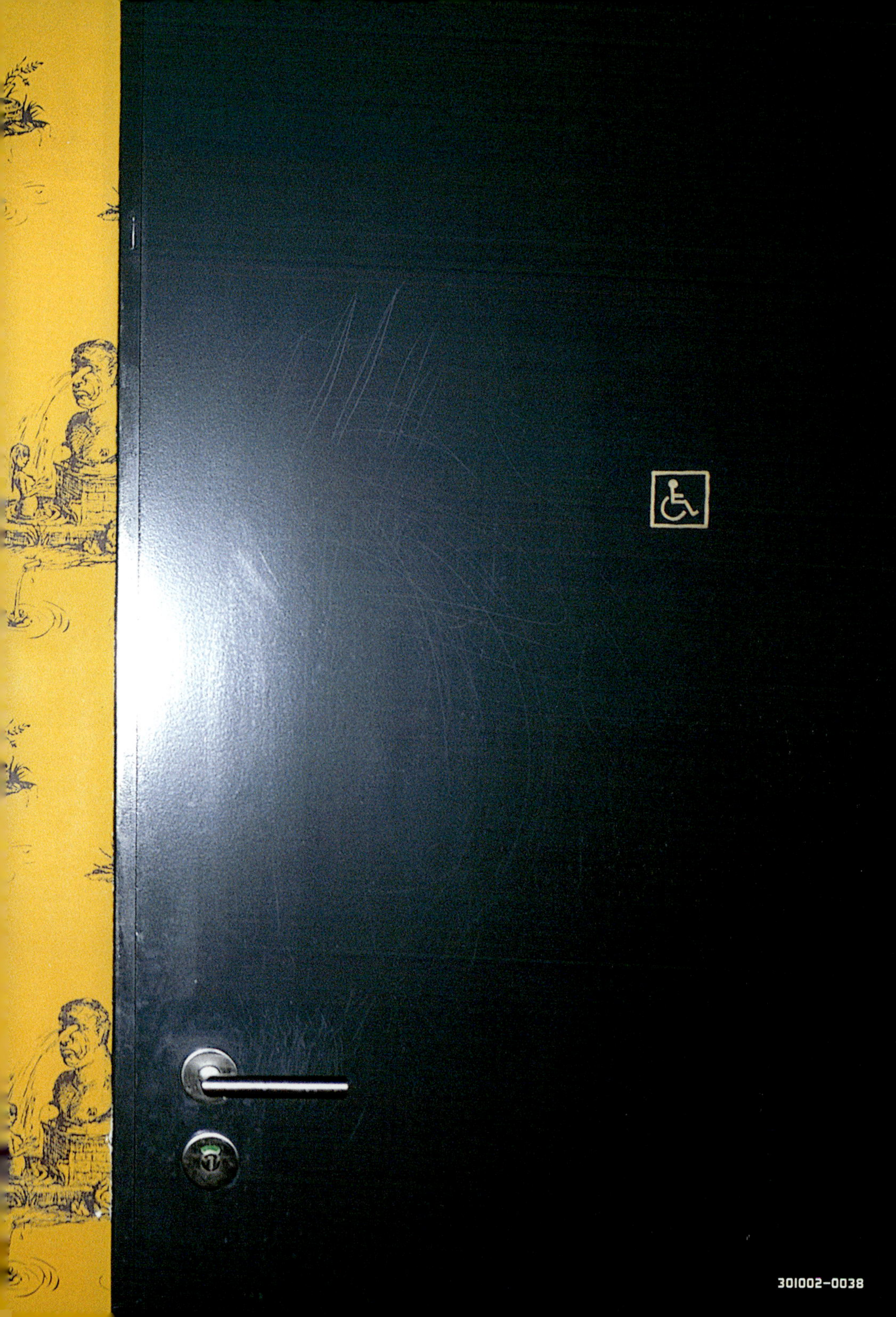

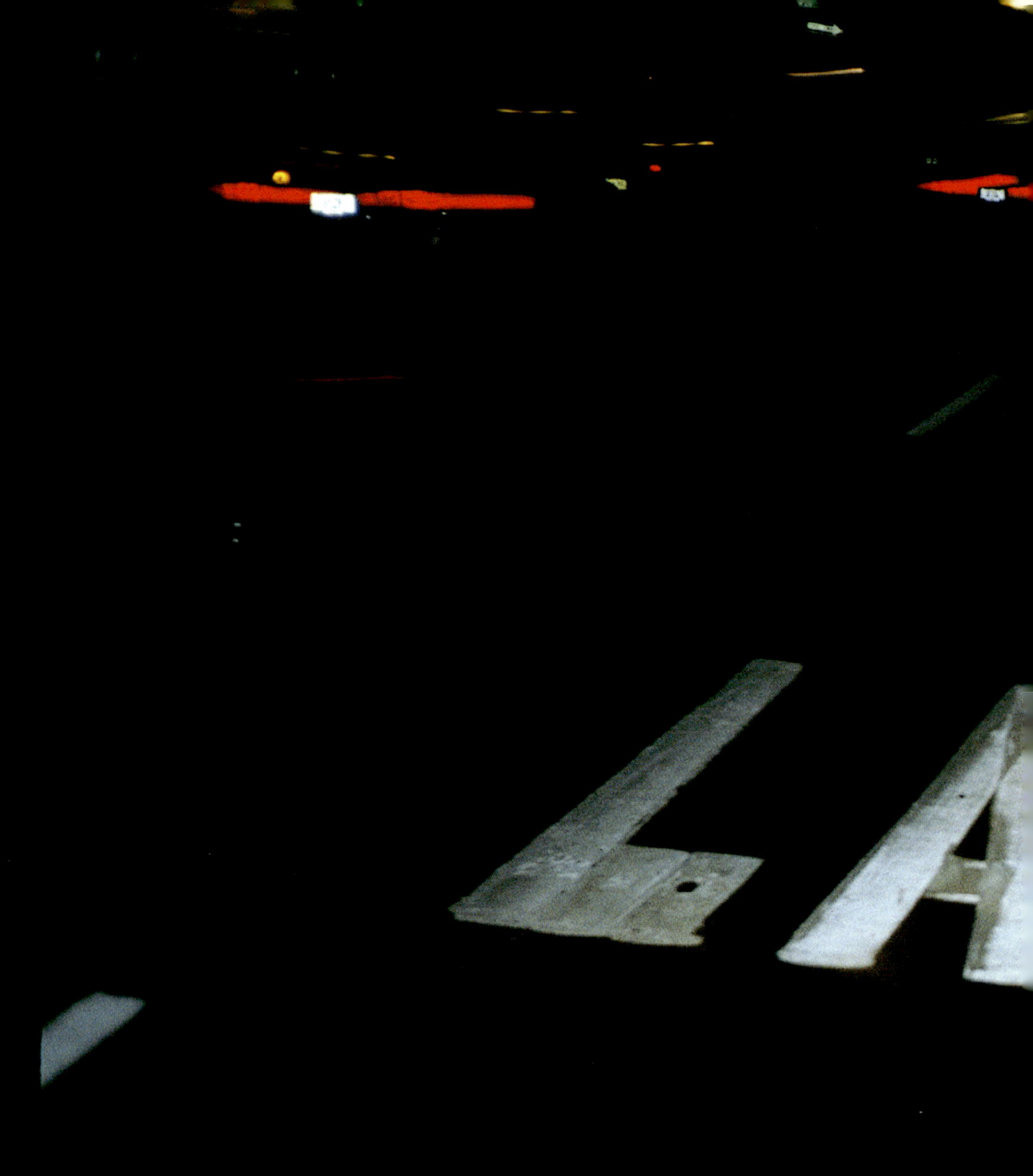

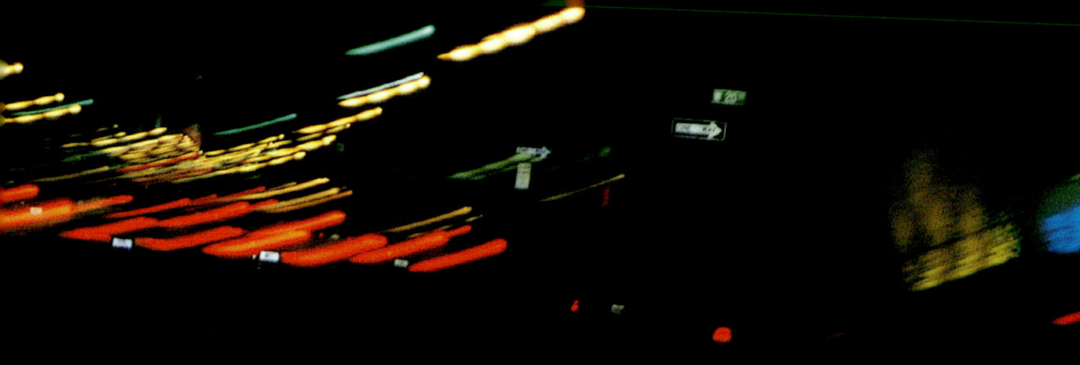
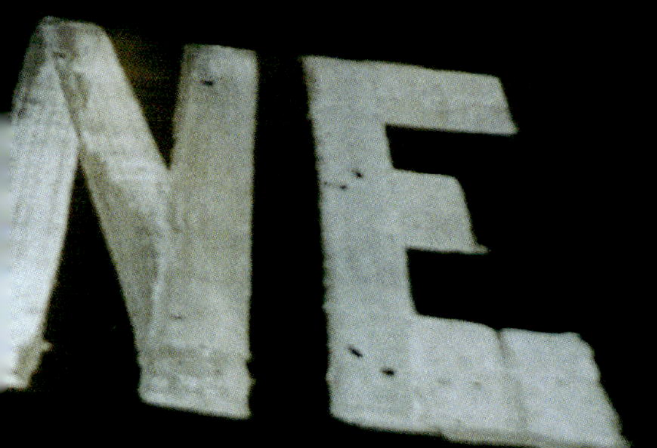

110999-1017

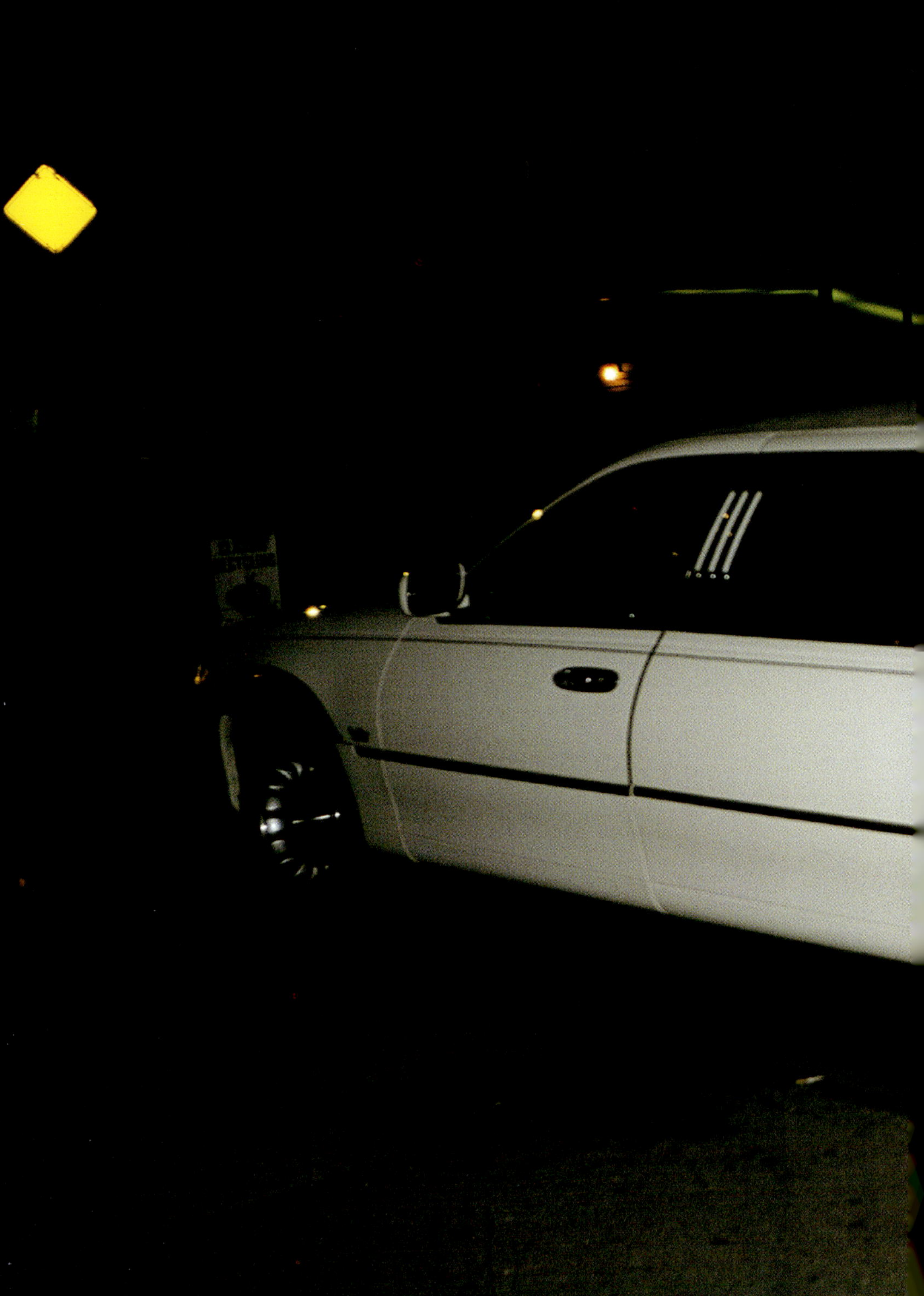

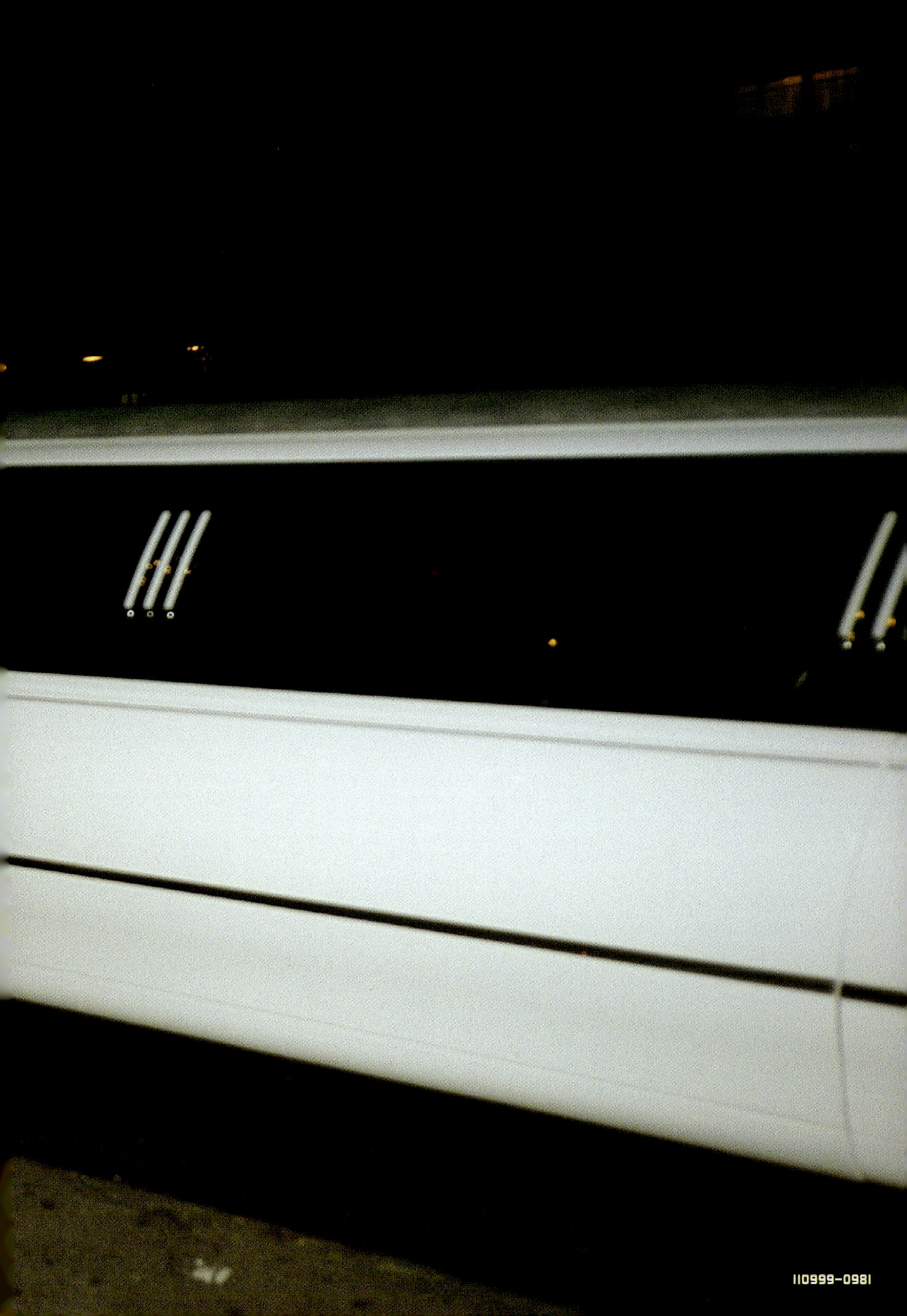

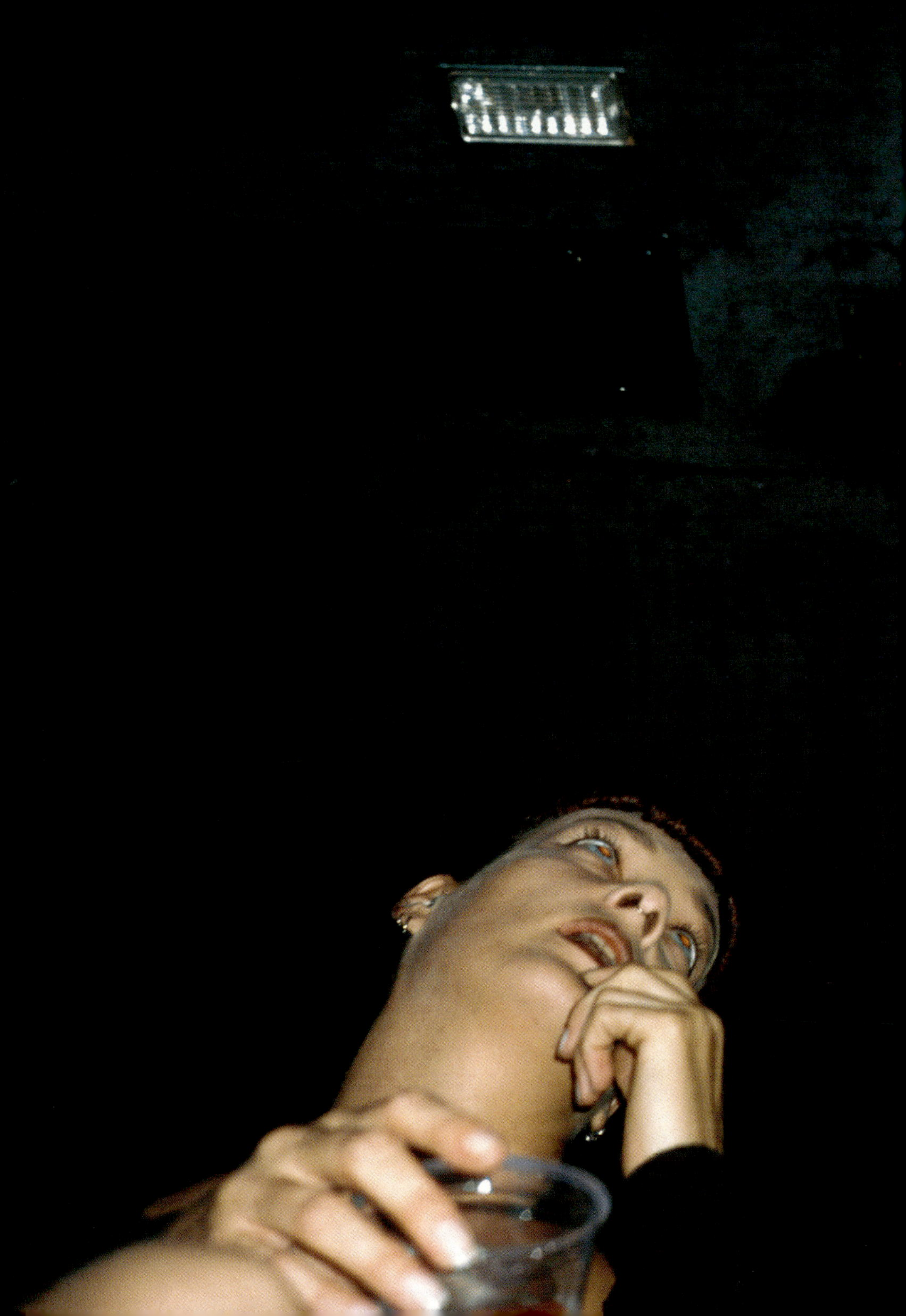

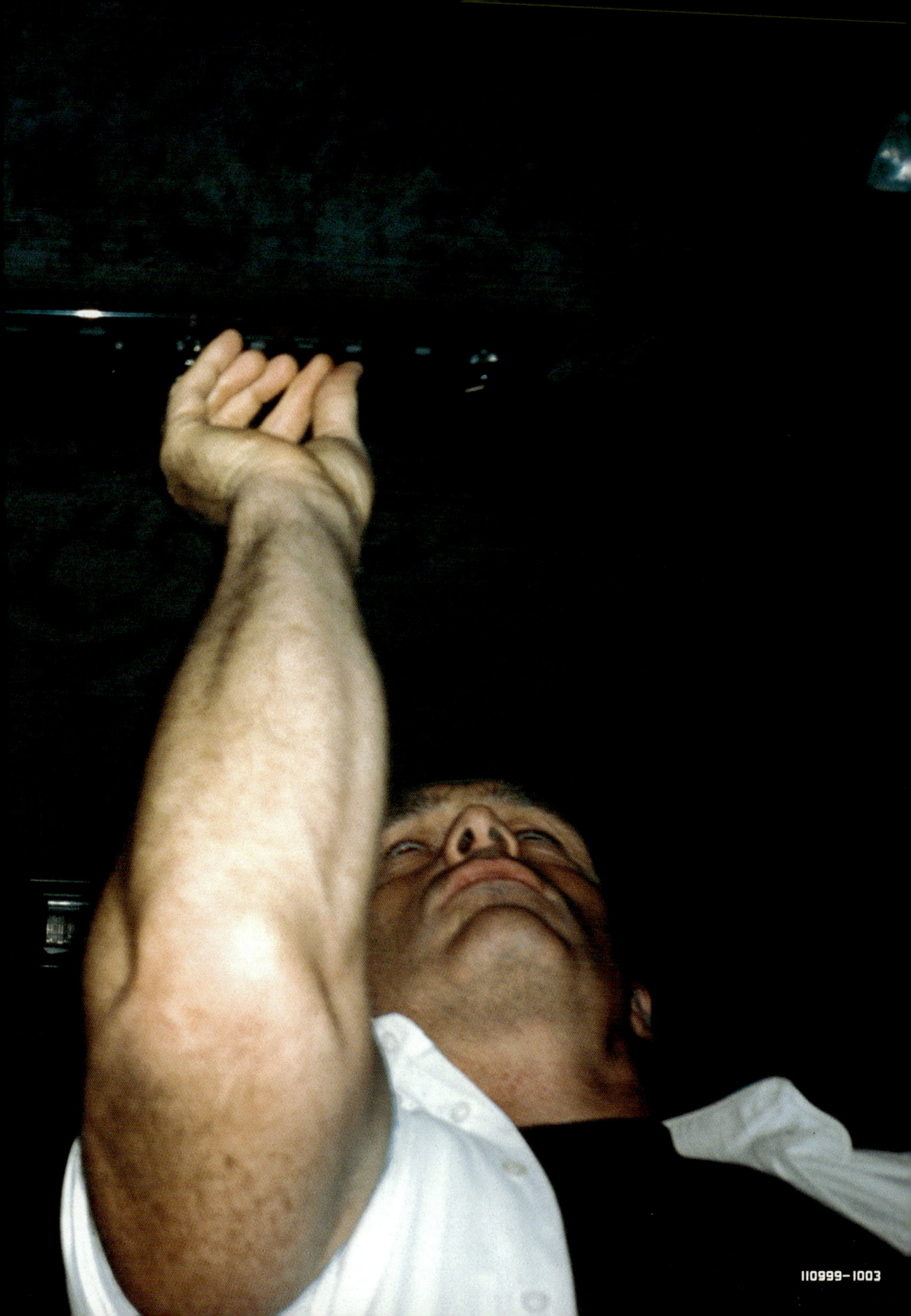

110999-1003

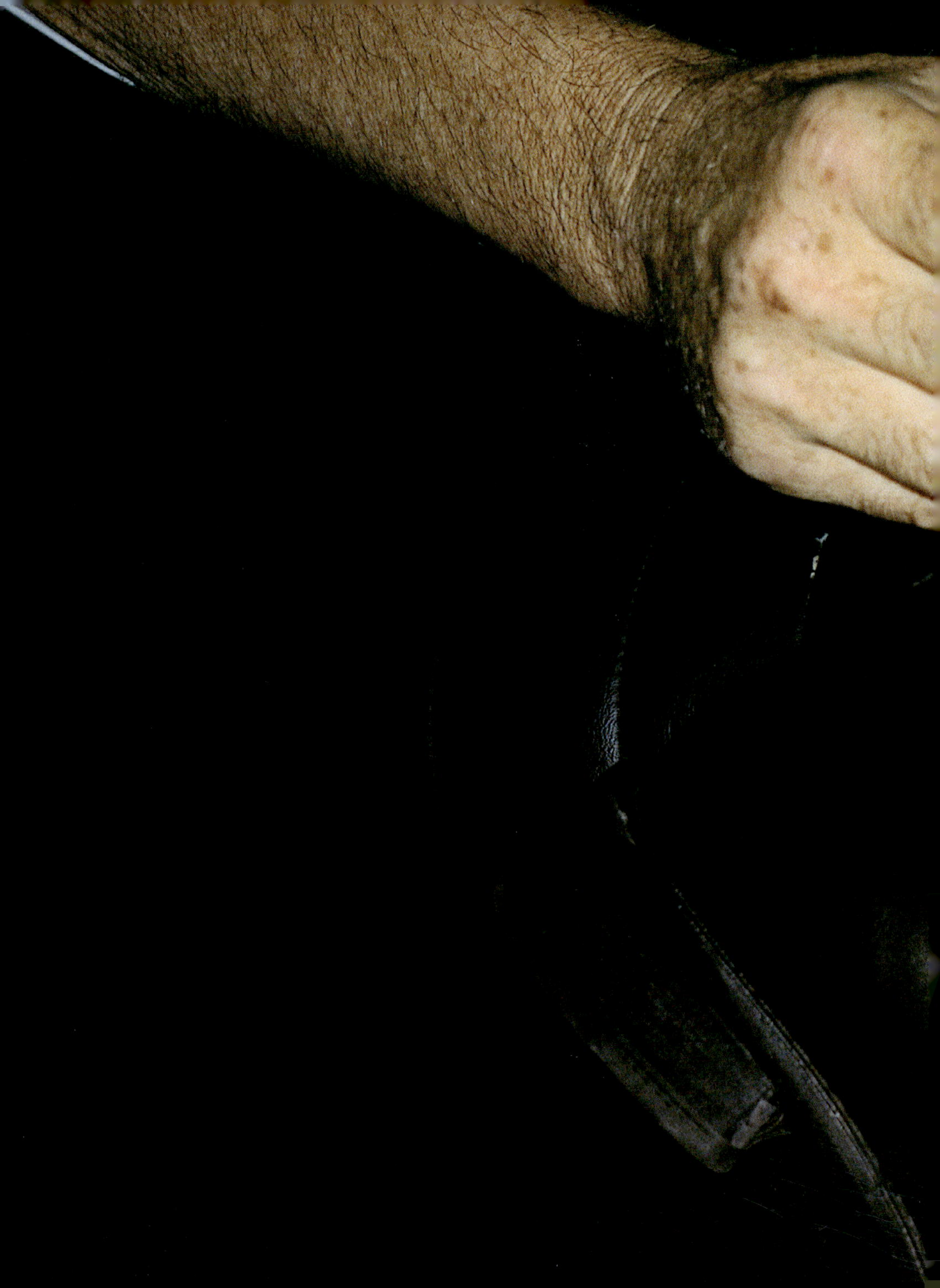

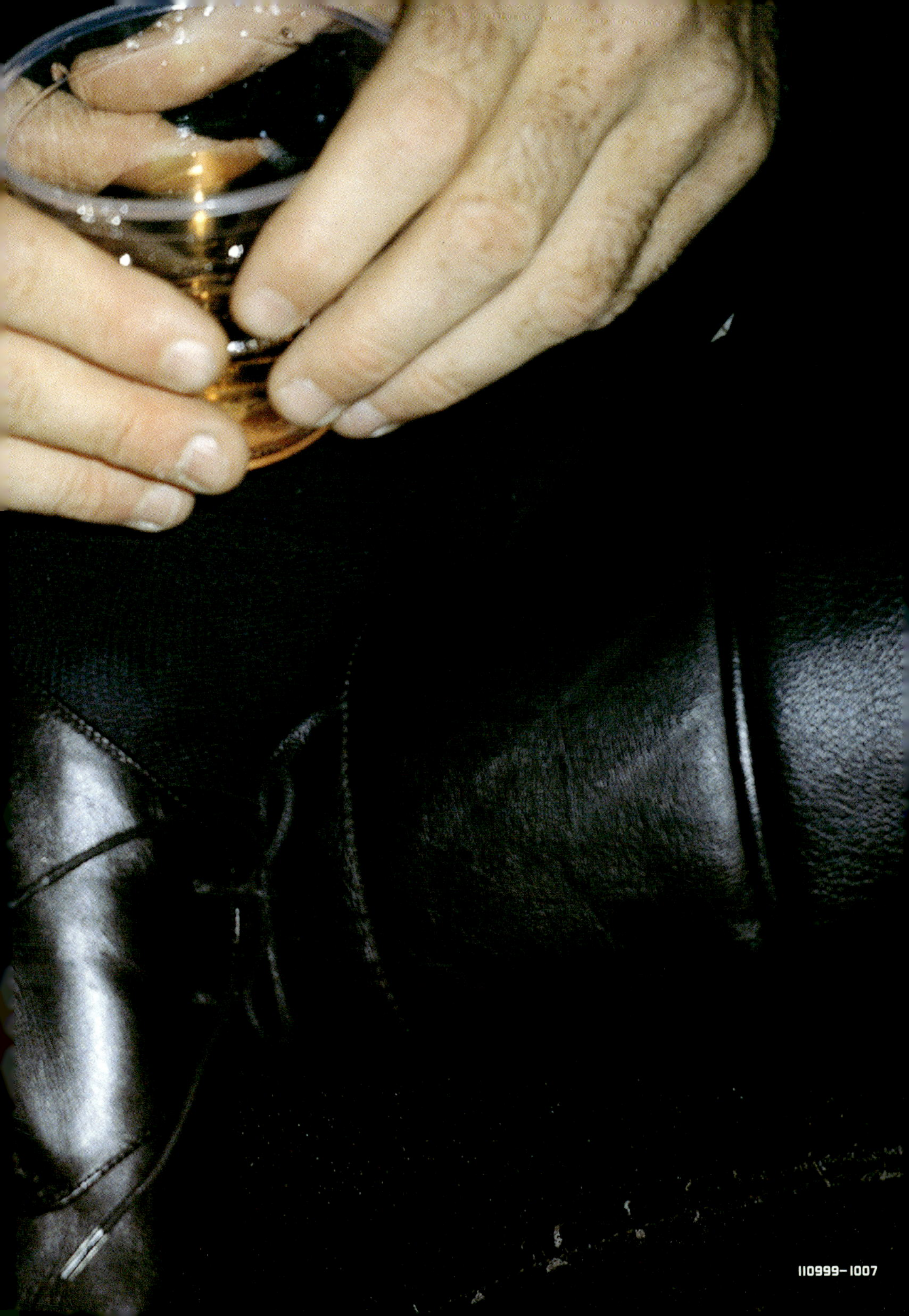

110999-1007

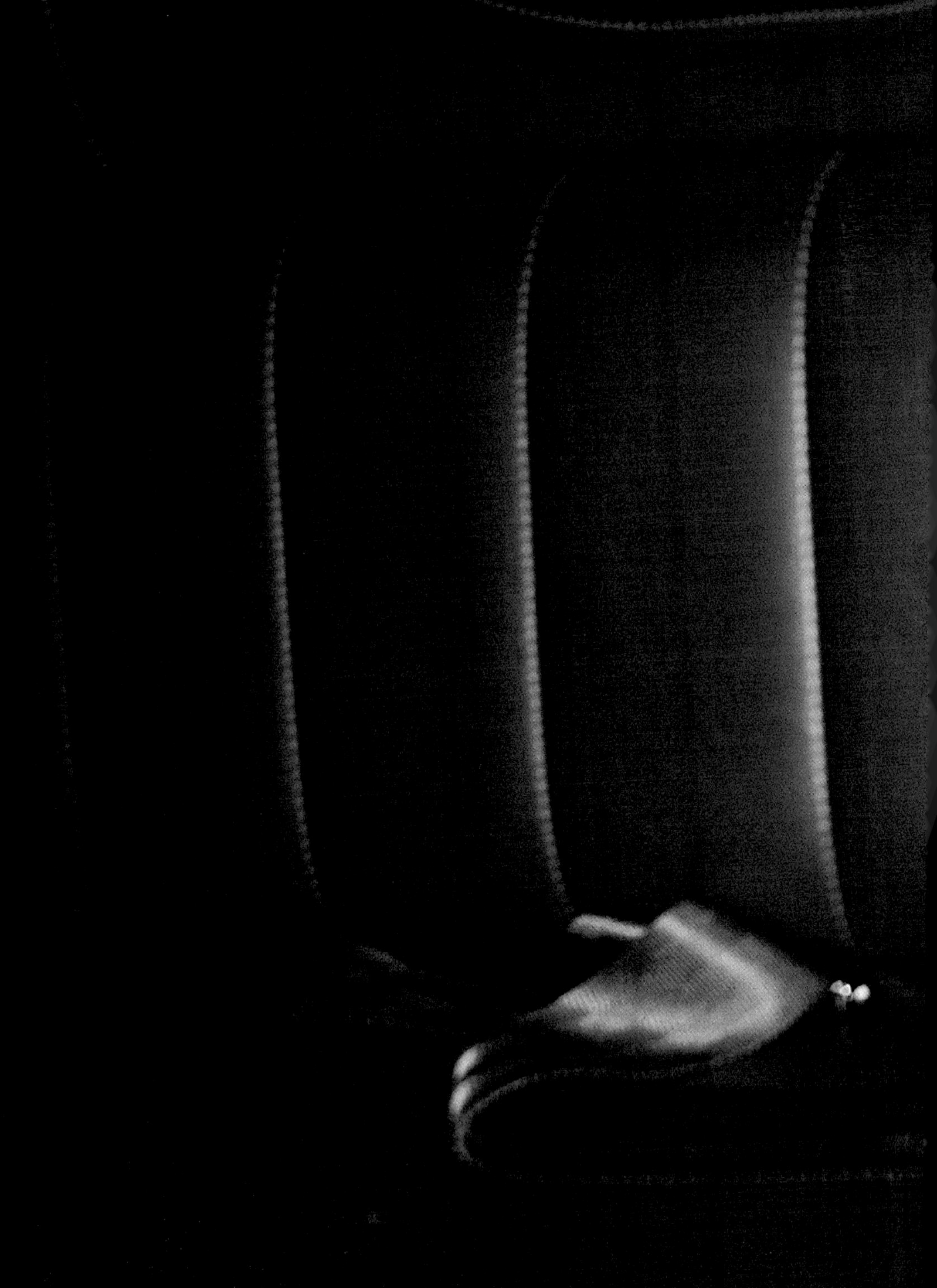

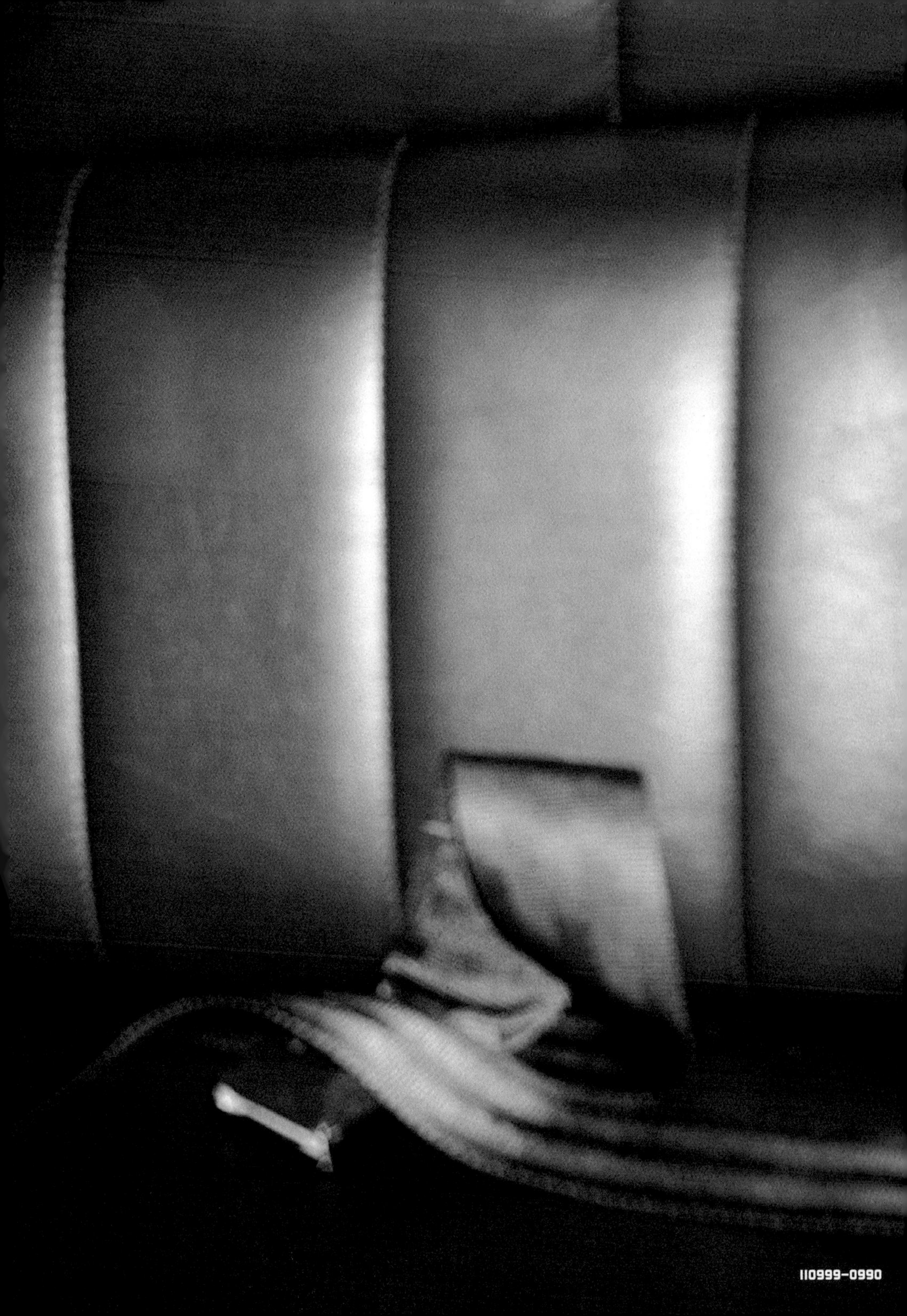
110999-0990

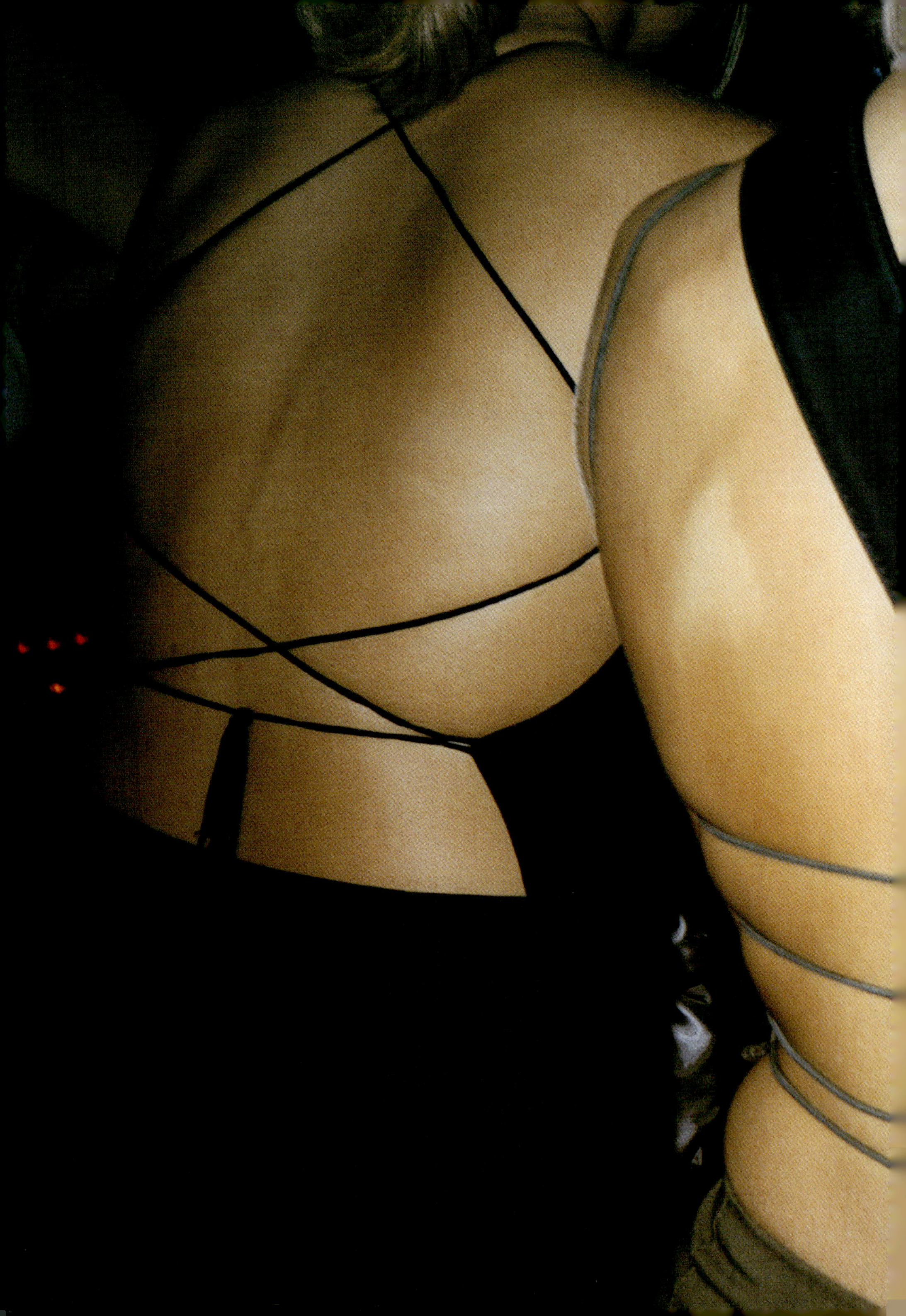

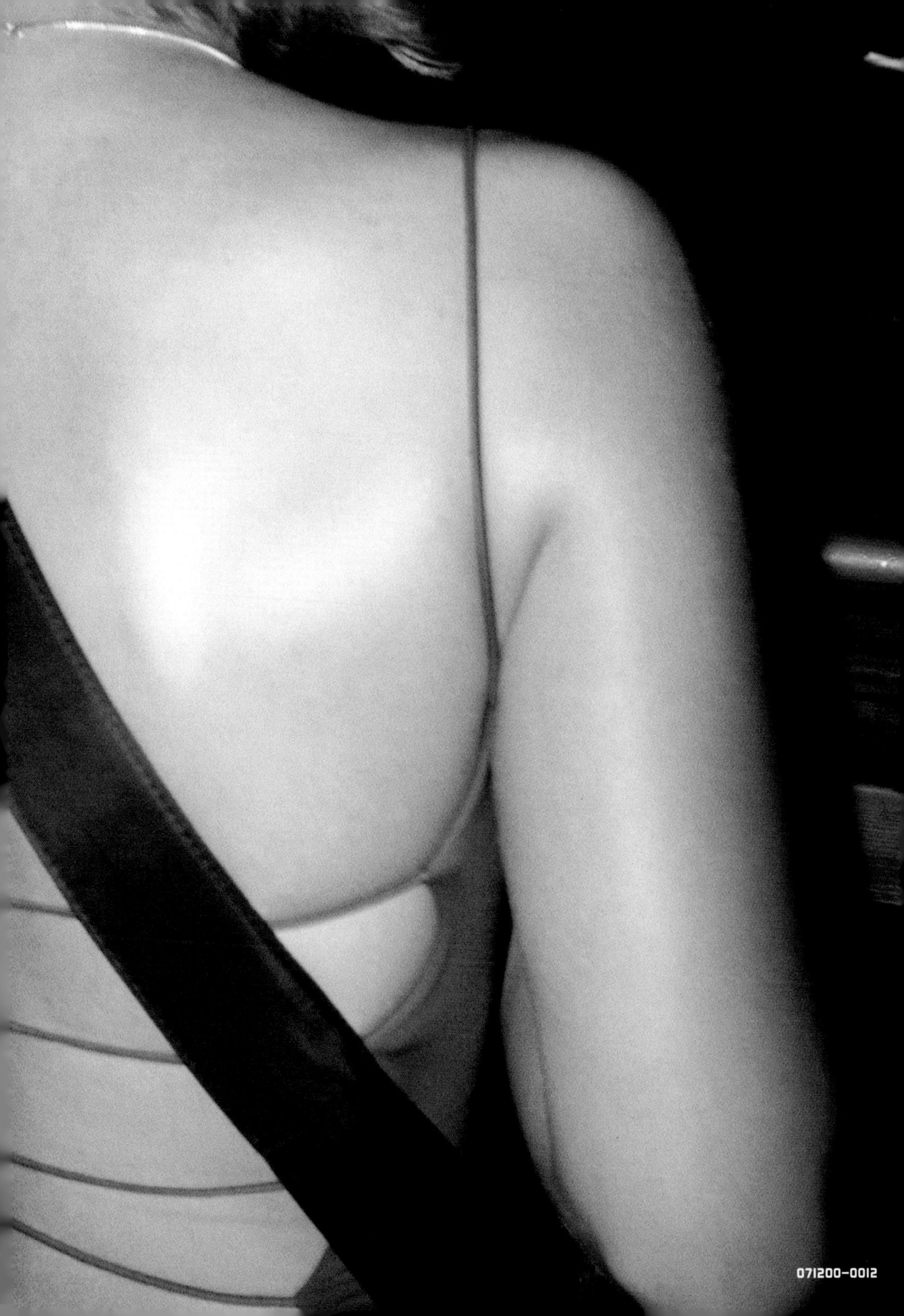
071200-0012

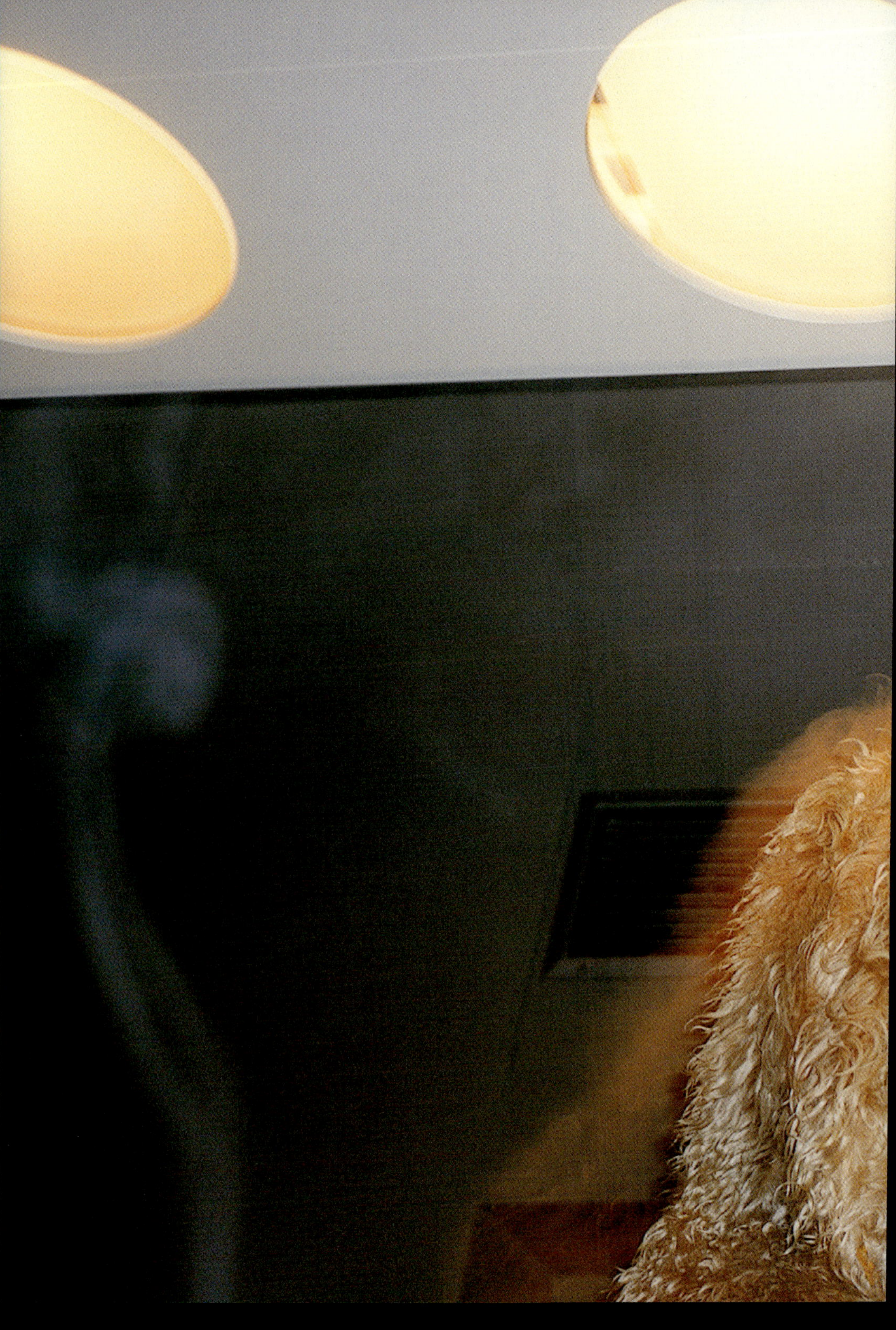

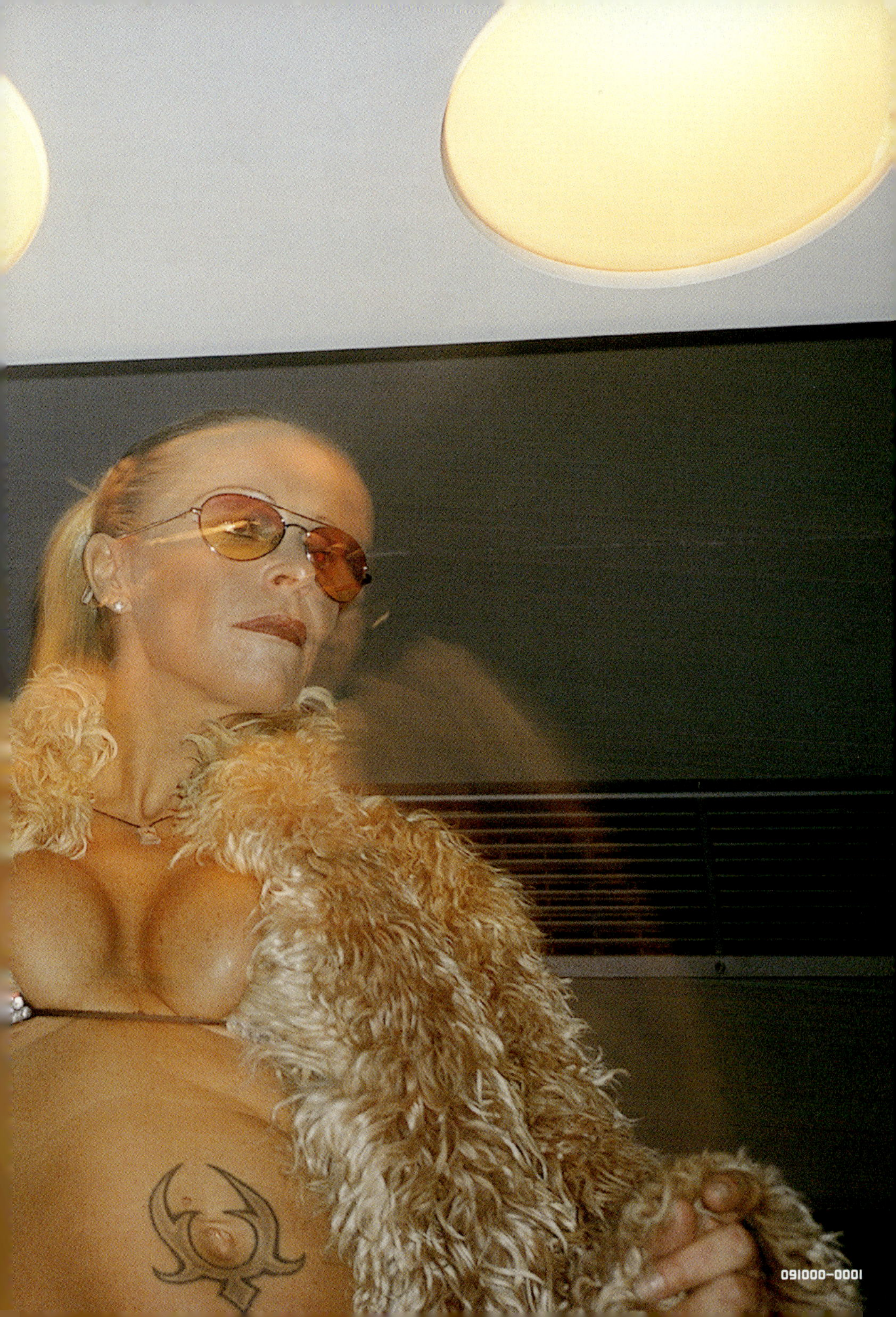

091000-0001

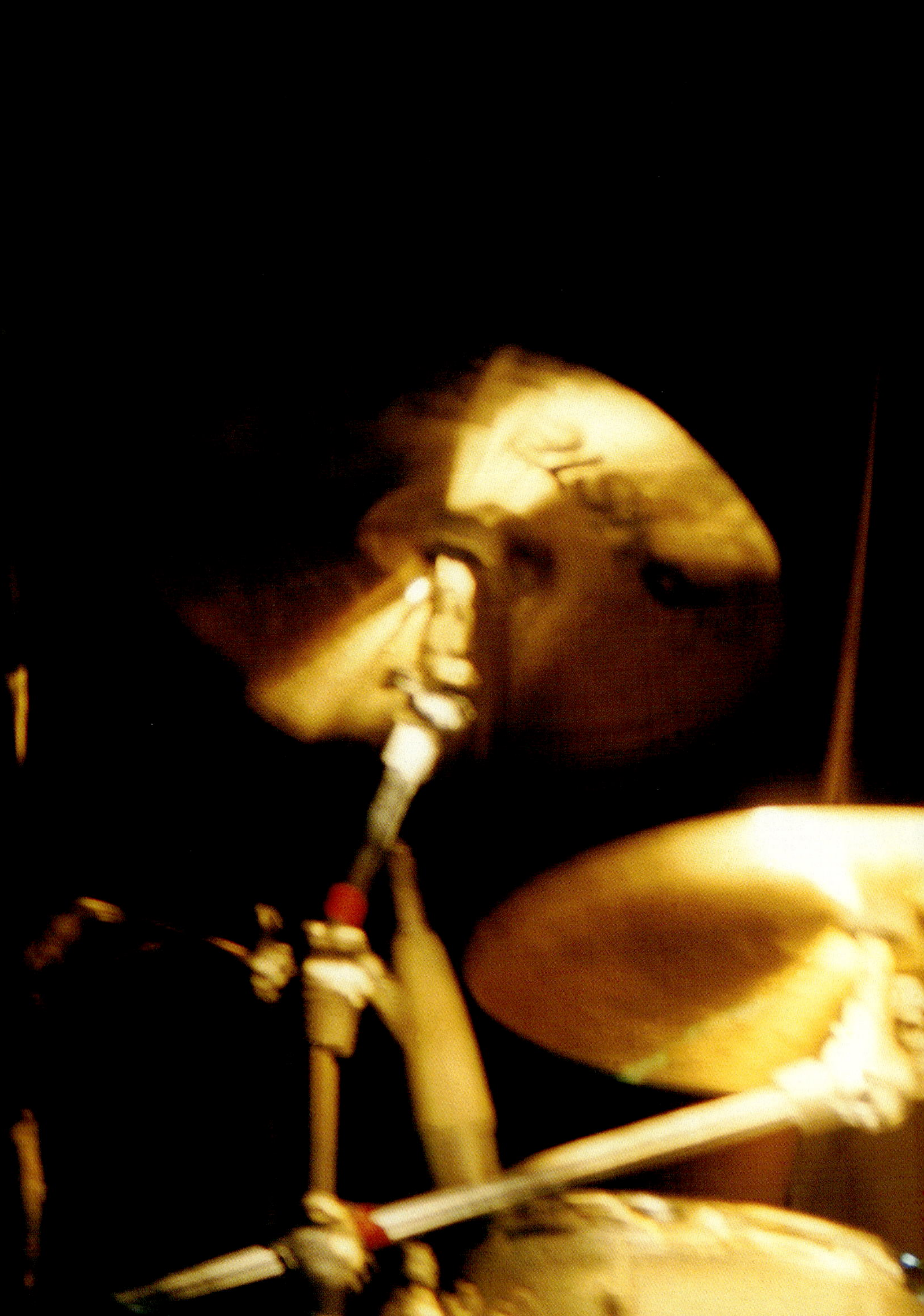

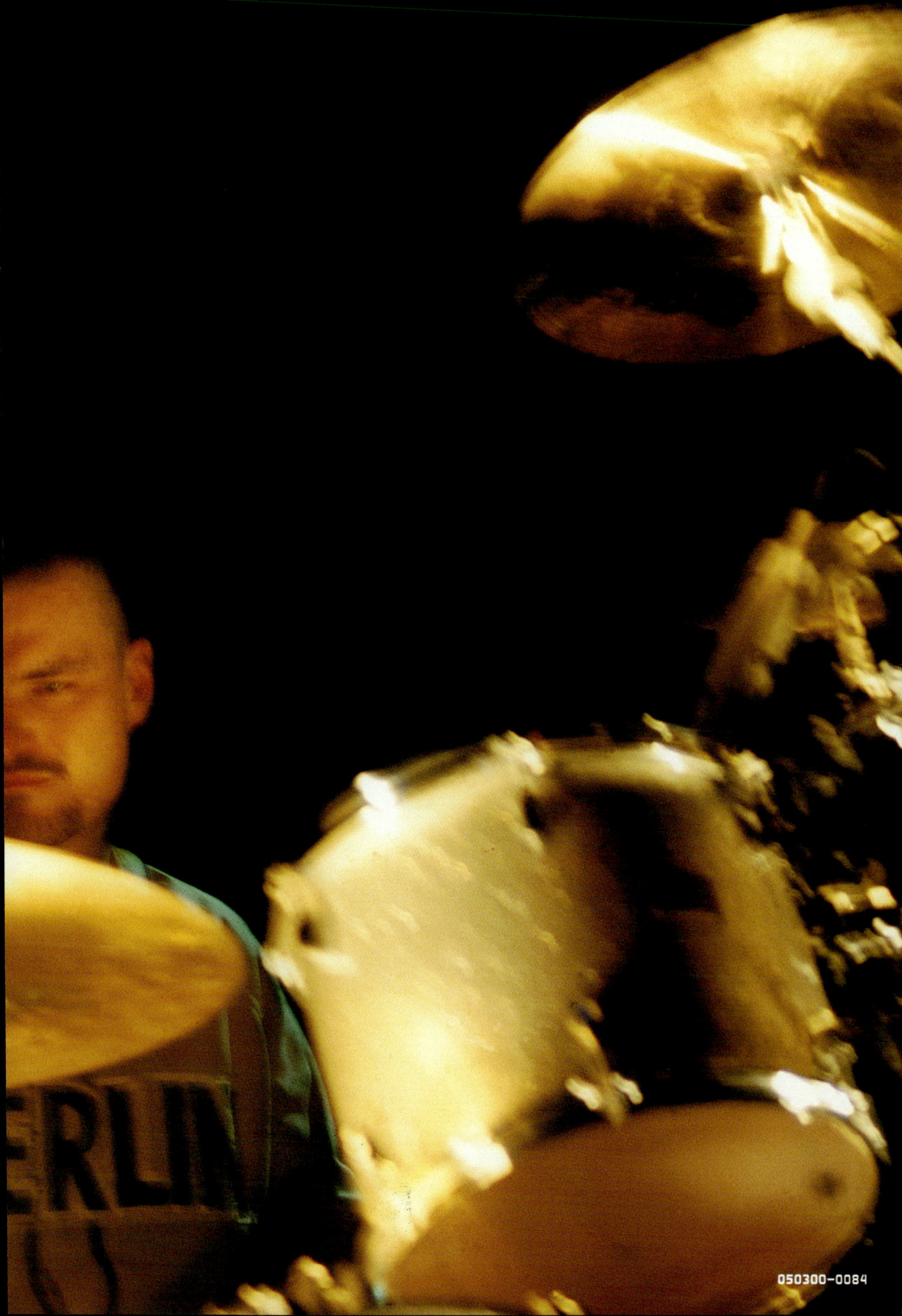
050300-0084

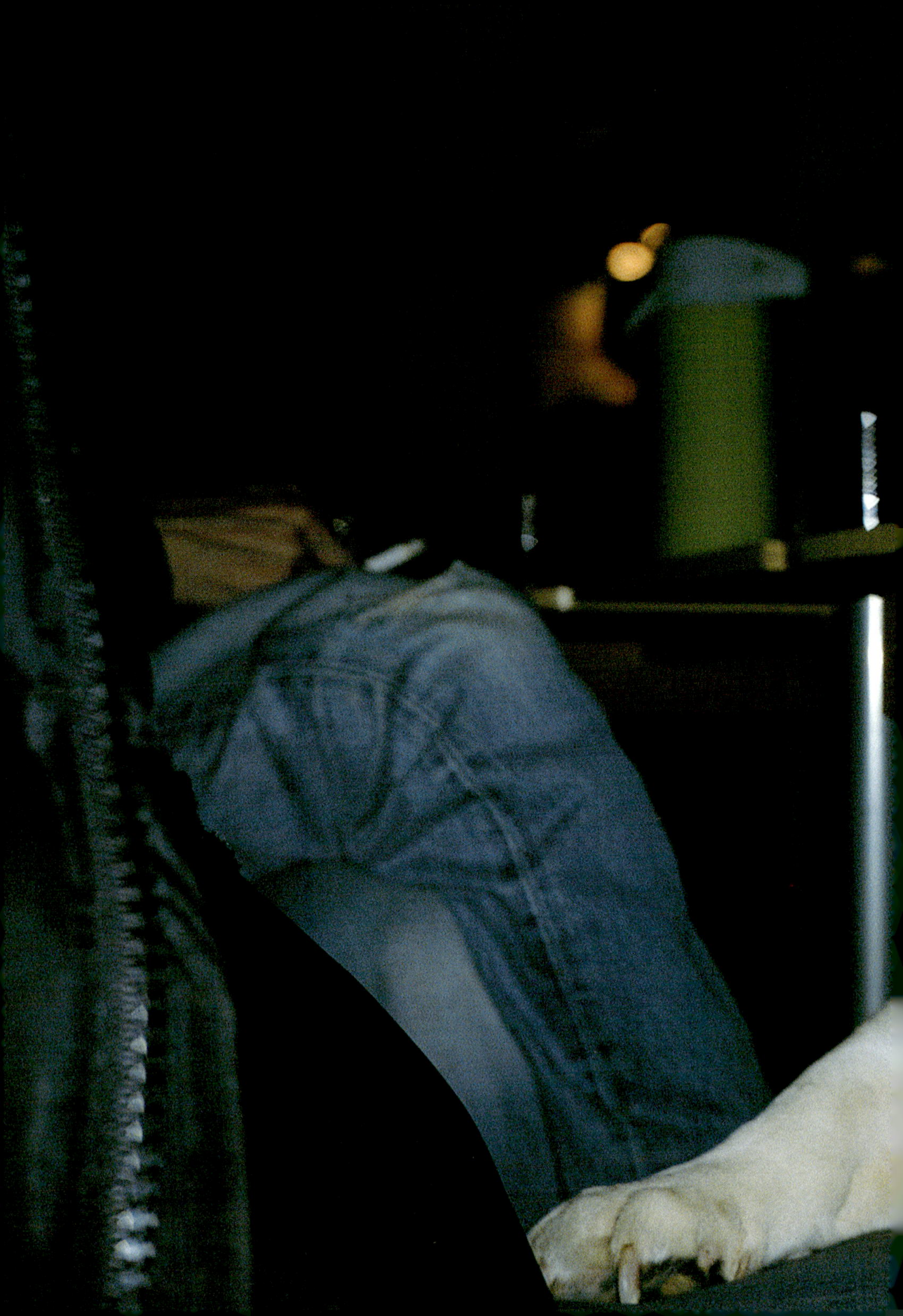

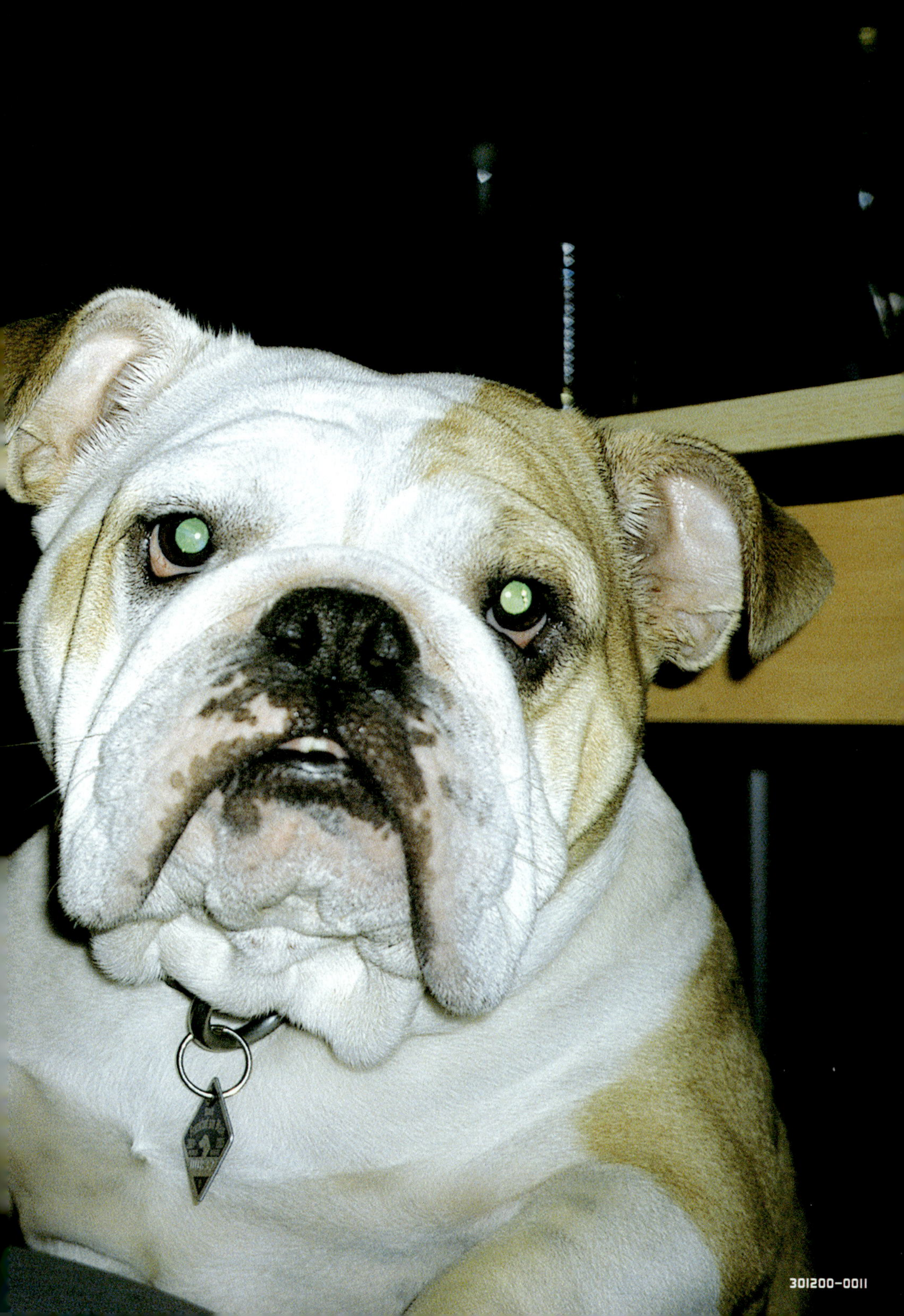
301200-0011

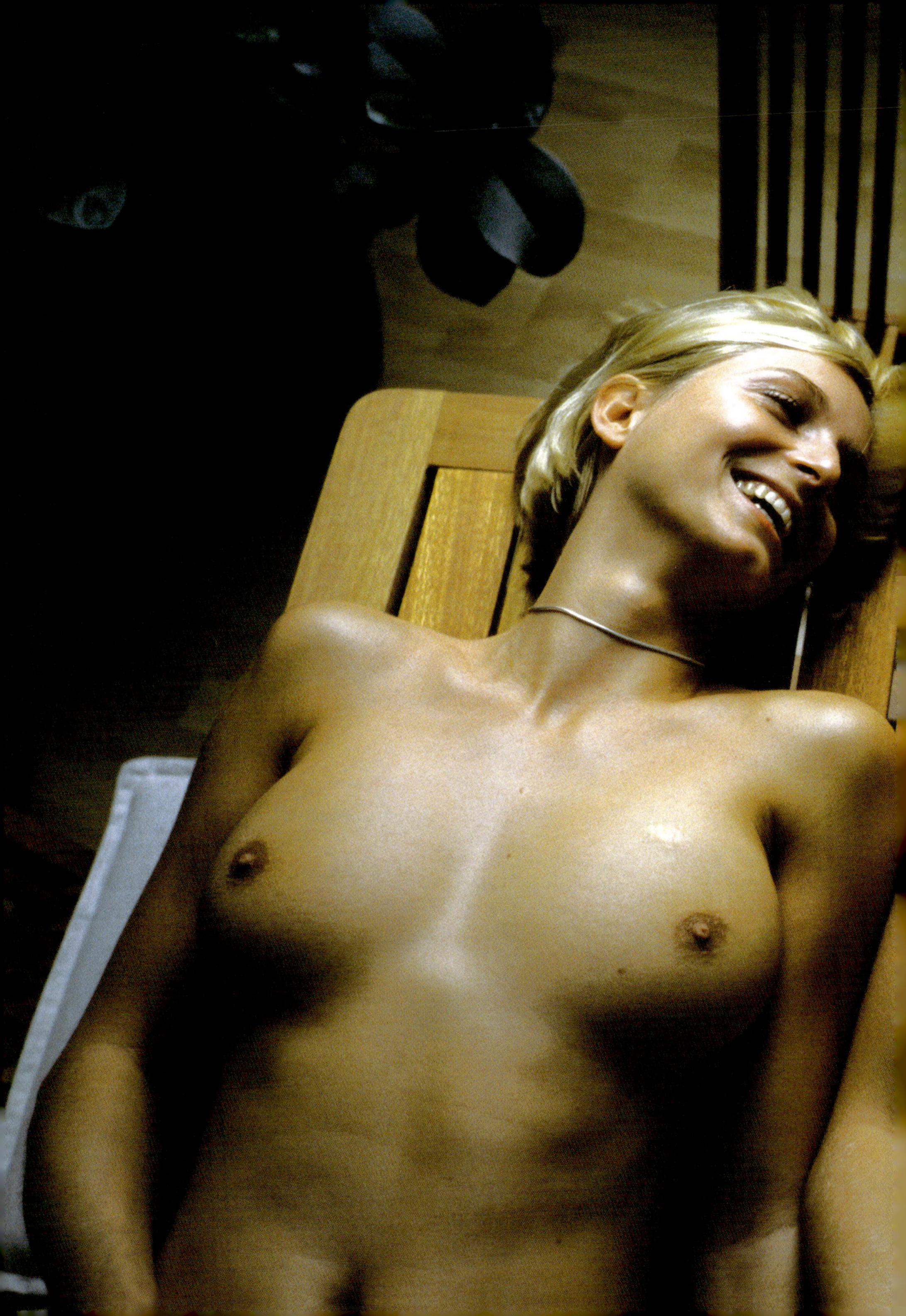

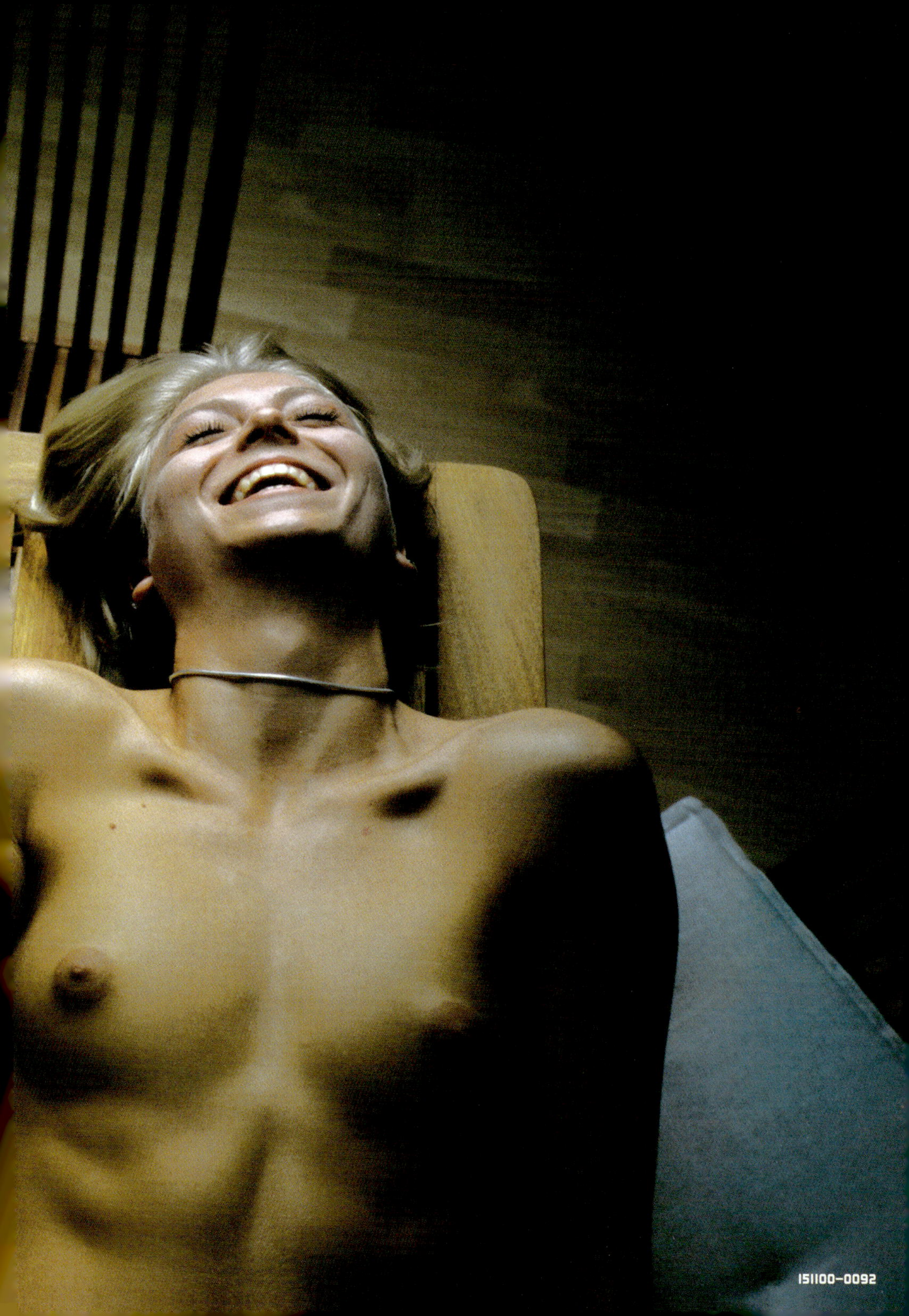
151100-0092

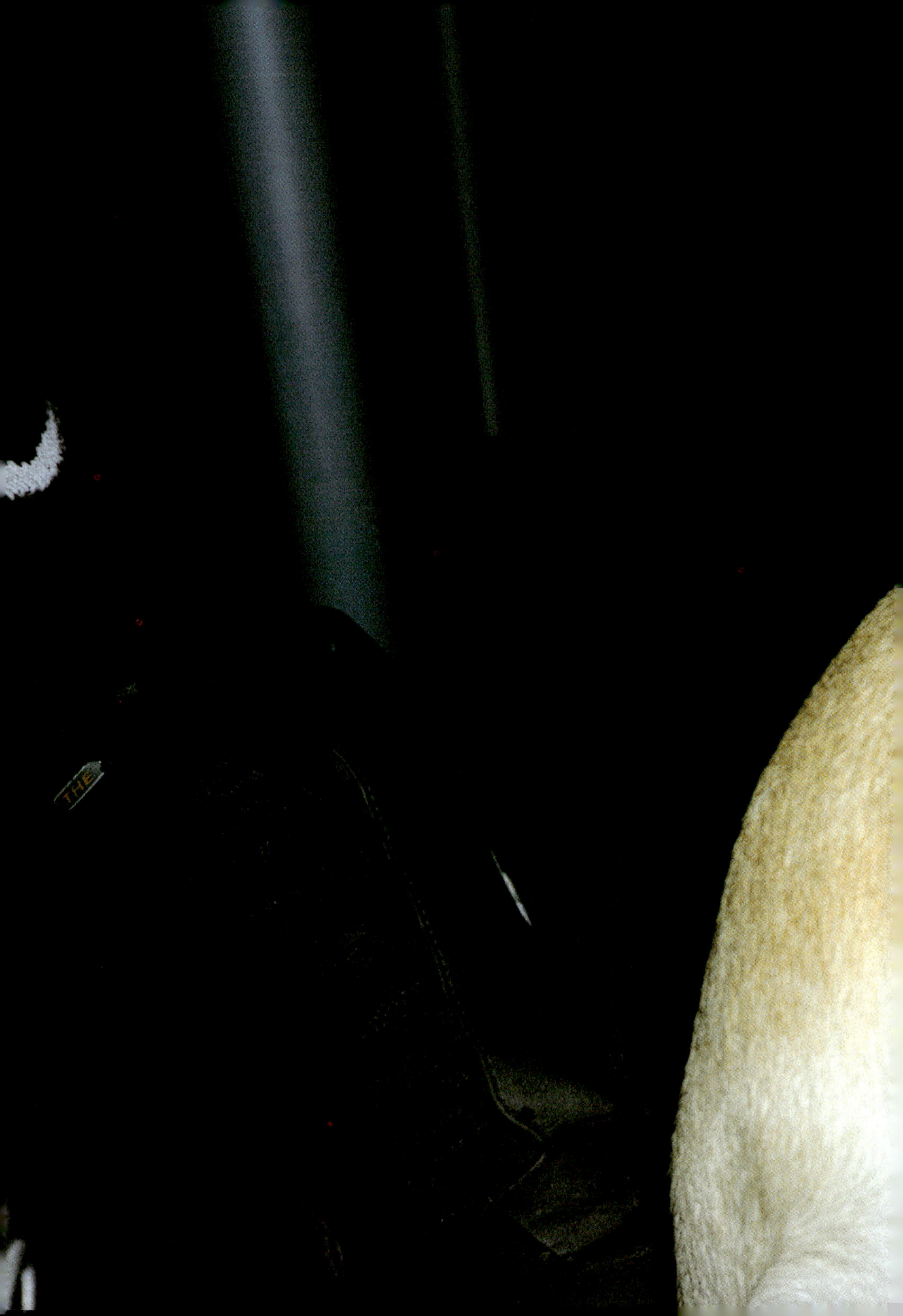

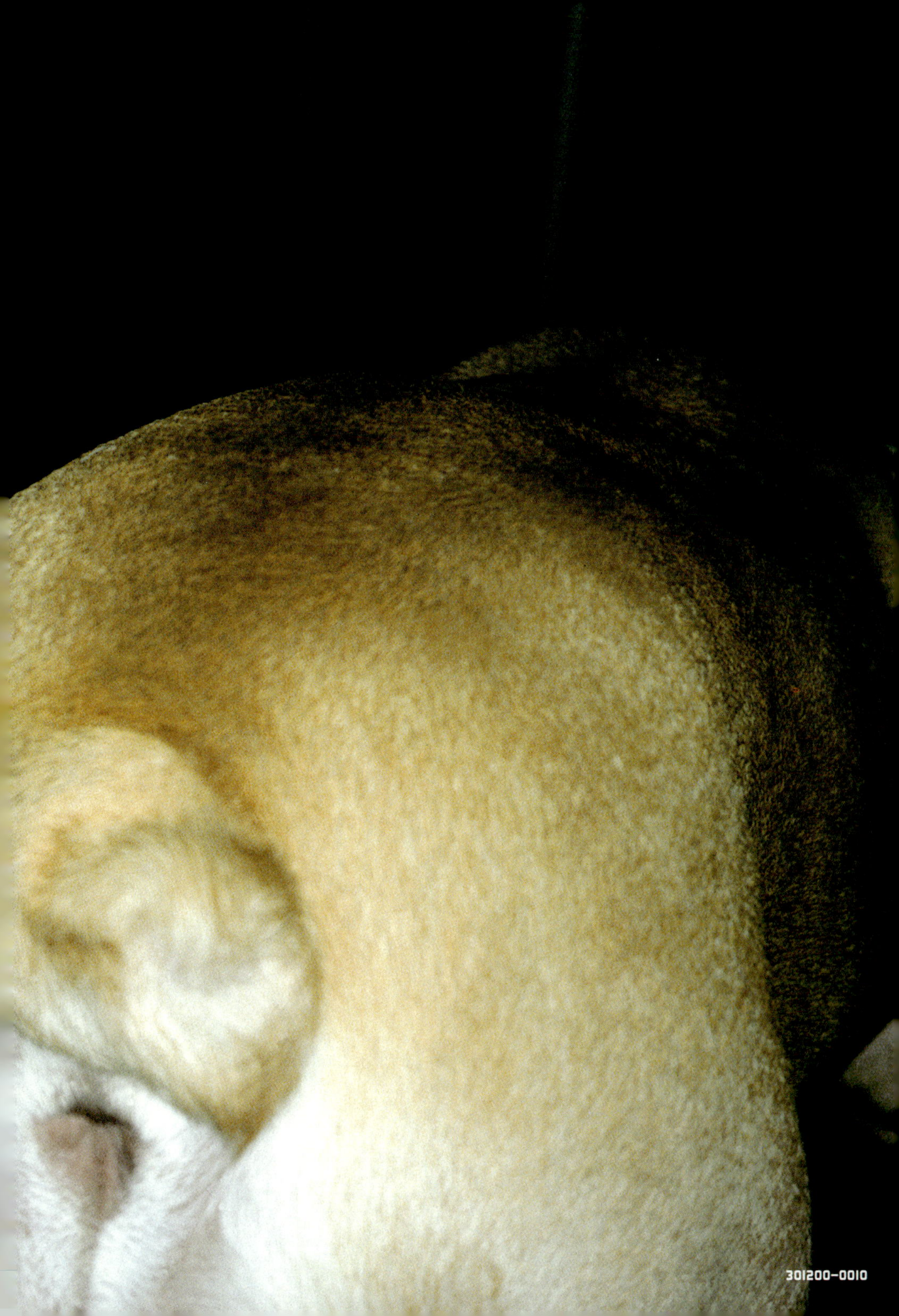
301200-0010

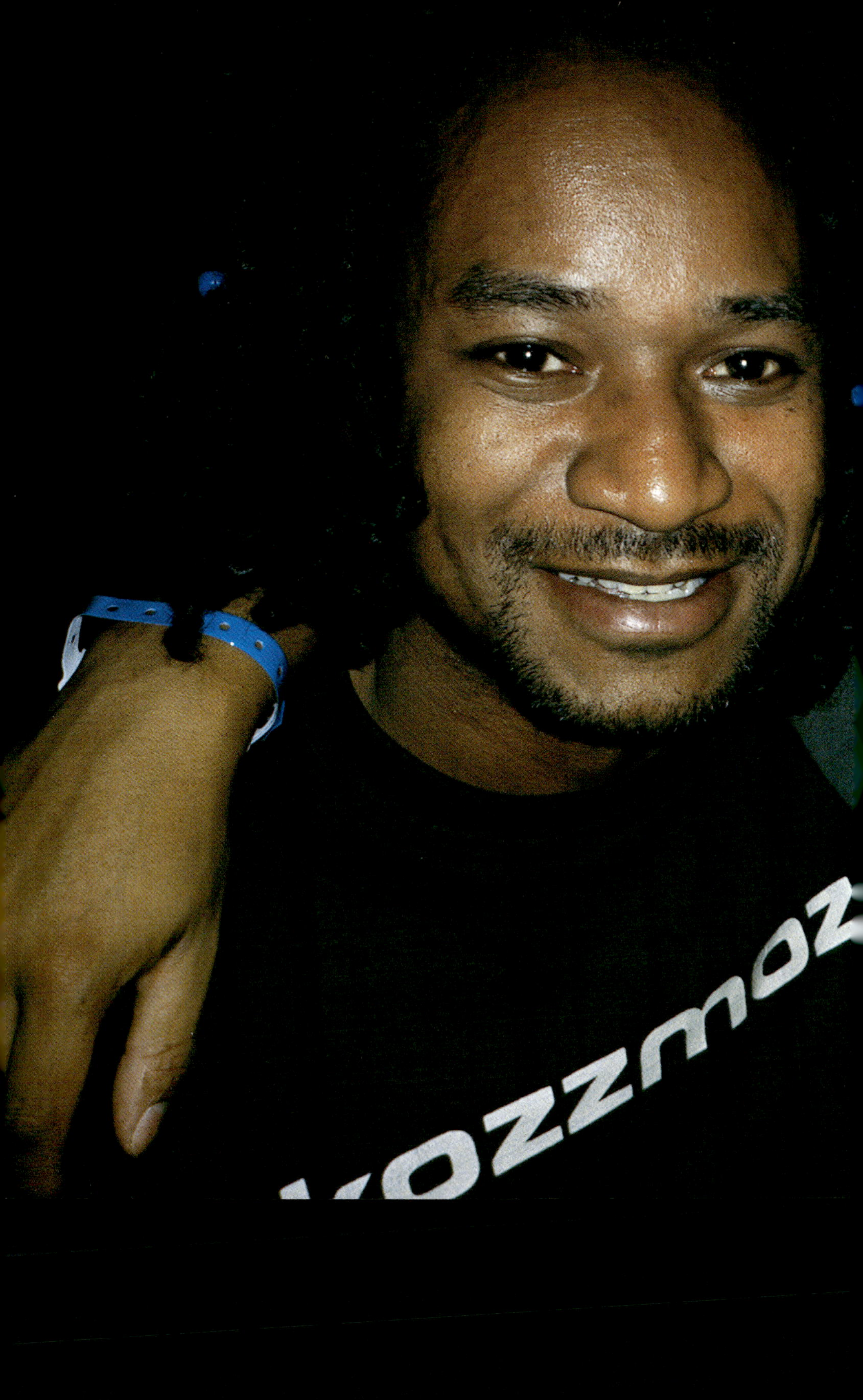

kozzmoz

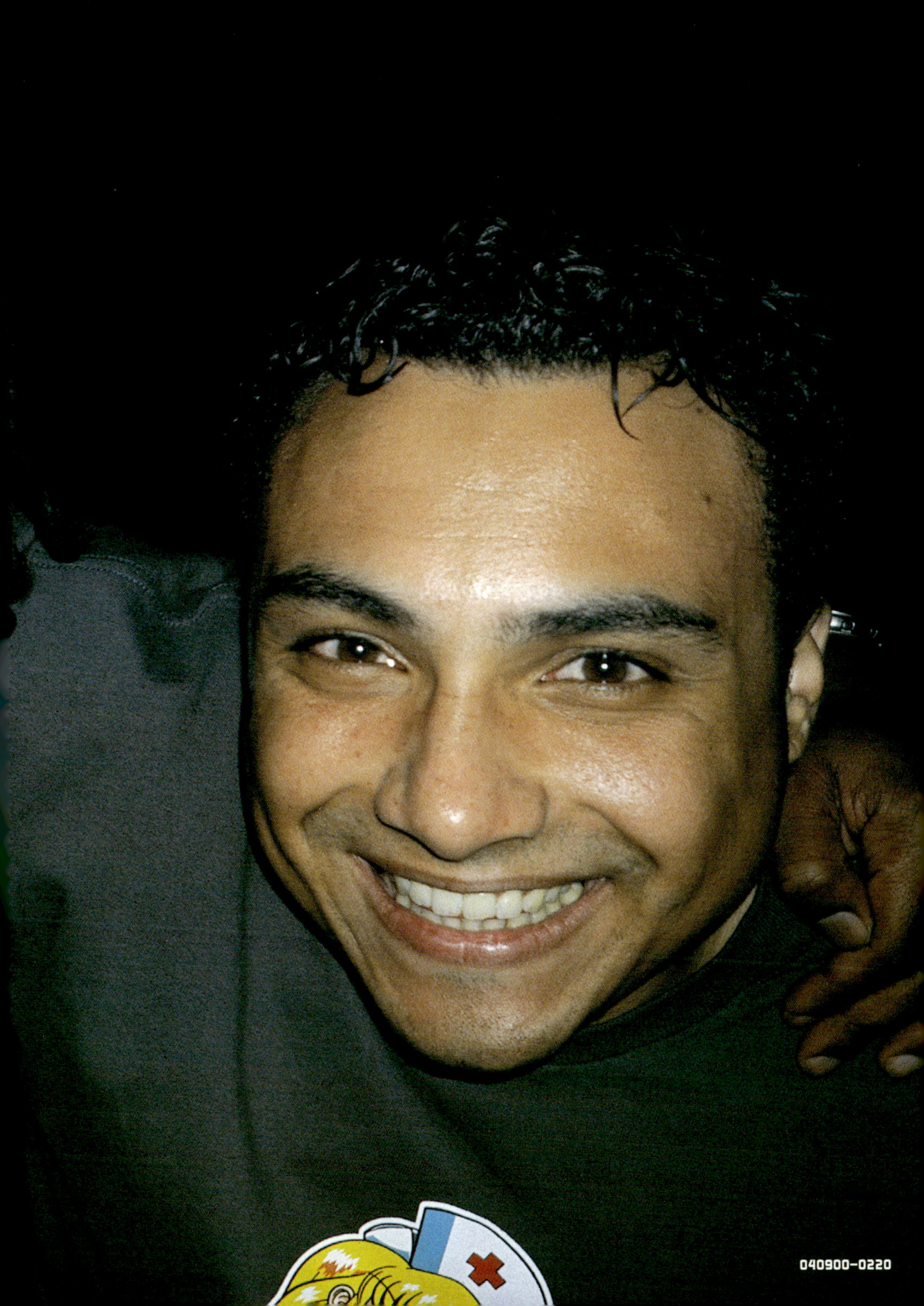
040900-0220

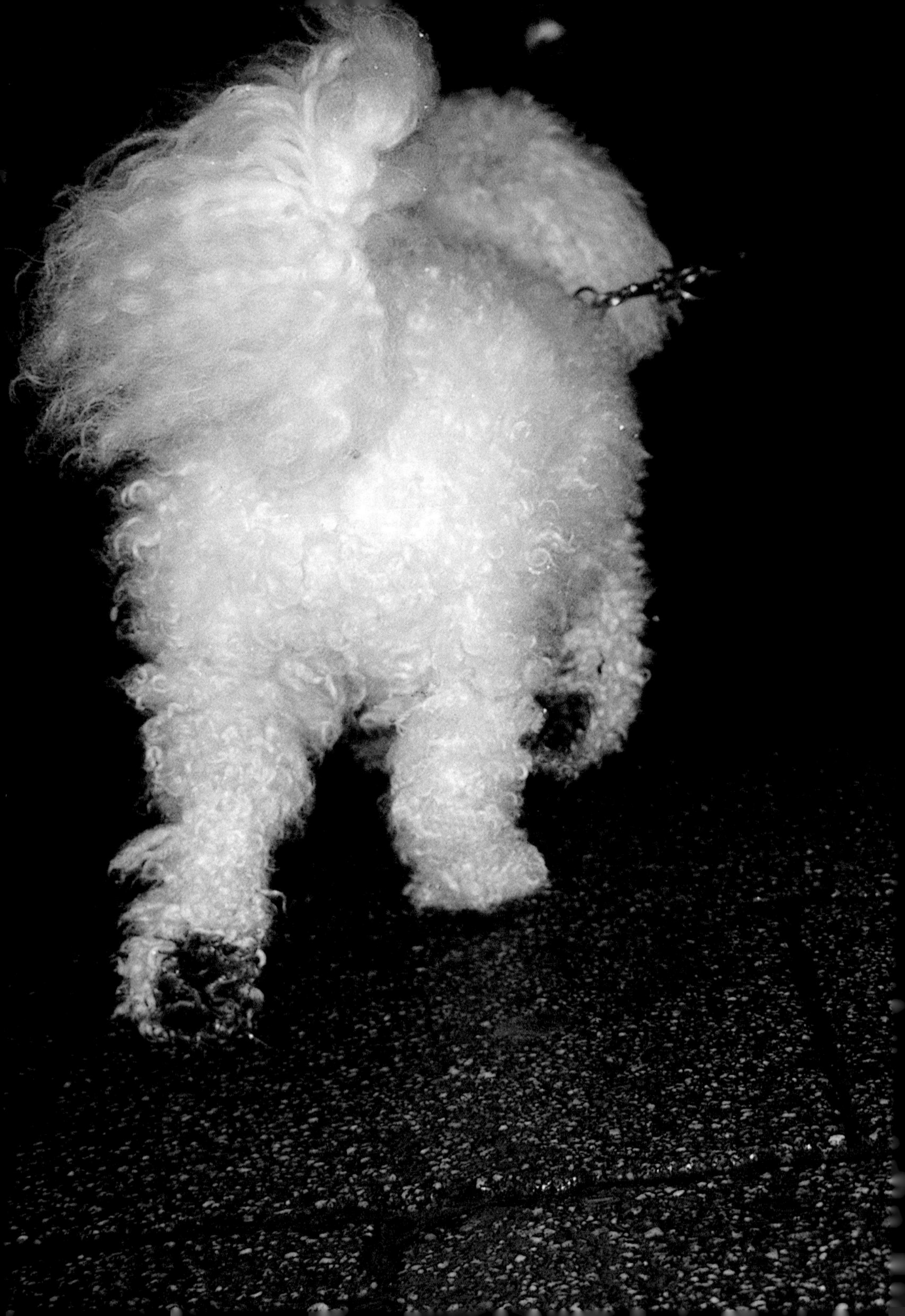

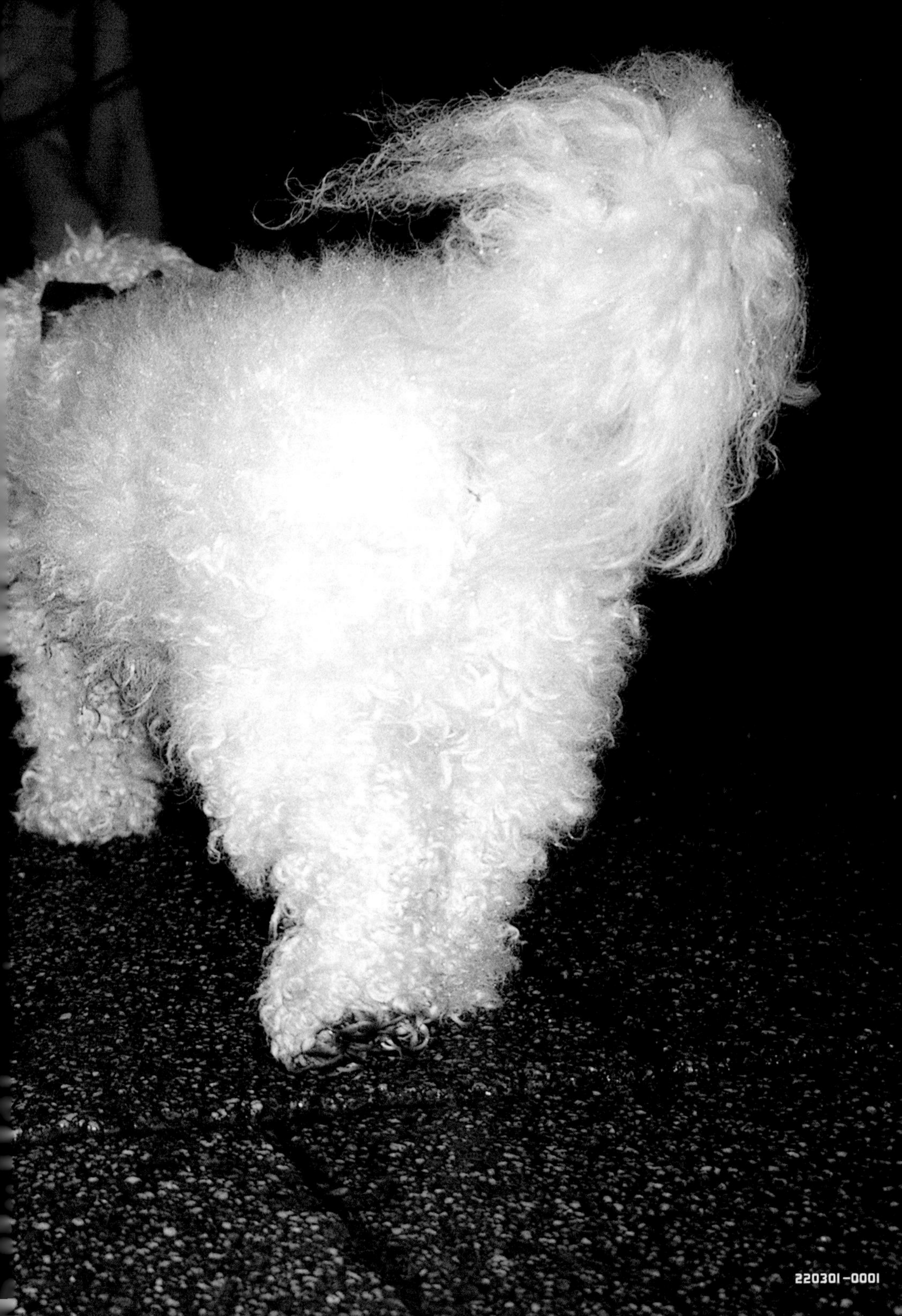
220301-0001

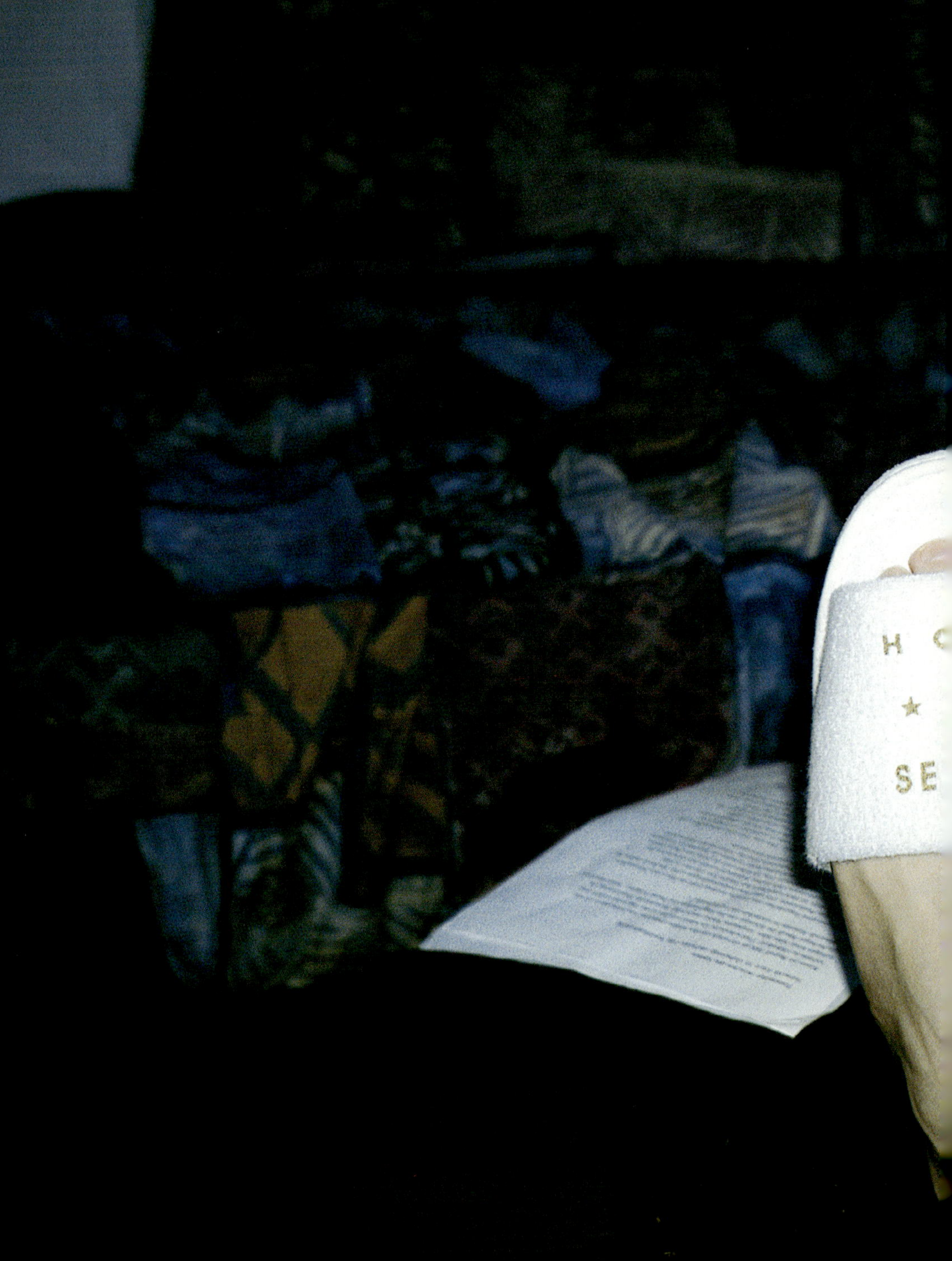

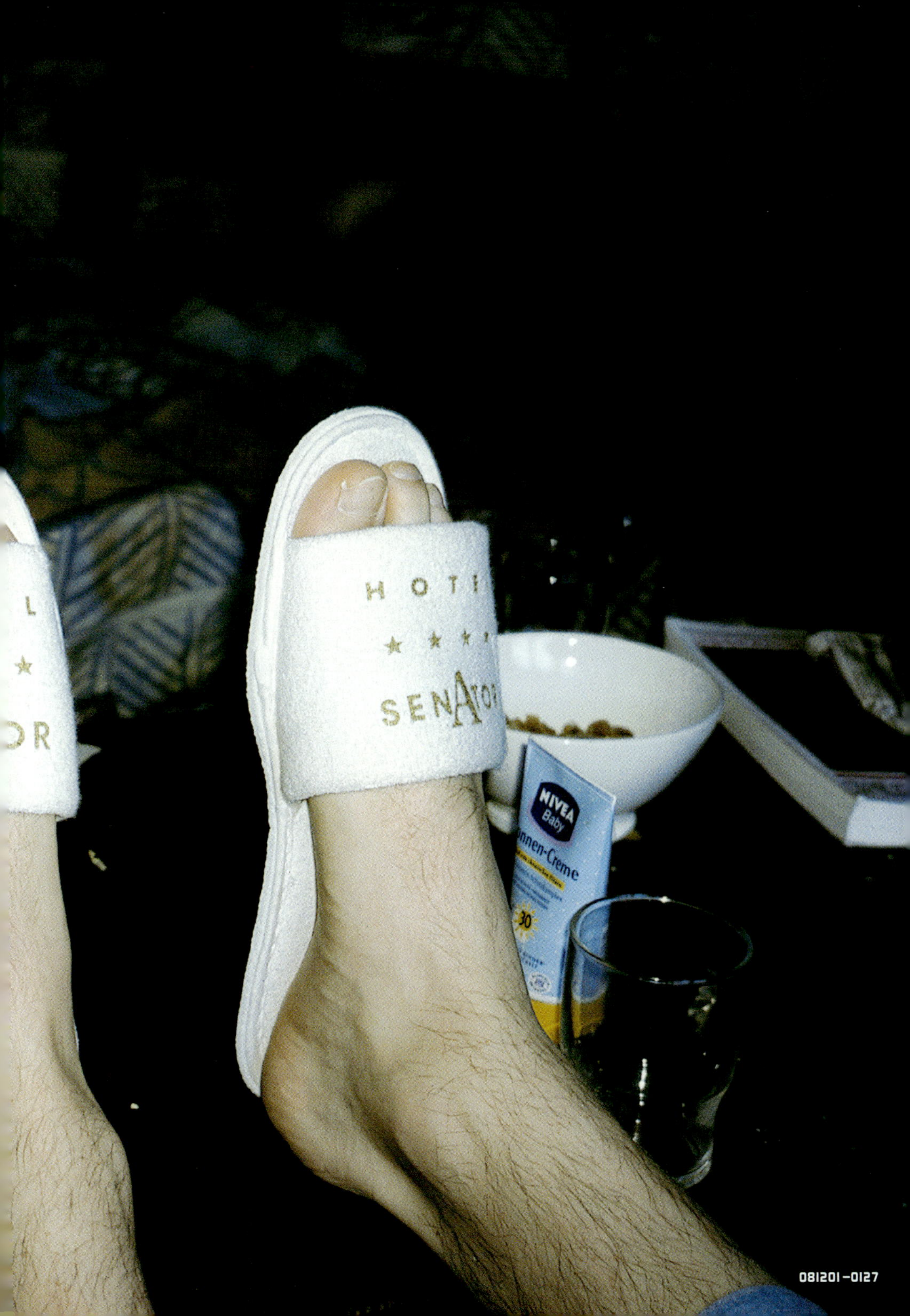

HOTEL
★ ★ ★ ★
SENATOR
NIVEA
Baby
Sonnen-Creme
30
081201-0127

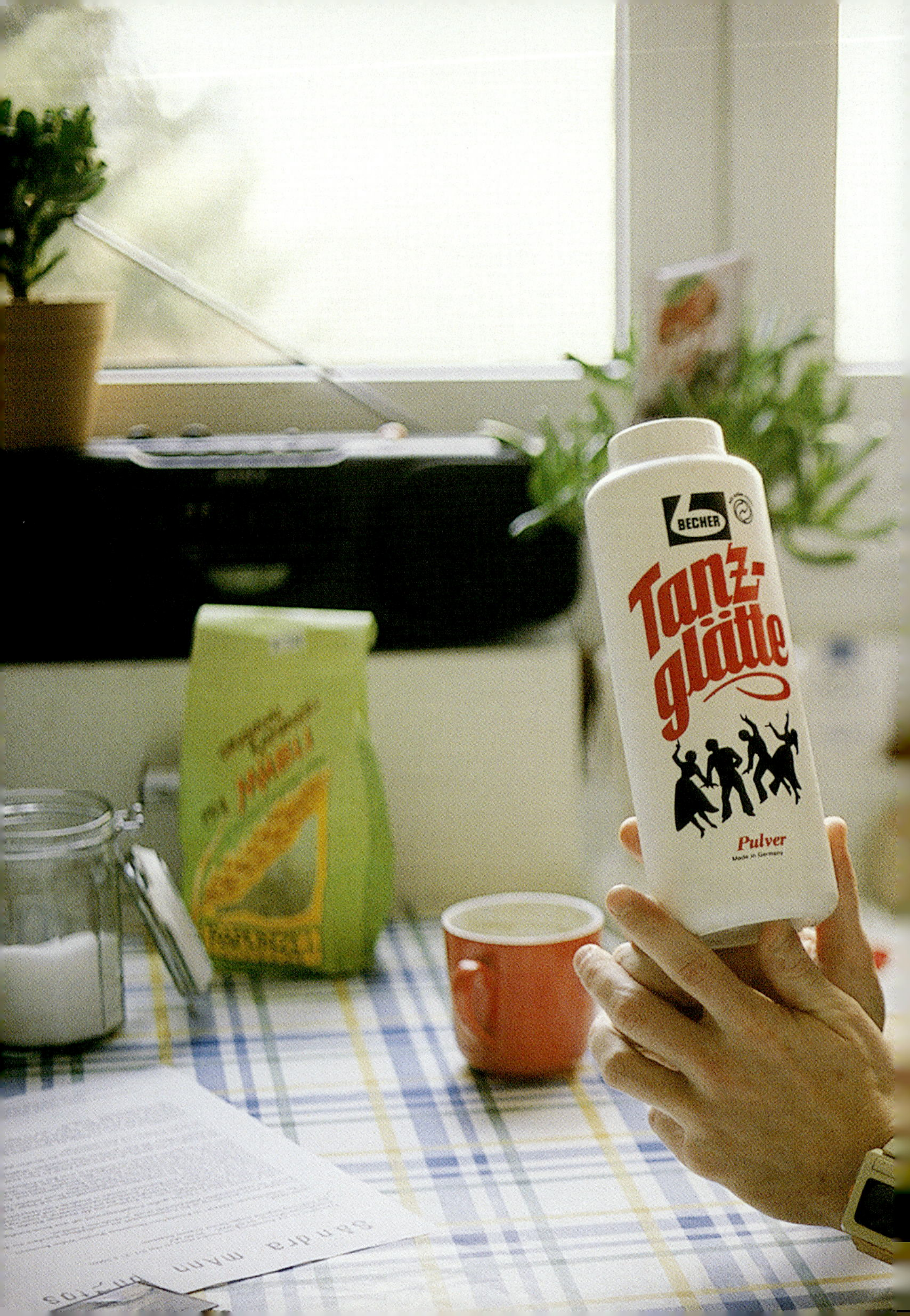

BECHER
Tanz-
glätte
Pulver
Made in Germany

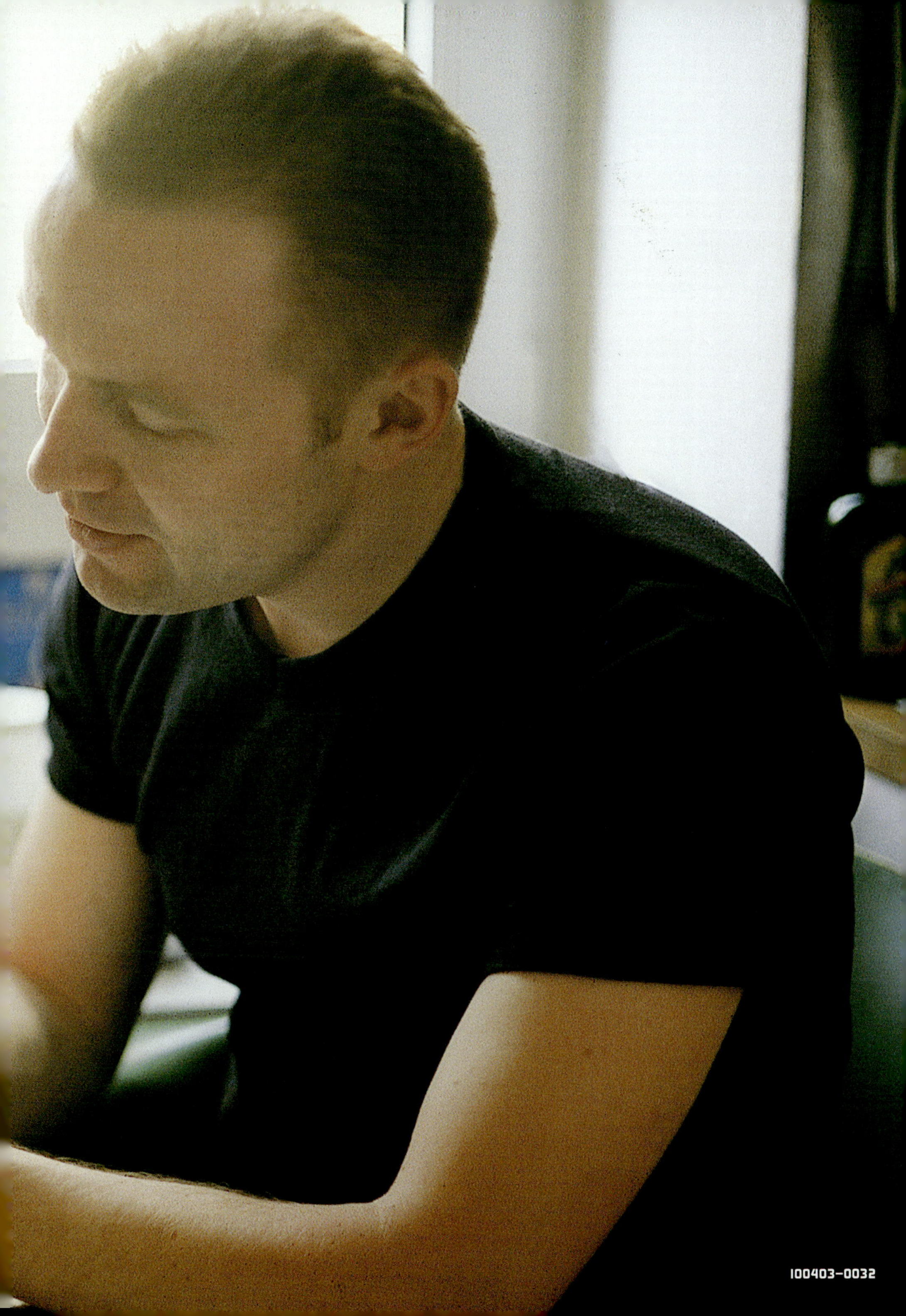

I00403-0032

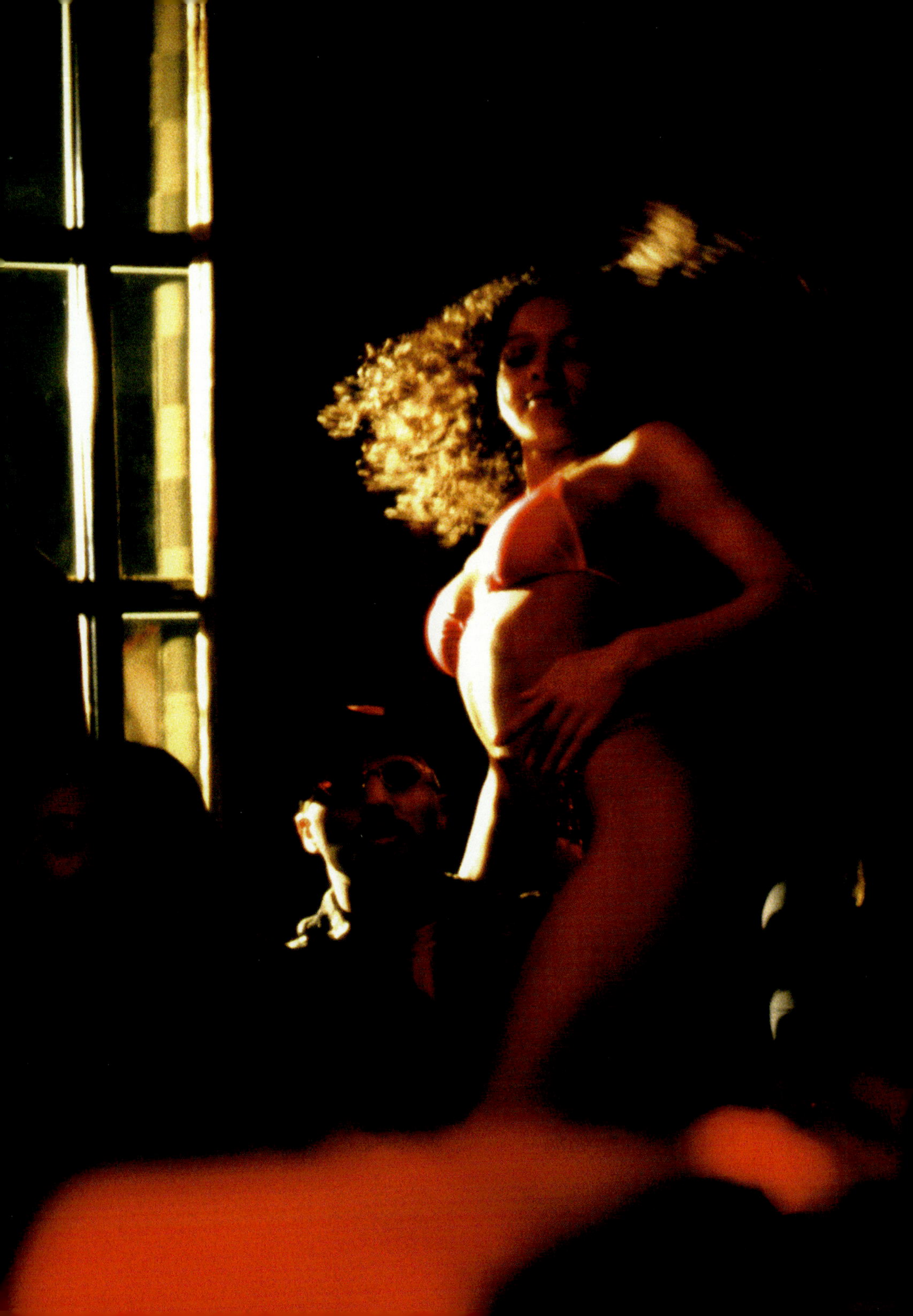

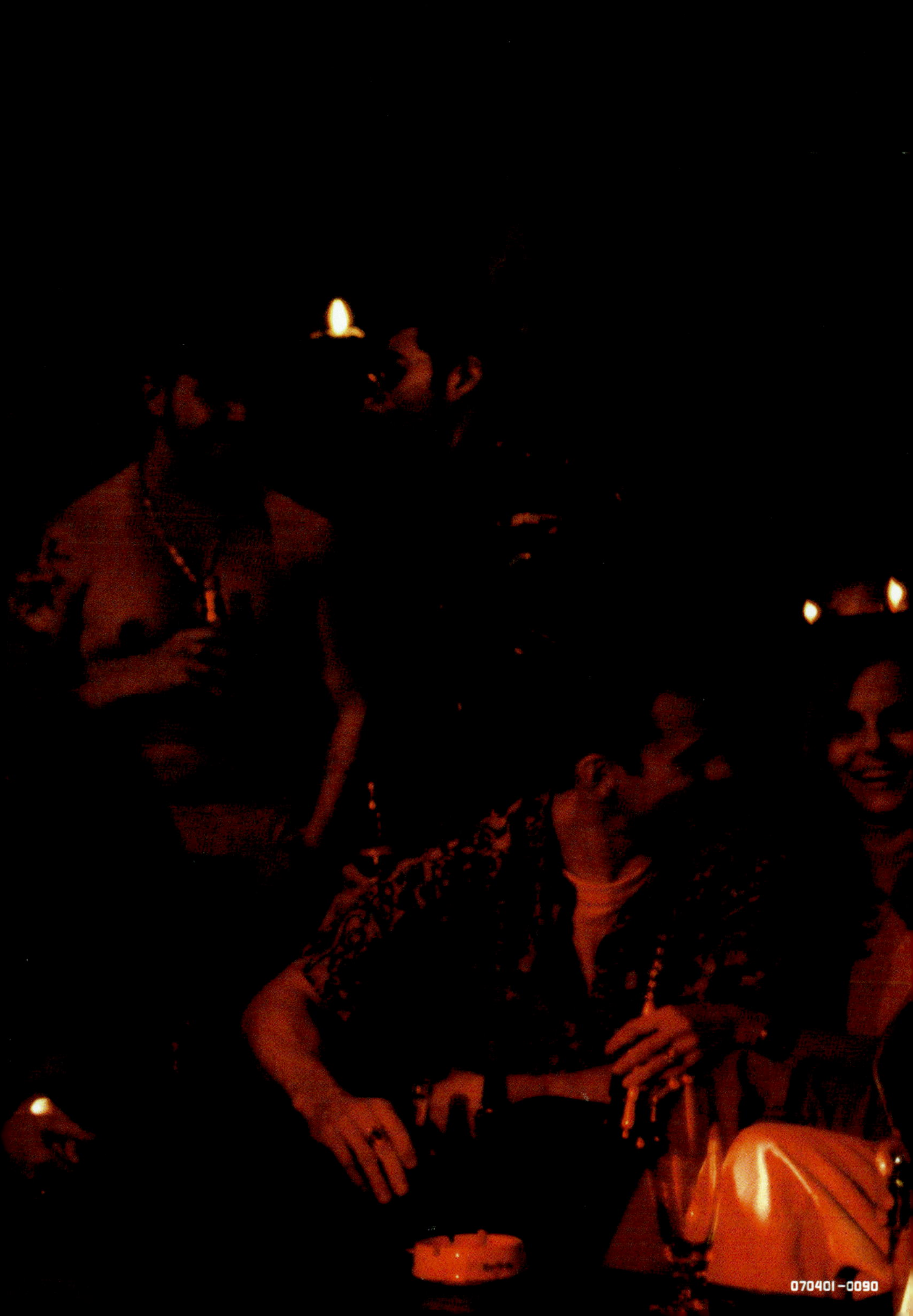

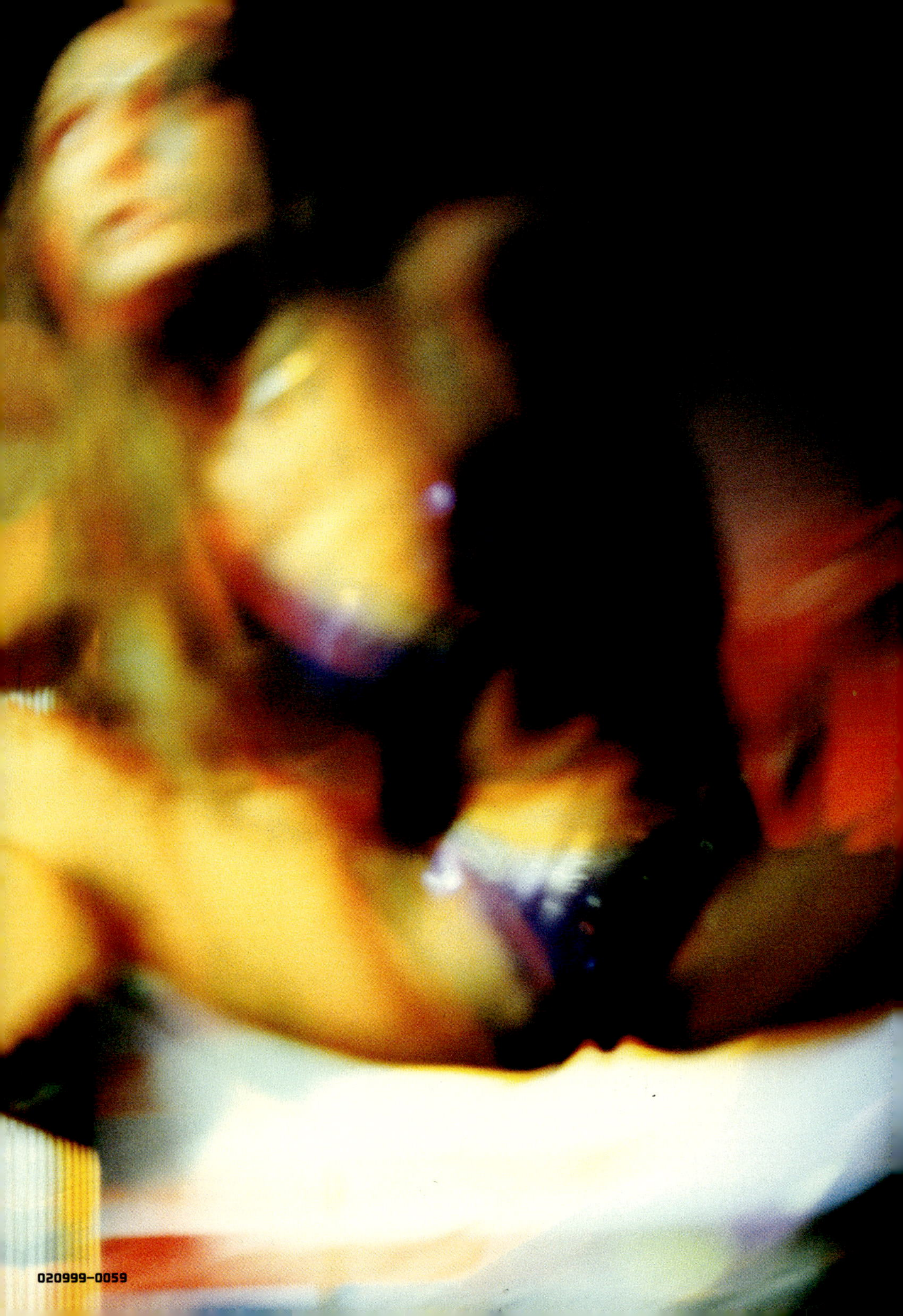
020999-0059

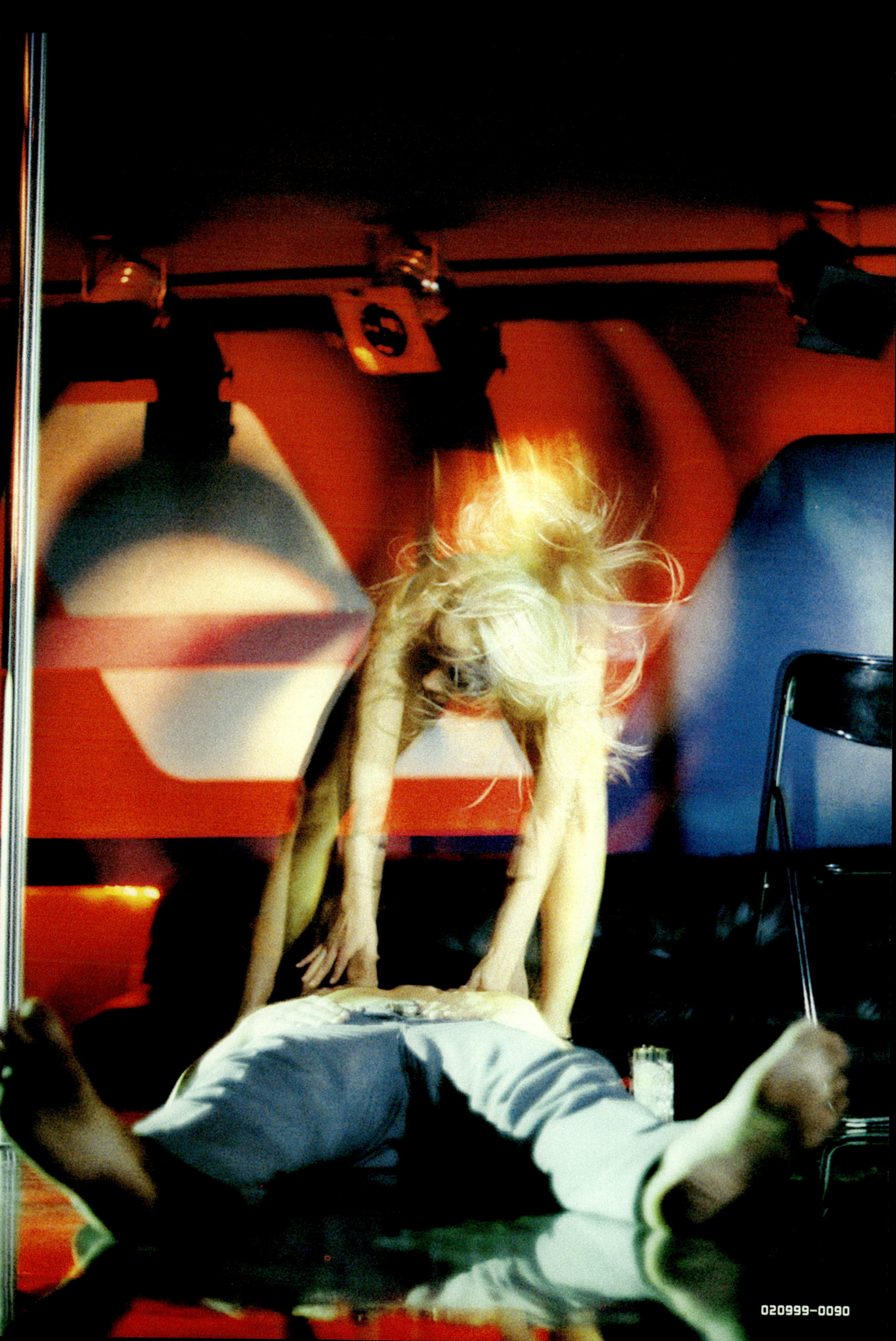
020999-0090

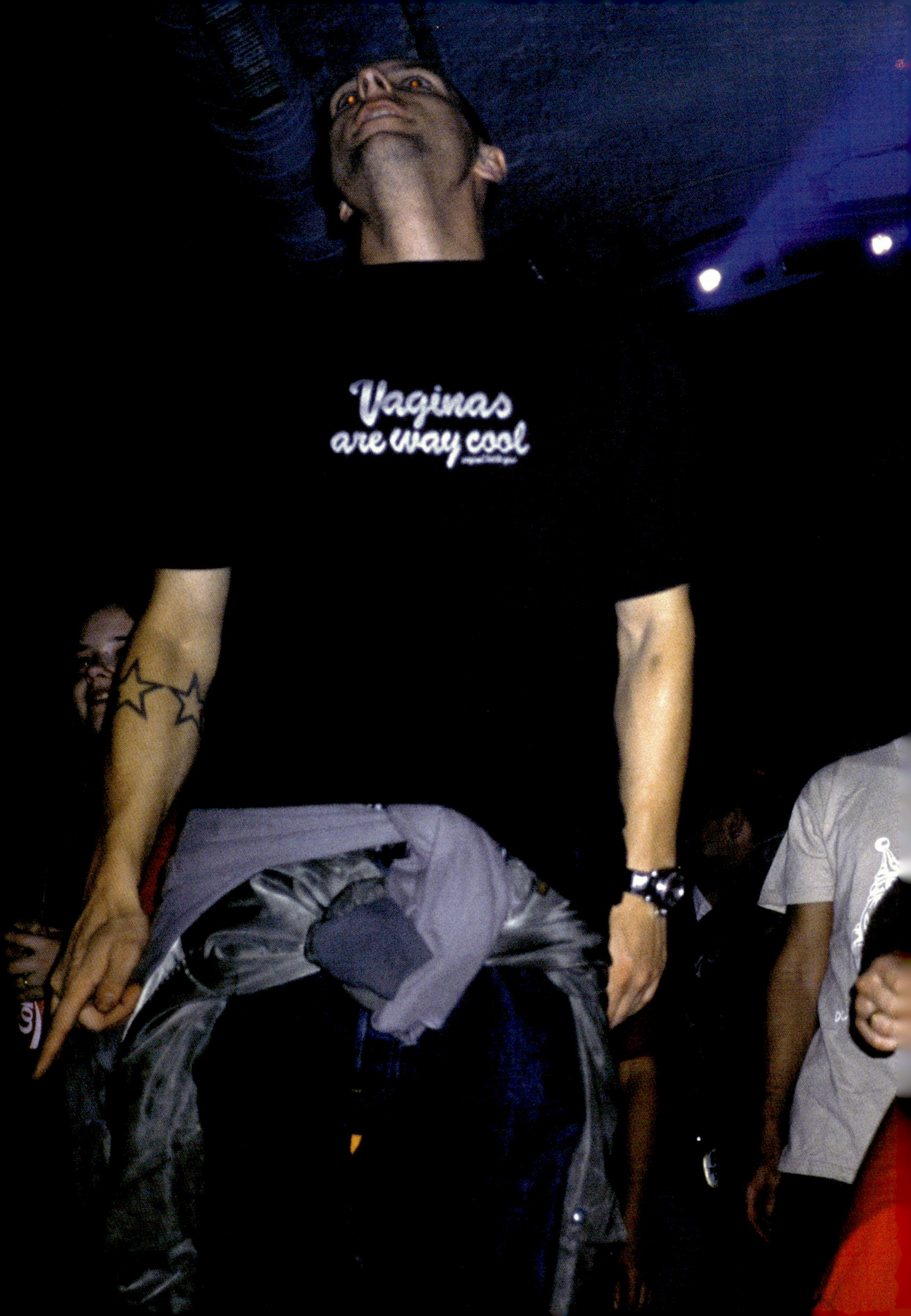
Vaginas
are way cool

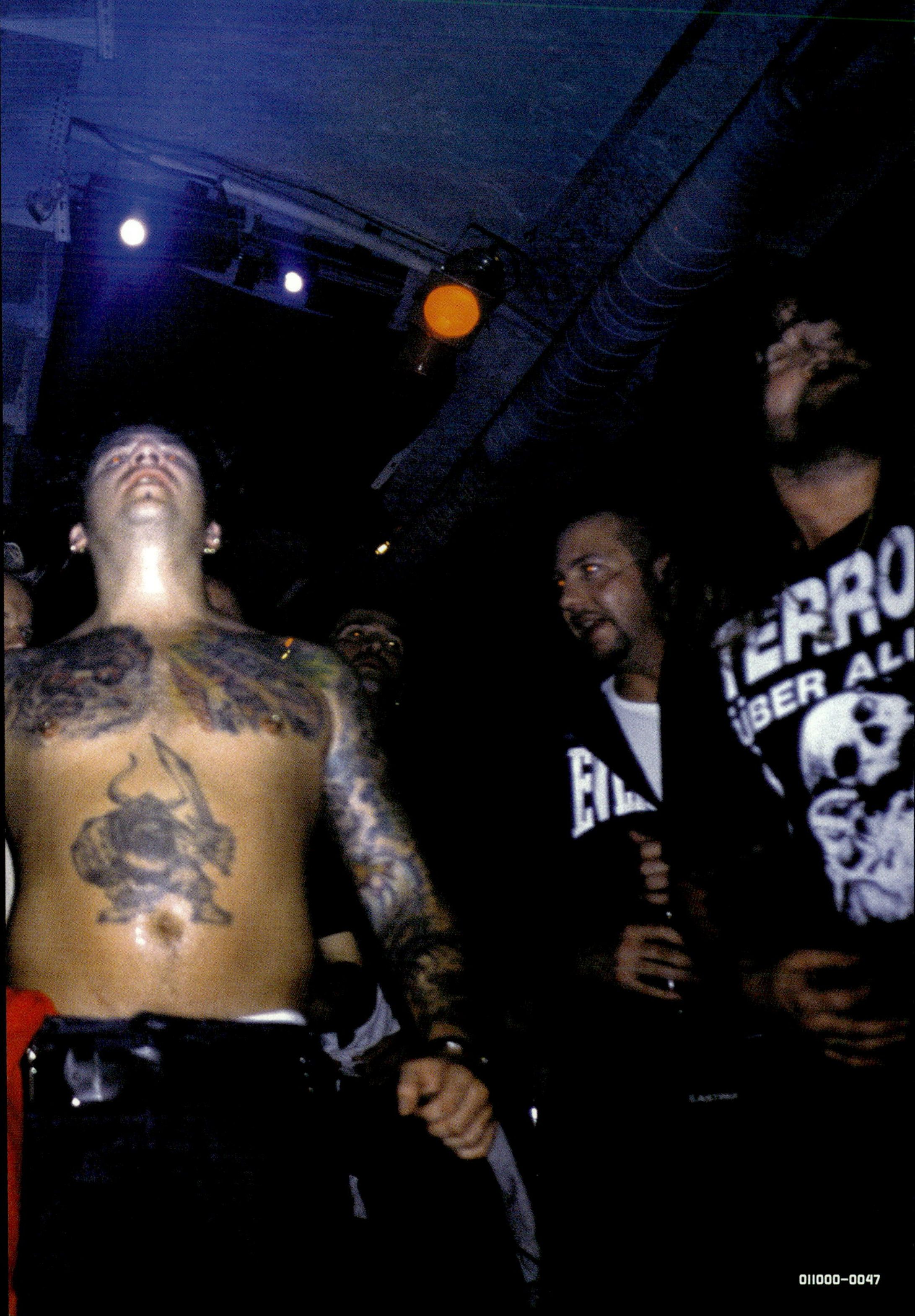
TERRO
ÜBER ALL

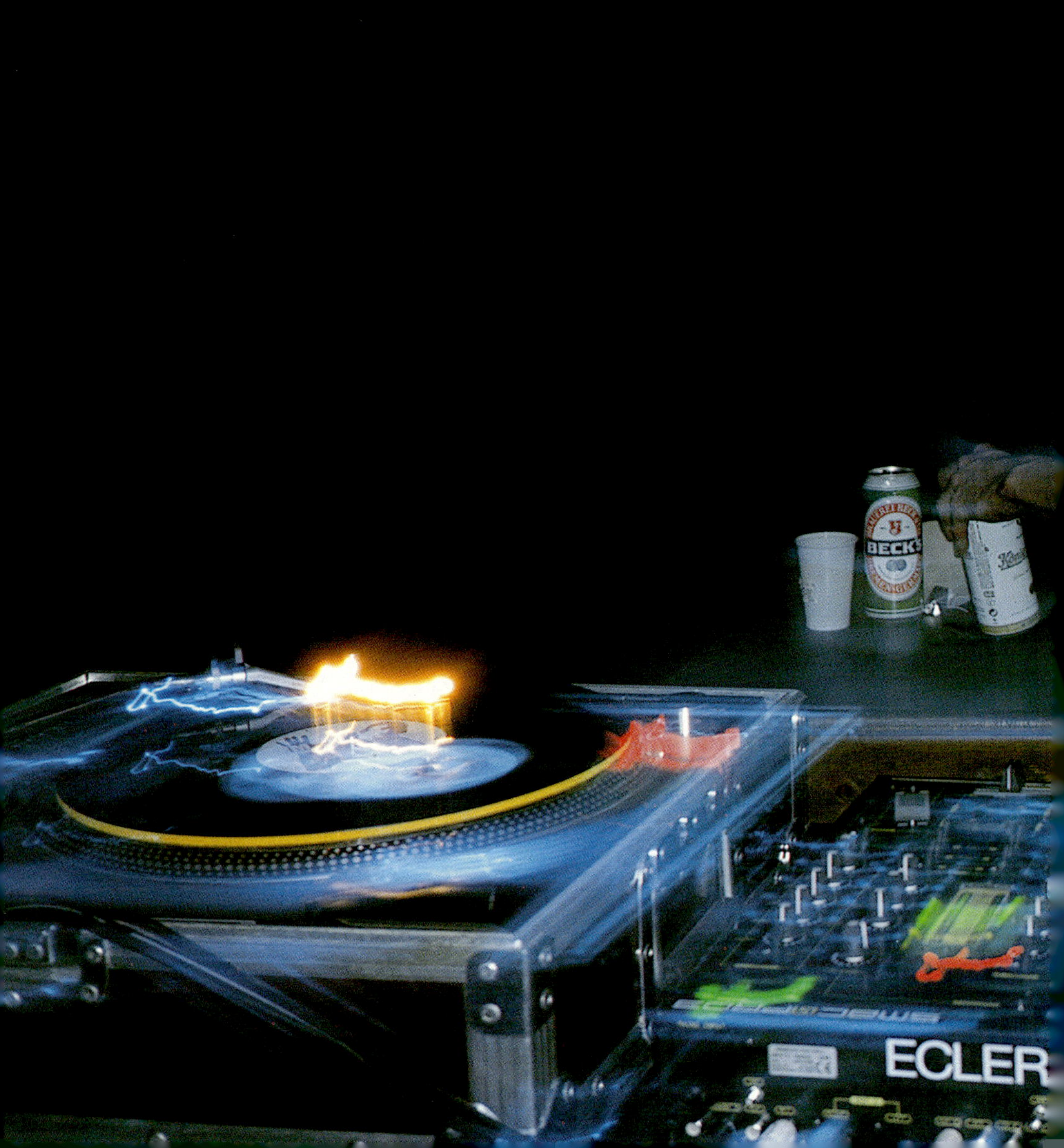
BECK'S
ECLER

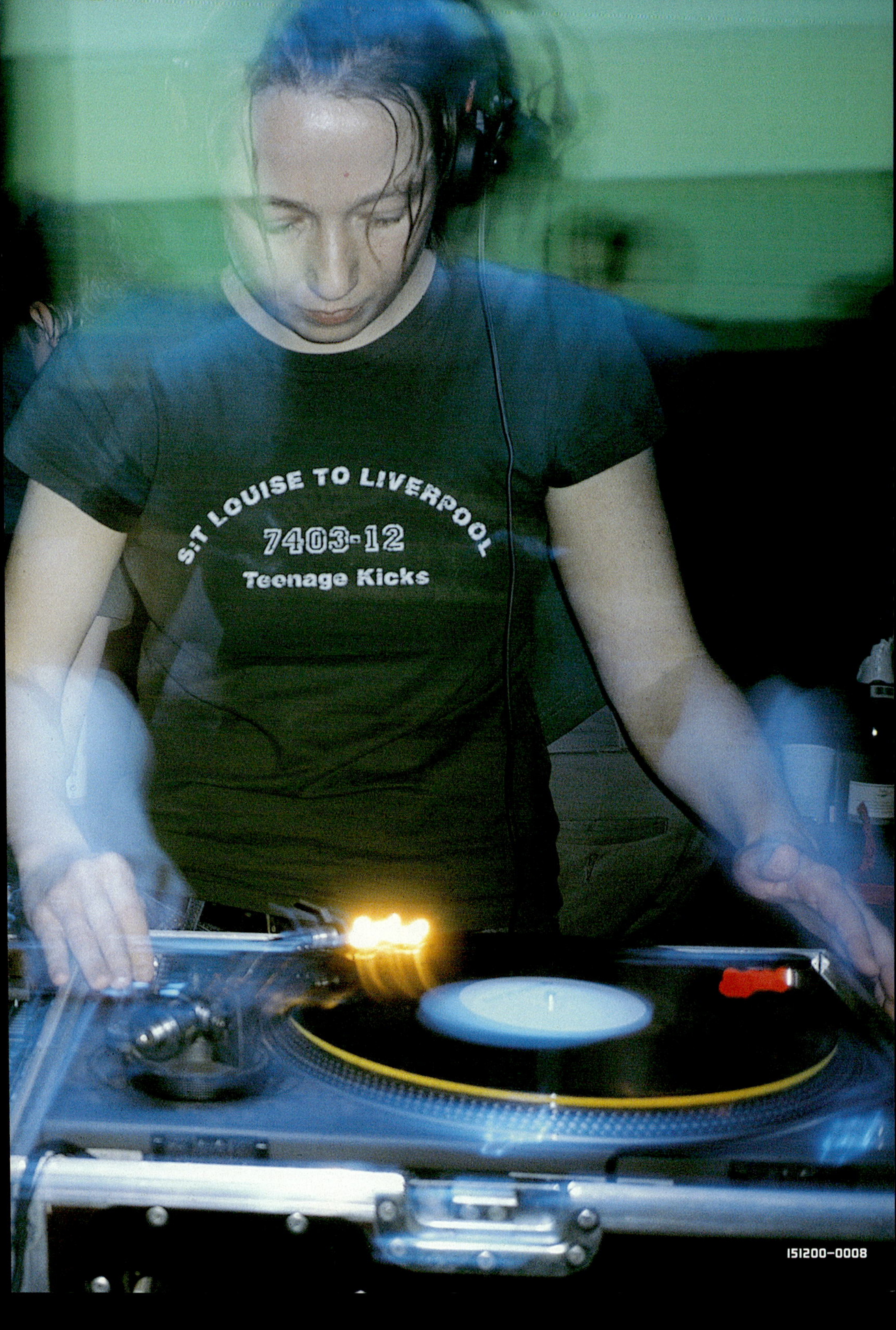
S:T LOUISE TO LIVERPOOL
7403-12
Teenage Kicks
151200-0008

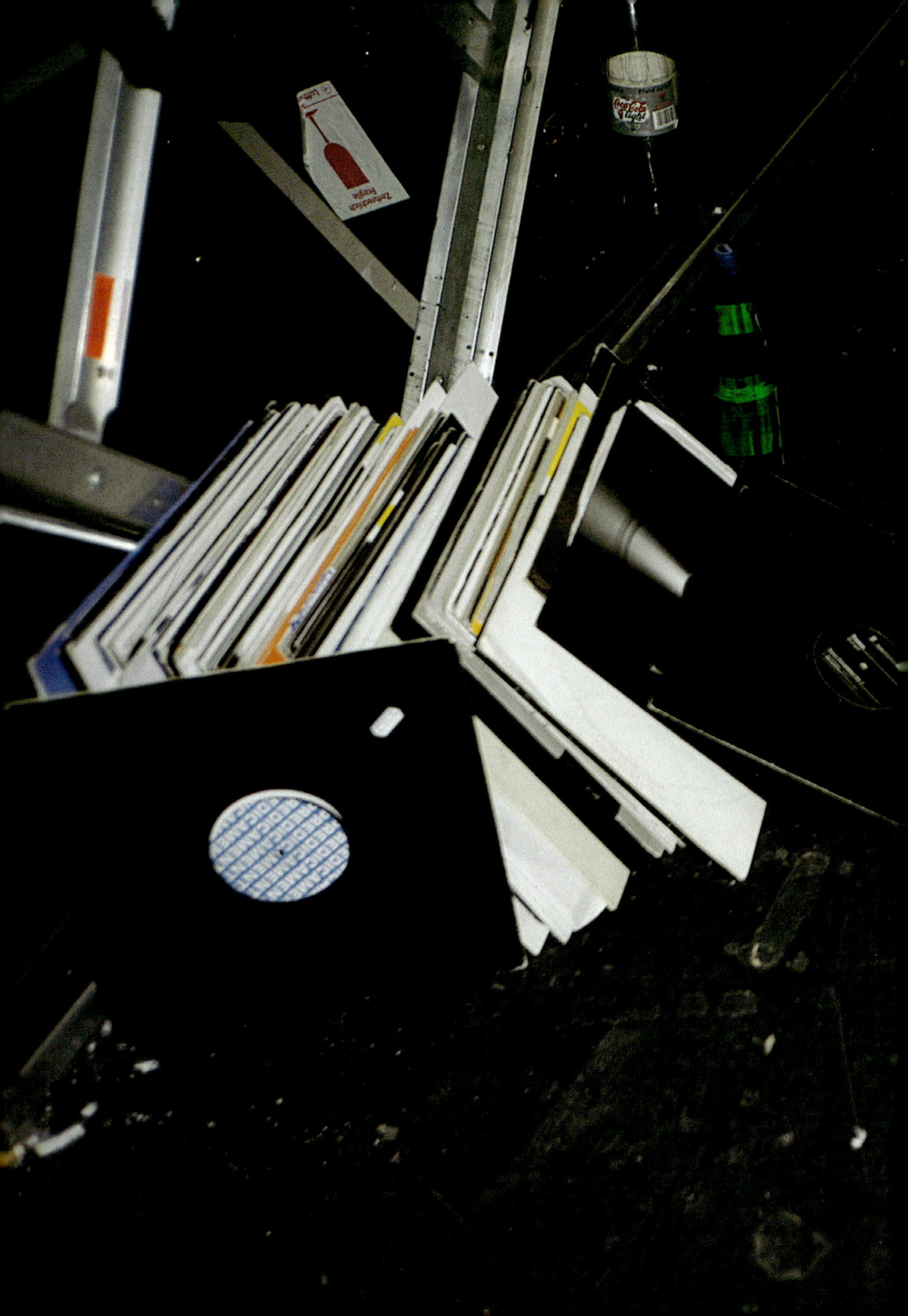

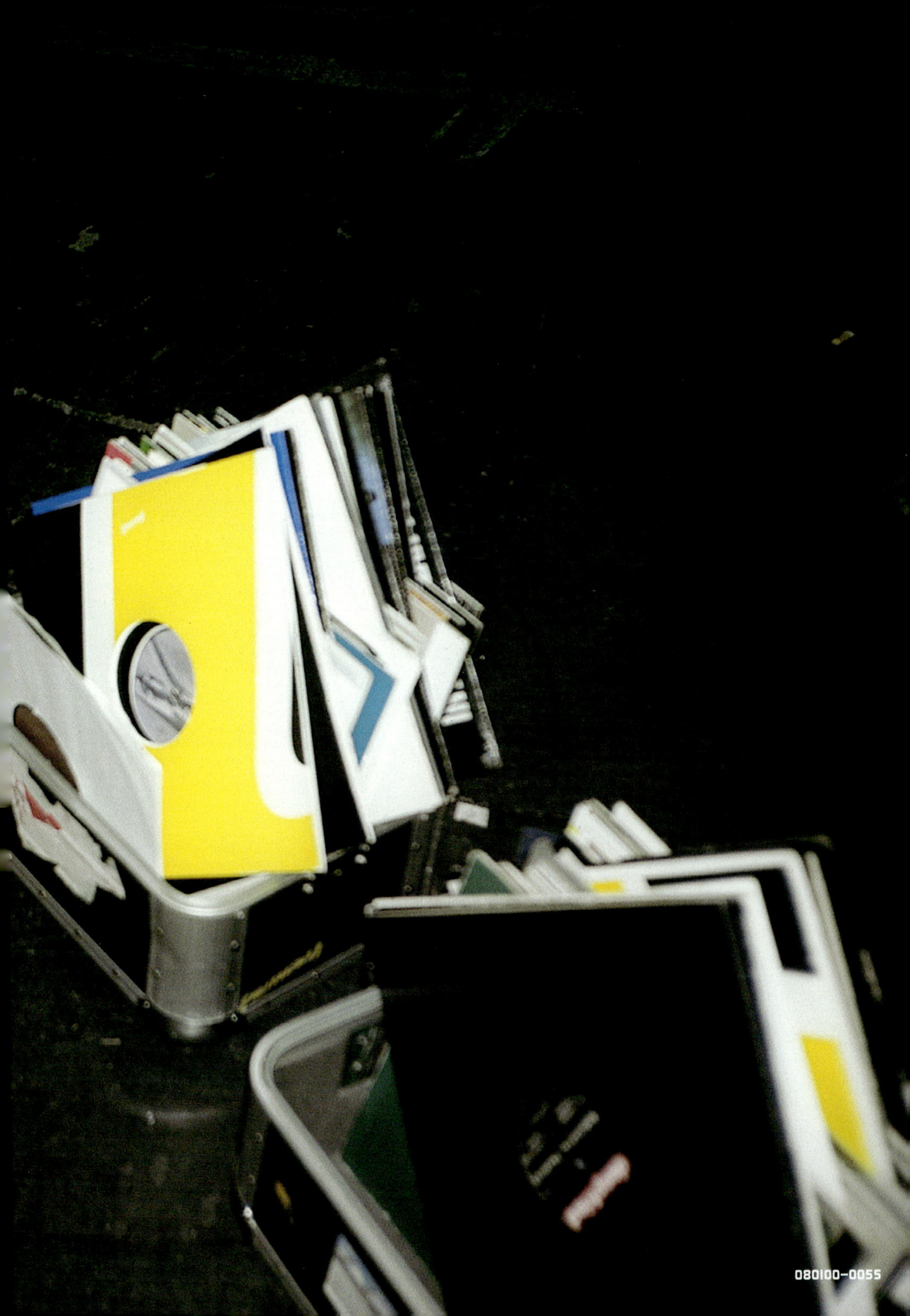
080100-0055

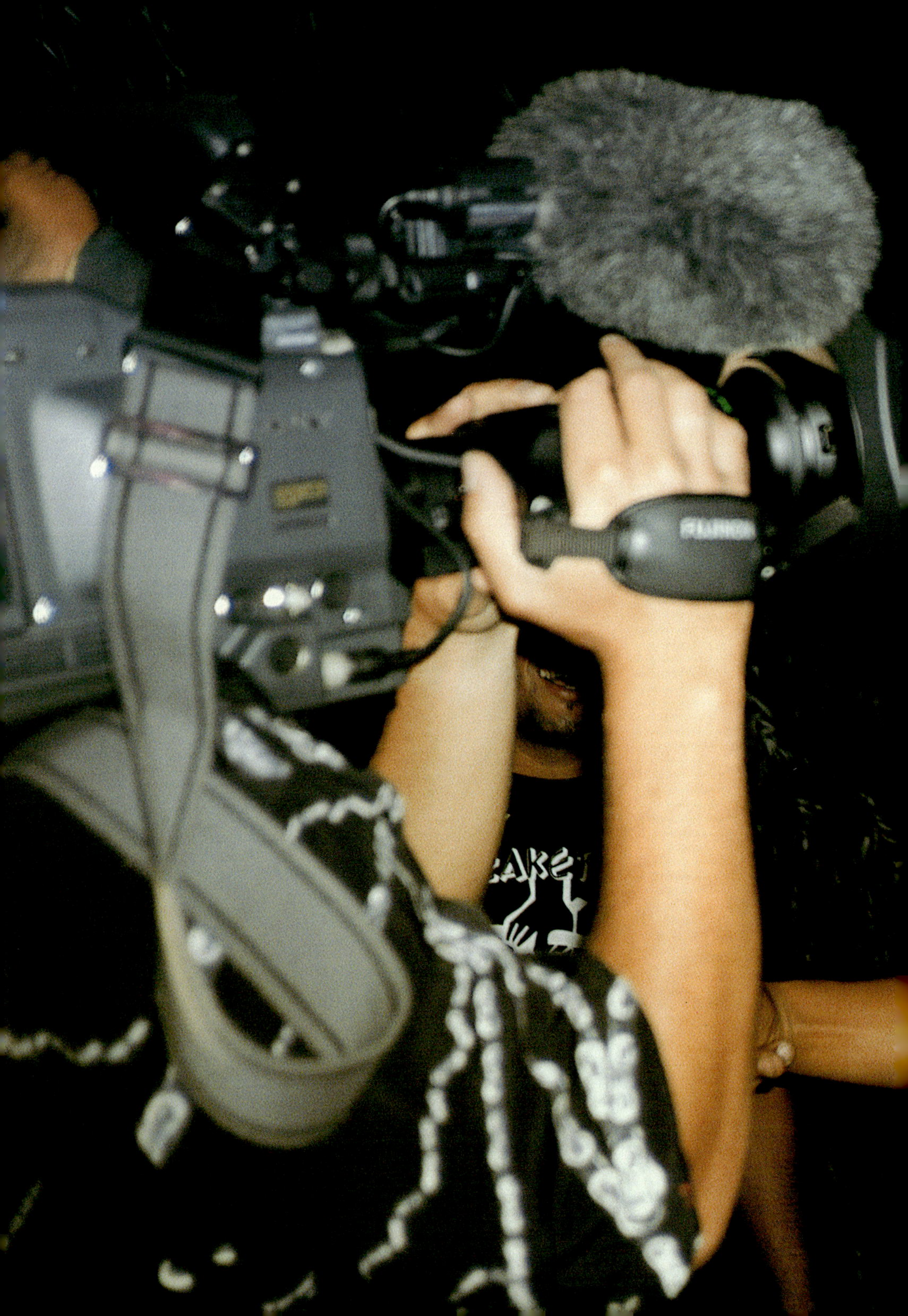

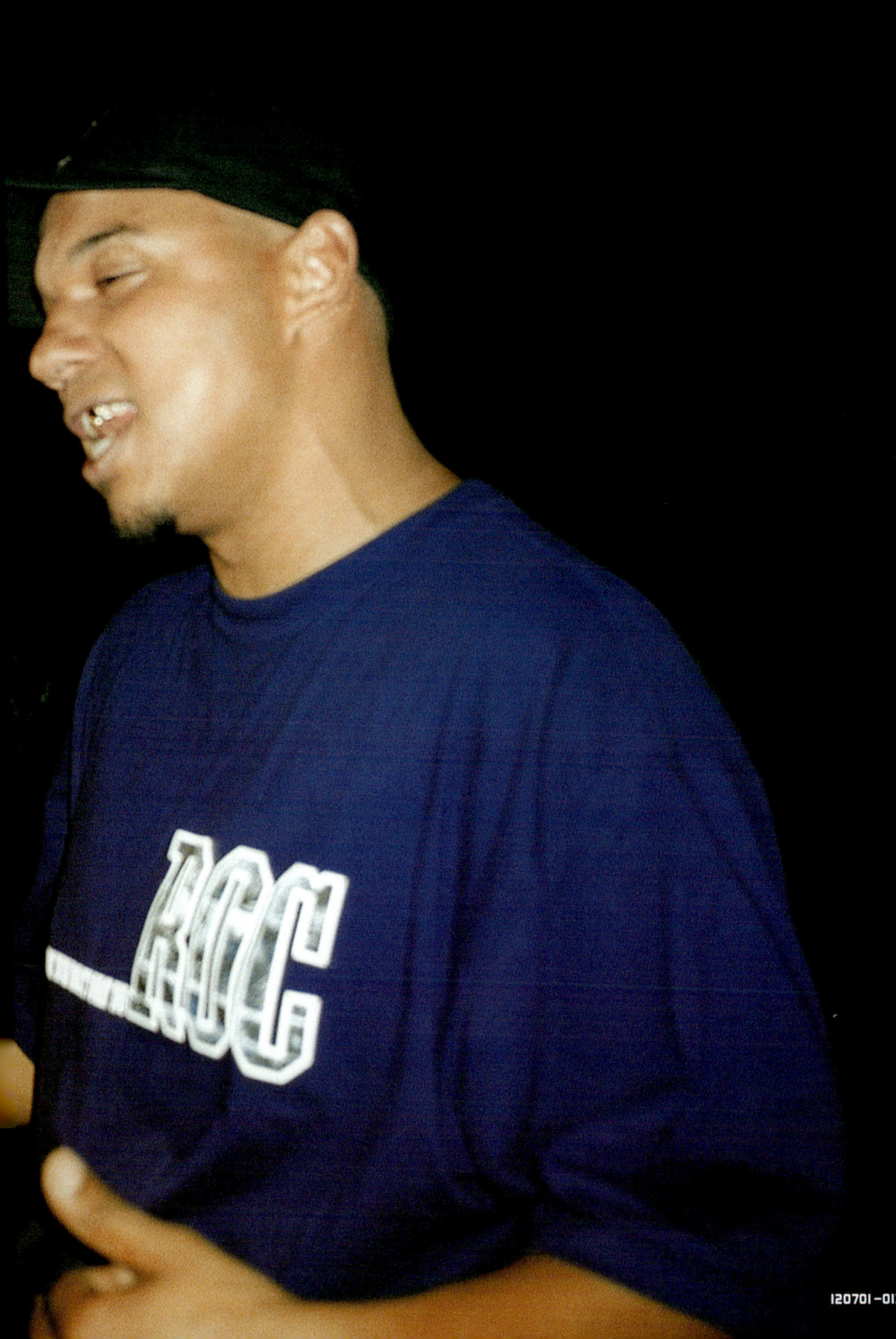
120701-0131

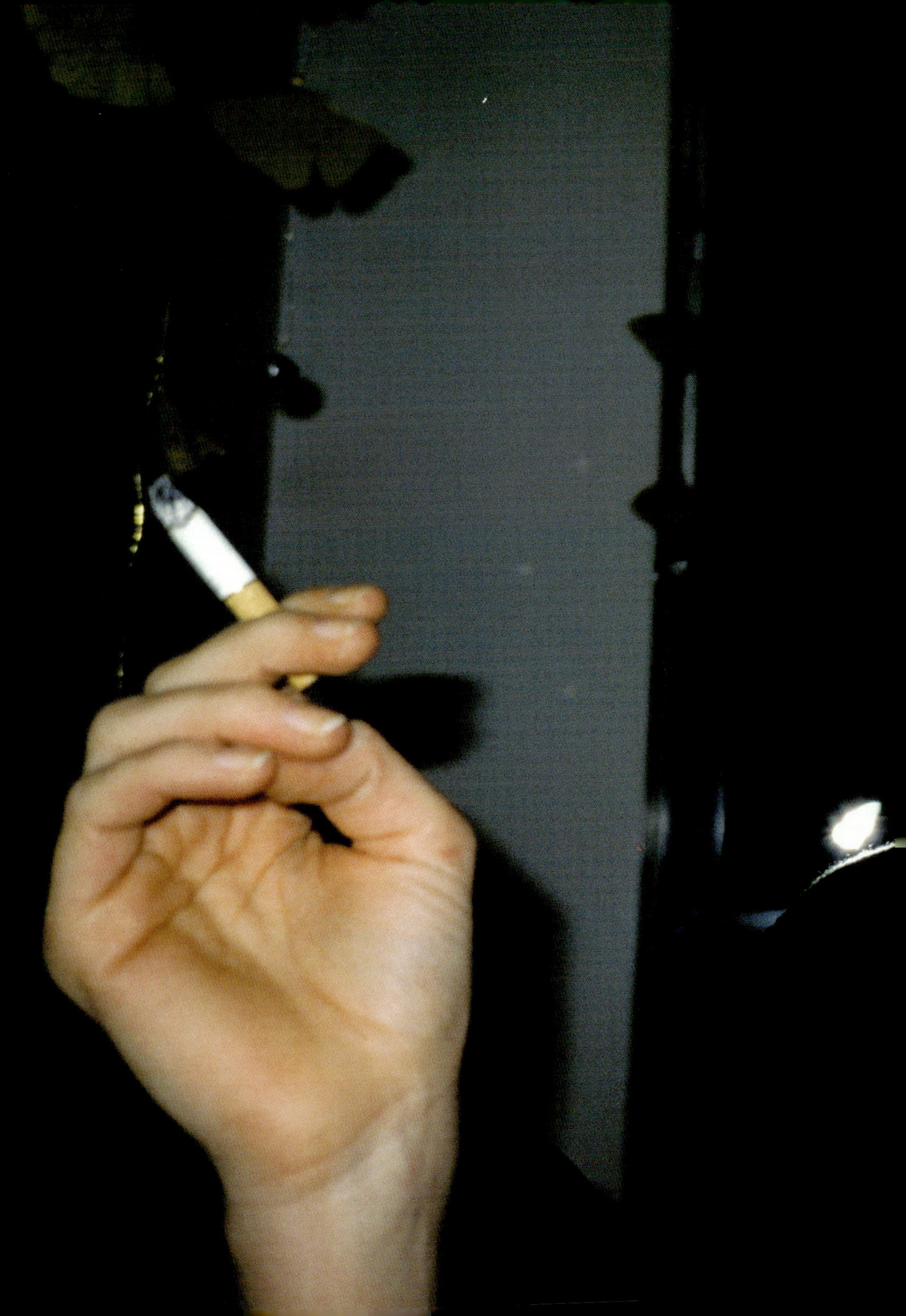

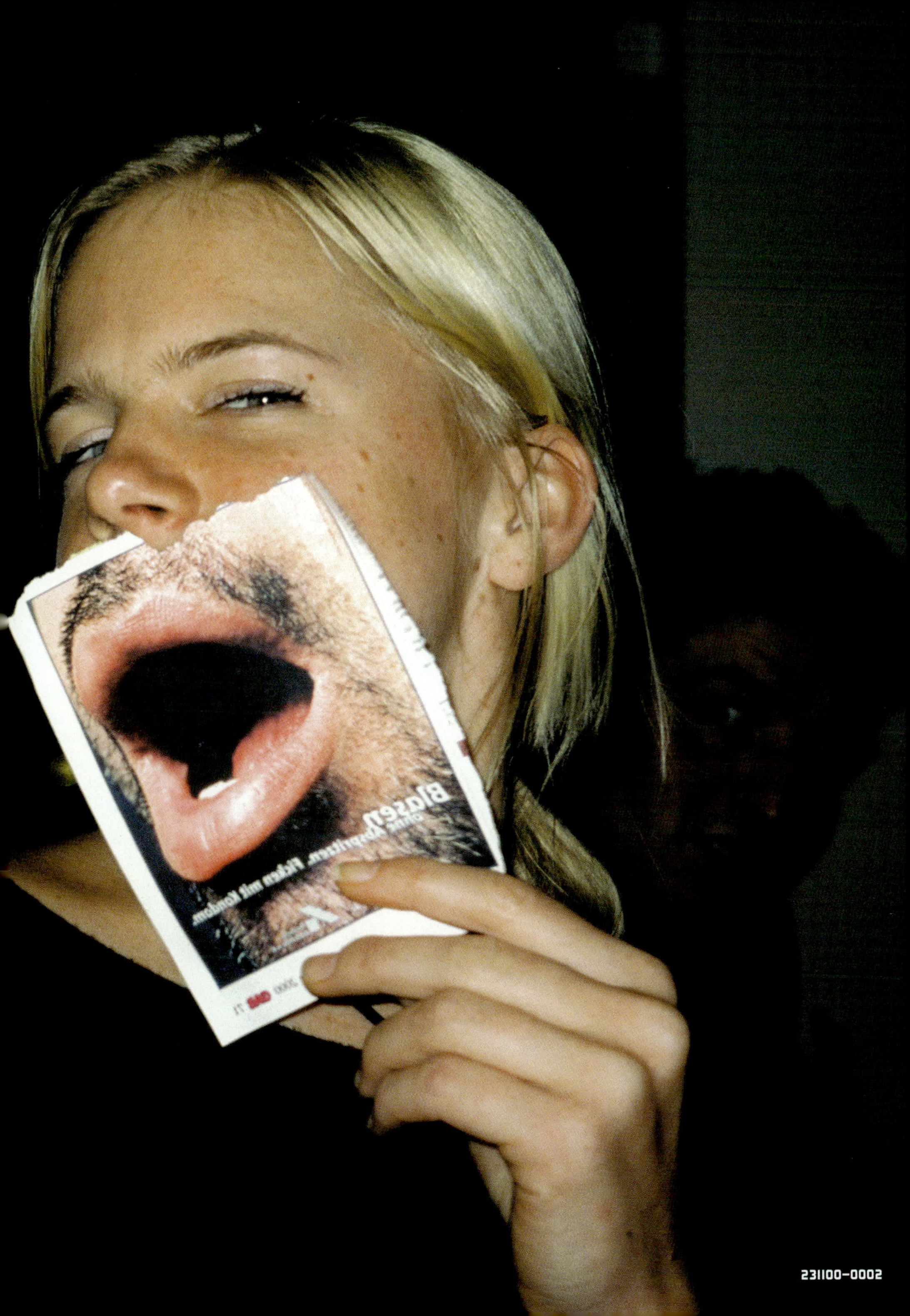
Blasen
ohne Abspritzen. Ficken mit Kondom.

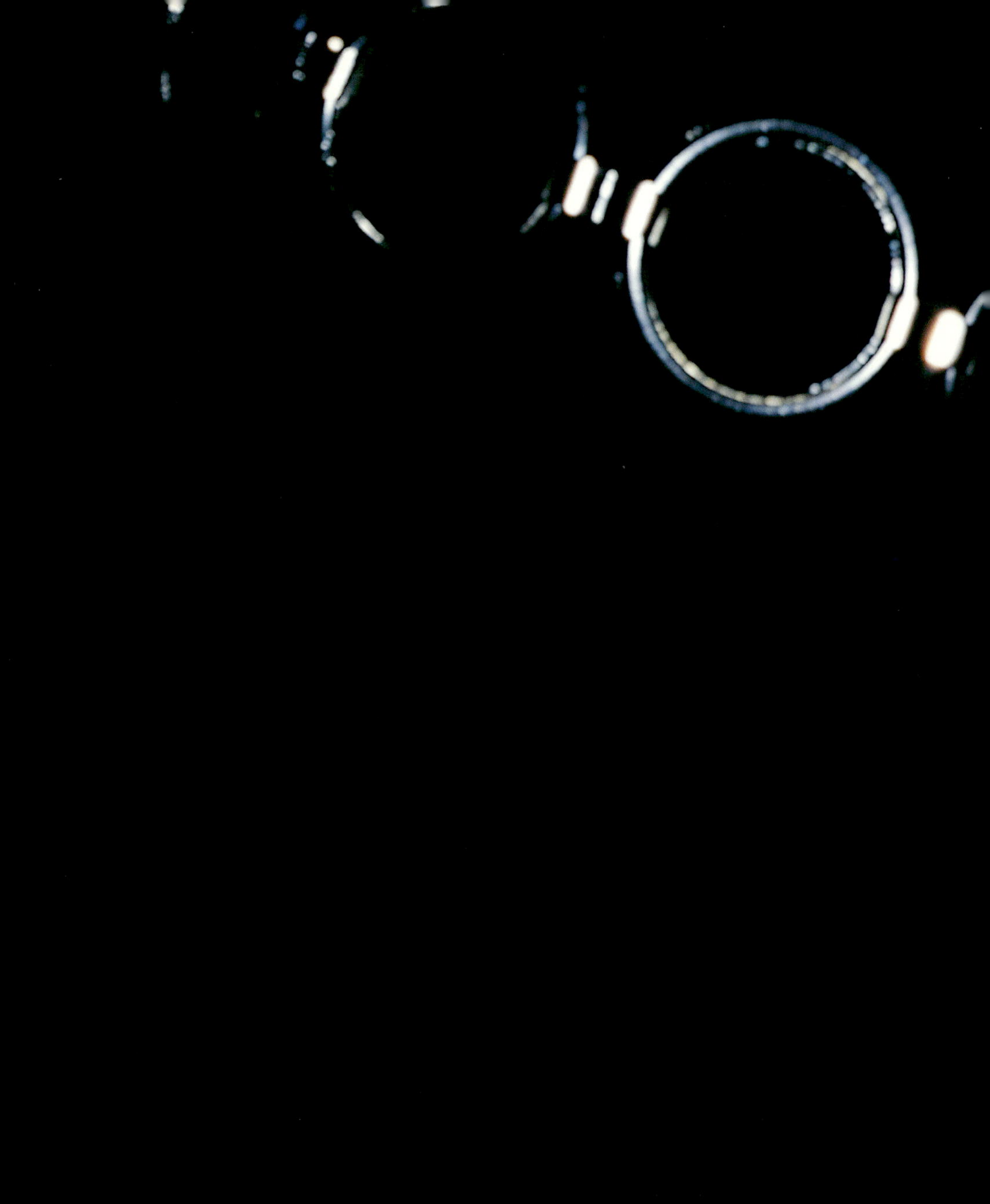

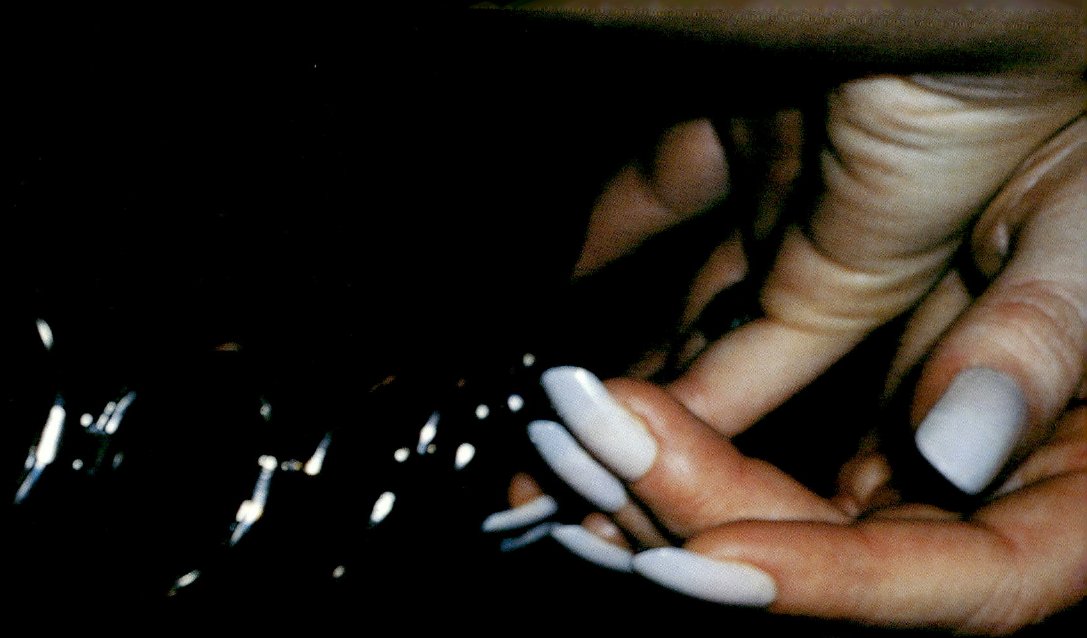

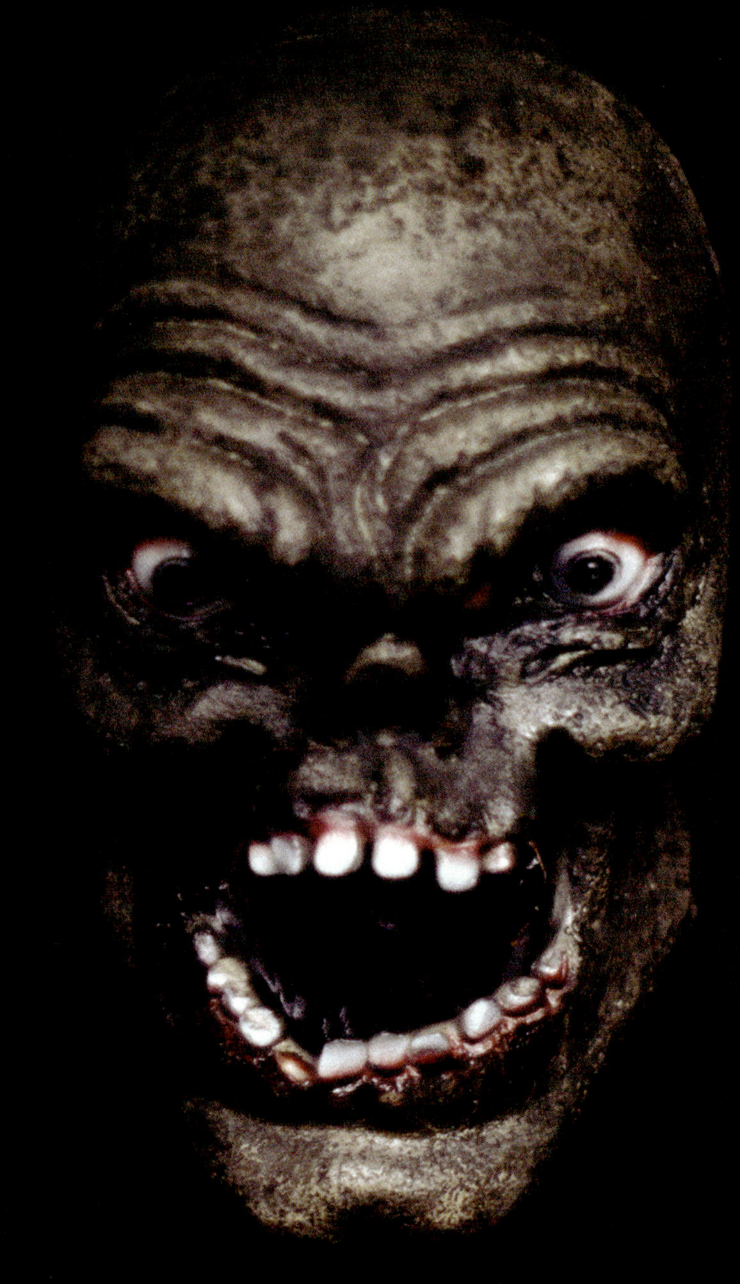

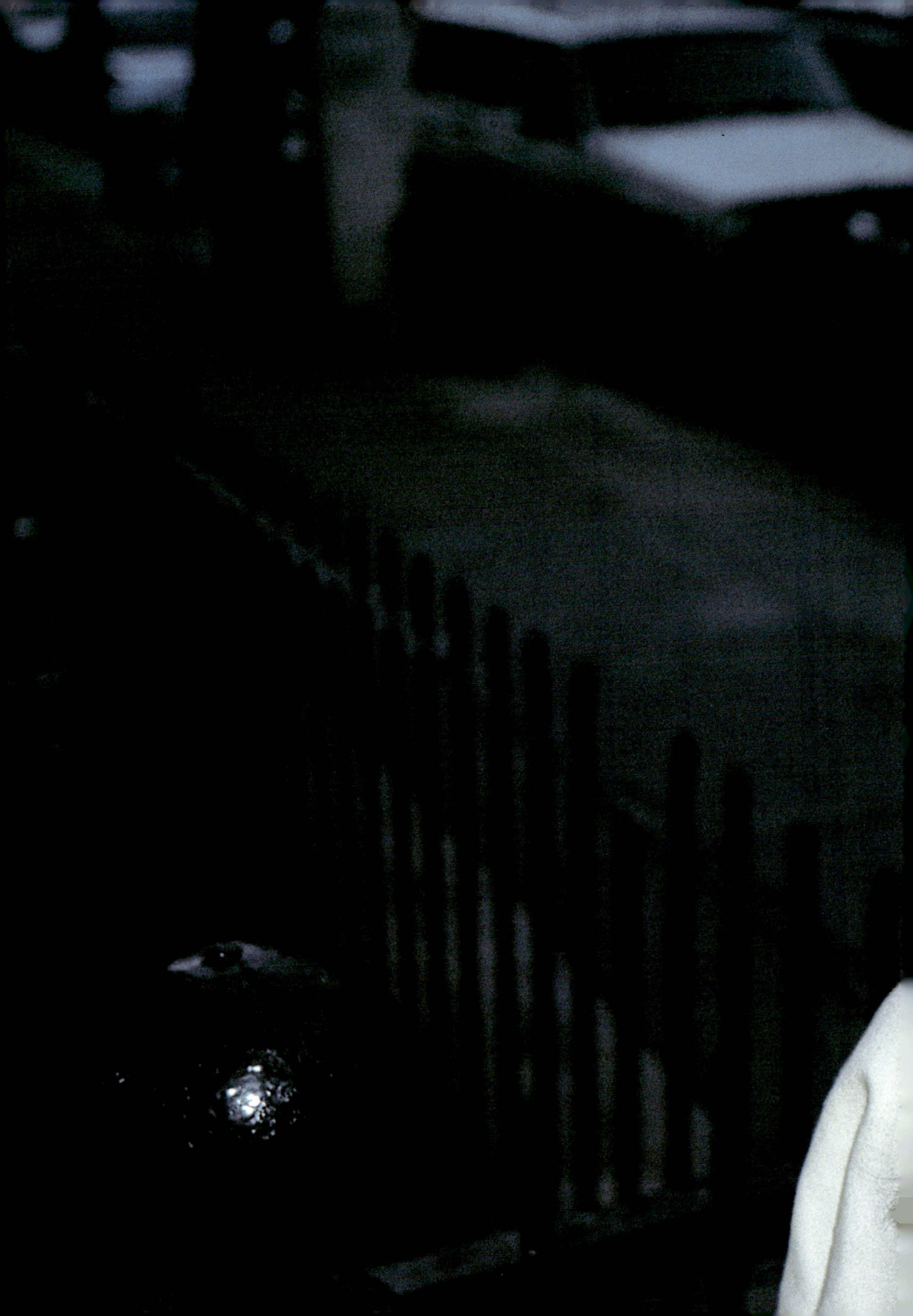

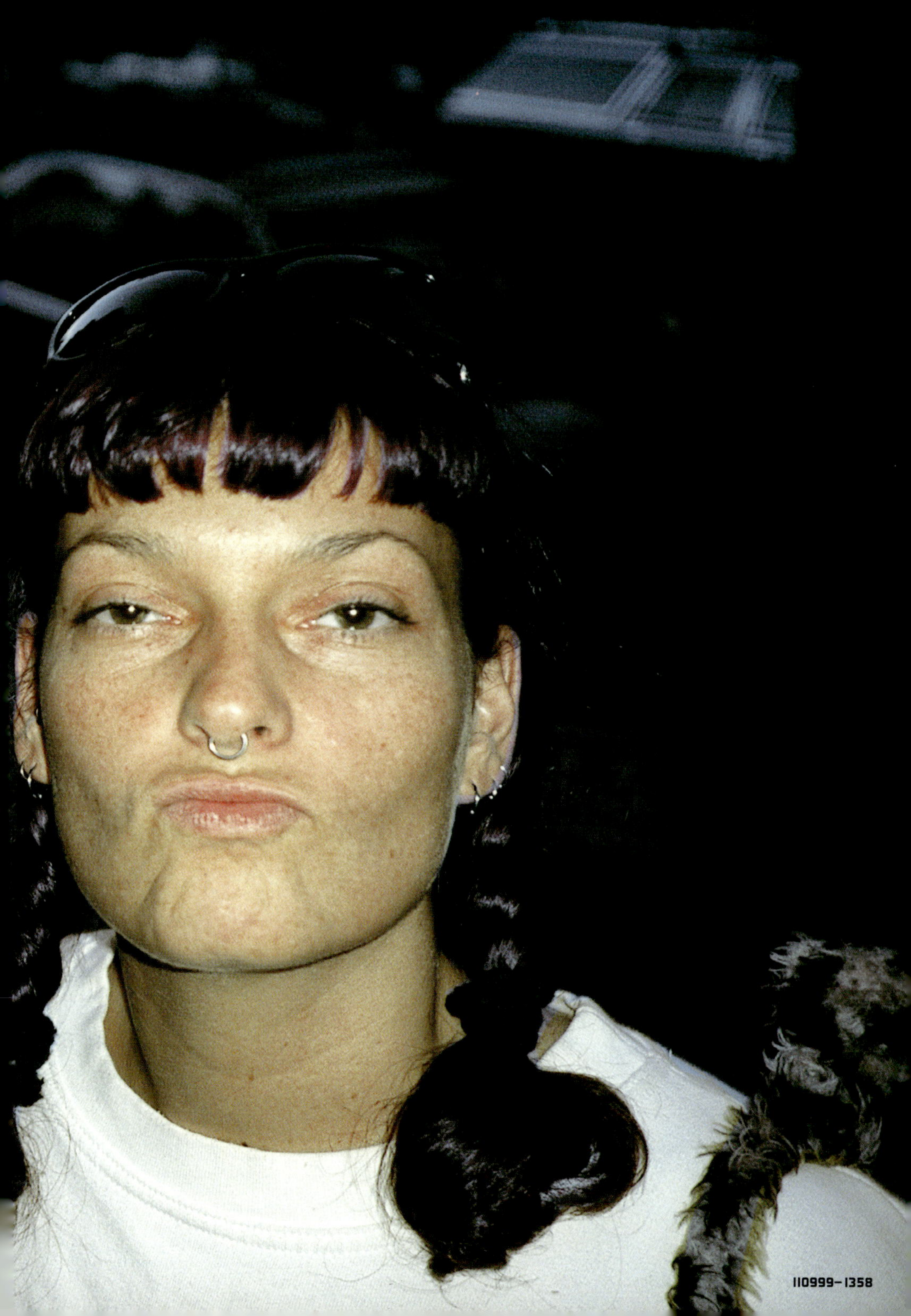
110999-1358

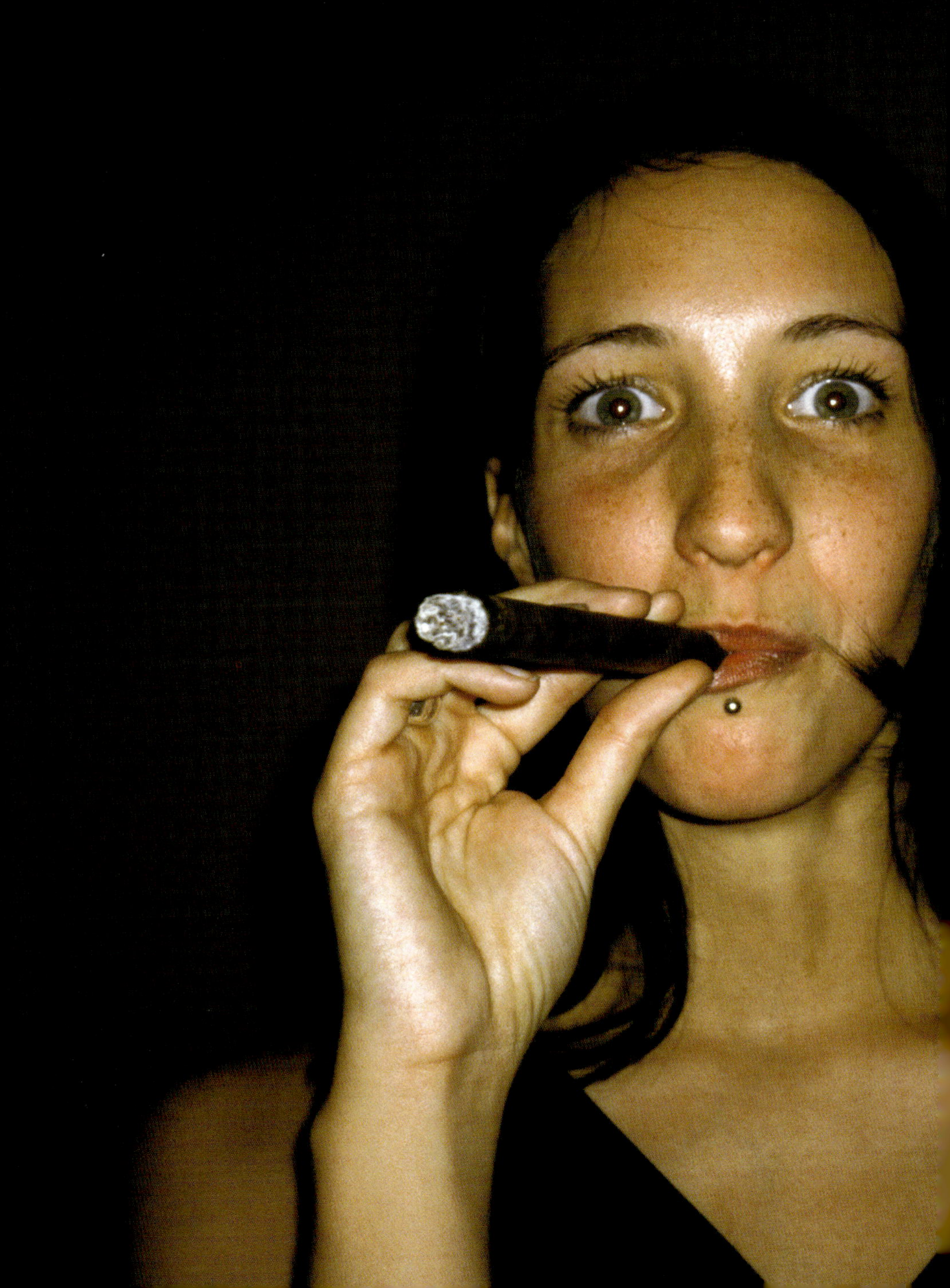

061201-0013

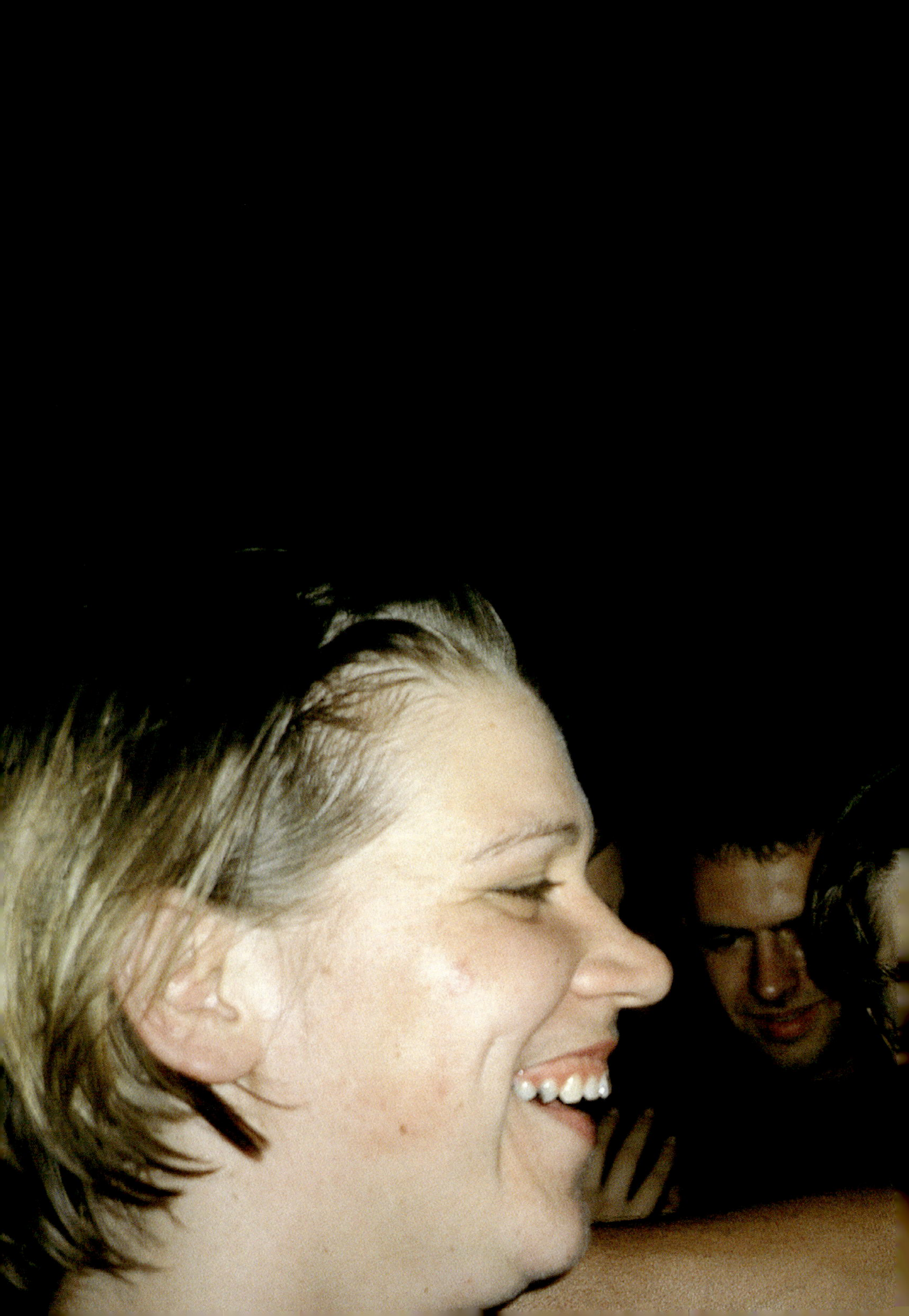

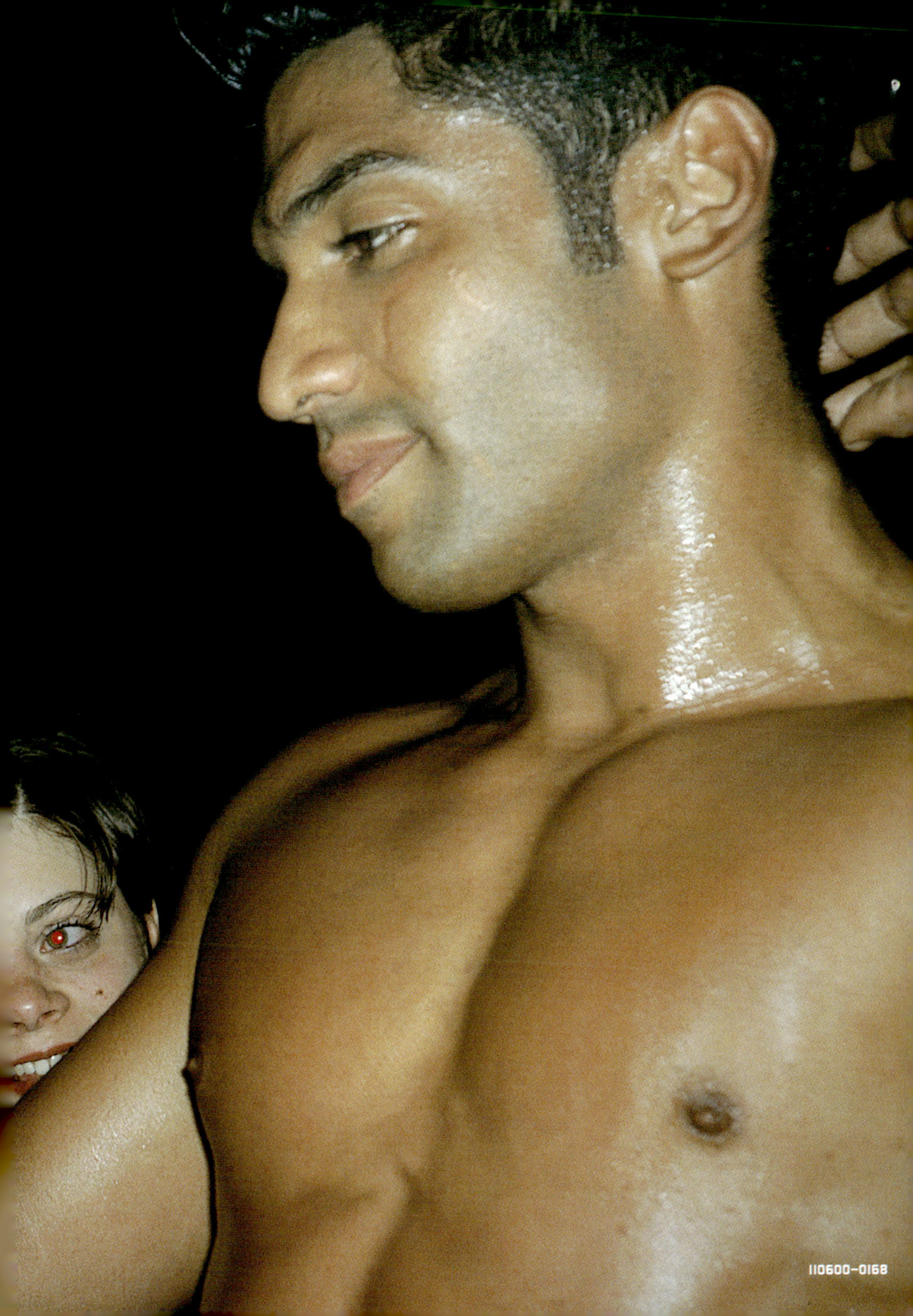
110600-0168

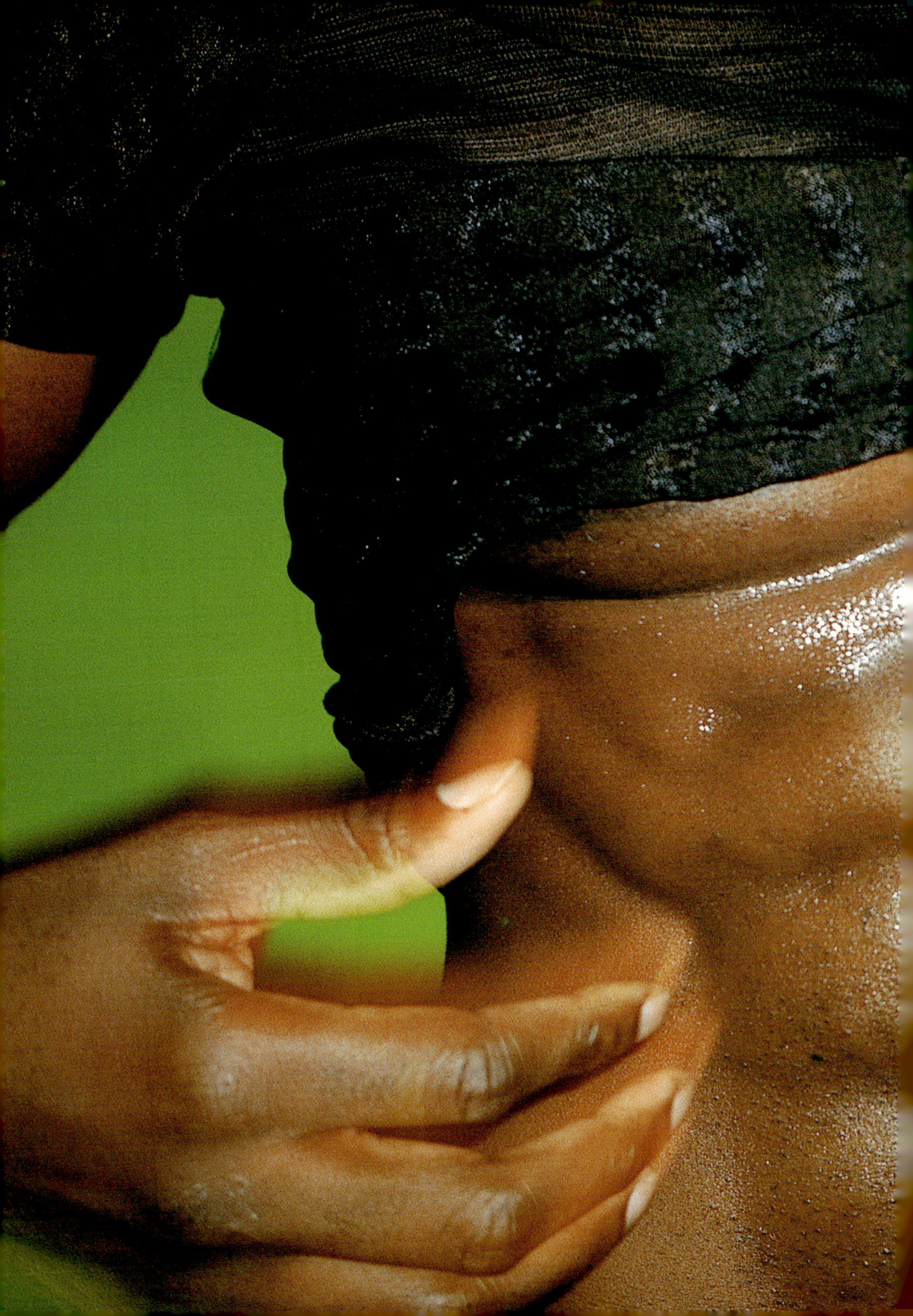

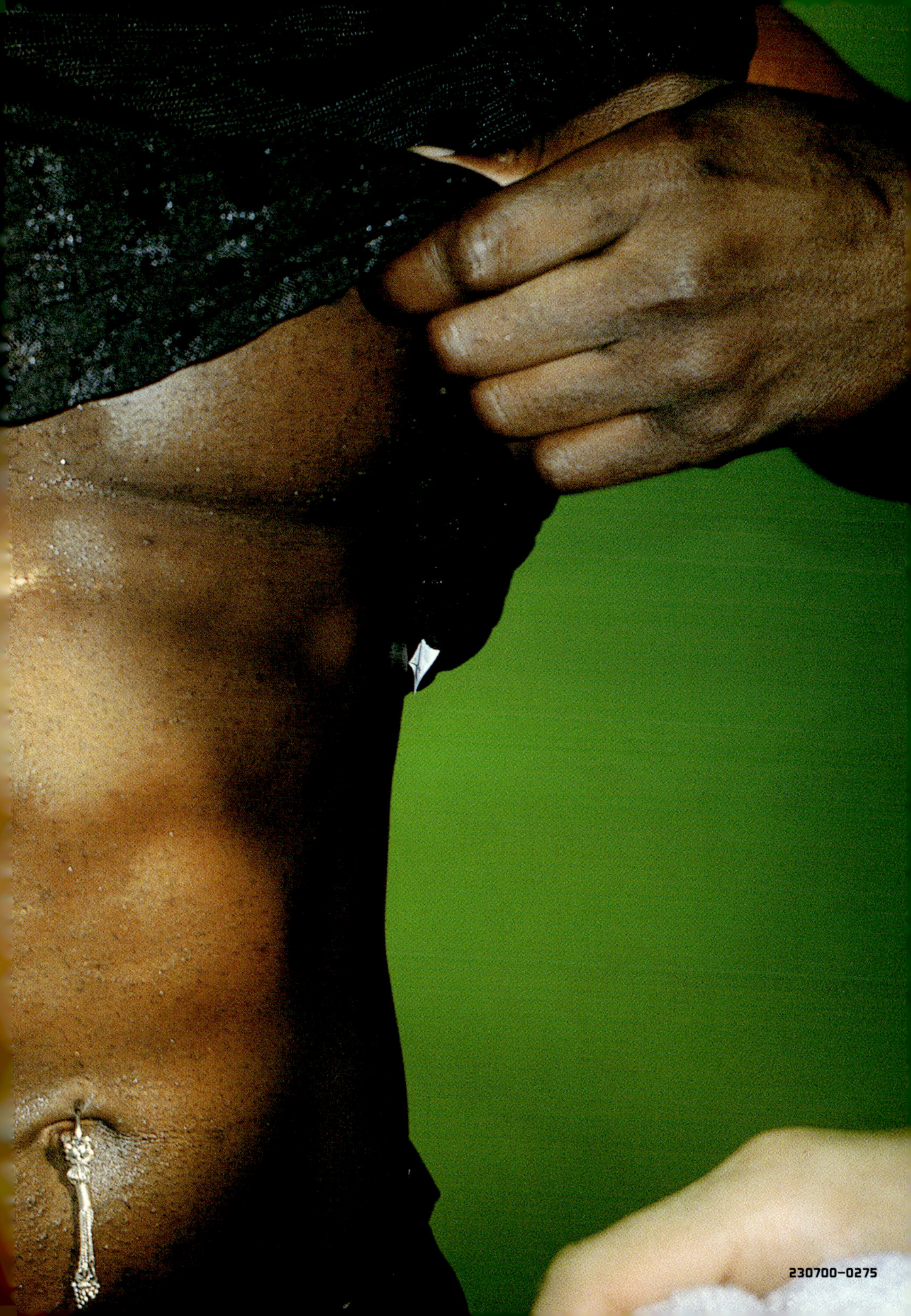
230700-0275

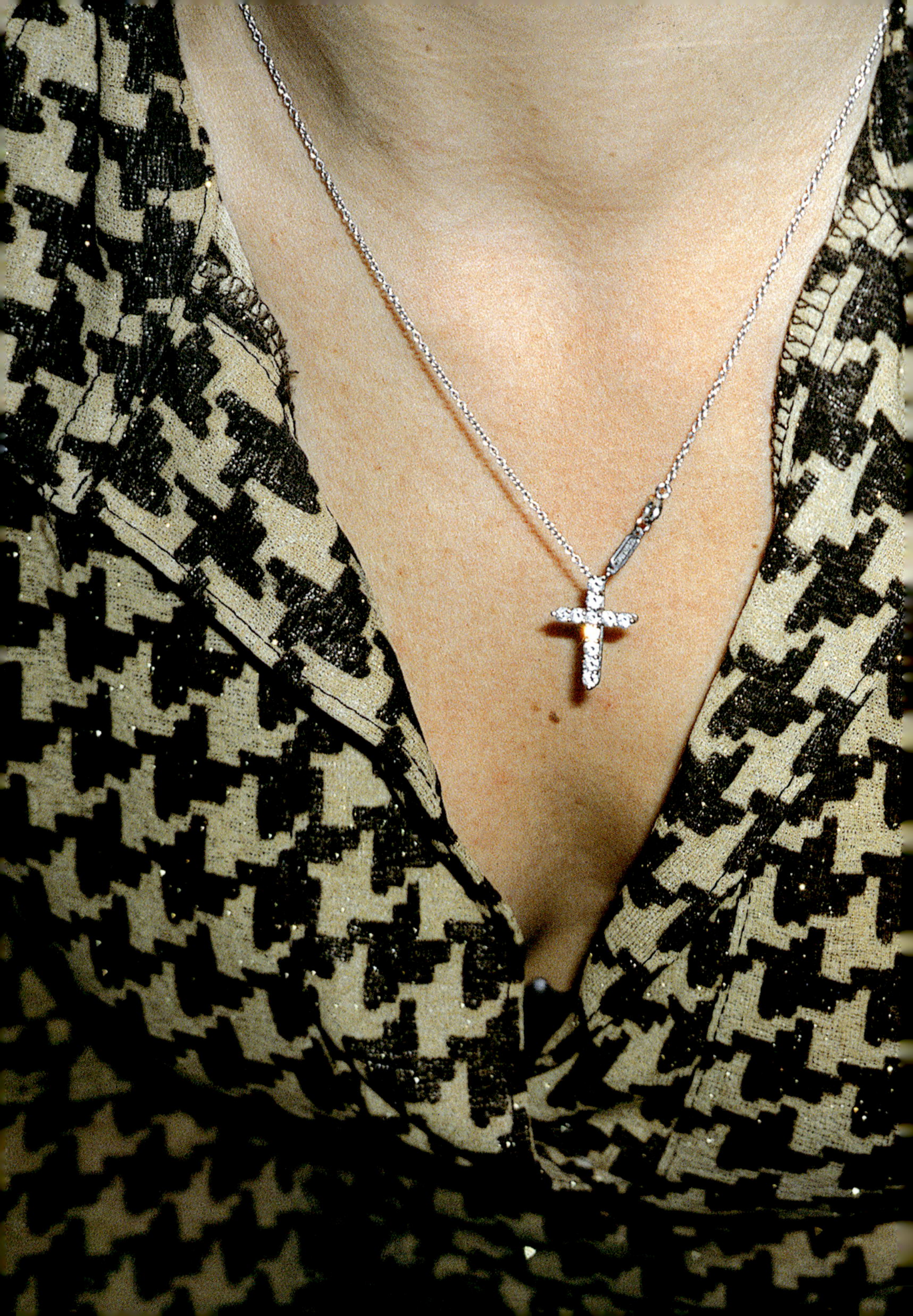

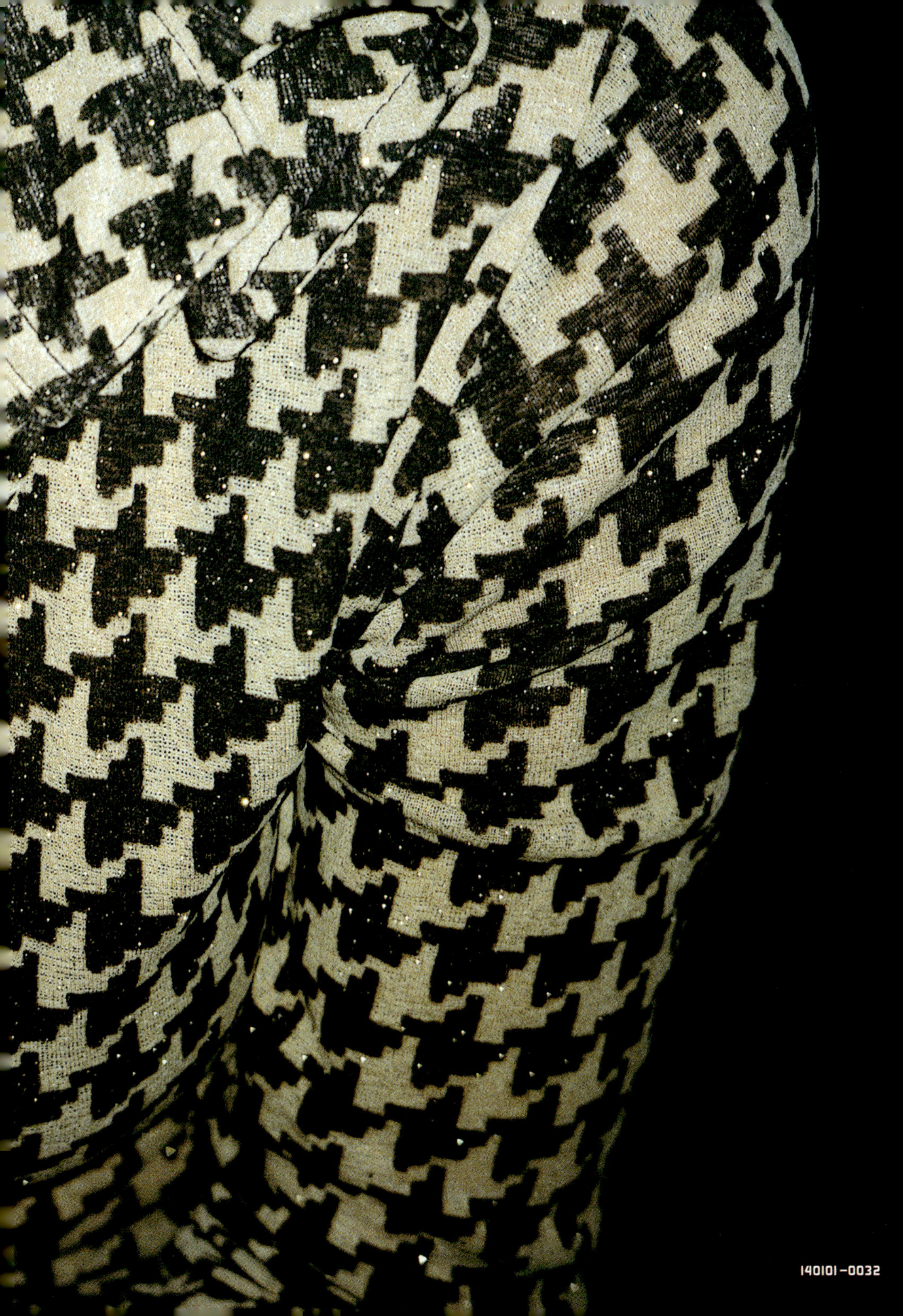
140101-0032

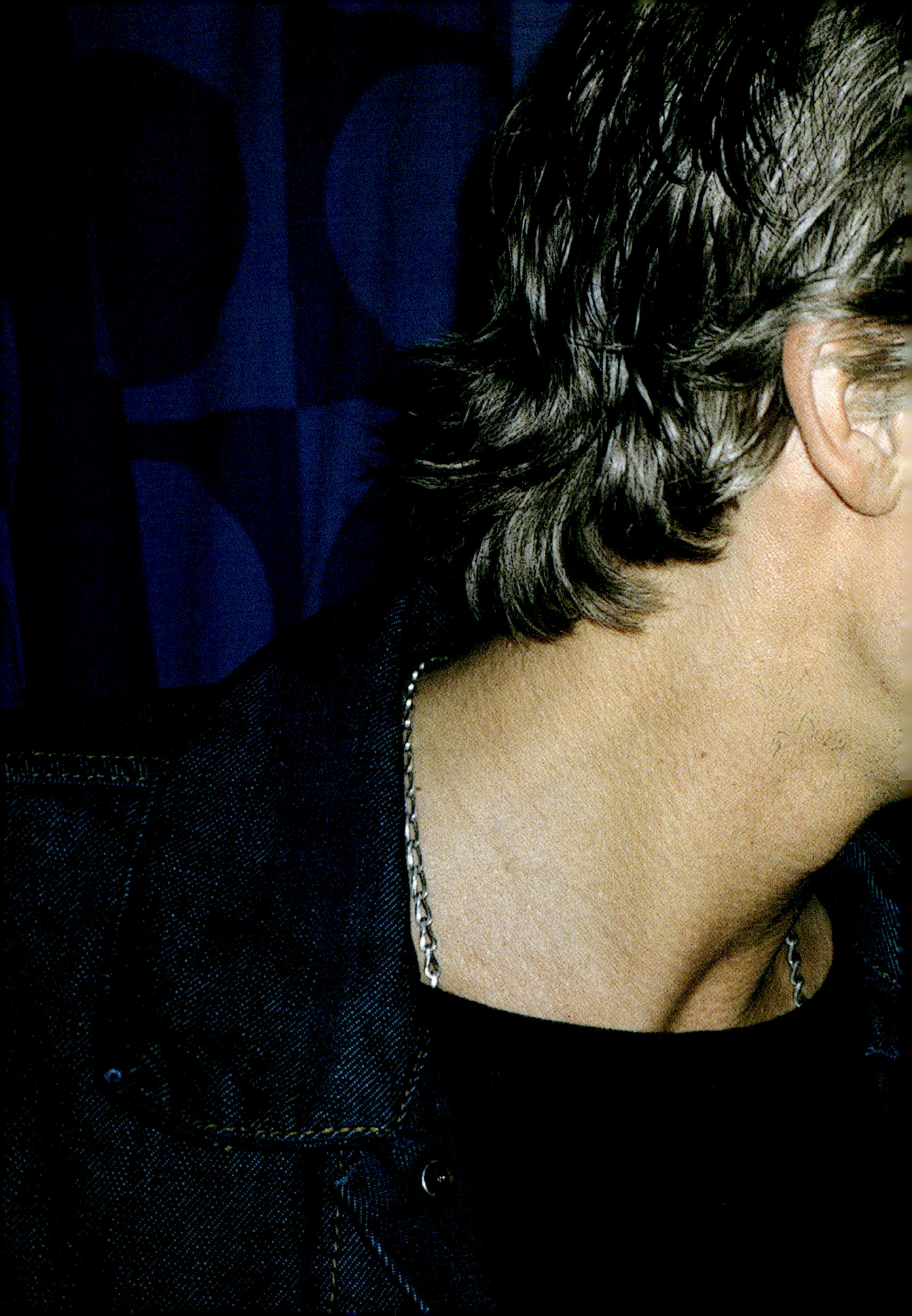

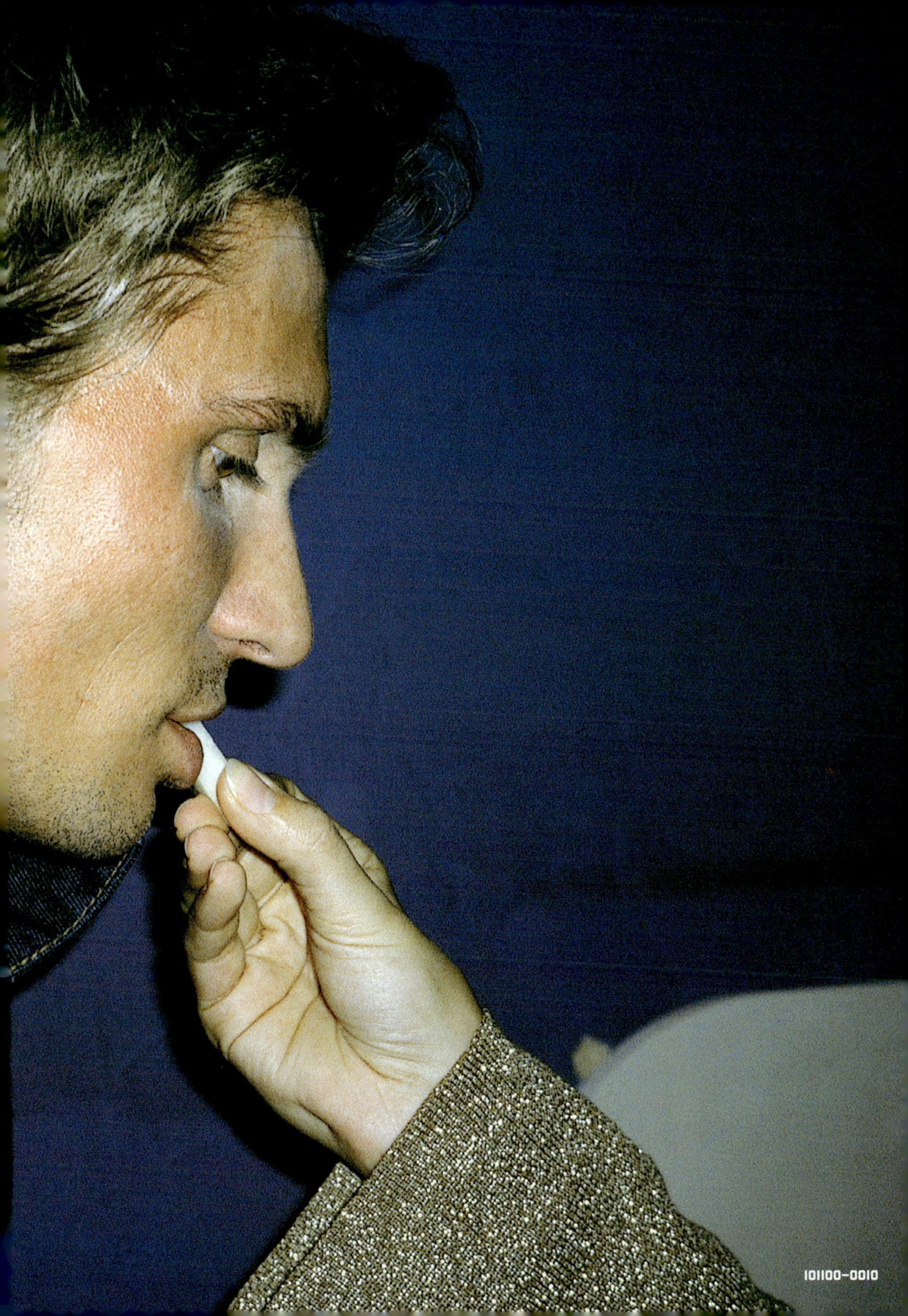
101100-0010

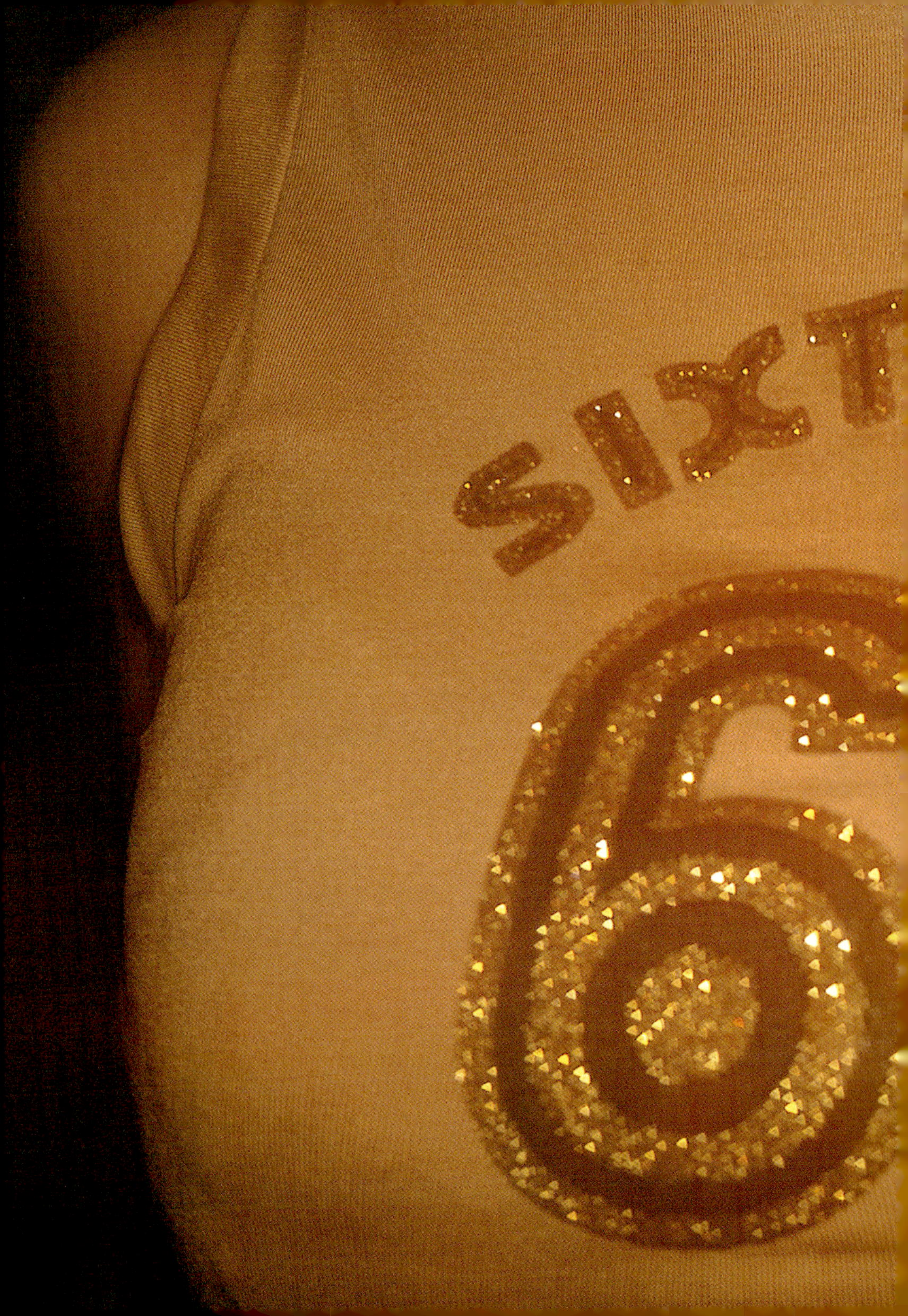

SIXT
6

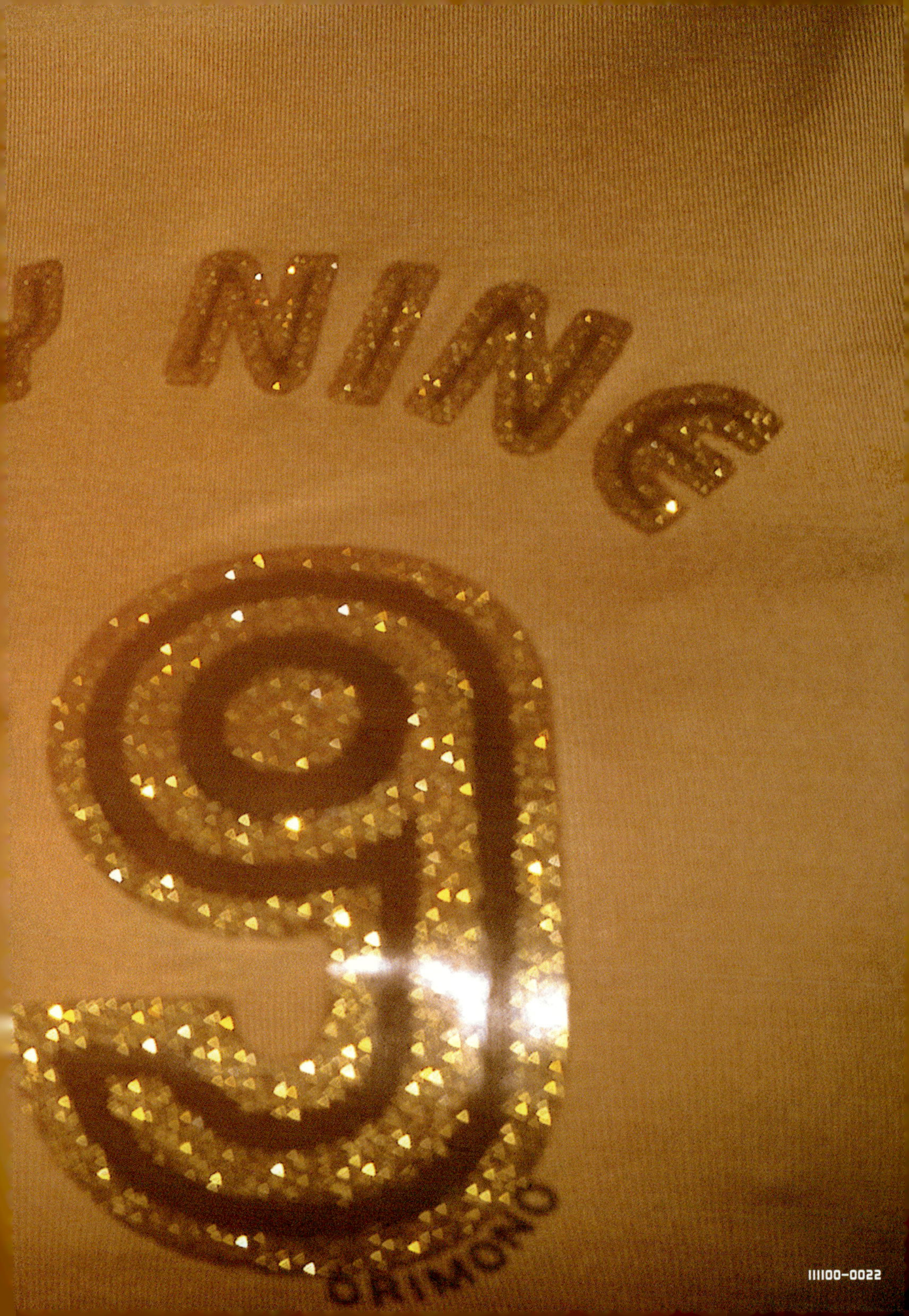
NINE
9
DAIMONO

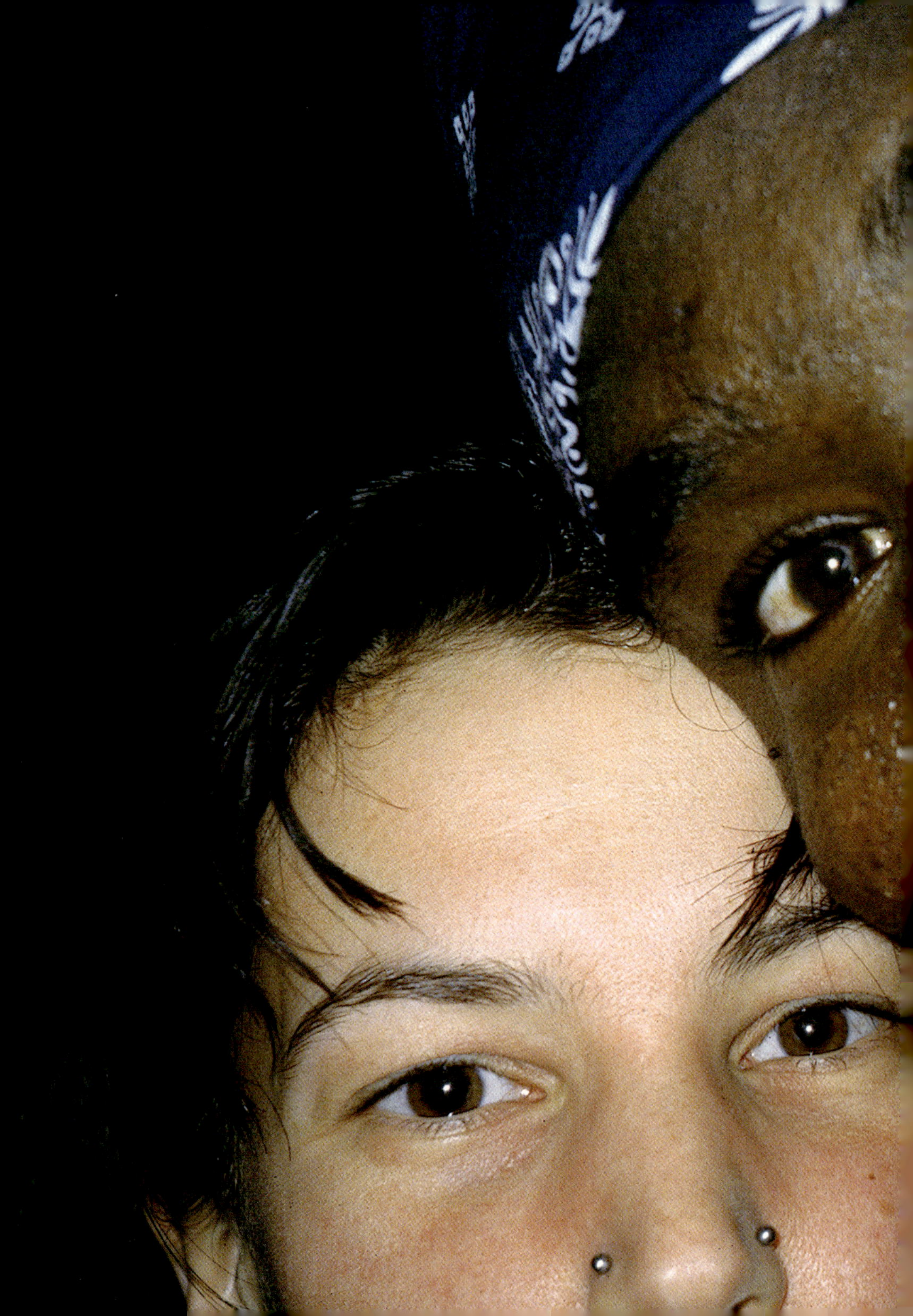

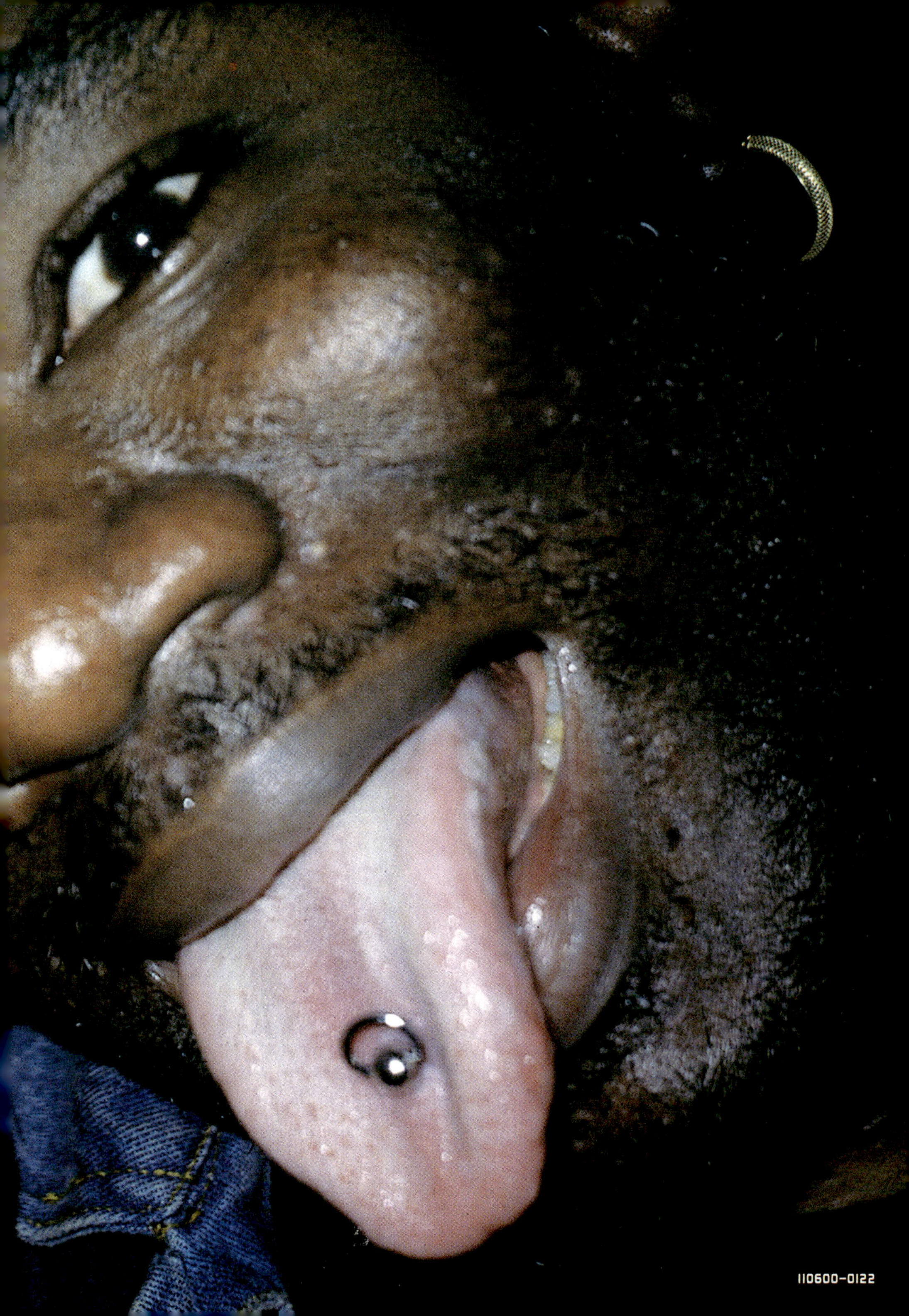

110600-0122

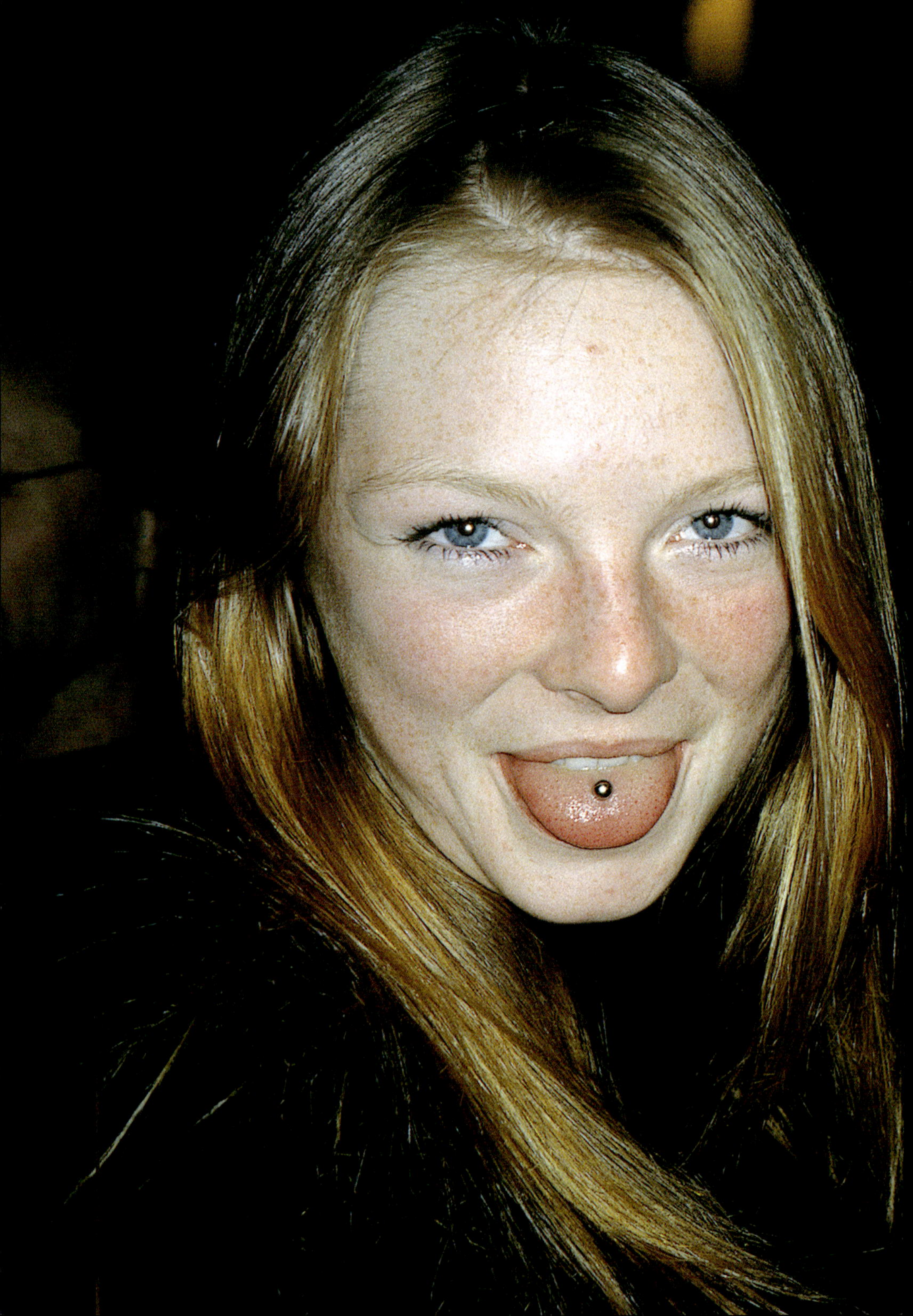

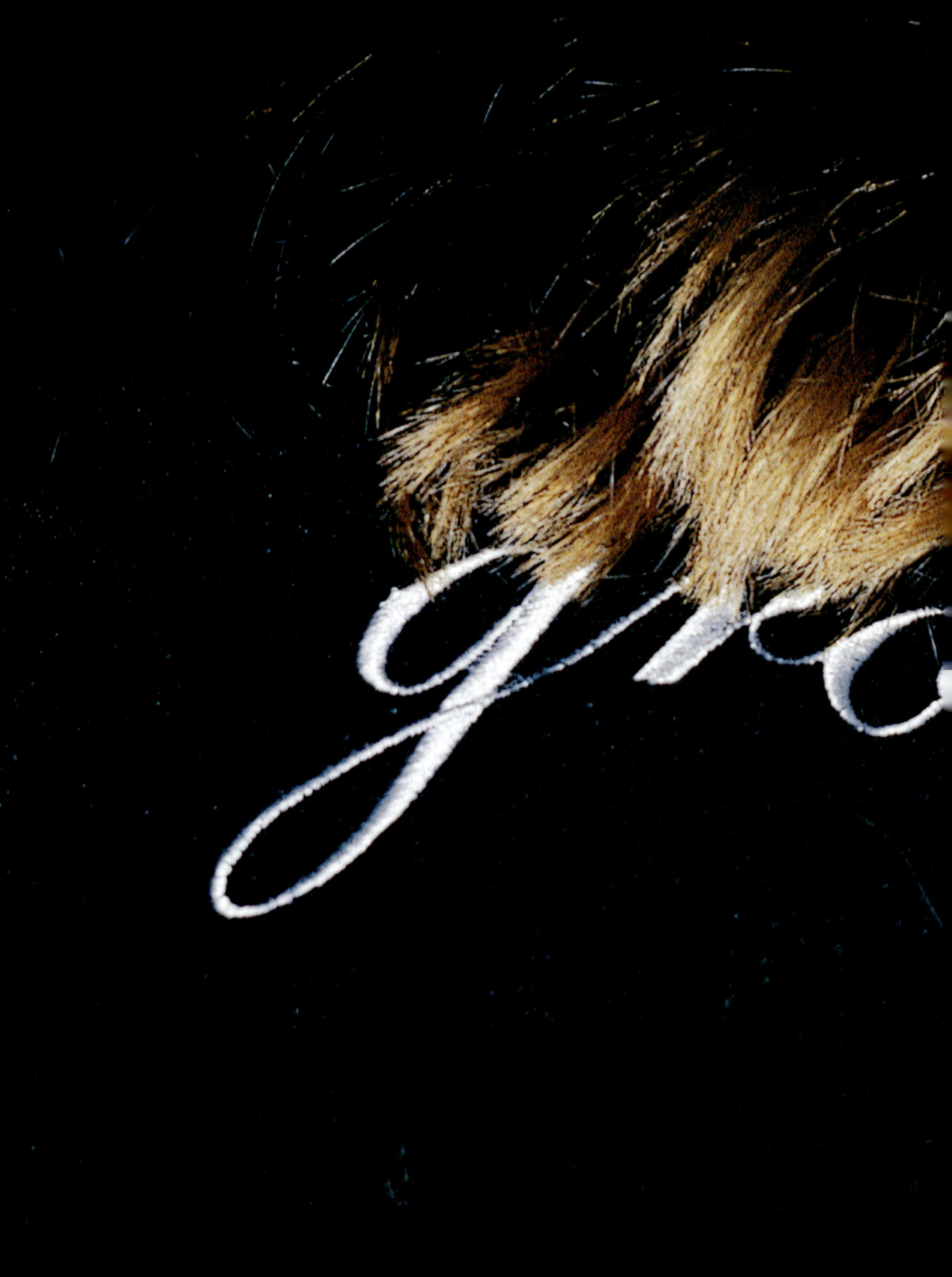

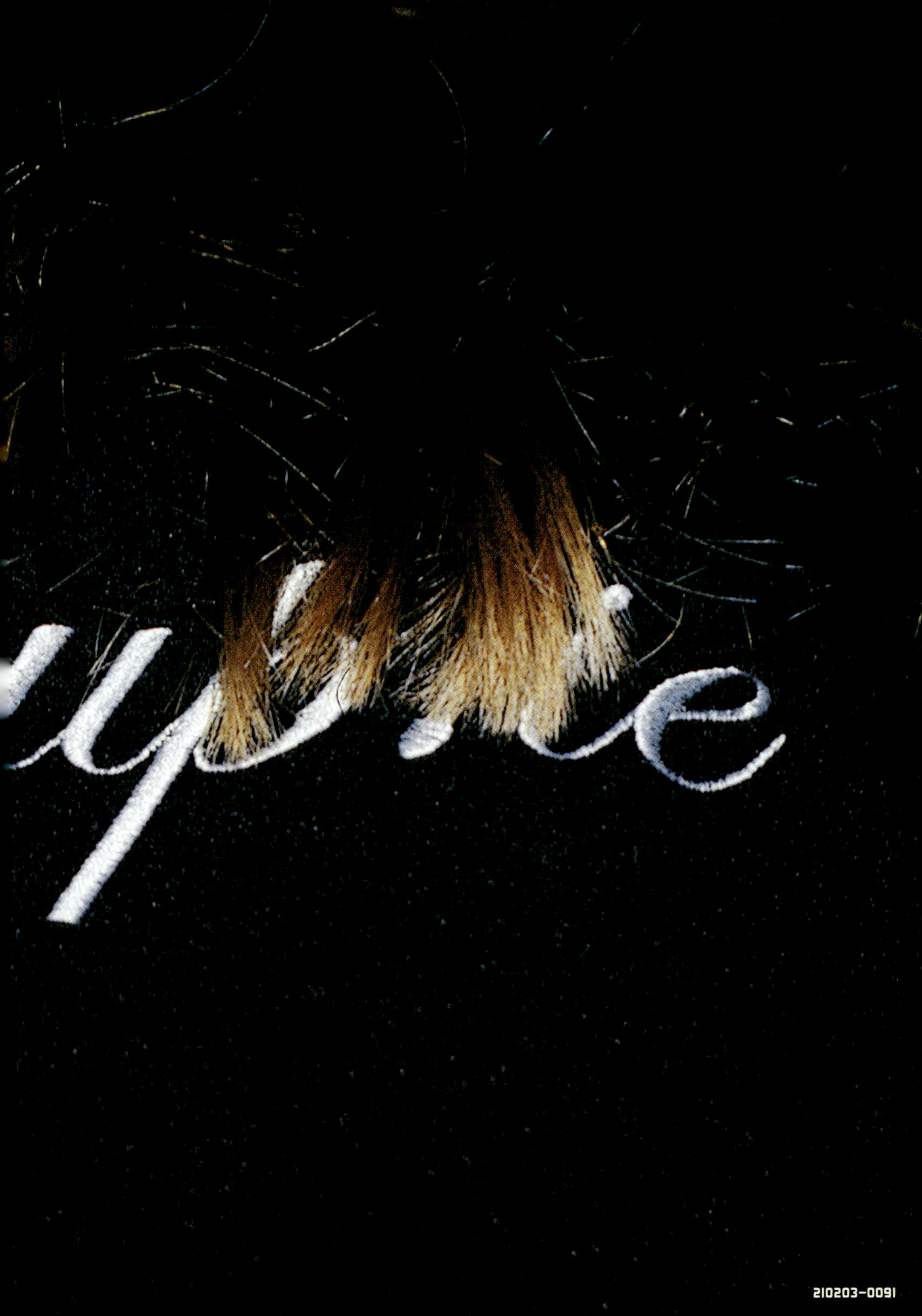

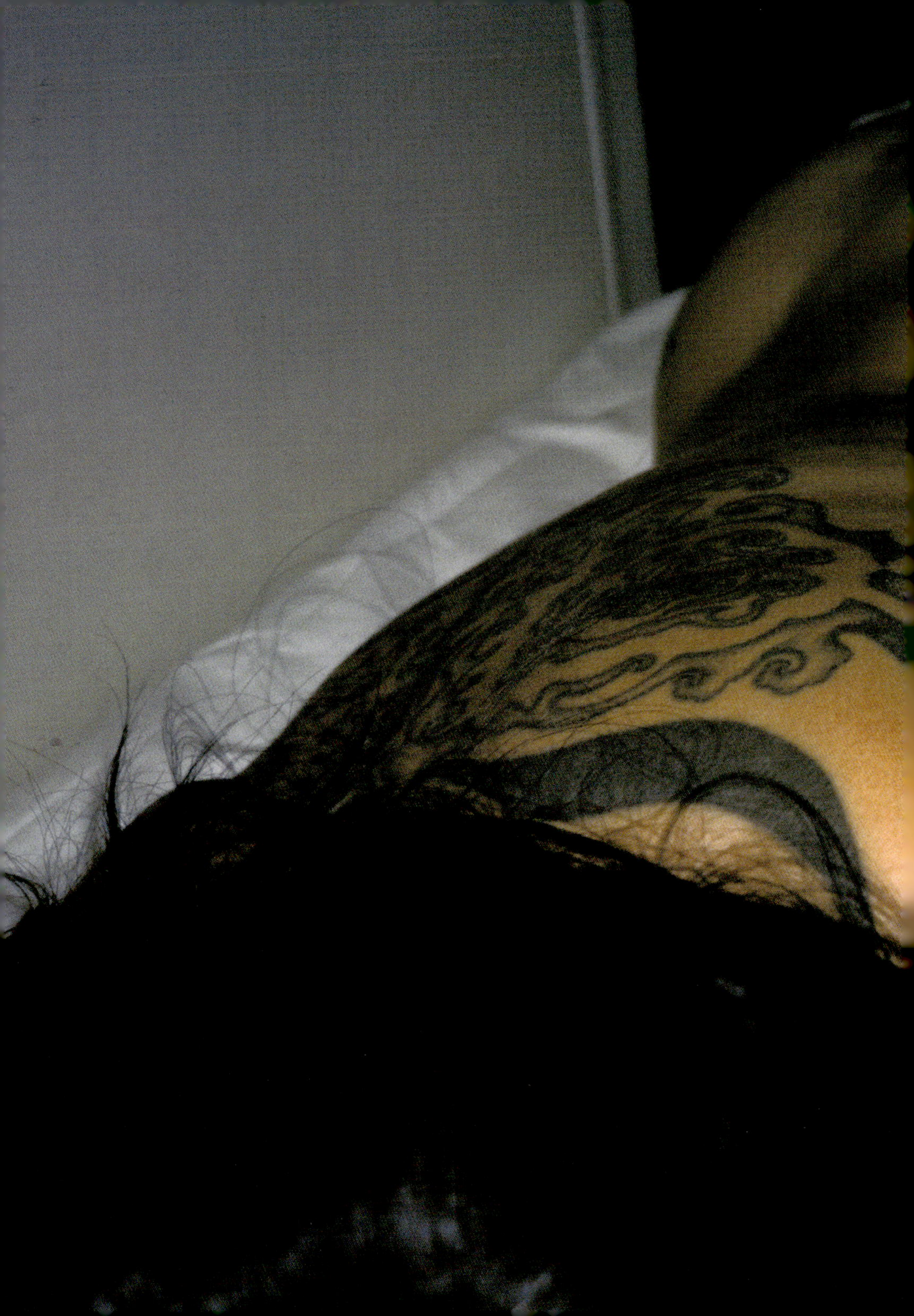

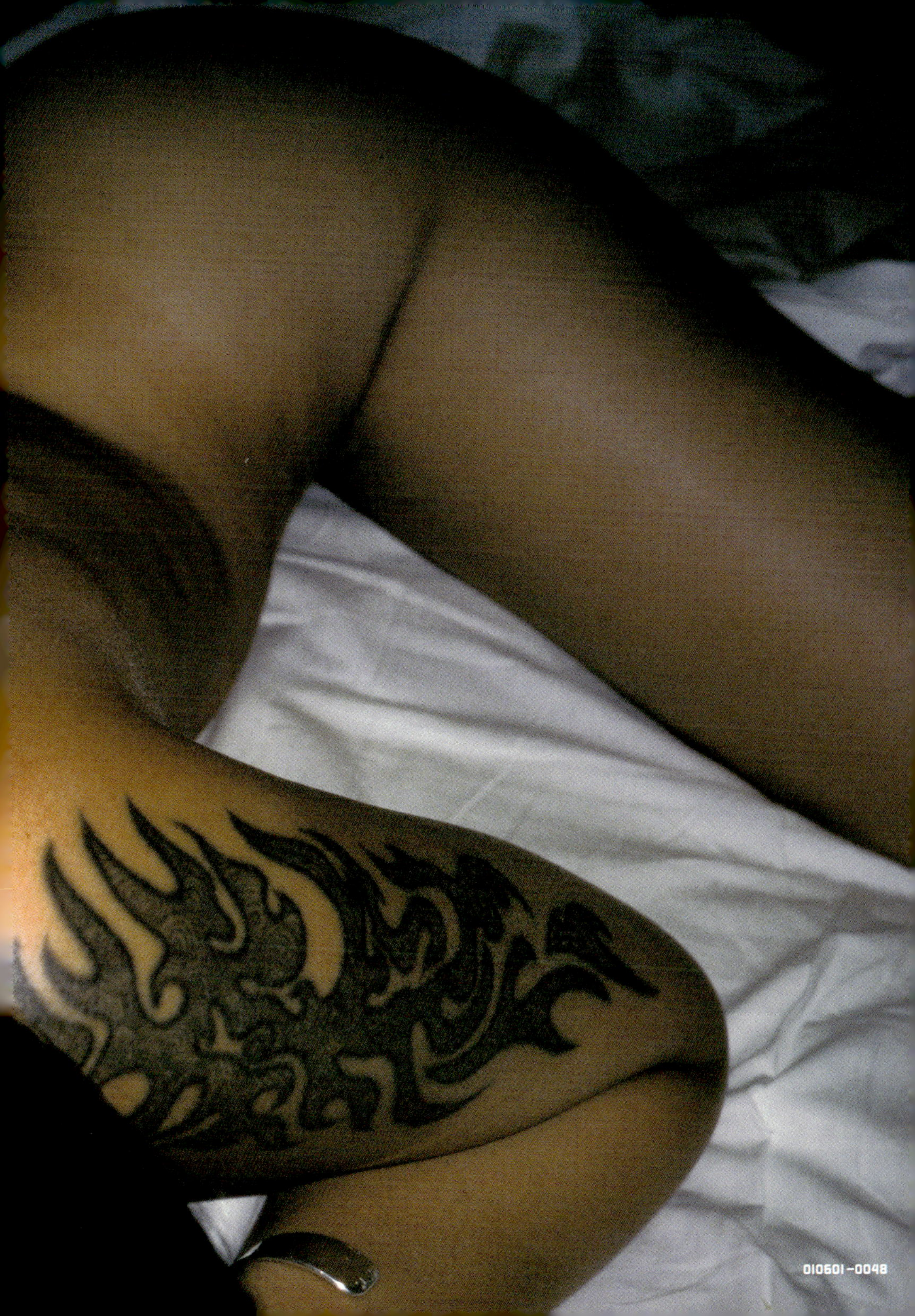
010601-0048

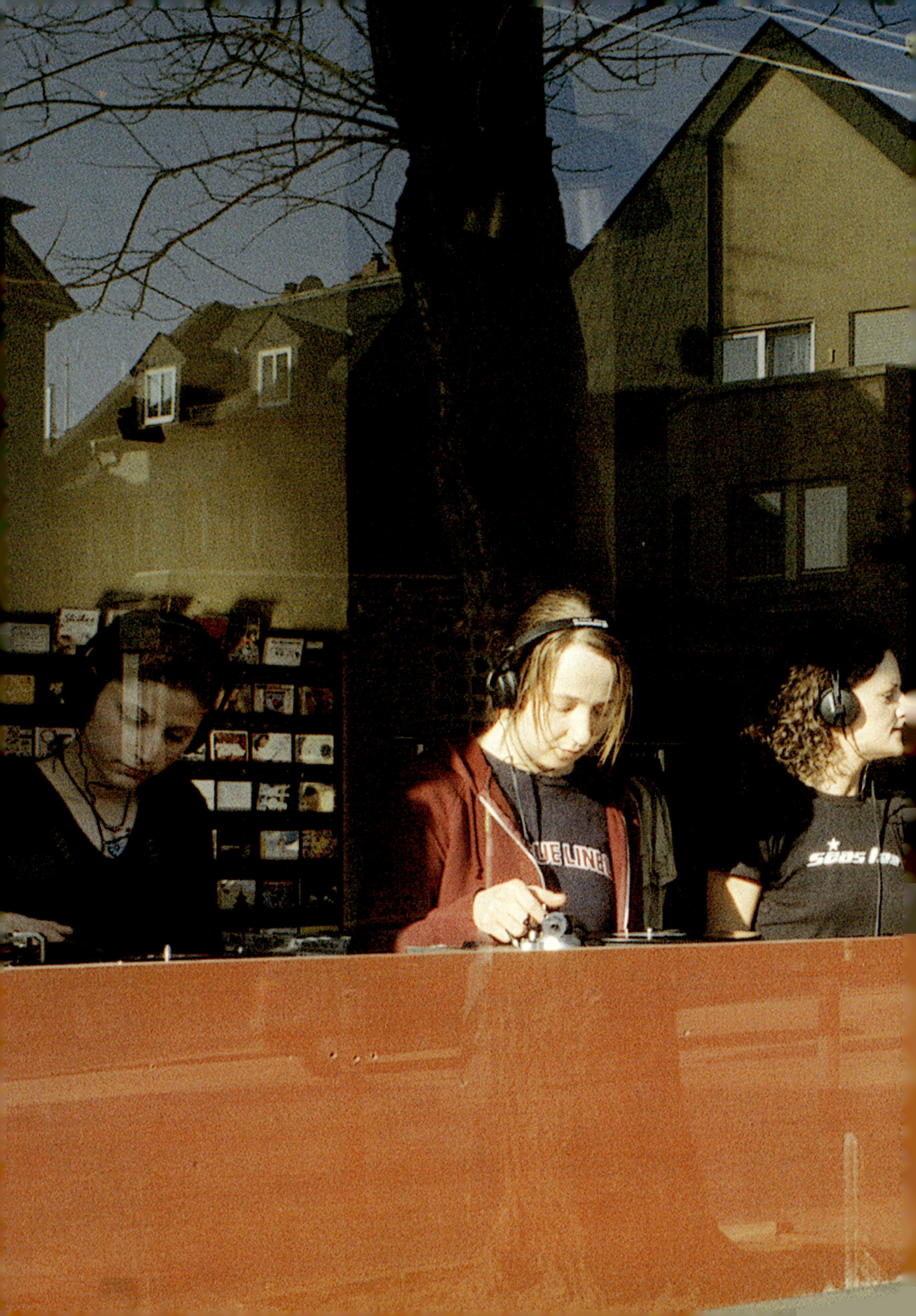

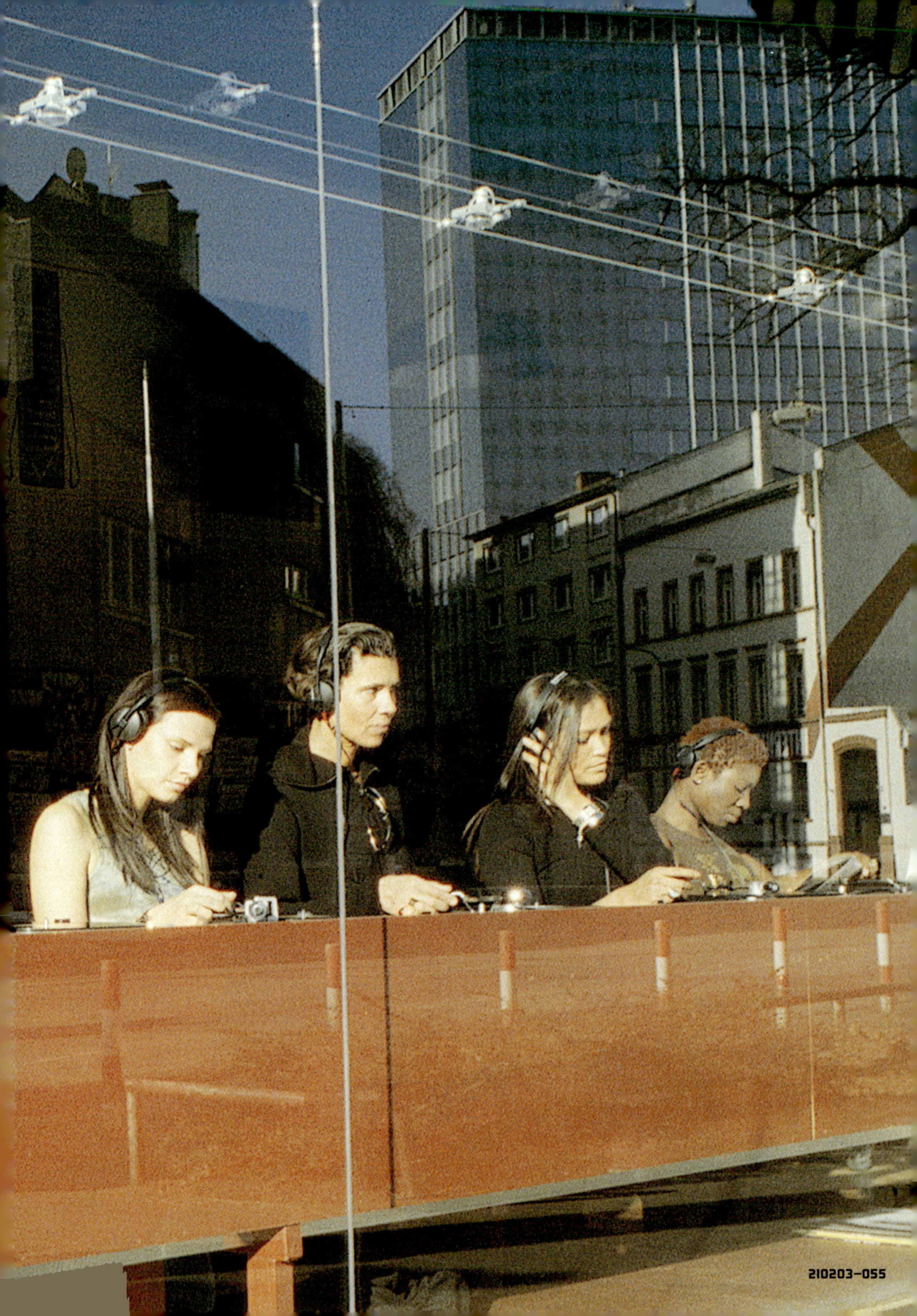

210203-055

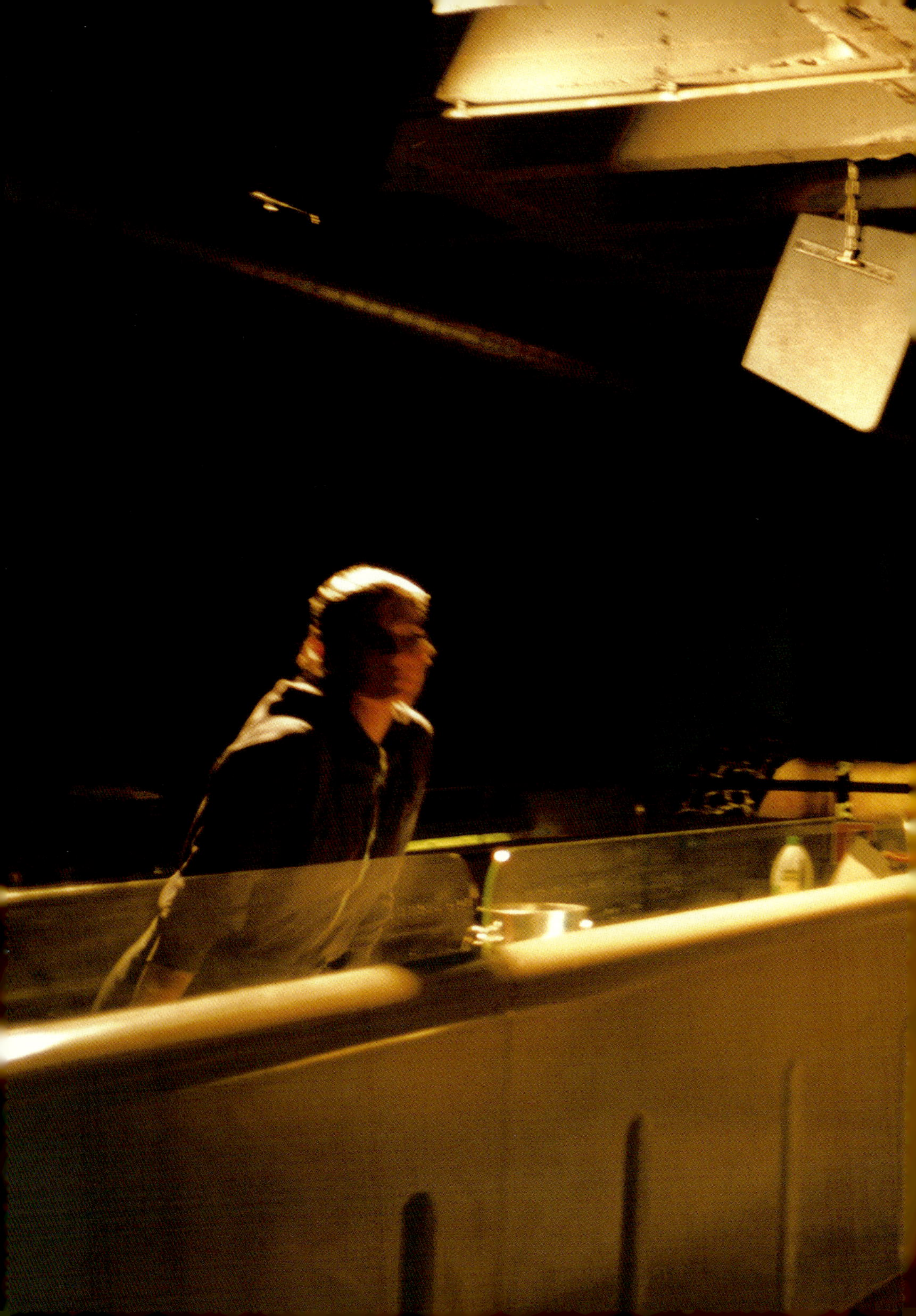

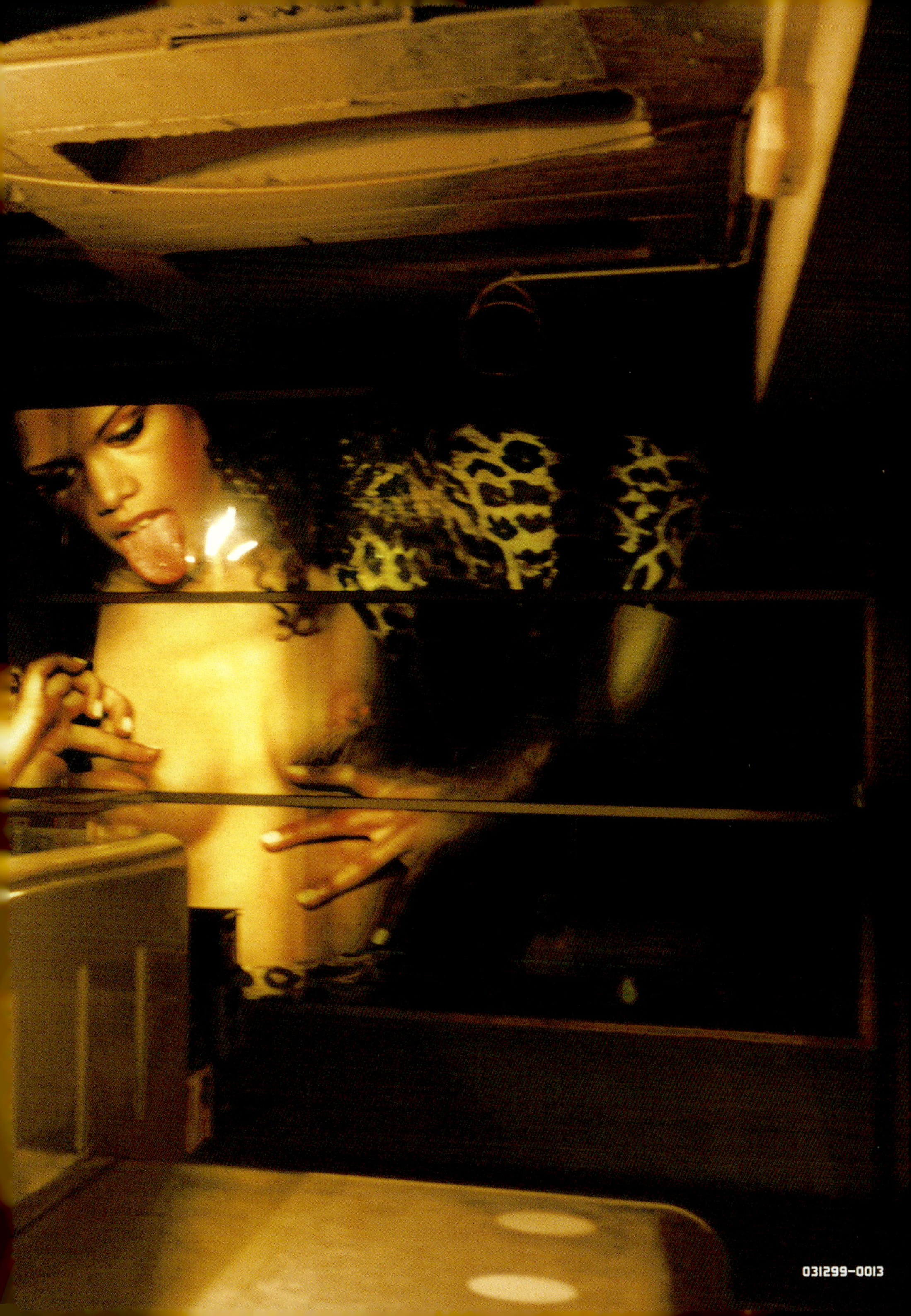

031299-0013

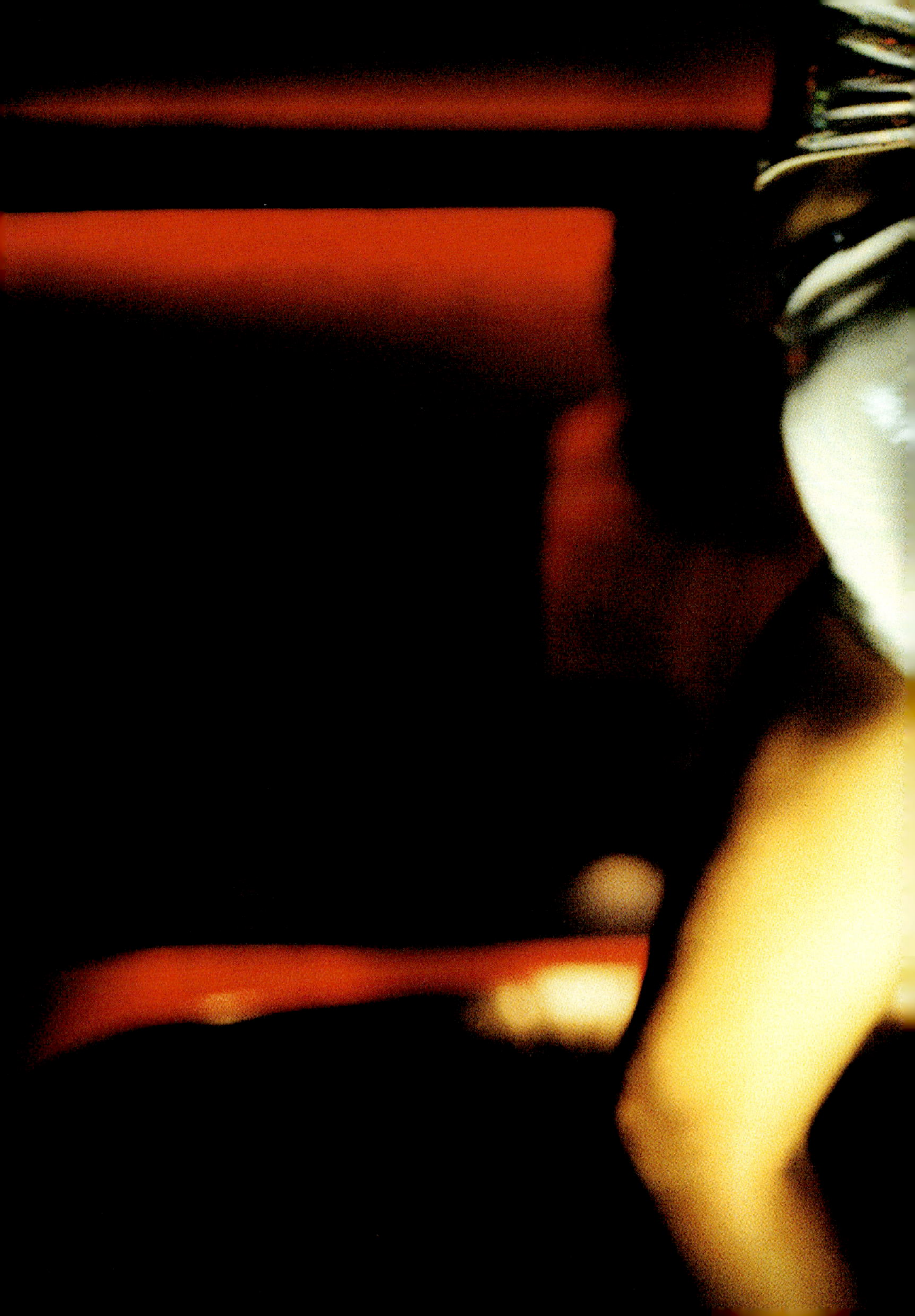

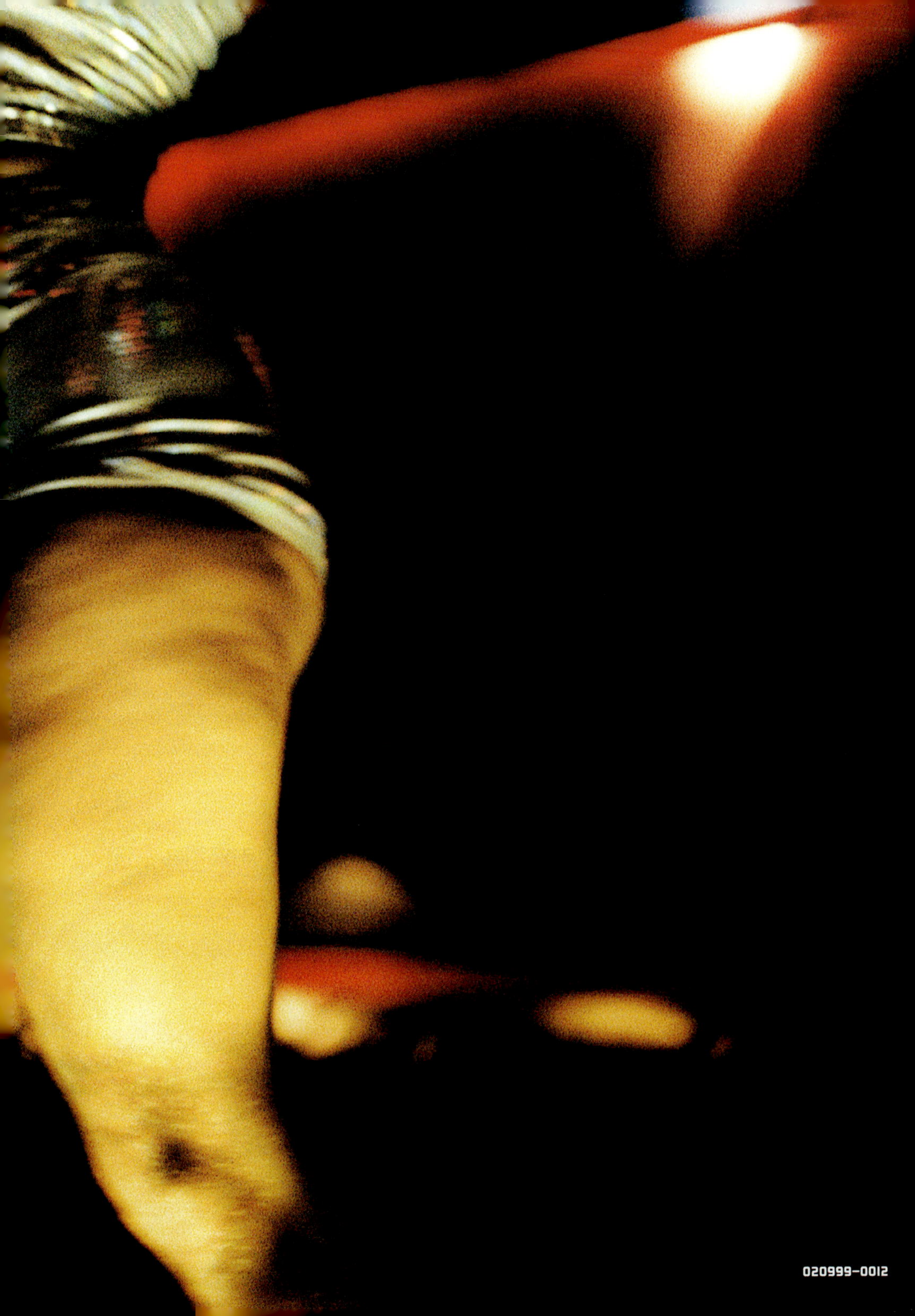
020999-0012

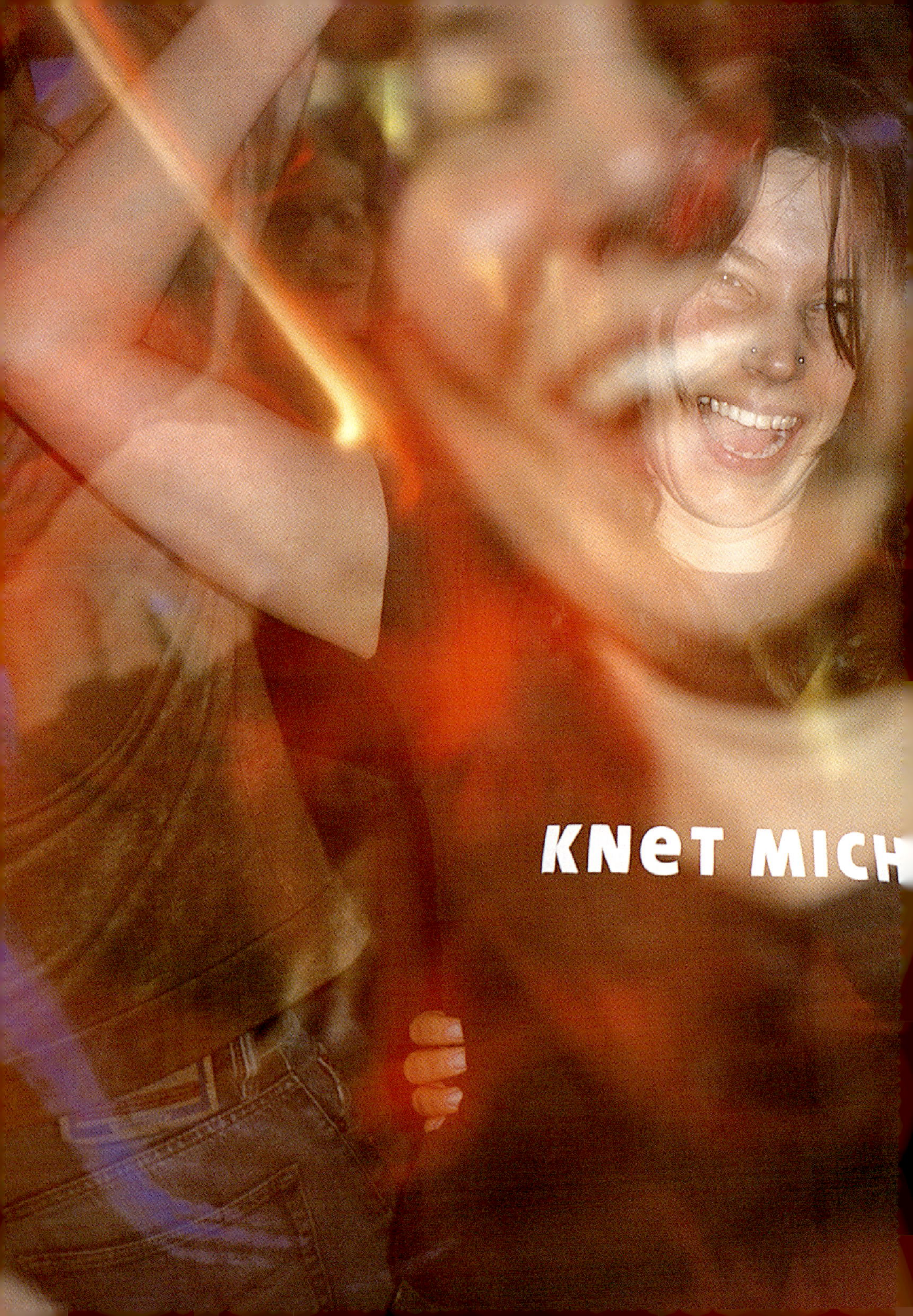

KNeT MICH

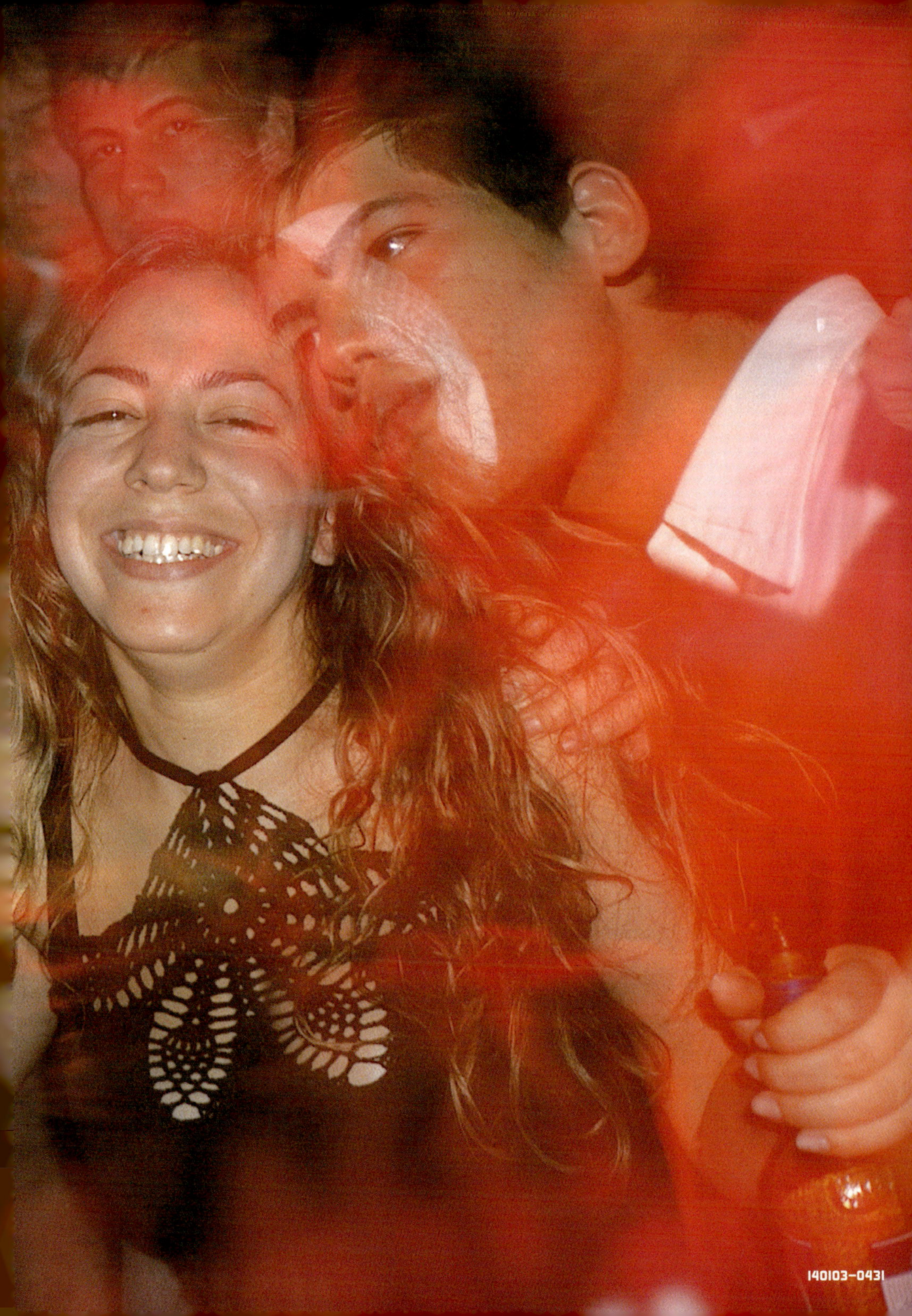

140103-0431

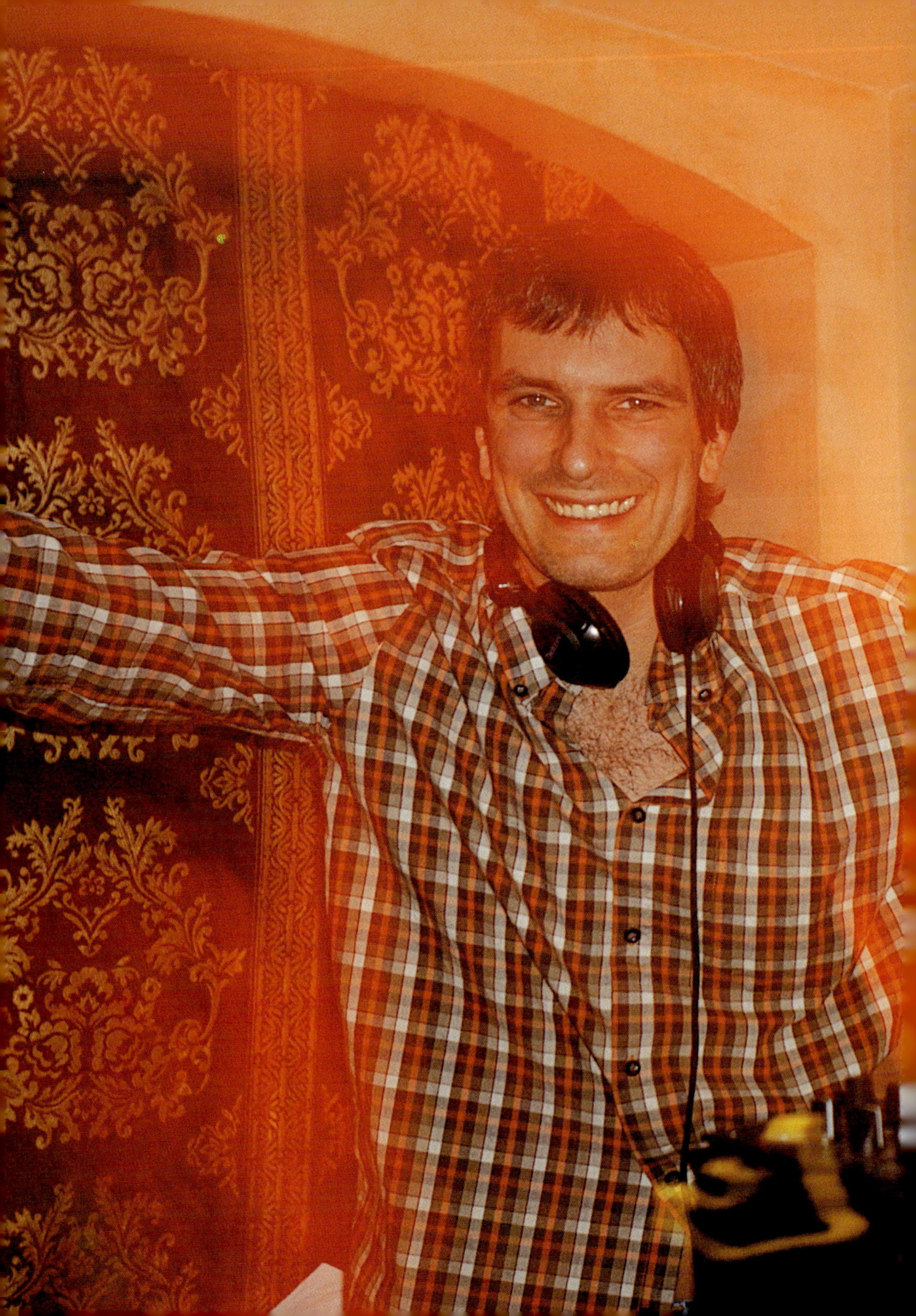

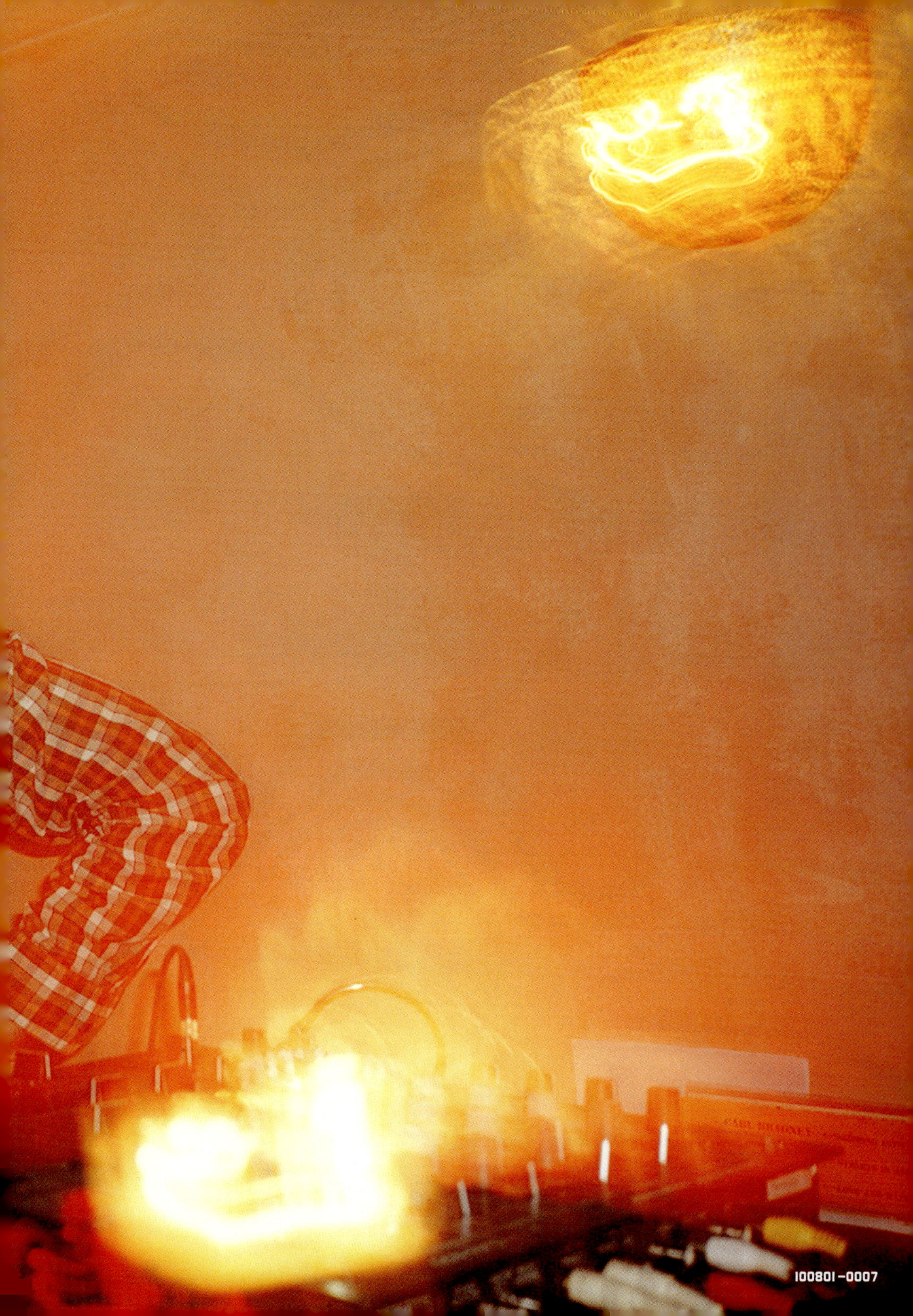

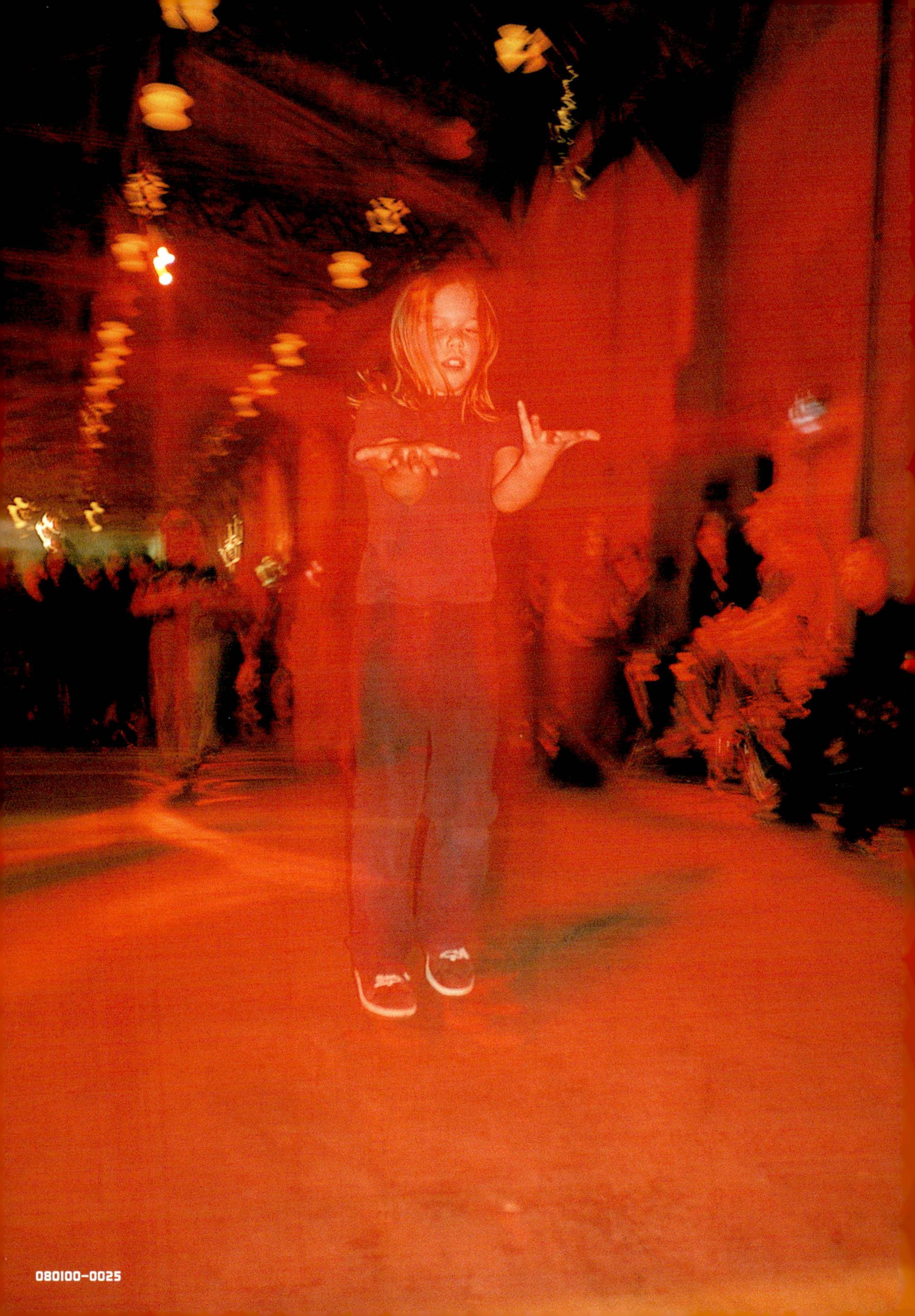

080100-0025

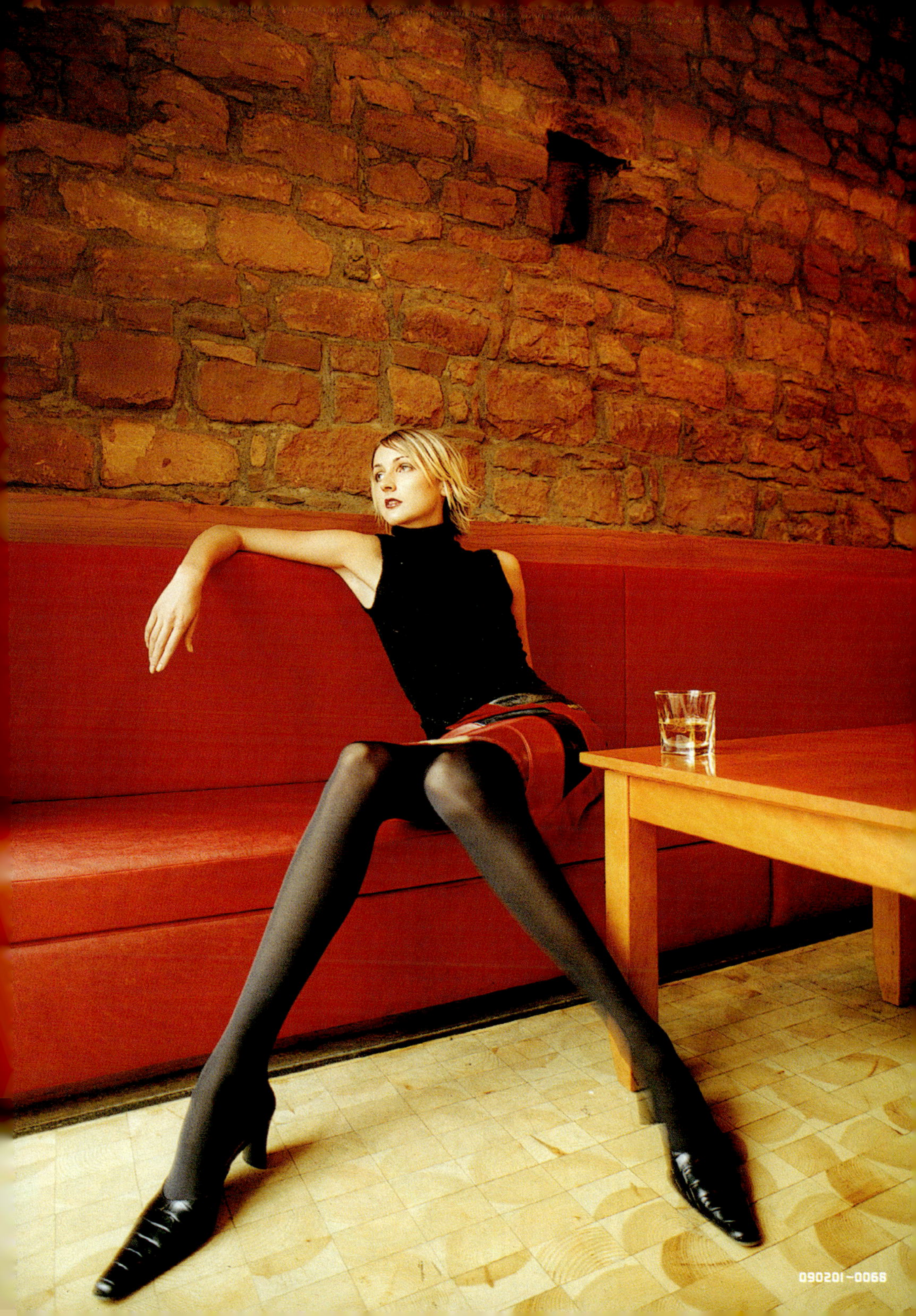
090201-0066

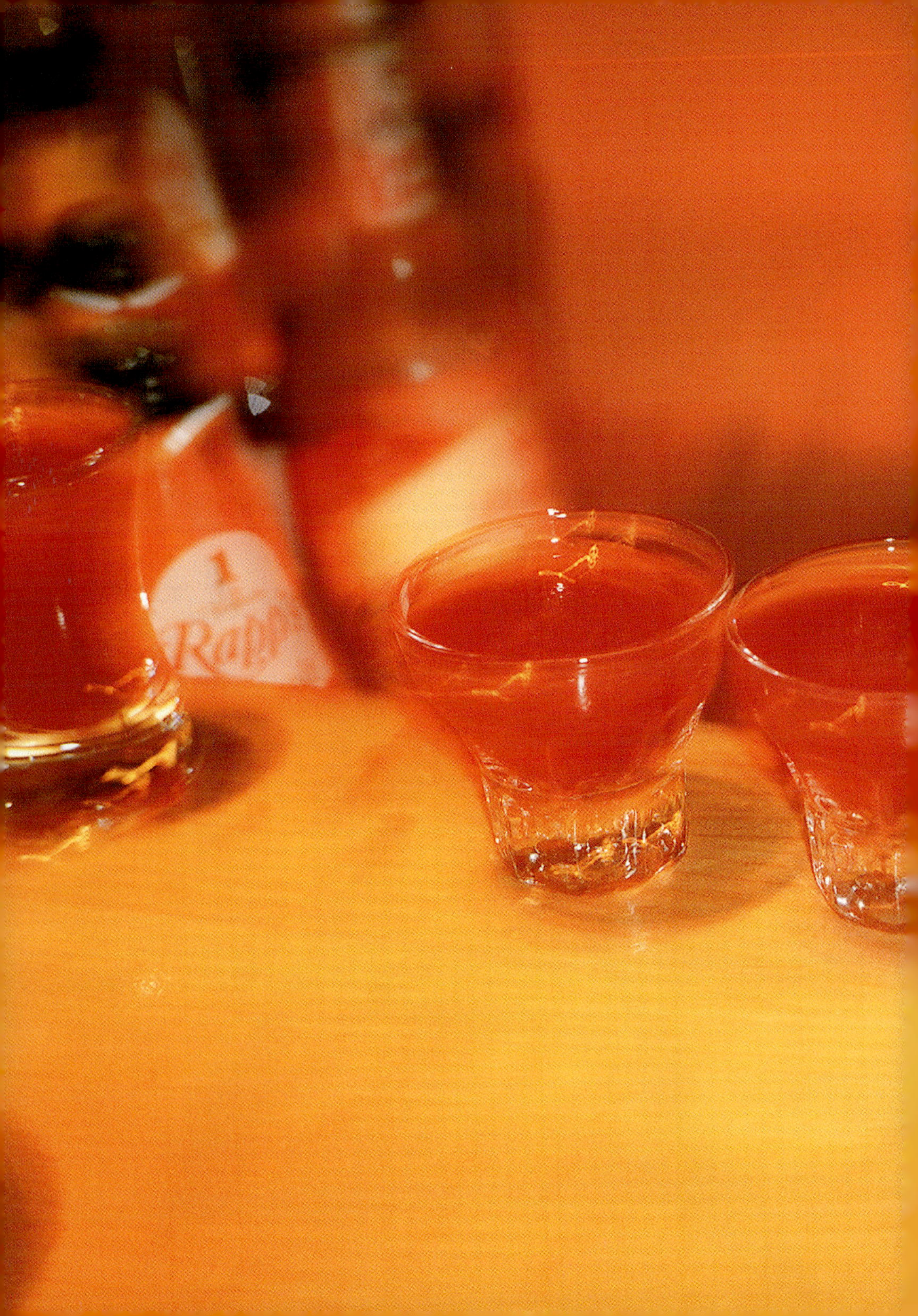

1
Rap

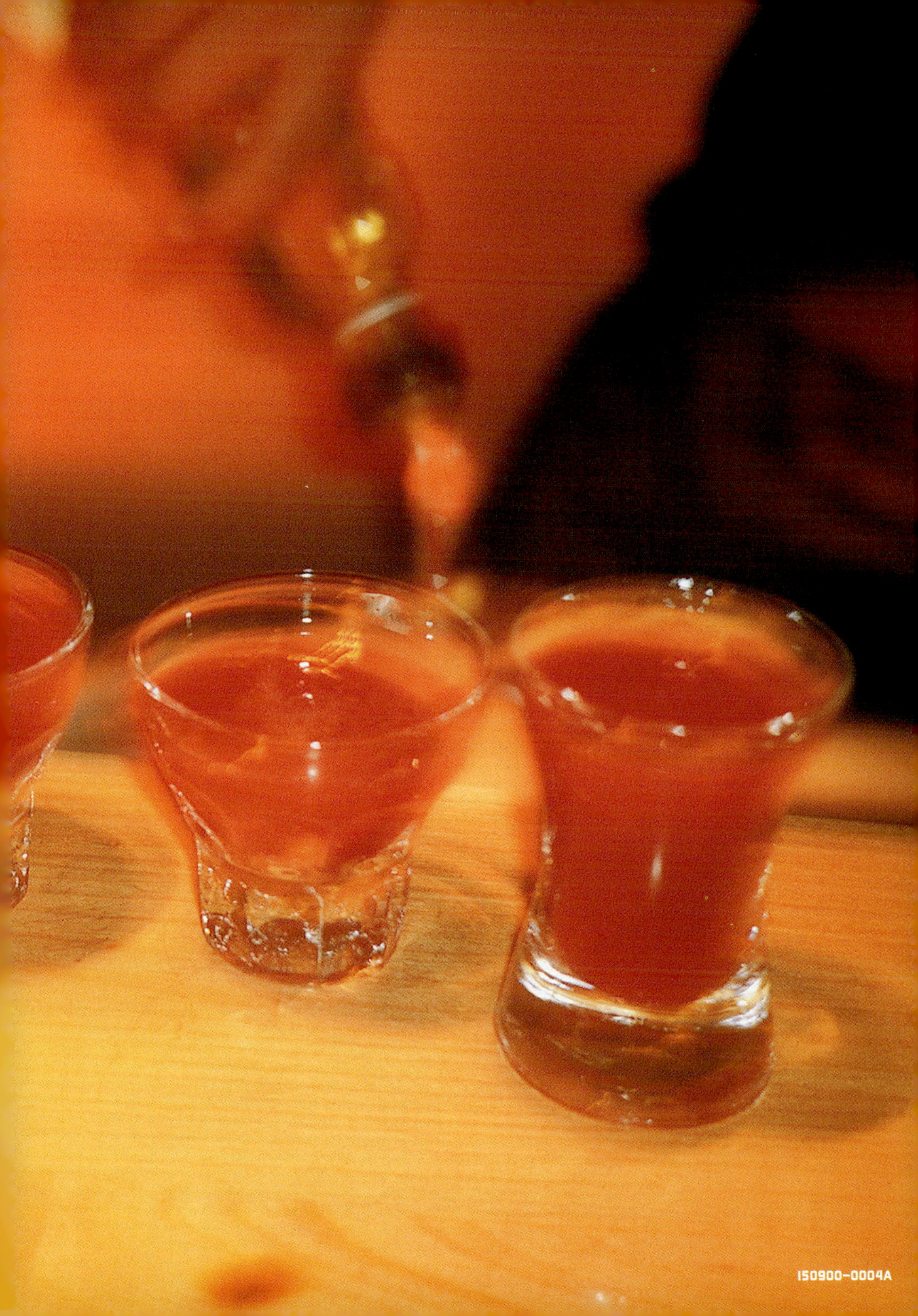
150900-0004A

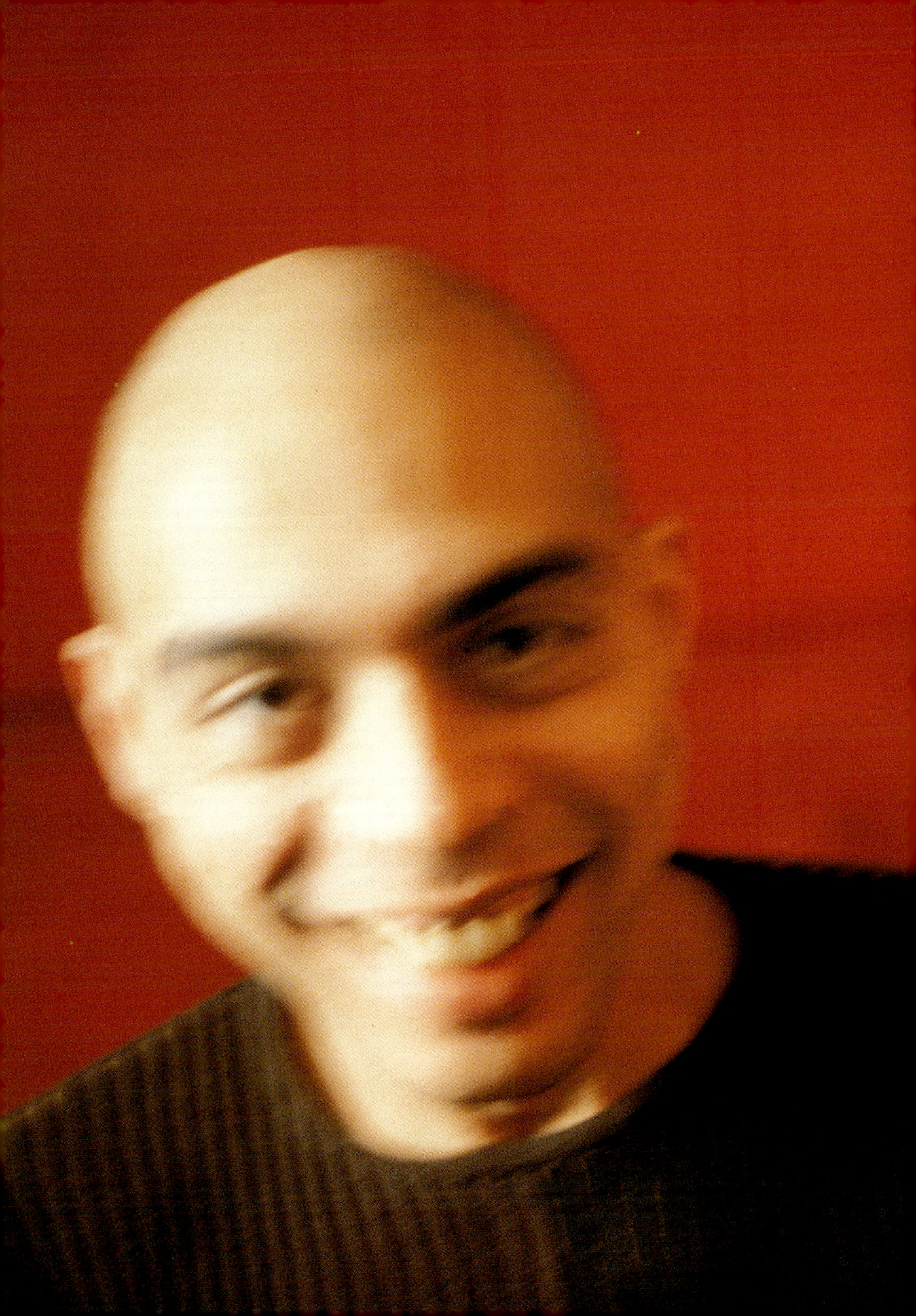

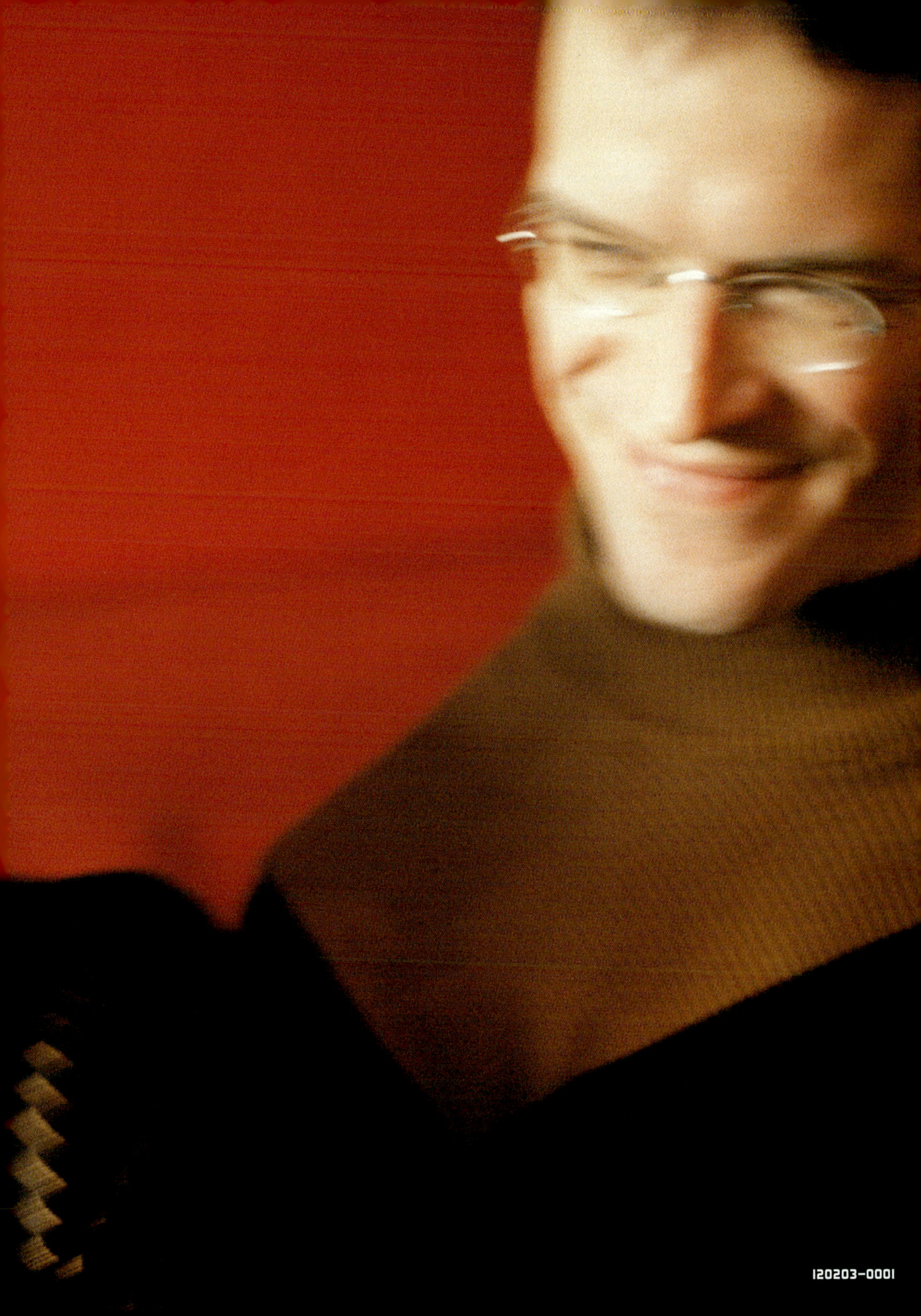
120203-0001

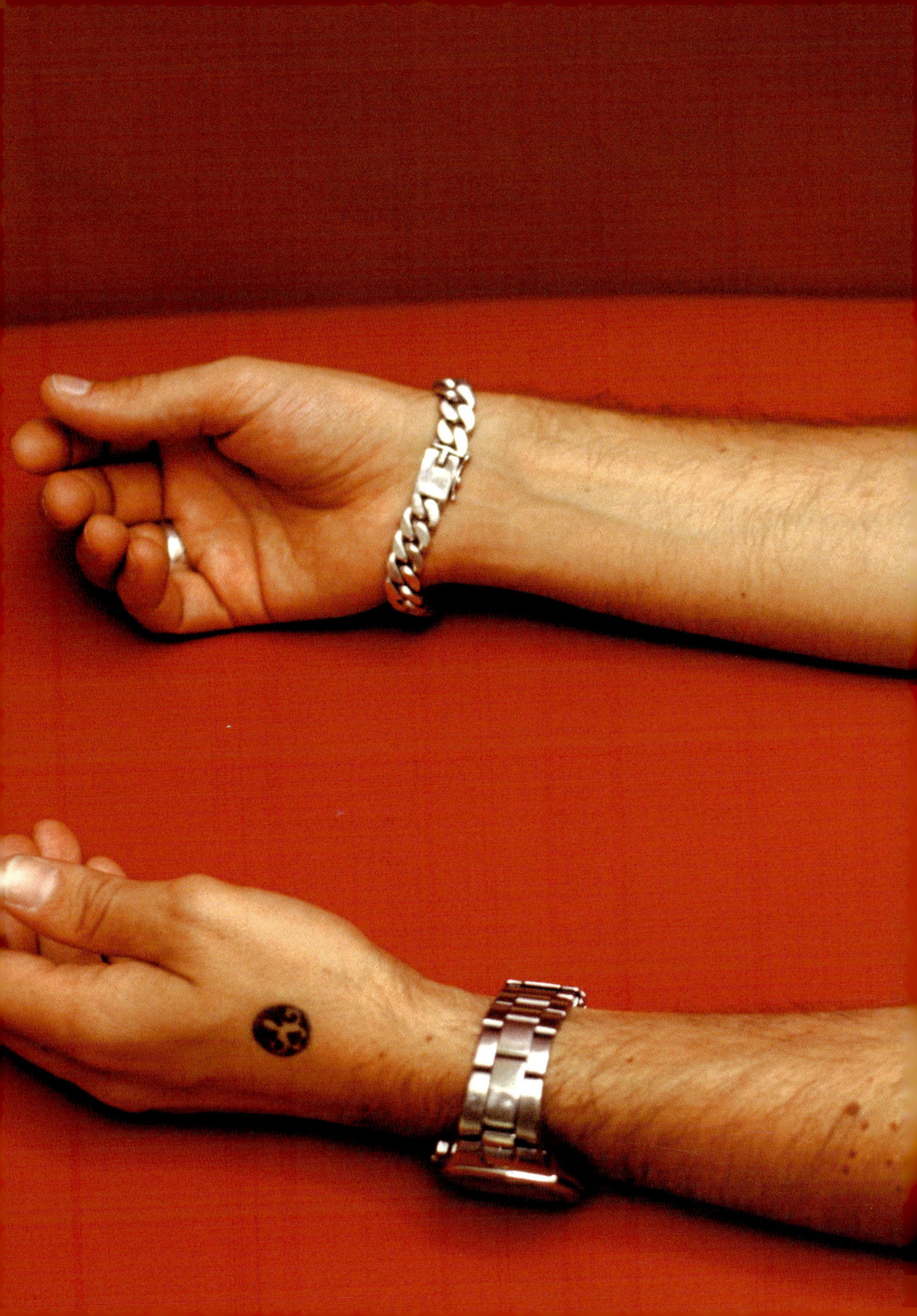

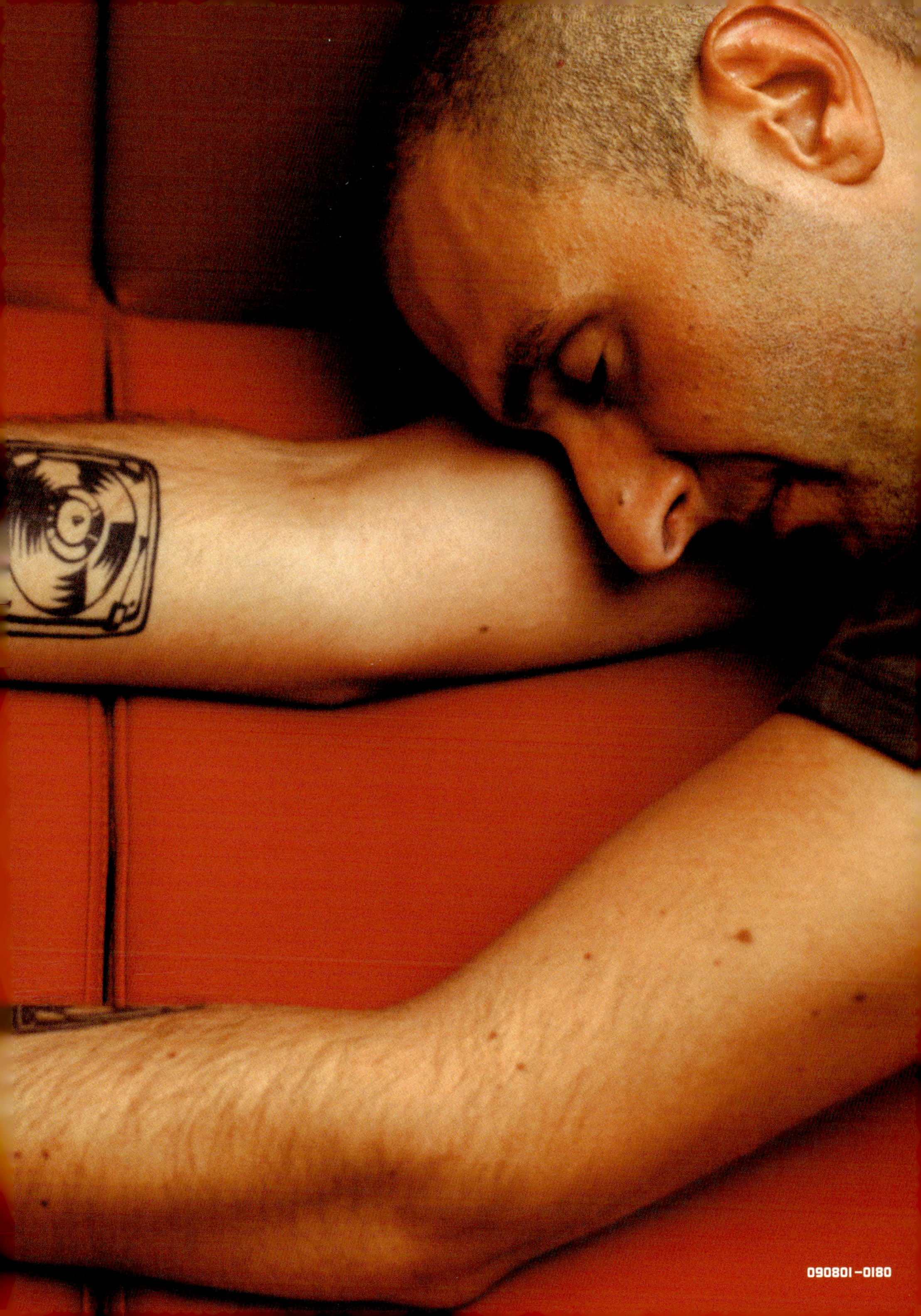
090801-0180

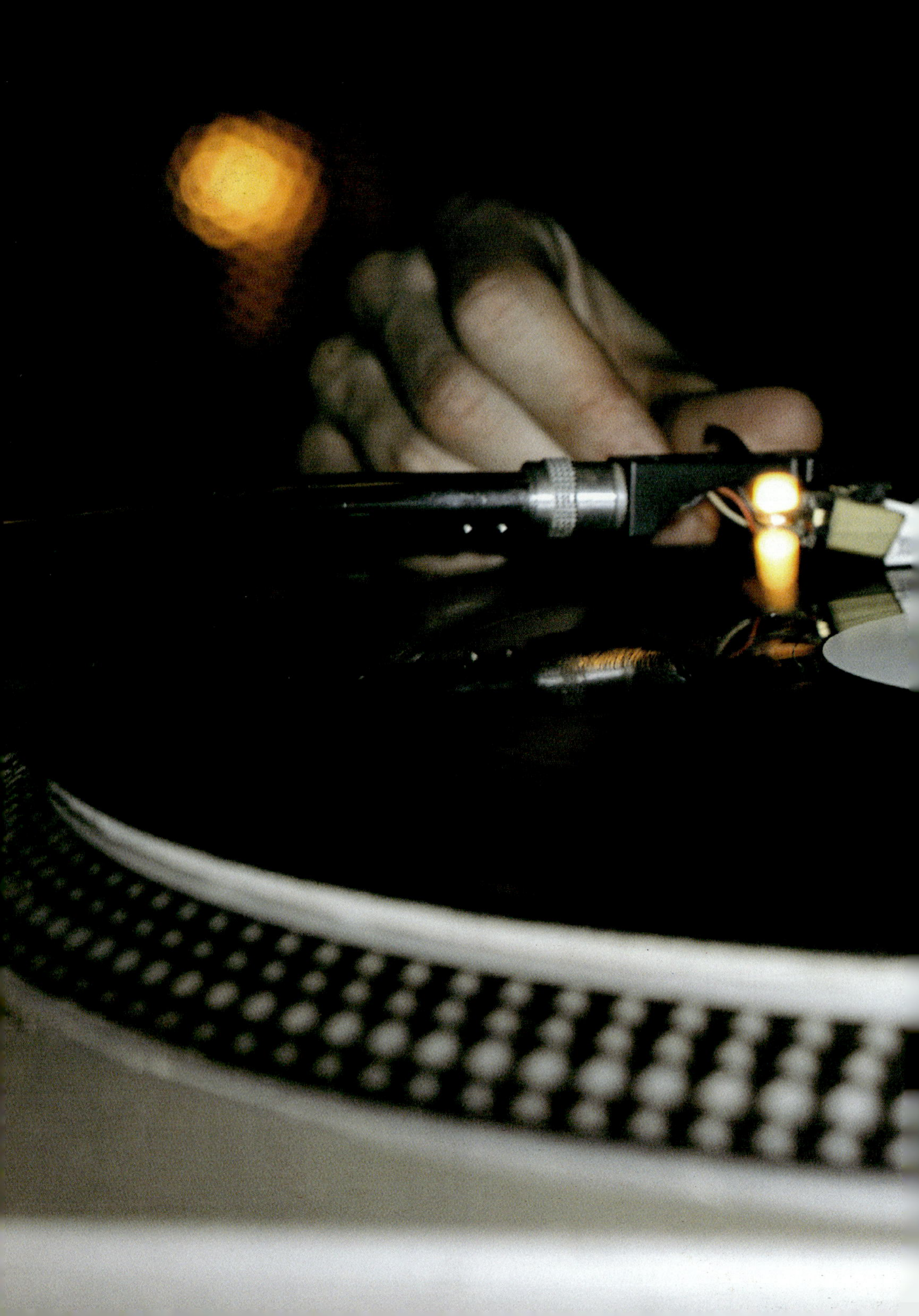

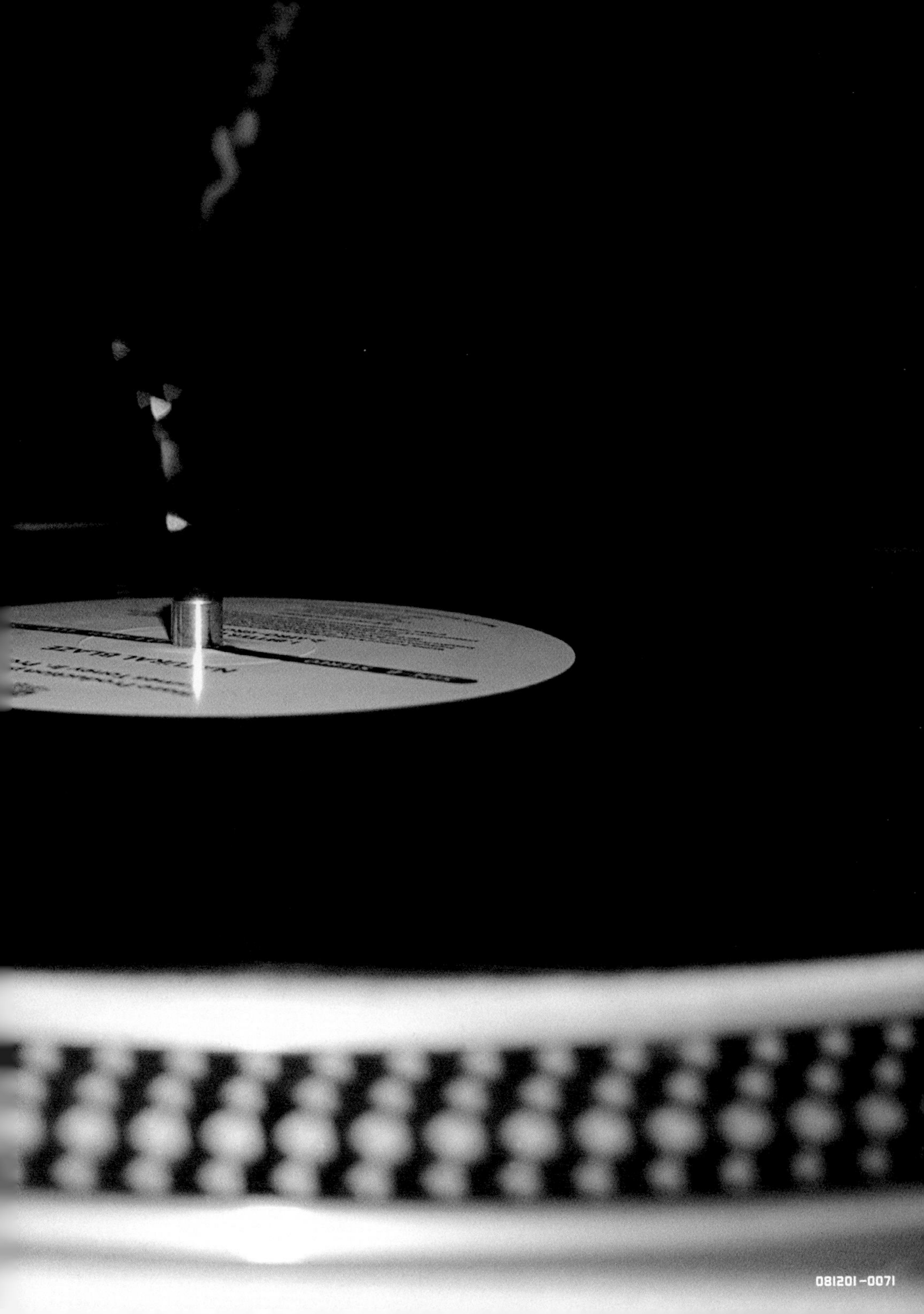

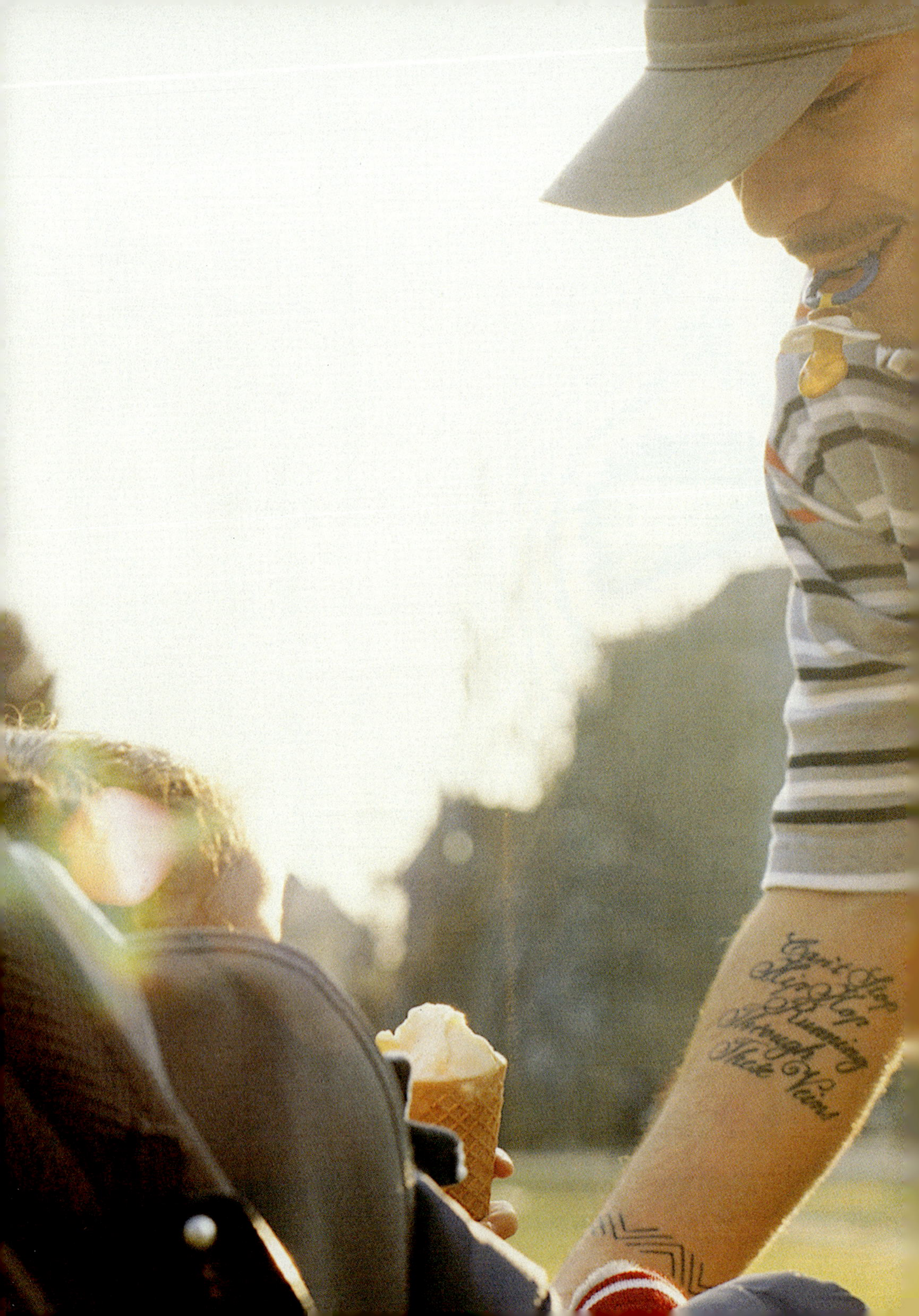

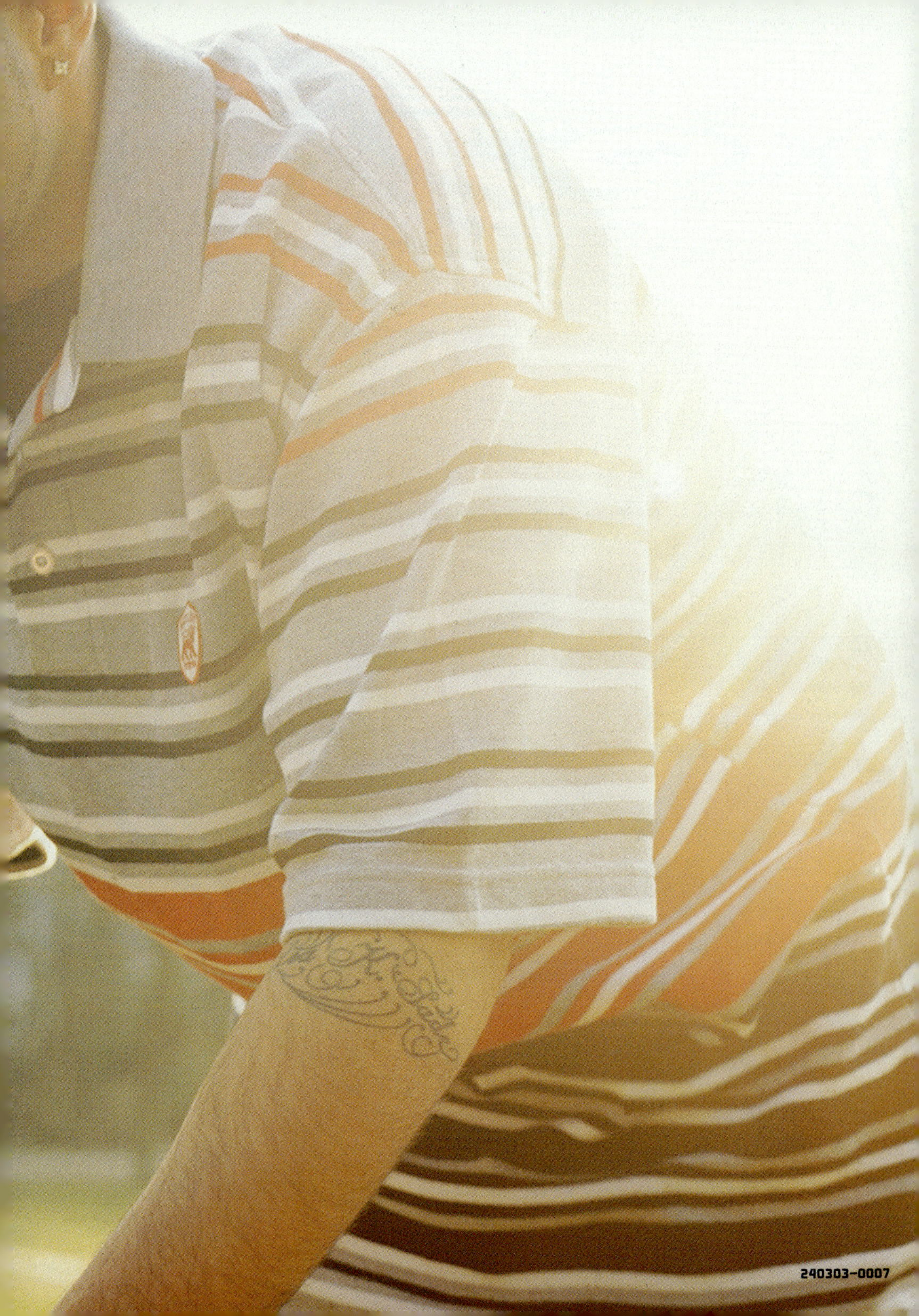

240303-0007

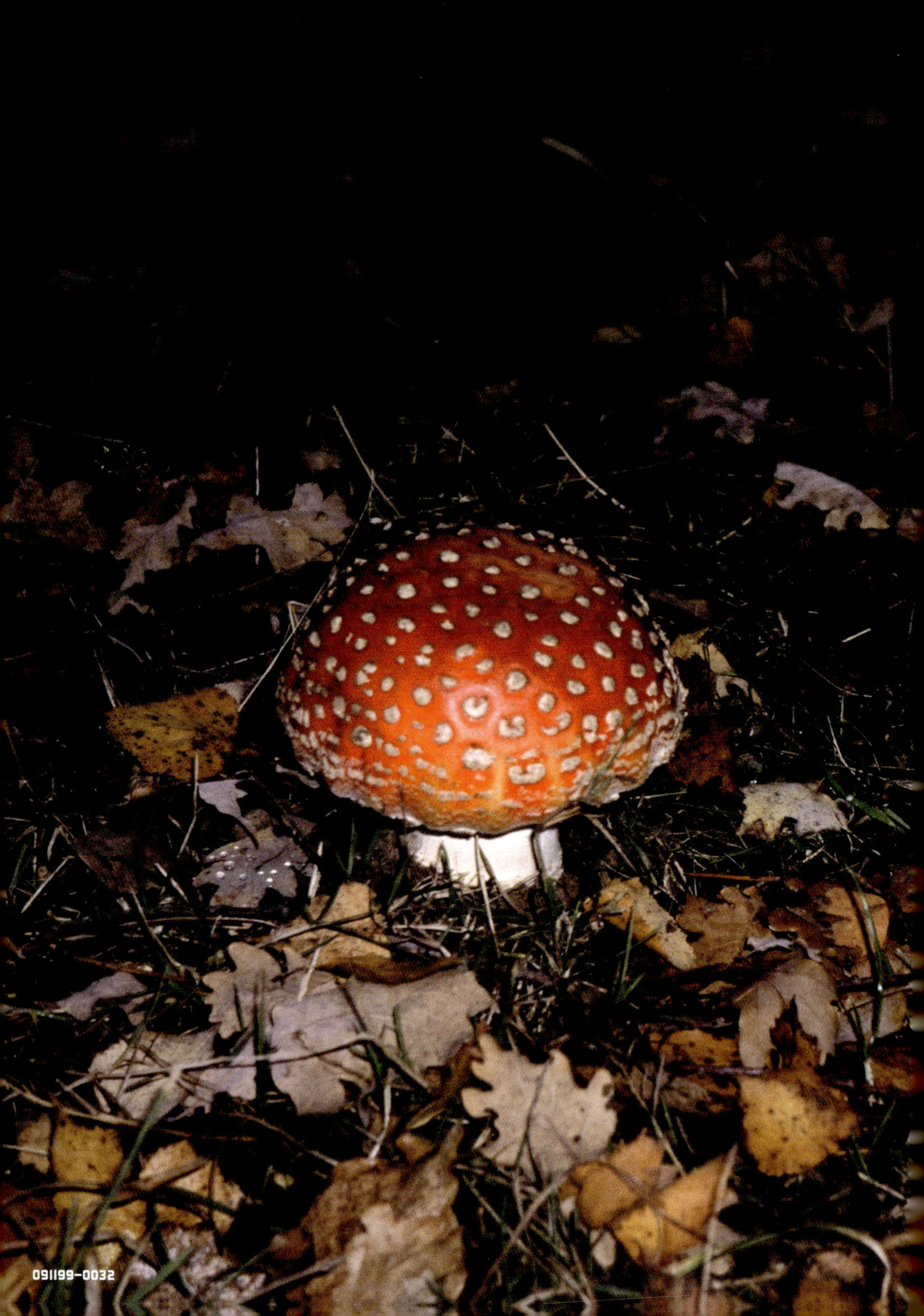
091199-0032

160801-0001 (Cover, front) Radost Bokel (Bock auf'n Beat), GEM Studios, Offenbach, Germany, 110999-1387 Jam & Spoon promotion slip, New York, NY, USA, 090302-0015 Detail, installation "Expedit", Museum für Moderne Kunst Frankfurt/Main, Germany, 230103-0001 Foyer 8th. floor, Trianon, Frankfurt/Main, Germany, 010599-0356 Frankfurt/Main, Germany, 081200-0018 Opium (Club), Frankfurt/Main, Germany, 050300-0060 Stage, Oli P. concert, Mannheim, Germany, 050300-0100 Stefan, Oli P. concert, Mannheim, Germany, 050300-0223 Oli P. concert, Mannheim, Germany, 050300-0264 Oli P. concert, Mannheim, Germany, 050300-0121 Oli P. concert, Mannheim, Germany, 050300-0229 Oli P. concert, Mannheim, Germany, 110999-1357 Subway station, New York, NY, USA, 031299-0005 Bathroom door, Cafe Treibhaus, Nuremberg, Germany, 011000-0055 Cafe Förster's, Offenbach, Germany, 090801-0175 Sebbo & Pascal F.E.O.S., GEM Studios, Offenbach, Germany, 110700-0012 Berlin, Germany, 040900-0224 Amnesia (Club), Ibiza, Spain, 180801-0043 Bathroom, "Popkomm" (Music-Tradeshow), Cologne, Germany, 290699-0004 Justin Eaton, Frankfurt/Main, Germany, 130400-0001 Ingo Boss, Helium (Bar), Frankfurt/Main, Germany, 181000-0055 Stereobar, Frankfurt/Main, Germany, 071000-0019A MTW (Club), Offenbach, Germany, 040900-0205 Amnesia (Club), Ibiza, Spain, 091000-0063 Studio 54 Party, 190 East (Club), Frankfurt/Main, Germany, 020999-0045 Golden Gate Club (weekend), Frankfurt/Main, Germany, 031299-0018 Human, Mach 1 (Club), Nuremberg, Germany, 200801-0020 Concert, New York, NY, USA, 270999-0019 Concert, MTW, Offenbach, Germany, 081200-0045 DJ T. & Ricardo Villalobos, Monza (Club), Frankfurt/Main, Germany, 150900-0026A Holger, Frankfurt/Main, Germany, 180799-0031 Silke, Subway, Germany, 150900-0032 Holger, Frankfurt/Main, Germany, 170401-0049 Katja, Frankfurt/Main, Germany, 130200-0002 Cordes, 025 (Club), Frankfurt/Main, Germany, 091000-0009 Studio 54 Party, 190 East (Club), Frankfurt/Main, Germany, 160201-0019 Bernds Tiger, Frankfurt/Main, Germany, 150700-0004 Edith, Mörfelden-Walldorf, Germany, 130600-0017 Lines, Frankfurt/Main, Germany, 290798-0018 Curly, Living (Restaurant/Club), Frankfurt/Main, Germany, 121000-0077 Pamela, Stereobar, Frankfurt/Main, Germany, 290901-0018 Florian, Frisörsalon Wagner, Mörfelden-Walldorf, Germany, 250600-0418 Micky's make-up stuff, Frankfurt/Main, Germany, 071000-0016 Table, Offenbach, Germany, 141200-0002 Toilet, Monza (Club), Frankfurt/Main, Germany, 150500-0015 Ja! Artists, Schmalclub, TAT, Frankfurt/Main, Germany, 090301-0013B Bathroom, 11er (Bar), Frankfurt/Main, Germany, 110301-0003 Jez Eaton, Frankfurt/Main, Germany, 170998-0017B Bar, Nachtleben (Club), Frankfurt/Main, Germany, 150102-0031 Jürgen (Jazzanova), Berlin, Germany, 080203-0065 "Russel II", painting by Sandra Ackermann, Frankfurt/Main, Germany, 081201-0455 Artists (Infracom), Snowzone, Val Thorens, France, 140203-0016 Mama, Offenbach, Germany, 131099-0012 Pino, Hamburg, Germany, 260501-0005 Hessentag (Fun Park), Dietzenbach, Germany, 300401-0014 Frankfurt/Main, Germany, 020600-0025 Böhse Onkelz concert, Berlin, Germany, 010700-0035 Ata, "Sound of Frankfurt", Germany, 060402-0161 Cleveland Watkiss (UK), Frankfurt/Main, Germany, 020600-0041 Berlin, Germany, 120701-0145 Music video production "Whoa" (Darnell), 270203-0002 Peter Haubfleisch (Fresh Moods), "After Hour Party", Offenbach, Germany, 020500-0011 Sven Väth (Cocoon), Frankfurt/Main, Germany, 101002-0005 Dani's Sweater, Frankfurt/Main, Germany, 200203-0002 Eugene Hutz (NY), Bucovina Club, Schauspielhaus, Frankfurt/Main, Germany, 150900-0003A Ayla, Monza (Club), Frankfurt/Main, Germany, 220201-0030 Ty-Rown Vincent, Frankfurt/Main, Germany, 241199-0004 Stereobugs concert, 025 (Club), Frankfurt/Main, Germany, 130401-0003 Strawberry, Frankfurt/Main, Germany, 280799-0024 "Boogie Nights" (Dickies Party), Cologne, Germany, 090203-0033 Lisa, Schöne's Kuhstall, Katzenbach, Germany, 070401-0142 Michell & Cherry, music video production, Opium (Club), Frankfurt/Main, Germany, 060200-0009 Interjeans (Fashion-Fair), Cologne, Germany, 171002-0018 Dorle & Schneider TM, Robert Johnson (Club), Offenbach, Germany, 201100-0037 Vulcanus, Offenbach, Germany, 231099-0001B D-Flame, J-Luv and Ferris Mc, Backstage, Nachtleben (Club), Frankfurt/Main, Germany, 180800-0054 Jimmy Tenor, Stollwerk (Club), Cologne, Germany, 030802-0317 Idea by Bent van Looy (Das Pop), Hanau, Germany, 140103-0209 DJ Yacuza, Galata-Tower, Istanbul, Turkey, 230103-0017 Atmo (Restaurant), Frankfurt/Main, Germany, 301002-0038 Victoria Bar, Berlin, Germany, 110999-1017 New York, NY, USA, 110999-0981 New York, NY, USA, 110999-1003 Micky & Tommy, New York, NY, USA, 110999-1007 Tommy, New York, NY, USA, 110999-0990 Seatbelt, New York, NY, USA, 071200-0012 Kinkamehameha Club, Frankfurt/Main, Germany, 091000-0001 Studio 54 Party, 190 East (Club), Frankfurt/Main, Germany, 050300-0084 Dog, Oli P. concert, Mannheim, Germany, 301200-0011 Charlotte, Frankfurt/Main, Germany, 151100-0092 Sandra & Sabrina, Nidderau, Germany, 301200-0010 Charlotte's backside, Frankfurt/Main, Germany, 040900-0220 Sterac & Anthony Rother, U 60311 (Club), Frankfurt/Main, Germany, 220301-0001 Two girls, Offenbach, Germany, 081201-0127 Phillip Maiburg (Phoneheads), Snowzone, Val Thorens, France, 100403-003 Tobias Freund (Saasfee), Frankfurt/Main, Germany, 070401-0090 Music video production "Primadonna" (Fast H), Opium (Club), Frankfurt/Main, Germany, 020999-0059 Golden Gate Club (weekend), Frankfurt/Main, Germany, 020999-009 Ralph, Golden Gate Club (weekend), Frankfurt/Main, Germany, 011000-0047 025 (Club), Frankfurt/Main, Germany, 151200-0008 Miriam Schulte, Schmalclub, TAT, Frankfurt/Main, Germany, 080100-0055 Records, Schmalclub, TAT, Frankfurt/Main, Germany, 120701-0131 Dani & D-Flame, music video production "Whoa" (Darnell), 231100-0002 Sandra, Ginko (Cafe), Frankfurt/Main, Germany, 050201-0020 Monza (Club), Frankfurt/Main, Germany, 250199-0001 Offenbach, Germany, 110999-1358 Micky, New York, NY, USA, 061201-0013 Julia, Hanau, Germany, 110600-0168 Lofthouse (Club), Frankfurt/Main, Germany, 230700-0275 Leo, Cologne, Germany, 140101-0032 Jasmin, Unity (Club), Frankfurt/Main, Germany, 101100-0010 Bernd